新商业文明

从人出发并回归到人

李书文 著

中国出版集团

中国民主法制出版社

全国百佳图书
出版单位

图书在版编目（CIP）数据

新商业文明：从人出发并回归到人 / 李书文著 . —北京：中国民主法制出版社，2024.5

ISBN 978-7-5162-3660-4

Ⅰ.①新… Ⅱ.①李… Ⅲ.①商业史 – 中国 Ⅳ.① F729

中国版本图书馆 CIP 数据核字（2024）第 092155 号

图书出品人：刘海涛
出 版 统 筹：石　松
责 任 编 辑：张　婷

书　　名 / 新商业文明：从人出发并回归到人
作　　者 / 李书文　著

出版·发行 / 中国民主法制出版社
地址 / 北京市丰台区右安门外玉林里 7 号（100069）
电话 /（010）63055259（总编室）　63058068　63057714（营销中心）
传真 /（010）63055259
http: // www.npcpub.com
E-mail: mzfz@npcpub.com
经销 / 新华书店
开本 / 16 开　710 毫米 ×1000 毫米
印张 / 33.25　　**字数** / 422 千字
版本 / 2024 年 5 月第 1 版　　2024 年 5 月第 1 次印刷
印刷 / 三河市宏图印务有限公司

书号 / ISBN 978-7-5162-3660-4
定价 / 99.00 元
出版声明 / 版权所有，侵权必究。

—— 作者简介 ——

李书文，北京师范大学现当代文学学士、北京大学光华管理学院工商管理硕士、香港理工大学管理学博士。历任华润集团华润励致西南区总经理、四川中润产业控股有限公司董事长、硅谷天堂资产管理集团董事总经理。现任厚朴供应链科技集团、向日魁酒业集团董事长兼 CEO、HOPE 创学院创办院长等。曾获 2007 年央视《赢在中国》全国总冠军、2009 年全国十大杰出青年创业者、2010 年中国十大投资人、2015 年影响中国的 100 位科技投资人等荣誉。著有《创业者笔记》《冠军之门》《创业论语》《逆袭者》《创业密码解读：人、团队、投资》《商业保理理论与实务》《商业保理》《熵：一种新的创业方法论》《创业企业的 60 个洞见》等专著。

序 一

　　书文这本书的角度对我们很有启发。现在我们认为商业文明的演化就是社会的发展进步，商业活动是推动社会进步的主要力量，但商业在中国历史上没有被公正地对待过。"重农抑商"和"明月清风不用钱"是传统信念，对商业文明的认识要求我们在观念上要有重大转变。书文对改革开放以来不同阶段的中国商业文明进行观察分析，可以看出这些年来社会和商业前行的滚滚洪流可谓波澜壮阔。现在书文提出商业文明要换一种新的姿态、新的理念，我非常赞同。新的商业文明要求商业不仅要看到物，还要看到人；不仅要看到自己，还要看到他人；不仅要看到人的利益驱动，还要看到人的精神境界。商业在保持动力和效率的前提下可以成为遵从自然的、有规则的、利他的、共享的、可持续的、以人之本性为依归的业态吗？关于这个问题，在书里可以找到一部分答案。

（华润集团、中粮集团、中化集团、中化控股集团、先正达集团原董事长　宁高宁）

序 二

几乎每一位有影响力的管理者都会被问到：商业文明的本质是什么？书文依托对几十年商业文明演进的反思和总结，得出来他的答案：商业，归根到底是一项"回归到人"的活动，生意的逻辑是生活的逻辑，更是生命的逻辑。任何人都不应该单枪匹马地从事商业，所以推荐你一定要读这本书。

（新东方创始人，新东方教育科技集团董事长、总裁　**俞敏洪**）

好友书文发来其新书《新商业文明：从人出发并回归到人》的框架稿，嘱我写序，晨起读完一赋：

创业人生·满江红

创业何艰！

抢风口，有钱就赚；

抢赛道，不服就干；

屡输屡战。

跪舔成功因惧败，

野蛮生长清还乱。

一路奔、焦虑漫身心，

孰能断？

人为本，行道远；

自和解，三生璨。

看孤星独转，旧颜新冠。

豁达总生勘破后，

但居谦卦风云淡。

逐天光、向日咏而归，

开新范。

（北京大学、复旦大学、长江商学院 EMBA 创新课程教授　周宏桥）

自 序

2020 年的大年初一，我决定写这本书。那一天，我做了两件事：第一，打开电脑在文档里输入了"《新商业文明：从人出发并回归到人》今天开始动笔"；第二，在抖音上做了一场三个多小时的直播，直播的主题是"面对突如其来的疫情，创业者应该怎么办"。

这本书我写了三年，写写停停，停停写写。"新商业文明"与"旧商业文明"之说是我自己的表达体系，没有好坏之分，是指两个不同的时代。"新"是理想的、未来的；"旧"是已然发生的、过去的。

从 1978 年到 2020 年，我将旧商业文明时代划分为四个阶段，这种划分法纯属个人之见。每个阶段都差不多以 10 年为限，有多有少，以我认为的那个时代的重要节点为主。比如，第一个阶段是 1978 年至 1991 年，是 13 年；第四个阶段是 2012 年至 2020 年，是 8 年。对于每个阶段，我从当时的宏观环境、技术环境、同时期国外企业的发展及国内有代表性的企业家四个方面展开论述。我参考了大量的文献，并一一做了详细的标注，在此向各位作者致谢！

我用较大篇幅描写了新商业文明的践行者——胖东来。2019年至2022年，我与东来哥多次进行深入的沟通。我花费了大量时间研究、查阅胖东来的发展史，并写了100多万字的笔记。即便如此，我相信这些内容离东来哥内心的信仰仍有非常大的差距，这个差距在短时间内很难弥补。我写胖东来既非东来哥的授意，也未征求他的意见或同意，这是我的一厢情愿。书中大量内容参考并引用了东来哥的讲话、视频或相关信件文字等。虽然饱含深情，难免挂一漏万。只能在此说："请多包涵。"

另外几家新商业文明的践行者，包括德胜洋楼和商丘的房地产商，我在相关材料中查询到它们的信息，既未到现场采访，也未通过其他渠道核实，仅供读者诸君参考，如不属实，我也不负责任。

至于魁五首酱酒的案例，虽然是按照新商业文明的理念来打造的，但在此难免有广告的嫌疑，也请读者诸君理解吧。

我请了我的老领导——曾执掌过五个世界500强企业的宁高宁董事长写推荐语，虽然他并没有做过民营企业，但他所领导的几家企业都取得了非凡的业绩，这与他内心"以人为本"的管理理念分不开，而"以人为本"正是新商业文明的内核。

我请了俞敏洪老师写推荐语，不是因为当下俞老师是大网红，而是因为他是一个最具创业者精神的企业家，他的创业精神体现在永远激情澎湃，永远热泪盈眶，永远不服输不认输，屡战屡败，屡败屡战，这股子劲头也正是当下最为珍贵和稀缺的。

　　我请周宏桥教授写推荐语，完全基于对他学贯中西、才华横溢的崇拜。创业者不能只有收入、成本和利润，还应该有诗词歌赋、美酒和远方。

　　新商业文明时代已然到来，让我们一起加入吧！

　　祝愿新商业文明时代的创业者能在这个百年未有之大变局中依道而行、依法精进、知行合一！

　　　　改变世界的

　　　　是这样一群人

　　　　他们寻找梦想中的乐园

　　　　当找不到时

　　　　他们亲手创造了它

/目 录/

第二章

**新商业文明的其他
践行者**

上 篇

◇**导 读**

　　上篇对中国民营企业过去几十年的发展进行了概况式梳理，并从历史发展、社会环境、技术环境、创业环境等角度，讲述1978—2020年旧商业文明时代的商业信仰和商业逻辑。作者创造性地提出了未来一定是新商业文明的时代，旧商业文明将会终结。作者也建构性地提出了实现新商业文明的唯一路径是依道而行、依法精进、知行合一。

　　1978 年由邓小平主导的改革开放，距今已经 40 多年了。这近半个世纪，中国经济迅猛发展，整个社会发生了翻天覆地的变化。1978 年，我国人均 GDP（国内生产总值）仅为 381 元，其中有 1.12 亿农民每天只能挣到一角零一分钱。[①] 2022 年，我国人均 GDP 已达到 8.57 万元，是 1978 年的 225 倍。

　　中国经济发展最明显的特点就是民营企业的迅速崛起，民营企业已经成为中国经济发展的原动力之一。2018 年 10 月 19 日，时任国务院副总理刘鹤在接受中央媒体的联合采访时，提出了中国经济"56789 特征"：民营经济在中国经济版图中贡献了 50% 以上的税收、60% 以上的 GDP、70% 以上的技术创新、80% 以上的城镇劳动就业、90% 以上的新增就业和企业数量。国家市场监督管理总局的数据显示，截至 2023 年 3 月底，全国登记在册的民营企业数量超过 4900 万户，民营企业在企业总量中的占比达到 92.3%。中国的民营企业家大多是草根出身，有着超出自身能力的野心和顽强意志，但他们的创业之路并不平坦。改革开放 40 多年来，由于政治、社会、经济环境的制约，以及科技发展、经营理念等创业必备要素的落后，我国的民营企业在发展过程中命途多舛，屡屡陷入"短命"或"危机"的阴影之中。相关数据显示，欧美企业的平

---

① 张志勇：《民营企业四十年》，经济日报出版社 2019 年版。

均寿命是 40 年，日本企业的平均寿命是 30 年，而中国企业的平均寿命只有 7.3 年。其中，中国民营企业的平均寿命只有 2.9 年，每年约有 100 万家民营企业破产倒闭。我们在焦虑与遗憾的同时，更需深切地关注造成这种现象的真正原因。有人因缺乏法律常识而锒铛入狱，有人因缺乏系统规划而盲目扩张，有人因过度追求规模而资金断裂；大多数企业主因为缺乏健康的创业理念而举步维艰，甚至跌入深渊。财经作家吴晓波曾在《大败局 II》中写道："在任何一个商业社会中，成功永远是偶然的和幸运的，而失败则无所不在。"

2007 年，我在央视《赢在中国》节目"36 强晋级 12 强"的比赛中对着亿万观众说："《赢在中国》是一个由价值观驱动的节目，它的核心价值观是励志和创业，它应该体现在三个方面。第一个方面，《赢在中国》鼓励创业，一定是鼓励那些做好了创业准备的、适合创业的、把创业当作一辈子的事业来经营的创业者，而不是鼓励那些只具有短暂的激情和一时兴起的人。第二个方面，创业是马拉松，不是百米冲刺，不是秀场，而是生死场，创业成功的比例仅有 3%。可以说成功是偶然的，而失败却是必然的。《赢在中国》应该关注那些能在创业的路上走得更长、走得更远、走得更坚实的创业者。第三个方面，《赢在中国》应该成为新生代企业家的一个标志。当我们经过第五届、第十届大赛以后，当坐在舞台下面的评委是我们的时候，那不仅是选手的幸事，也是《赢在中国》的幸事。这些人应该既具备远大的理想、广阔的胸怀，又具备脚踏实地的品质；他们穷则独善其身，达则兼济天下；他们可以成就一番大事业，能在艰难困苦中'跪'着前行；他们应该是中华民族的脊梁，应该是我们这个时代创业者的典范。"我说这段话的时候，柳传志、马云、史玉柱、牛根生等当年叱咤风云的人物都在，我分明看到史玉柱眼里泪眼婆娑。

中国民营企业家的成功，既有"时势造英雄"的必然，又有"幸运来敲门"的偶然，而对于他们得失成败的细究，对当今社会的企业和创业者具有非常大的价值。

企业经营状况，与其所处的商业环境有着密不可分的关系。简而言之，商业环境由促进或阻碍企业发展的因素组成。我们大体将其分为五个要素，分别为经济和法律环境、技术环境、竞争环境、社会环境以及全球商业环境。[①] 分析不同时期企业所处的商业环境，能够使我们更加明晰地了解其发展脉络、优势与局限性。不同的时代造就不同的企业，从 1978 年改革开放到现在，中国的民营企业经历了时代的变迁，在各个时代背景下奏响了不同的乐章。

从 2020 年开始，肆虐全球的新冠疫情彻底改变了全球经济结构和商业模式。每一个企业家和普通人，都面临着百年未有之大变局。在疫情的冲击下，传统的商业模式和经营策略面临着巨大的挑战。很多行业和企业被迫停工停产，有些甚至宣告倒闭。然而，在危机中也有不少企业迅速适应了新形势，开创了新的商业模式。它们以变革为动力，以创新为手段，探索着商业进化的新路径。例如，电商行业、直播行业在疫情期间迎来了爆发式的增长，远程办公、共享员工等新的工作模式也应运而生。此外，人们在后疫情时代对于"何为真正的幸福"的思考，也推动了一些新兴产业的蓬勃发展。人们更注重健康，使得大健康行业迎来快速发展；人们更愿意参加户外活动，露营、飞盘等活动的火爆也带来相关产业的井喷式增长；人们更愿意在家自己下厨烹饪，生鲜电商的发展势头变得更猛；人们发现自己已经开始依赖本地生活服务，外卖、快递、打车等行业获得快速发展……

2023 年，我们已基本走出疫情的阴影，逐步恢复了正常的生产和生活秩序。据文化和旅游部的数据显示，2023 年中秋、国庆小长假期间，国内旅游出游人数为 8.26 亿人次，较 2019 年增长 4.1%；国内旅游收入达 7534.3 亿元，较 2019 年增长 1.5%。新冠疫情既是整个世界经济以及政治发展变化的分水岭，也是我所定义的新旧商业文明的分水岭。在新冠疫情发生前，中国的民营企业普

---

① ［美］威廉·尼克尔斯等：《认识商业》，何峻、许俊农译，机械工业出版社 2022 年版。

遍缺乏对愿景、使命、价值观的真正思考，绝大多数民营企业以逐利为最终目的，缺乏对客户、员工、股东、社会等诸多利益相关者的责任感和使命感。由于理念和认知的局限性，这些企业始终处于唯利是图、赚快钱、牟取暴利、追逐风口、做大规模的"旧商业文明"的逻辑和秩序中。而在后疫情时代的新篇章中，商业的进化正在不断展开。这种进化，不只是经营之"术"的进化，更应该是经营之"道"的进化。只有那些在进化中适应变革、懂得创新的企业，才有可能在未来的商业竞争中脱颖而出。

以 2020 年为界，我将过去民营企业的发展定义为旧商业文明时代。在本书的上篇中，根据时间推移与民营企业的发展情况，我将过去 45 年中国民营企业的发展划分为四个时代，这四个时代，我统称为"旧商业文明时代"。在此声明一下，我所谓的"旧商业文明时代"并不是一个负面的词汇，而是我所描述的那个时代的特征，望读者诸君明察。

1978 年至 1991 年为旧商业文明的第一个时代。这是中国民营企业的发轫期，也是改革开放初期我国开始摆脱旧有的计划经济，向市场经济转型的阶段。邓小平在 20 世纪 80 年代曾说："要发展生产力，就要实行改革和开放的政策。不改革不行，不开放不行。"彼时，民营企业刚刚开始发展，涌现出了一批特别敏感和有勇气的乡镇企业家与民间创业者。后来一度成为中国首富的宗庆后，创立了"娃哈哈"；三次遭遇牢狱之灾的牟其中，靠着"罐头换飞机"赚得盆满钵满；自称"傻子"的年广久，靠自身奋斗成为"瓜子大王"，却因雇佣人数多于 8 人而受牵连；柳市镇被称为温州"八大王"的 8 名私营业主，被安上"投机倒把"的罪名；40 岁的柳传志离开清闲的体制内岗位，创立了联想集团；如今热衷于赛艇环保运动的王石，看准政策利好，一头扎进了房地产行业，创立了万科集团；被树立为乡镇企业家典型的万向集团创始人鲁冠球，被媒体频频报道……在那个时代，人们开始认识到赚钱的重要性，乡镇企业搞活、草根创业、知识分子"下海"，一股巨大的创业浪潮席卷全国。深圳蛇口工业区管委会

的门口竖起一块巨大的标语牌，写着"时间就是金钱，效率就是生命"，邓小平
去视察工作的时候微笑默认，使这句标语成为时代的金句。然而，当时整体的
市场环境并没有那么乐观，存在着很多问题。宏观上，供求总量失衡，经济结
构矛盾进一步扩大，通货膨胀加剧，经济秩序混乱；微观上，由于产权不明晰、
民营经济放开尺度时紧时松等，造成了民营企业发展的不稳定，带来了诸多风
险。这个时代，仅仅是中国民营经济的开始。

　　1992 年至 2001 年为旧商业文明的第二个时代，也就是我们平常所说的
"92 派"，以 1992 年邓小平"南方谈话"为开端，中国的政策环境发生了天翻
地覆的变化，"春天的故事"带领中国人进入了新的时代。江泽民肯定了"社会
主义市场经济"的提法，"市场经济"被写入宪法。"92 派"成为中国民营经济
的中流砥柱，它的主体是过去社会主流精英阶层，在进入商界之前，他们要么
在政府机构，要么在研究机构。① 曾在国家体改委任职过的冯仑，在给牟其中
打工之后，自己冲到海南创立了万通集团；创造出脑白金"洗脑"广告的巨人
集团创始人史玉柱，毕业于浙江大学数学系，此时捧着自己的第一桶金，率领
100 多名员工落户珠海；张瑞敏创办了海尔集团，第一次作为党代表参加了中国
共产党第十四次全国代表大会，并开始建设中国家电业的第一个工业园——青
岛海尔工业园；中国企业界争议最大的传奇人物之一——褚时健，已将玉溪卷
烟厂年创利税做到了云南财政收入的 60%；以资本经营发家、后期成为资本无
序扩张典型的唐万新，创立了德隆集团；下乡知青出身、曾与宗庆后一较高下
的何伯权创立的乐百氏集团，有了跨越式发展；创立了新希望集团的刘永好等
刘氏四兄弟，明晰了产权并进行资产重组，从此兄弟爬山，各自努力……《有
限责任公司暂行管理条例》和《股份有限公司暂行条例》两个文件的出台，使
中国出现了真正的现代企业，一批民营企业家成为新一届政协委员，开始有了

---

① 　张志勇：《民营企业四十年》，经济日报出版社 2019 年版。

被肯定的社会地位。《福布斯》（*Forbes*）首次发表的中国内地富豪榜，给中国人的财富观带来了新的冲击。2001年12月11日，中国加入世界贸易组织，这也为民营经济带来了新的活力。但与此同时，中国民营企业的经营理念与先进而成熟的西方管理文化和技术相去甚远，民营企业的成功带有诸多偶然因素。此时的民营企业家法律意识相对淡薄，对"法人治理"的理解还处于萌芽阶段，并未形成健康的经营理念，具有很大的局限性。

2002年至2011年为旧商业文明的第三个时代。此时中国不仅大力改革，更是加快了开放的步伐，参与全球的竞争。中国加入世界贸易组织之后，迅速成为世界工厂，中国的民营经济在经济全球化的进程中，起到了至关重要的作用。同时，在"下岗潮"之后，中国民营经济在解决就业方面也功不可没。中国共产党第十六次全国代表大会提出，要"完善保护私人财产的法律制度"，进一步为民营经济保驾护航。随着互联网浪潮冲击全球，从美国留学归来的李彦宏带领百度在纳斯达克成功上市，百度从此成为最受全球资本市场关注的上市公司之一；做翻译出身的马云，成功创立阿里巴巴旗下的淘宝网和支付宝，之后阿里巴巴成为全球最大的电商平台；从事家电连锁业的潮汕商人黄光裕，领导国美电器在香港上市，并三度成为胡润百富榜的首富；碧桂园集团女承父业的"80后创二代"杨惠妍，2007年成为福布斯中国内地富豪榜首富；以青年科学家身份起家的格林柯尔系创始人顾雏军，因虚报注册资本罪等罪名而入狱；力帆集团创始人、重庆首富尹明善，成为国家承认的慈善家，并当选为重庆市政协副主席，彼时，他当然不会想到自己的企业帝国未来会破产，而他本人也会被立案调查；被称为"汽车疯子"的李书福，因收购沃尔沃而成为全球关注的焦点，《华尔街日报》更是把他类比为亨利·福特……21世纪，"中国制造""中国民营企业"都在全球经济历史中留下了深刻的烙印。2011年，中国的GDP增至48.79万亿元，排名升至世界第二位。大国崛起对民营经济的发展起到了至关重要的促进作用。然而，全球化竞争对民营企业自身发展的要求越发严苛，2004 年的宏观经济调控、紧缩银根，以及 2008 年的全球金融危机带来的低迷等，这些宏观经济环境的严峻形势，也制约着中国民营经济的发展，民营企业仍面临巨大的挑战。

　　2012 年至 2020 年为旧商业文明的第四个时代，这个阶段主要是中美两大经济体之间的博弈。此时中国民营经济的地位更加稳固，中国共产党第十八届中央委员会第三次全体会议提出"公有制经济和非公有制经济都是社会主义市场经济的重要组成部分，都是我国经济社会发展的重要基础"。民营企业的实力更加强劲，不仅在并购海外企业的规模方面超越国企，而且在全球战略上也纷纷"出海"布局。随着互联网行业的迅猛发展，中国民营企业中的互联网大军不仅征服了全国 14 亿人民，还正在走向全球，不断改写历史。任正非率领科技巨头华为将手机作为战略级产品，在"芯片大战"中代表中国企业与美国抗衡；用微信改变世界的互联网巨头腾讯，在马化腾的带领下跻身世界五百强，并投资入股了京东、美团、滴滴等行业领头羊；毕业于南开大学的"80 后"创业者代表张一鸣，创办改变全球手机用户生活方式的字节跳动，并于 2022 年位列福布斯中国内地富豪榜第二名；说出"站在风口上，猪都会飞"的雷军，将小米打造成性价比极高的热门手机品牌，当选为中国民间商会副会长和全国人大代表；王健林成为亚洲首富，在访谈节目上说出经典的"一个亿的小目标"之后，万达遭遇了资金危机，不得不频繁变卖资产；贾跃亭在创办乐视十余年后，所持乐视网股份被全部冻结，并被证监会立案调查、列入失信被执行人名单，他也因此跑路，留下一个负债累累的烂摊子；曾因创立恒大地产成为中国首富的许家印，却因欠下 2 万多亿元巨债并涉嫌违法犯罪，被依法采取强制措施，"恒大系"港股上市公司中国恒大、恒大汽车、恒大物业在港交所暂停交易……这个时代，民营企业狂飙突进，成长得枝繁叶茂。2023 年，《财富》杂志发布的"世界 500 强"名单中，有 142 家中国企业上榜，其中腾讯、阿里巴巴、华为等均榜上有名。然而，在反全球化的趋势下，国际竞争越来越激烈，中国民营企业的发展之路与国际经济、政治环境的关系越来越紧密，任何一个行业的头部企业，不仅会陷入国内企业的"内卷"，更躲不开全球竞争的态势。许多民营企业家因缺乏对形势的认识和对市场的敬畏，以及存在自我膨胀的倾向，从而走向了穷途末路。

在新商业文明时代，民营企业家应该拥有怎样的信仰以及怎样的使命、愿景、价值观，这是本书要探讨的重大课题。我们回顾过去，是为了更好地展望未来。现在恳请诸君和我一起，带着对旧商业文明的批判和思考，来憧憬和描绘新商业文明的世界。

第一章

东方睡狮醒来，中国企业的发轫期
（1978—1991）

一、邓小平开创的"改革开放"为民营经济初露
头角提供宽松土壤

纵观整个中国，无论是在政治、经济改革的历史中，还是在企业的发展史中，最绕不过去的一年，就是 1978 年。在 1978 年 2 月 24 日至 3 月 8 日举行的中国人民政治协商会议第五届全国委员会第一次会议上，邓小平当选为全国政协主席。3 月 18 日至 31 日召开全国科学大会，邓小平提出"科学技术是第一生产力""知识分子是工人阶级的一部分"，这种破天荒的提法引起了全社会的广泛关注。

5 月 11 日，《光明日报》刊登了题为《实践是检验真理的唯一标准》的特约评论员文章，被新华社、《人民日报》转载，旋即在全国范围内引起了一场关于真理标准问题的大讨论。

10 月，邓小平出访日本和新加坡。他与日本"经营之神"松下幸之助聊现代化工业企业的经营之道，与新加坡总理李光耀聊先进的经济制度。这两次出访，为他后来倡导的中国经济体制改革与民营经济发展带来了新的思路。邓小平提出，中国经济必须进行制度上、组织上的重大改革；实行开放政策，学习

世界先进技术。开放的步伐在年底加快，12月17日，中美双方发表《中美建交公报》，宣布双方自1979年1月1日起互相承认并正式建立外交关系。

12月18日至22日，伟大的、具有划时代意义的党的十一届三中全会在北京召开。此前，邓小平在中共中央工作会议闭幕会上作《解放思想，实事求是，团结一致向前看》的讲话，提出了"应让地方和企业、生产队有更多的经营管理的自主权""在经济政策上要学会用经济方法管理经济；在管理制度上要特别注意加强责任制"等新思想。

邓小平倡导的"解放思想，实事求是"的思想路线，使越来越多的人认识到，中国必须改革。邓小平说，"文化大革命"结束时，"就整个经济情况来说，实际上是处于缓慢发展和停滞状态"。而同时期国外的技术革命已然兴起，欧美国家的经济正处于迅猛发展阶段，中国如果依然停滞不前，必将被其他发达国家拉开更大的差距。

党的十一届三中全会高度评价了"关于实践是检验真理的唯一标准"问题的讨论，决定停止使用"以阶级斗争为纲"的口号，作出"把党和国家的工作重心转移到经济建设上来，实行改革开放"的决策。这是新中国成立以来具有深远意义的一次巨大转折，开启了我国改革开放和社会主义现代化建设的历史新时期，具有里程碑的意义。

改革开放的一项重要政策是高考制度的恢复。1977年底，我国开始恢复高考，由各地方自己出题。1978年，全国高考统一命题，有610万人报名，录取了40.2万人。许多学校由于名额不够，进行了扩招。这些大学生中的佼佼者，后来成了早期的民营企业家。1979年至1980年，1700万下乡知识青年返城，那些没有考上大学的人也无心留在农村，其中一部分人没有就业渠道，自然而然地成了私营业主。

其实在改革开放之前，发生了一件意义重大的事。1978年11月24日，安徽凤阳小岗村里，18位农民以"托孤"的方式，率先冲破"人民公社"的桎桔，冒着生命风险立下生死状，在土地承包责任书上按下了红手印，创造了"小岗精神"，拉开了中国农村改革开放的序幕。在时任安徽省委书记万里的主持下，小岗村的"大包干"经验在安徽省推广开来。邓小平、万里等人克服重重困难，为其正名为"家庭联产承包责任制"。由于回避了土地所有权等"姓资姓社"的问题，农民的积极性被调动，短短几年内，中国的粮食、棉花产量跃居世界第一。这也成为乡镇企业和民营经济发展的起始点。

1979 年 1 月，中美建交，邓小平访美，邓小平对随从人员说："凡是和美国搞好关系的国家，都富起来了。"中国以变革的姿态向世界展示了自己发展经济的决心。从此，除了资本、技术、商品之外，西方的制度、思想和文化也涌入我国，甚至对我国造成了冲击。1979 年 3 月，为统一管理外汇，国务院批准设立了国家外汇管理总局，并将中国银行从中国人民银行分设出来。此外，中国企业管理协会在北京成立，该协会由中国经济管理部门、科研单位、高等院校负责人、专业人士组成。在上海，一些老工商人士和部分境外公民以民间集资的方式创建了名为"上海市工商界爱国建设公司"的企业，其被认定为中国实行改革开放政策后的第一家民营企业。这一年，国家逐步开始实行价格双轨制改革，对同值的标的物实行按计划的垄断性定价和按市场定价两种不同的定价机制，为民营经济的发展提供了空间①。

在 1980 年 2 月 23 日召开的中共十一届五中全会上，邓小平强调，今后的工作要着重研究经济体制改革。7 月 15 日，中共中央、国务院批转广东省委和福建省委《关于对外经济活动实行特殊政策和灵活措施的两个报告》，提出："在深圳、珠海和汕头试办出口特区……三个特区建设也要有步骤地进行，先

---

① 中国工业生产资料价格双轨制是在 1979 年价格改革以来逐步发生与发展的。国务院于 1981 年批准对超过基数生产的原油，允许按国际市场价格出口；1983 年批准对石油、煤炭超产部分实行加价出售；1984 年批准工业生产资料的超产部分可在加价 20% 以内出售；1985 年取消原来不高于 20% 的规定，允许超产部分按市场价格出售；1988 年对主要工业生产资料规定了最高限价；1989 年对橡胶、炭黑等工业生产资料的双轨价格"并轨"，即把两种价格合并为一种价格，有的商品被并入国家定价，有的商品被并入市场调节价。

重点抓好深圳市的建设。"由此，深圳被明确定义为"经济特区"，并由县级市一跃升格为地级市。之后，它的影响力辐射珠江三角洲地区，成为我国改革开放的一张名片。时至今日，深圳更是占据了粤港澳大湾区的核心地位。10月，科学家陈春先提出要在中关村建立"中国的硅谷"，并在中关村的一个仓库成立了最早的科技民营企业——"北京等离子体学会先进技术发展服务部"。后来的中关村，真的成了我国科技和互联网行业的地标。

然而到了1981年1月，风头掉转。由于1979年和1980年连续两年出现巨额的财政赤字，分别赤字170余亿元和120余亿元，国家决定收紧银根，并侧重强调计划经济。国务院两次发出紧急文件"打击投机倒把"。① 1981年1月7日，《国务院关于加强市场管理打击投机倒把和走私活动的指示》印发，规定"个人（包括私人合伙）未经工商行政管理部门批准，不准贩卖工业品""农村社队集体……不准贩卖一类农产品""不允许私人购买汽车、拖拉机、机动船等大型运输工具从事贩运"。1月30日，《国务院关于调整农村社队企业工商税收负担的若干规定》印发，指出"取消现行社队企业在开办初期免征工商税和工商所得税二年至三年的规定，改为根据不同情况区别对待的办法……凡同大的先进工业企业争原料的以及盈利较多的社队企业，不论是新办的或者是原有的，一律照章征收工商所得税"。因此，刚刚有了一些发展的民营经济遭遇重创。

在利益的驱使下，华南地区的走私现象严重。1982年1月11日，中共中央发出紧急通知，严打走私贩私活动。4月13日，中共中央、国务院作出《关于打击经济领域中严重犯罪活动的决定》。打击经济犯罪活动虽然有必要，但也挫伤了民营经济的积极性，而且有些"矫枉过正"。当时的投机倒把罪，变成

---

① 投机倒把罪：以买空卖空、囤积居奇、套购转卖等手段获取利润。"投机倒把"一词产生于计划经济色彩浓重的20世纪六七十年代。改革开放初期的中国，计划内部分实行国家统配价，同时企业超计划自销产品并按市场价格出售，形成了特殊的"价格双轨制"。随着市场经济体制的确立，1997年取消"投机倒把罪"，《投机倒把行政处罚暂行条例》也于2008年1月被废止。

了一个概念模糊的罪名，有"投机倒把是个筐，什么罪都可往里装"的说法。这股风潮在当年年底才有所缓解。9月1日至11日，在北京召开的中国共产党第十二次全国代表大会确定了"建设有中国特色的社会主义"的国家战略。12月4日，第五届全国人民代表大会第五次会议通过修改后的新宪法，规定："在法律规定范围内的城乡劳动者个体经济，是社会主义公有制经济的补充。国家保护个体经济的合法权利和利益。"民营经济的宏观政策环境在摇摆中缓慢改善，改革依然是主流。

1983年1月9日，《人民日报》发表社论《适当发展个体经济是社会经济生活的需要》。1月12日，邓小平在一次谈话中指出："有个别雇工超过了国务院的规定，这冲击不了社会主义。只要方向正确，头脑清醒，这个问题容易解决，十年、八年以后解决也来得及，没什么危险。"这番话为因雇佣人数超过8人而被称为资本家的"傻子瓜子"创始人年广久解了围。随着改革浪潮的奔涌，商品价格逐渐放开。由于信息和资源的不对称、地区发展的不均衡，以及经济特区的宽松环境，中国出现了第一批通过赚差价获利的"倒爷"。"倒爷"是北京话，指的是"倒买倒卖的人"。这些独立的"个体"打破了计划经济体制下的价格体系，一些人成为有名的民营企业家，如牟其中和王石。"倒爷经济"也在一定程度上滋生了腐败，尤其在实行"价格双轨制"后，出现了依靠权力和关系的权钱交易及"官倒"的现象。此时，一些地方政府也在大力推动民营经济的发展，浙江义乌小商品批发市场建成，之后它将被联合国、世界银行等国际权威机构确定为世界第一大市场。同时，"新技术革命"之风吹进中国，"信息时代"的概念给中国经济的发展带来新的指引。

1984年被称为"中国现代公司元年"，大批知识分子"下海"，他们中的一部分人成为后来民营经济的中坚力量。1984年3月，中共中央、国务院发出通知，将"社队企业"更名为"乡镇企业"，它们成为后来大型民营企业的前身。1984年1月24日至2月10日，邓小平先后视察了深圳、珠海、厦门经济特区，并为深圳题词"深圳的发展和经验证明，我们建立经济特区的政策是正确的"。此后，中共中央宣布"向外国投资者开放 14 个沿海城市和海南岛"，这在客观上对民营经济的发展起到了"鲶鱼效应"般的激活作用。9 月，中青年经济科学工作者学术讨论会在浙江莫干山召开。以中青年为主，来自政商学界共 300 多人围绕价格、外贸、金融、城市化等经济议题展开激烈争论，形成朝野共商、左右派和平对话的空前盛况。10 月，中共十二届三中全会提出"有计划的商品经济"，商品经济的概念第一次被写进党的决议里，浙江与广东成为商品经济和民营经济发展最活跃的地区。

1985 年 3 月，国家宣布取消对企业计划外自销产品价格的限制，宣告废除计划外生产资料的价格控制，这对"价格双轨制"改革来说，具有里程碑意义。"价格双轨制"具有"计划经济"的特征，一方面保留了计划价格；另一方面放开了部分市场，使其滋生了很多贪污犯罪的现象，也让民营经济得到了出售产品的机会。但当时国有经济仍然占有优势地位，有人称民营经济是"私生子"。为了严格执行"价格双轨制"，保护体制内的国营企业，国务院还发出一个严厉的禁令："重要生产资料和紧俏耐用消费品的批发业务，只能由国营商业、物资供销部门、供销合作社和生产这种商品的企业经营……投机倒把的，要坚决制止，严厉打击。"9 月 22 日，西方国家联手促日本接受"广场协定"[①]，力推日元翻倍升值，使日本经济泡沫扩大。9 月 23 日，邓小平指出："在改革中我们始终坚持两条根本原则，一是以社会主义公有制经济为主体，一是共同富裕……鼓励一部分地区、一部分人先富裕起来，也正是为了带动越来越多的人富裕起

---

① 20 世纪 80 年代初期，美国财政赤字剧增，对外贸易逆差大幅增长。美国希望通过美元贬值来增加产品的出口竞争力，以改善本国国际收支不平衡的状况。1985 年 9 月 22 日，美国、日本、联邦德国、法国以及英国的财政部部长和中央银行行长（简称 G5）在纽约广场饭店举行会议，达成五国政府联合干预外汇市场，诱导美元对主要货币的汇率有秩序地贬值，以解决美国巨额贸易赤字问题的协议。因协议在广场饭店签署，故该协议又被称为"广场协议"。在协议签署不到三年的时间里，美元对日元贬值了 50%，也就是说，日元对美元升值了一倍，直接造成日本在经济泡沫破裂之后经济发展长期停滞。

来，达到共同富裕的目的。"这些话也成了我国经济体制改革的金句，被认为是鼓励经济特区和民营经济发展的信号。1985 年末，中国经济增速过快，信贷发放猛增，物价高涨。而计划管控、"价格双轨制"造成的失控局面，导致人们对改革产生了抱怨和失望。为解决困局，政府决定"测算出未来价格的走势，争取在两三年内将价格一步涨到位，实现市场自由调节"，但这一举措收效并不理想，直至 1988 年，物价涨幅仍然过大。

1986 年 1 月 7 日，国务院颁布《中华人民共和国银行管理暂行条例》，规定"专业银行之间的资金可以互相拆借，其利率由借贷双方协商议定"。金融行业开启了助力经济发展的序章，尤其是对民营经济起到了助燃剂的作用。这一年，全国共融通资金达到了 300 亿元。与此同时，中国经济高速增长导致经济关系全面紧张，通货膨胀凸显，宏观调控乏力。"官倒"公司囤积居奇扰乱了市场价格体系，腐败泛滥，民怨沸腾，客观上也制约着民营经济的发展。可喜的是，乡镇企业的发展导致城乡收入差别迅速缩小，到 1986 年底，乡镇企业的总产值高达 3300 亿元，占全国总产值的 20%。社会学家费孝通提出了集体经济的"苏南模式"①和个体经济的"温州模式"②，后来从这两个模式中发展出了一批具有影响力的民营大企业。

1987 年 1 月 20 日，国务院颁布的《关于进一步推进科技体制改革的若干规定》提出，"支持和鼓励部分科技人员以调离、停薪留职、辞职等方式，走出科研机构、高等学校、政府机构，到城镇和农村承包、承租全民所有制中小企

---

① "苏南模式"的概念最早见于 1983 年费孝通撰写的《小城镇·再探索》："苏、锡、常、通的乡镇企业发展模式是大体相同的，我称之为苏南模式。"其主要特征是：农民依靠自己的力量发展乡镇企业；乡镇企业的所有制结构以集体经济为主；乡镇政府主导乡镇企业的发展；市场调节为主要手段。它是中国县域经济发展的主要经验模式之一。

② "温州模式"同样由费孝通于 20 世纪 80 年代中期提出，是指浙江省东南部的温州地区以家庭工业和专业化市场的方式发展非农产业，从而形成小商品、大市场的发展格局。小商品是指生产规模、技术含量和运输成本都较低的商品。大市场是指温州人在全国建立的市场网络。20 世纪 80 年代中期的改革开放初期，温州模式享誉全国，引起全社会的普遍关注。

业，承包或领办集体乡镇企业，兴办经营各种所有制形式的技术开发、技术服务、技术贸易机构，创办各类中小型合资企业、股份公司……要让那些能带领人民致富的科技人员自己也富裕起来。各级政府和有关部门应在工资、福利、技术职务、户籍、组织关系等方面实行宽松政策，并在信贷、风险投资、股份集资、税收等方面予以扶植和支持。"这一规定鼓励了几十万名科技人员"下海"。10月，中国共产党第十三次全国代表大会指出，"实践证明，私营经济一定程度的发展，有利于促进生产，活跃市场，扩大就业，更好地满足人民多方面生活的需求，是公有制经济必然的和有益的补充"。国家对民营经济的支持力度进一步加大。

1988年4月2日，首届全国优秀企业家评选结果揭晓，官方首次强调"企业家"的概念。4月12日，第七届全国人民代表大会第一次会议通过了宪法修正案，增加了"国家允许私营经济在法律规定的范围内存在和发展。私营经济是社会主义公有制经济的补充。国家保护私营经济的合法的权利和利益，对私营经济实行引导、监督和管理"等新条款。6月25日，国务院颁布了《中华人民共和国私营企业暂行条例》《中华人民共和国私营企业所得税暂行条例》《国务院关于征收私营企业投资者个人收入调节税的规定》，从此，民营经济真正被法律予以承认。但与此同时，物价上涨、通货膨胀成为国民经济的隐患，政府缺乏应对预案，为遏制民众挤兑而简单化地大幅度提高存款利率，使银行因深度负利率造成的亏损直接转化成高达500亿元的巨额财政赤字，宏观经济环境堪忧。

1989年1月1日，《人民日报》在元旦献词中罕见地出现悲观论调："我们遇到了前所未有的严重问题，最突出的就是经济生活中明显的通货膨胀、物价上涨幅度过大，党政机关和社会上的某些消极腐败现象也使人触目惊心。"这一年，我国经济发展速度降到了改革开放以来的最低点，反市场改革的思潮开始冒头，国家开始了对民营经济的打压。下半年，全国私营企业从20万家下降到

9.06 万家。整体的经济萧条，造成一个新现象的诞生——"三角债"，许多刚刚成长起来的民营企业因被拖欠债务而举步维艰。

1990 年初，邓小平在上海提出要开发浦东。4 月 18 日，国务院总理李鹏宣布：中共中央、国务院同意上海市加快浦东地区的开发，在浦东实行经济技术开发区和某些经济特区的政策。浦东开发正式启动，开发预算高达数千亿元。朱镕基召集金融人才，形成了成立证券交易所的方案，12 月 19 日，上海证券交易所正式开业。而深圳的证券交易所抢在 3 月进行了"试开业"，直到 1991 年才正式获批。上海和深圳的两个证券交易所的诞生，为民营经济发展过程中的投融资环节带来新的生机。这一年，国家对以温州地区为代表的假冒伪劣商品打击力度空前加大，一方面抑制了当地民营企业的不良发展势头，另一方面也为民营企业走上正途指引了方向。这一年，国际上对中国的态度出现了变化，时任美国总统布什带头对中国实施制裁。中国出口下降、市场疲软、生产萎缩，1990 年的 GDP 增长率仅为 2.4%。在邓小平的斡旋下，日本率先结束封锁，向中国无偿援助 50 亿日元，又持续提供大量医疗、技术支持。1991 年底，各国才陆续解除贸易封锁，中国经济重新恢复 10% 以上的增长率。然而，东欧剧变引发国内对改革的疑虑，"左"的声音再度响起，改革的号角需要吹得更响一些。

1991 年 2 月 15 日到 4 月 12 日，《解放日报》在头版连续发表了 4 篇署名为"皇甫平"的文章，围绕解放思想以深化改革、扩大开放，提出改革的新思路在于发展市场经济。文中提出"如果我们仍然囿于'姓社还是姓资'的诘难，那就只能坐失良机，趑趄不前，难以办成大事"。由此引发了"姓资姓社"的大讨论。7 月 6 日，党中央在批转中央统战部《关于工商联若干问题的请示》的通知中指出，对现在的私营企业主，不应和过去的工商业者简单类比和等同，更不要像 20 世纪 50 年代那样对他们进行社会主义改造，而是要对他们采取团结、帮助、教育、引导的方针，要求他们爱国、敬业、守法。由此释放出稳定民营经济发展态势的信号。与此同时，我国对外贸易也有了更大的发展，对美国的贸易顺差已经攀升至 90 亿美元，成为仅次于日本的第二大贸易顺差国，民营经济得以在繁荣中前进。

从 1978 年到 1991 年，我国宏观政策和经济环境对民营经济的发展呈现逐步向好的趋势，虽然过程中存在一些波折，但整体上为民营经济提供了更加宽松的土壤。每一次起关键作用的政策文件的发布，都反映了中央关于改革开放的新思路，并对民营经济的发展起到了决定性的作用。这一时代涌现出了许多敢想敢拼的早期民营企业家，他们对政策法规的理解水平参差不齐，有人甚至遭受牢狱之灾，但他们总体上具备冒险精神和灵敏嗅觉，成为旧商业文明时代的第一批弄潮儿。

二、"星期天工程师"引领民营经济技术发展

1978 年，世界范围内蓬勃兴起的新科技革命，大力推动着世界经济以更快的速度向前发展。我国的经济实力、科技实力与国际先进水平相比，差距仍然很大。然而，以 1978 年邓小平主持的全国科学大会为开端，我国的科技发展也逐渐走上了轨道。邓小平在大会上提出，要实现农业、工业、国防和科学技术现代化，关键在于实现科学技术现代化，"科学技术是第一生产力"。

当时，我国的工业水平被欧美国家甩开了至少 10 年以上的距离。为了尽快赶上发达国家先进的工业水平，我国工业领域几乎所有的行业都进行了一场大范围的技术引进，涉及家电、汽车、重卡、工程机械、钢铁、食品、纺织、电力电气、煤炭、化工等，总计 4000 多项，对国民经济的发展起到了巨大作用。美国《新闻周刊》报道："中国人到处搜寻着用旧的设备，一批工程师到法国瓦尔蒙，夜以继日地拆掉已经破产的伯克内特冰箱厂的旧设备，将 5000 吨的设备装上轮船、火车、飞机，运回国内。"如今的家电巨头海尔集团，在 1984 年引进德国利勃海尔电冰箱生产技术，从而成立青岛电冰箱总厂，以此为基础发展为特大型家电企业。大批企业在这一阶段进行了设备更新和技术升级，产业结构得到优化，工业技术水平上升到一个新的台阶。开放不仅带来了新的技术，也为我国企业带来先进的管理理念，新兴的民营经济在开放的过程中不断向发达国家学习，提升了自身的企业管理能力。

党的十一届三中全会作出实行改革开放的新决策，一系列强调科技促进经济发展的政策文件发布。1982 年 9 月，党的十二大报告提出"经济建设必须依靠科学技术，科学技术必须面向经济建设"的战略方针，政策走向是"放活科研机构、放活科技人员"，此后便刮起了知识分子"下海"的风潮，一部分科技人才成为民营经济发展的掌舵者。

1984 年 3 月 12 日，《中华人民共和国专利法》经第六届全国人民代表大会

常务委员会第四次会议审议通过。中央提出，必须认识在社会主义商品经济条件下，技术也是商品，可以流通，可以买卖。1985 年 1 月，国务院发布的《关于技术转让的暂行规定》为技术市场的发展提供了法律依据。同年，首届全国技术成果交易会在北京隆重举行，3000 多个单位的 2 万多项成果参展，参加交易的人员达 30 余万人次，洽谈交易 15181 项，交易金额高达 80.63 亿元。科技的蓬勃发展使国民经济发展提速，也为民营企业的技术革新带来了肥沃的土壤。

在这一阶段，许多乡镇企业为提升技术水平，雇佣国营单位的技术骨干在星期天到工厂做技术指导，他们被称为"星期天工程师"。上海奉贤县钱桥有农机厂、五金厂等一批企业，但大多都是农民们在一穷二白的基础上建立起来的，厂房简陋、设备陈旧，专业人才稀少，技术缺口极大地限制了企业的发展。乡镇企业想到要寻求"外援"，便将目光投向了科研机构的专业人员。1979 年底，钱桥橡塑厂从上海长宁橡胶制品研究所请来了助理工程师韩琨，帮助企业攻克橡胶密封圈生产的技术难关。韩琨坚持每周的星期天赶到厂里，研制配方、安排生产工艺流程、教学生、指导工人操作……经过几个月的艰苦努力，微型密封圈这一科研成果试制成功，填补了国内这项技术的空白。由于韩琨的到来，钱桥橡塑厂出现了生机，使大家信心倍增。原先厂里没有一名技术人员，在韩琨的悉心指导下，培养出了几个技术骨干。同时，企业对外信誉也大幅提升，业务量不断增加，业绩扭亏为盈。经公社党委讨论，决定给韩琨 3300 元的贡献奖励。没想到，这微薄的酬金却成了韩琨的"犯罪"证据，有关方面以受贿罪将韩琨抓了起来，史称"韩琨事件"。1982 年 3 月 15 日，国务院科学技术干部局发布了《实行科学技术人员交流暂行办法》。同年 12 月 23 日，《光明日报》头版头条以《救活工厂有功，接受报酬无罪》为题公开报道了"韩琨事件"，引发了全国范围内的大讨论，并引起中央高层的注意。1983 年 1 月 21 日，时任中央政法委书记的陈丕显主持召开中央政法委员会全体会议，专门讨论了"韩琨事件"，并作出韩琨的行为不构成犯罪的决定。这一决定为科技人员兼职兼薪正名，使一大批"星期天工程师"免除了牢狱之灾，为乡镇企业解决了人才缺失的问题，推动了民营经济的发展。

这十几年里，在科研领域，中国乃至全世界都有着许多新的科技成果。

1979 年，屠呦呦等人研制出的抗疟新药青蒿素获得国家发明奖二等奖，这位后来的诺贝尔奖得主为生物医药行业带来了新的成就。1982 年，在美国，第一支基因重组人胰岛素正式上市。1986 年，第一个抗肿瘤生物技术的药物干扰素和第一支重组基因工程乙肝疫苗问世，后者让乙肝疫苗走进千家万户。1978 年，中国人的平均寿命是 65.51 岁，到 1991 年，已增至 69.19 岁。十几年来，人们越来越健康，民营企业家和他们的雇员们做出了不可磨灭的贡献。

1980 年，我国向太平洋发射火箭试验成功。1981 年，我国成功地用一枚运载火箭发射了三颗卫星，成为继苏联、美国、法国之后第四个掌握"一箭多星"技术的国家。1982 年，我国潜艇水下发射导弹圆满成功。这些国防成果使我国的国际地位有所提高，在国际贸易中掌握更多的话语权。大国崛起，民营经济发展的信心也在不断增强。

1983 年，我国第一台亿次计算机"银河"研制成功，这使我国进入了世界上少数几个能研制巨型计算机的先进国家行列。世界上第一台通用计算机"ENIAC"于 1946 年 2 月 14 日在美国宾夕法尼亚大学诞生，发明人是美国人莫克利（John W.Mauchly）和艾克特（J.Presper Eckert），美国国防部用它来进行弹道计算。1956 年，中国第一台模拟式电子计算机研制成功。随后的几十年，计算机研发一直没有停止。1980 年，美国议会通过了一项法律，强调把知识产权的保护范围扩大到所有计算机软件。美国信息技术产业中半导体、路由器等硬件设备技术不断革新，1981 年，IBM（国际商业机器公司）推出个人计算机（PC）用于家庭、办公室和学校。1984 年，苹果公司发布了 Macintosh 计算机，其令人难以置信的图形用户界面（GUI）再一次改变世界。20 世纪 80 年代，激烈的竞争使得个人计算机的价格不断下跌，个人计算机的拥有量不断增加——美国居民个人计算机拥有率从 1984 年的 8.2% 攀升至 1990 年的 21.7%，而中国居民要到 20 世纪 90 年代才普遍拥有个人计算机。个人计算机的诞生，带来了一场软件革命，软件产品、商业程序陆续诞生。同时，硬件革命也到来了。电脑芯片和其他硬件不断迭代，产生了巨大的消费市场，带来了制造业的持续扩张。有线电视网络的诞生催生了个人娱乐消费的革命，改变了家庭电视世界，也因此诞生了光纤电缆，进而改变了计算机网络。

中国这边，1983 年 2 月召开全国计算机协调工作会议，把生产 IBM PC 兼容机定为发展方向，提出"照着 IBM 的 PC 做"。1983 年，"五笔字型"诞生。1984 年，邓小平在上海说："计算机普及要从娃娃抓起。"随后，孩子们开始全面接触计算机。有实力的院校都设立了计算机房，学生需要穿着鞋套进入，开设的计算机课程既有简单的打字练习，也有高级的 BASIC 编程。千元级别的中华学习机也开始风靡全国。1987 年，CANET 在北京计算机应用技术研究所内正式建成中国第一个国际互联网电子邮件节点，并于 9 月 14 日发出了中国的第一封电子邮件："Across the Great Wall we can reach every corner in the world.（越过长城，走向世界）"由此揭开了中国人使用互联网的序幕。1990 年 11 月 28 日，钱天白教授代表中国正式在 SRI-NIC（Stanford Research Institute's Network Information Center）注册登记了中国的顶级域名 CN，并且从此开通了使用中国顶级域名 CN 的国际电子邮件服务，从此中国的网络有了自己的身份标识。1990 年，世界上第一个 Web 浏览器诞生；1991 年，世界上第一个网页诞生。网络的诞生改变了全世界的生产与生活模式，也推动了技术变革的加速，为全世界创造了新的巨大需求。

1988 年 12 月，葛洲坝水利枢纽工程建成，年发电量达 157 亿千瓦时，相当于每年节约原煤 1020 万吨，对改变华中地区能源结构，减轻煤炭、石油供应压力，提高华中、华东地区电网安全运行保证度都起到了重要作用。1991 年 12 月，中国自行设计建造的第一座核电站——秦山核电站并网发电，结束了中国内地没有核电的历史。中国成为世界上继美国、英国、法国、苏联、加拿大、瑞典之后第七个能够独立设计制造核电站的国家。这既是综合国力的显示，也对改善东部沿海地区能源供需不平衡的状况具有重要意义。能源的充足为民营企业（尤其是工业企业）的发展带来了巨大的助力。

从1978年到1991年，我国民营经济发展的技术环境逐渐变得更好。一方面，中央政策主导的技术引进和技术革新，为民营经济发展带来新气象；另一方面，技术可以作为商品交易、对科技人才的政策放开，在客观上也推动了民营经济的发展。以万向集团鲁冠球为代表的民营企业家，依靠技术上的优势赚取了人生的第一桶金。但是，当时我国与西方发达国家的技术仍存在着巨大的差距，"中国制造"仍然未能走出国门。科技发展程度的落后，以及核心技术未能向民营企业倾斜等因素，极大地制约着我国民营经济的发展。

三、微软独占鳌头，苹果方兴未艾

1978 年至 1991 年，是发达国家经济快速发展的时期，涌现出许多具有代表性的企业。

一马当先的是美国的微软公司。1975 年，比尔·盖茨与保罗·艾伦在新墨西哥州创立微软公司。当时，他们见证了个人计算机的诞生，准确地抓住了这一历史性机遇。为配合 IBM 的个人计算机研发，两人夜以继日地开发操作系统软件。1981 年 7 月，IBM 选择了微软公司开发的 MS-DOS 系统。这一单生意奠定了微软公司在个人计算机操作系统领域的霸主地位。1985 年，微软公司推出首个操作系统 Windows，开创了视窗界面时代。随后，由微软公司研发的 Office 办公软件问世，它的影响持续到了今天，未来也将继续占据办公软件市场的巨大份额。1986 年 3 月 13 日，微软公司通过 IPO（首次公开募股）上市，发行价为 21 美元，比尔·盖茨保留公司 45% 的股权，年底时微软公司的股价翻了 6 倍。第二年，31 岁的比尔·盖茨身价涨到 3.5 亿美元，成为 1987 年 PC 产业中的第一位亿万富翁。1988 年，微软公司欧洲总部在爱尔兰的都柏林成立。到 1991 年，微软已成为全球第一大软件企业，市值超过百亿美元。

与微软公司并驾齐驱的是英特尔公司。1968 年，美国硅谷两位才华横溢的工程师罗伯特·诺伊斯和戈登·摩尔创立了英特尔公司，专注于半导体制造。凭借技术创新，英特尔公司在 20 世纪 70 年代成为全球微处理器的领导品牌。20 世纪 80 年代，英特尔公司又推出性能更强的 286、386 等系列产品，奠定了其在 PC 时代的统治地位。到 1991 年，英特尔公司的年收入已达 80 亿美元，成为全球半导体行业的巨头。

与微软公司激烈竞争的苹果公司，此时也初步发展起来。1976 年，史蒂夫·乔布斯与斯蒂夫·沃兹尼亚克创立苹果电脑公司（2007 年改名为苹果公司）。20 世纪 80 年代，苹果电脑公司成功研发出 Apple II 和 Macintosh 等产品，开创了个人计算机的先河。1984 年，苹果电脑公司推出的 Macintosh，实现友好的图形界面操作，推动了个人计算机的普及。20 世纪 80 年代后期，苹果电脑公司又开发出革命性的笔记本电脑产品 PowerBook，为 90 年代笔记本电脑的兴起奠定了基础。

个人计算机领域的另一个巨头是戴尔公司。1984 年，迈克尔·戴尔在大学宿舍创办戴尔公司，专门定制和销售个人计算机。戴尔公司采用直接面向客户的销售模式，根据客户需求生产和组装个人计算机，实现了按订单生产，成功降低了成本。到 20 世纪 80 年代末，戴尔公司已成为全球第三大个人计算机供应商。

说到美国的科技公司，不得不提到甲骨文公司。1977 年，拉里·埃里森和鲍勃·米纳共同创立甲骨文公司，专注于关系型数据库软件。凭借技术创新，甲骨文数据库在 20 世纪 80 年代获得客户青睐，收入快速增长。到 1991 年，甲骨文公司已成为仅次于微软公司的软件公司，数据库市场占有率达 42%。

销往全球的可口可乐公司，在这一时期也发展迅猛。可口可乐公司创立于 19 世纪末的美国，主打产品是碳酸饮料。1979 年，可口可乐公司开始进入中国市场。20 世纪 80 年代，可口可乐公司采用了 "制造全球品牌，营销本地化" 的策略，推出了多个配合本地口味的产品，增强市场竞争力。到 1991 年，可口可乐公司已成为全球碳酸饮料的龙头企业。

快速消费品行业的另一大巨头是享誉全球的宝洁公司。宝洁公司成立于 1837 年，最初以生产蜡烛、肥皂为主。19 世纪末，宝洁公司开始涉足日化用品市场。20 世纪 80 年代，宝洁公司不断创新营销策略，把高端化妆品推向大众市场，还收购了多家公司扩大产品线。到 1991 年，其营业收入已达 30 亿美元，在快速消费品行业占有重要地位。

直到现在依然在全球占据领先地位的超市沃尔玛，也在这段时间大展拳脚。1962 年，山姆·沃尔顿在美国阿肯色州开设第一家沃尔玛门店。20 世纪 80 年代，沃尔玛不断扩张，成为全美最大的连锁零售企业。它引入先进的库存系统，实行每日补货，降低成本和价格。到1991年，沃尔玛在全美已拥有近2000家门店。

另一家至今仍保持市场领先地位的耐克公司此时也崛起了。耐克公司创立于1972年，专注于体育用品的设计与生产。20世纪80年代，耐克公司大力推广"空气"概念的跑鞋，迅速占领市场，成为全球跑鞋领导品牌。随后耐克公司又推出了运动休闲服装产品线。耐克公司在全球劳动力价格偏低的国家和地区开设代工厂。1982年3月，耐克公司在中国福建开设第四个工厂，生产的运动鞋全部出口海外，当时还翻译为"乃基"，直到几年后，当它开始往中国市场内销时，才改名为"耐克"。到1991年，耐克公司已成为全球最大的运动用品供应商之一。

在娱乐行业影响深远的迪士尼公司此时也成长起来了。20世纪80年代，迪士尼公司致力于公园和度假村业务，先后在美国佛罗里达州和东京建设了新的迪士尼乐园。之后，迪士尼公司又收购了美国广播公司（ABC），成功转型为大型媒体集团。凭借电影、游乐园和电视资产，迪士尼公司成为1991年全球价值最高的娱乐企业之一。

美国娱乐行业另一家影响至深的公司是CNN（美国有线电视新闻网）。1980年，特德·特纳创立了全球首家全天候电视新闻网络CNN，实现新闻实时播报。凭借在海湾战争中的出色表现，CNN在20世纪80年代迅速发展，成为美国最具影响力的媒体之一。

20世纪80年代，美国的快递行业也有了初步发展，代表企业是UPS（联合包裹服务公司）。UPS起源于美国西雅图的一家小公司，主要提供本地快递服务。从1978年起，UPS开始服务美国的48个州，并提供次日达服务。20世纪80年代，UPS进入欧洲，随着电子商务的兴起，其业务量迅猛增长。到1991年，UPS已成为全球最大的包裹递送公司之一。

在德国，汽车工业迅猛发展，最具代表性的就是大众汽车。1974年，大众汽车推出了其历史上最具影响力的车型高尔夫，开创了轿车销量长盛不衰的局面。20世纪80年代，大众汽车不断开拓技术创新，1985年推出了具有轰动效应的带燃烧室的柴油发动机，获得巨大成功。与此同时，大众汽车也在不断扩展其产品线，布局国际化生产。到1991年，大众汽车已经跃升为欧洲第一大汽车制造商，其畅销车型高尔夫系列累计产量超过了2000万辆。

在英国，一家多元化发展的公司势不可当，它就是维珍集团。维珍集团由理查德·布兰森于20世纪70年代创立，最初主要以销售唱片起家。20世纪80年代，理查德·布兰森放大格局、开阔视野，不断扩充公司业务，先后开设零售商店，推出软饮料，又涉足金融和航空领域。1984年，维珍航空成立，开创性地提供廉价机票。之后，维珍零售商店和大型折扣店也相继开张。到1991年，维珍集团的市值已经达到了20亿英镑，跻身英国最大的私人企业之列。

意大利的奢侈品牌阿玛尼此时也发展起来了。1975年，乔治·阿玛尼在博洛尼亚创立服装公司，取名为阿玛尼。不同于其他奢侈品牌，阿玛尼引入了独特的商标和广告手法，大胆地将高级定制服装推向大众市场，推行奢侈品休闲化。20世纪80年代，阿玛尼成为米兰时尚界的代表，其男装与芬迪并称为"意大利双雄"。到1991年，阿玛尼已在全球开设超过30家专卖店，成为国际一线奢侈品牌。

日本在这个时期也有自己的代表性企业，比如佳能公司。佳能公司是一家成立于1937年的跨国企业。20世纪80年代，佳能公司成功地研发出喷墨打印技术，使其打印机快速打开国际市场。到1991年，佳能公司已成为全球打印机行业的领导品牌。

上述企业都抓住了经济快速增长的机遇，进行市场、技术和商业模式上的创新，最终成长为本国乃至全球的一流企业，成为我国民营企业学习的楷模。它们为欧美经济的繁荣做出了巨大贡献，也对我国民营企业的发展起到了示范作用。

四、改革开放后觉醒中的中国民营企业家

牟其中：时代沉浮中的壮志与错位

1998 年底，中国贺岁片《不见不散》上映，人们看着演员葛优在电影里一本正经地畅想："如果我们把喜马拉雅山炸开一道，甬多了，50 公里宽的口子，世界屋脊还留着，把印度洋的暖风引到我们这里来，试想一下，那我们美丽的青藏高原从此摘掉落后的帽子不算，还得变出多少个鱼米之乡……"

这样的宏图大计如果出现在 21 世纪的网络时代，人们或许一哂了之，但在 20 世纪 90 年代，确实有不少人相信，甚至会追崇这种创想的提出者。牟其中就是会有这种创想的人，他的成名颇具传奇色彩——"罐头换飞机"事件让他轰动全国，第一次出现在大众视野中。1989 年，牟其中已是南德集团的董事长，他偶然听说苏联想要低价卖掉一批飞机，但还没有确定买家。如果是一位普通百姓，听到这样的话题肯定转头就忘，但牟其中却动起了脑筋。经过多方打听，牟其中竟真找到了开航不久、需要购买飞机的四川航空公司，对方需要购买 4 架图-154 飞机。紧接着，牟其中又在当地收集了 500 车罐头和皮衣等积压的日用商品交给苏联。这笔"罐头换飞机"的交易在 1992 年正式完成。根据牟其中自己的说法，他大约获利 1 亿元。

声名鹊起的牟其中继续关注宏大的项目。当中国开始对国有企业进行改造时，南德集团的大厅里竖起一条标语："为搞活国有大中型企业服务，振兴社会主义经济"。当世界格局走向多极化时，牟其中在 1993 年提出"中俄美大三角理论"，宣称计划在满洲里开发边贸口岸，建成一个"北方香港"。当地政府批给南德集团 10 平方千米的土地以建立保税仓库，促进中俄两国对接。除此之外，牟其中还大张旗鼓地宣布了许多令人咂舌的项目：南德集团计划出资 150 万美元举办华人经济论坛，邀请全球华人企业家和经济学家参加；与重庆大学签署联合办学协议，并决定将重庆火锅快餐化；提议盖一座 118 层的大厦，楼下建一

个邓小平广场……① 只是这些项目里，有的从未落地，有的迟迟不见结果，牟其中几乎再也没有做出像"罐头换飞机"那样成功和知名的项目。

牟其中擅长提出形象生动的理论。面对人们质疑他的"空手道理论"时，他说："空手道是对无形资产尤其是智慧的高度运用，而这正是我对中国经济界的一个世纪性的贡献。"面对国内经济转型，他提出"99℃ +1℃"理论："有一壶水烧到 99℃ 还没有沸腾，没有产生价值，有人建议干脆把它倒掉重新烧一壶。这种人是傻瓜。聪明的做法是在这壶已烧到 99℃ 的水下再加一把柴，这样水就会开了，价值就会产生了。成功与否往往就在于这关键的一步。那么，这宝贵重要的 1℃ 是什么呢？它就是市场。"

1995 年，《福布斯》杂志将牟其中列入 1994 年全球富豪龙虎榜，这进一步提高了他的知名度。许多神化他的报道和书籍涌现，人们追捧这个梳着大背头的男人为"中国首富""中国第一民营企业家"。

然而在 1997 年 1 月，国家有关部门紧急通报南德集团"经营不善，已出现高风险、高负债"迹象。同年 9 月，一本"地下刊物"《大陆首骗牟其中》突然走红，作者自称是三个曾经投奔南德集团的打工仔，他们冒着生命危险揭露牟其中"上骗中央、下骗地方"，牟其中很快就从风云人物沦为"诈骗大师"。1999 年，牟其中被捕；次年被判犯有信用证诈骗罪，直到 2016 年才出狱。

即使入狱，牟其中的商业影响力仍然持续着，毕竟当社会步入市场经济快车道时，总有前赴后继、渴望发现商机的人，他们试图追随成功过的名人。一些人想通过探访在狱中的牟其中而获得启迪，其中引起媒体关注的包括万科集团的董事长王石。南德集团走出了不少知名人物：商业大咖冯仑、SOHO 中国创始人潘石屹和风险投资家王功权、刘军等。牟其中在狱中也不甘寂寞，坚持锻炼、关注经济。2008 年金融危机爆发后，牟其中写下《狱中书简》："我赞成此次金融危机是世界经济失衡的结果，把危机根源归结为华尔街高管们的贪婪，

---

① 吴晓波：《激荡三十年：中国企业 1978—2008》，中信出版社 2017 年版。

是肤浅的。"①

围绕牟其中的争议似乎总是难以消散，他有各种各样的称号：改革风云人物、倒爷、业余政治评论员、梦想家。他则认为自己有英雄气概和浪漫气质……然而无论从哪个角度回顾牟其中的一生，都可以发现时代的车轮在他的身上留下了深厚的印记。

首先，政治色彩浓厚的时代思潮和家庭出身对牟其中有一定影响。1941 年，牟其中出生在四川万县（今重庆市万州区），他的父亲牟品三是当地有名的银行家。在《牟其中：大陆首富发迹史》一书中，第一章就提到牟其中拥有洗刷不掉的"资本家血统"②。起初，牟其中只是一个高考落榜、大专退学后进入玻璃厂工作的四川工人。然而，他充满政治热情、忧国论道的特质早早凸显，还被视为"地下青年思想家"。1974 年，他写下的万言书《中国往何处去》让他背上了"反革命"罪名。直到 1979 年，四川开始平反冤假错案，他才被宣布无罪释放。第一次出狱时，他将近 40 岁。他声称自己要成为"中国经济体制改革的试验田"，因此举债 300 元，并申领了"万县市江北贸易信托服务部"执照，然后在 1982 年和其他人一起成立了中德商店。然而，命运似乎仍不眷顾他。1983 年，他从半停工的军工厂里仿制了一些座钟并以高价出售。就这样，牟其中背着"投机倒把、买空卖空"的罪名再次入狱，而他竟在铁窗内写下了《入党申请书》。

对他们那代人来说，年轻时满怀政治热情不足为奇。也曾有一个叫杨曦光的年轻人写下同名文章并入狱 10 年，但他在出狱后凭借过人的才华进入了大学，然后又到海外深造③。他就是后来两次被提名诺贝尔经济学奖的杨小凯。而牟其中则选择跳入市场经济的浪潮中。

---

① 吴晓波：《大败局 I》，浙江大学出版社 2013 年版。
② 袁光厚：《牟其中：大陆首富发迹史》，作家出版社 1996 年版。
③ 吴晓波：《激荡三十年：中国企业 1978—2008》，中信出版社 2017 年版。

其次，牟其中的成名经历和当时的社会环境密切相关。一些事情在后来市场规则和法治体系逐渐规范的时代就难以实现了。

前两次的入狱经历，似乎使牟其中对政治话语更加敏感。在他第三次入狱期间，为他服务了十几年的律师刘兴成认为，"他一写（申诉书）就说自己是中国社会主义市场经济的试验田——这是那个年代的政治话语。他认定自己的项目对国家有重大的价值，对企业来说，也会产生良好的回报。但在救赎的方式上，他陷入了路径依赖"，而且当下的法治环境与几十年前不同了，"需要就案件谈案件，一味政治化是没有出路的"①。

回看名噪一时的"罐头换飞机"的成功，可以发现这并非偶然。一方面，苏联因其实行的重工业制度使得轻工业产品供不应求，因此才能有以物易物的可能性。另一方面，当时中国计划经济体制在逐渐瓦解，但是国企的市场开拓能力和竞争能力不强，导致一些地方出现货物积压的现象，而牟其中正是在流通过程中进行了创新。他一度引以为傲的是交易过程中的运输计划和资金管理：中苏双方同时发货，但没规定中方的第一批货发什么，于是牟其中先将一火车最便宜的暖瓶胆发往莫斯科，同时将收到的飞机进行抵押，以换得流动资金。当苏联解体陷入混乱时，莫斯科方面也没人再催促发货，就这样，全部货物发完用了整整 5 年时间。其实，无论是在当年还是在今天的中国，飞机贸易都是一个有进入限制的领域，牟其中此举的合法性却始终没有人公开质疑过。②

第三次出狱后，牟其中找投资人谈项目时不再顺利。有知情人士透露："人家说得很客气，现在的玩法不一样了，以前那种'不让你担风险，你把钱借给我'的模式行不通了。"③牟其中的办法却是"大概方向行就可以了"。

---

① 后窗工作室：《牟其中归来这两年》，载网易号，https://www.163.com/dy/article/E4GI6FMH05259LSO.html.

② 王国刚：《大失败——经济学家眼中的中国失败企业家》，科学技术文献出版社 2004 年版。

③ 后窗工作室：《牟其中归来这两年》，载网易号，https://www.163.com/dy/article/E4GI6FMH05259LSO.html.

时过境迁，个人的成败往往都难逃时代的大手。正如冯仑在《野蛮生长》一书中提到的："一个时代有一个时代的生意人。政治情结、江湖大哥、民间智慧、合理的商业想象力，以及我们有限的体制空间，塑造出牟其中这样一个形象。"[①] 其实，牟其中自己也不是不知道时代的力量。他在 2020 年接受媒体采访看到图 -154 飞机模型时，已变得淡然："我自己容易健忘，过去的就翻过去了，也许过去我们干过什么事，当时很轰动，现在看起来小菜一碟，只是曾经有历史的痕迹而已。"[②]

当然，一个人的命运也是个人特质和选择的产物。牟其中的优点和局限性都非常鲜明。

敢于异想天开、能言善辩的优点帮他赢得名利，他那些生动有趣的理论让追随者们敬佩不已。多年后，当埃隆·马斯克的"星链计划"[③] 举世瞩目时，有人想起牟其中早在几十年前就提出用数百颗低轨卫星把地球包起来的构想。1994 年，南德集团开始投资国际卫星项目，与哈萨克斯坦航天机构合作开发"航向号"卫星。他的想象力和大气派让许多人自叹不如。

牟其中无疑是有过人之处的，只是他常常试图以剑走偏锋、错位的方式介

---

① 冯仑：《野蛮生长》，中信出版社 2017 年版。

② 《十三邀》（第四季）邀请了牟其中接受访谈。

③ 埃隆·马斯克的公司 SpaceX 推出的"星链计划"（Starlink Project）旨在构建一个卫星互联网网络，以提供地球上大部分地区的高速互联网接入服务。这个项目涉及发射成千上万颗小型卫星到低地球轨道（LEO），形成一个广泛的卫星网络。以下是"星链计划"的几个关键点：1. 高速互联网接入："星链计划"的目标是提供与地面宽带服务相媲美的高速互联网连接速度，特别是在偏远地区和农村地区，传统宽带服务可能不能用或服务质量低下。2. 全球覆盖范围：通过在全球范围内部署卫星，"星链计划"可以为地球上的几乎任何地方提供互联网服务，包括远洋和偏远地区。3. 低地球轨道卫星："星链计划"使用的是低地球轨道卫星，这意味着它们比传统的地球同步通信卫星更靠近地球，从而可以减少数据传输的延迟，提供更快的互联网连接速度。4. "星链"终端用户设备：用户需要一个特制的接收器（通常称为"星链终端"或"卫星碟盘"）来连接卫星信号，这使得接入互联网变得简单。5. 增强互联网基础设施："星链计划"有望加强现有的互联网基础设施，为教育、医疗和商业等领域带来变革，特别是在那些基础设施薄弱的地区。"星链计划"已经开始在多个国家和地区提供服务，且不断有新的卫星发射上天以扩展网络的覆盖范围和增强服务的稳定性。然而，"星链计划"也面临一些挑战和争议，包括对天文观测的影响、空间碎片问题以及监管是否合规等。

入这个世界。吴晓波评价牟其中有"四大错位"：角色代入的错位、民间企业家身份与异端的政治姿态的错位、改革主张和企业利益的错位，以及"泛政治化"与商业承诺的错位。[①] 作为商人，他满怀澎湃的政治热情，狂想各种宏大的、介于政治和经济领域之间的项目，又以高调的言行吸引人们的目光。尽管牟其中三入三出监狱，但他并未向命运低头，反而显示出坚毅的意志和乐观自信的生活态度。2016 年，75 岁的牟其中作诗云："人生既可超百载，何妨一狂再少年。"[②] 牟其中出狱后继续关注满洲里地区的开发，今天（我几乎每个月都去看望这个忘年交，听他对当下经济以及《资本论》等多部经典作品的宏论），牟其中挂在北京石景山一个小院（朋友借给他使用）的标语仍然是："驰骋西伯利亚，饮马贝加尔湖。"除此之外，他还计划第三次创业。他再次语出惊人，试图以智慧为中心，结束资本主义生产方式。[③] 人们一度希望他能像曾经的国企企业家、改革风云人物褚时健一样，在出狱后脚踏实地做出一番成绩，但目前看来，他似乎仍是老骥伏枥、壮心不已的"狂人"。

宗庆后："娃哈哈"之父，时代奋斗者

1978 年是中国历史上重要的一年，也是宗庆后命运的转折之年。因为在这一年出了新政策：如果家长放弃城镇职工工作，那么知青子女便可回城顶职。已过而立之年的宗庆后终于可以结束 15 年的下乡生活，重回浙江杭州。不过，他只有初中文凭，无法接替母亲成为小学教师，最后只能到农校办的纸箱厂当工人。

1986 年，改革开放不断深入，农村实行家庭联产承包责任制，城里则逐渐推广厂长经济责任制和承包责任制，一些企业开始将产品销售环节转给个人经营。宗庆后被任命为杭州上城区校办处经营部的经理。他带领几个员工骑着三

---

① 吴晓波：《大败局 I》，浙江大学出版社 2013 年版。

② 王国平：《牟其中：我欠的人情太多，我要保住命来还》，载封面新闻网，https://www.thecover.cn/news/120066.

③ 《十三邀》（第四季）邀请了牟其中接受访谈。

轮车到处卖课本、汽水、冰棍和冰激凌等各种商品，竟完成了一年获利 10 万元的目标。

20 世纪 80 年代末，当能吃饱肚子后，国人便开始关注起健康来，以杭州保灵为代表的蜂王浆产品拉开了中国保健品市场的帷幕。[①] 宗庆后代销和加工的花粉口服液也非常畅销。不过，这款合作的口服液竟存在激素问题，他不得不再调整思路。宗庆后发现小孩子们大多面黄肌瘦，原来是因为独生子女在家备受宠爱，养成了偏食的习惯，出现营养不良的问题。敏锐的宗庆后和浙江医科大学营养系的专家商量开发一款开胃产品。他也曾考虑做一款老少皆宜的产品，但作为没有太大名气、刚刚出来闯荡的小生意人，他最后还是决定主攻几近空白、但有三亿多名儿童的市场。经过公开征集，一位少年宫的主任为宗庆后的产品提出了一个好名字——"娃哈哈"。这个名字来自新疆的儿歌，既朗朗上口，也便于小朋友记忆和接受。[②]

有了产品，如何打开市场呢？宗庆后选择了一条被人们认为具有创新性的道路——广告。那个年代，在媒体上打广告还是比较少见的。根据宗庆后的回忆，其实这是因为当时找到的销售员们要求打广告，他们认为在人们对"娃哈哈"产品有概念之后才好打开销路。

1991 年初，经典广告词"喝了娃哈哈，吃饭就是香"走进千家万户，"娃哈哈"儿童营养液风靡全国，供不应求。宗庆后当时判断，如果不扩大生产规模，可能会丢失市场机遇，但按常规的思路，立项、征地、搞基建，折腾下来要花几年时间。在市政府的牵头下，"娃哈哈"做了一件轰动全国的事——"小鱼吃大鱼"[③]：经过实地调研，当时的杭州市委秘书长沈者寿提出让"娃哈哈"

---

① 王国刚：《大失败——经济学家眼中的中国失败企业家》，科学技术文献出版社 2004 年版。

② 《改变世界·中国杰出企业家管理思想访谈录》，载第一财经网，https://www.yicai.com/news/4753624.html.

③ 周文、王西：《激荡四十年：7 年前靠"小鱼吃大鱼"成就了今天的娃哈哈》，载新蓝网，https://baijiahao.baidu.com/s?id=1614386180835427890&wfr=spider&for=pc.

去兼并杭州罐头食品厂，这个提议后来得到了市委和市政府的同意。于是，一个只有100多名职工、占地大约1000平方米的小厂，用8000多万元有偿兼并了有2000多名职工、60000平方米厂地面积的杭州罐头食品厂。当时社会上还在争论市场经济到底是姓"资"还是姓"社"的问题，因此有人认为，"娃哈哈"这是在瓦解国有经济、搞资本主义复辟，而且两个厂的员工也有各自的顾虑。在这种背景之下，无论是政府领导还是企业管理者，压力都不小。实际上，杭州罐头食品厂作为全国十大罐头厂之一，虽然规模大，但已经资不抵债；"娃哈哈"看着规模小，却有产品和资金优势。这种情况并不罕见，当时一些国企生存维艰，而一些经营机制灵活的校办企业却在市场中如鱼得水。在宗庆后的管理下，被兼并的罐头食品厂在三个月内就扭亏为盈。因为员工数量激增，"娃哈哈"后来又新开了果奶生产线，并逐步放弃了陷入无序竞争的保健品产品线，由此促进了自身的转型。这场令人耳目一新的兼并，打破了固有的隶属关系和等级差别，遵循市场经济的规律，甚至对更大范围的经济改革都产生了影响。

"娃哈哈"在经营上最出名的是"联销体"。为了解决坏账问题、建立庞大的销售网络，"娃哈哈"在总部和各省区分公司下面的一定区域内只发展一家一级批发商，批发商等级共三级，直至终端。这个运作模式将上下级批发商和公司的利益提前绑定：每年开始，"娃哈哈"特约一级批发商根据各自经销额的大小打一笔预付款，"娃哈哈"支付与银行相当的利息。一级批发商每次提货前，都要与"娃哈哈"结清上一次的货款。一级批发商在自己的势力区域内发展特约二级批发商与二级批发商。两者的差别是，前者将打一笔预付款给一级批发商以争取到更优惠的政策。[①] 有意思的是，曾有一位名叫钟睒睒的经销商"窜货"了，他将海南经济特区低价出售的"娃哈哈"口服液高价卖到了广东，最后他被取消经销权。不过，他日后创办的"农夫山泉"在矿泉水市场后来居上，当时不会有人想到，他凭借着一瓶矿泉水，两次登上中国首富排行榜。

---

① 吴晓波、胡宏伟：《非常营销》，浙江人民出版社2002年版。

20世纪八九十年代，引进外资、办合资企业风靡一时。"娃哈哈"也在1996年与世界第五大食品公司——法国达能集团达成合资协议。同年，"娃哈哈"纯净水上市，并夺得全国市场占有率第一名，企业的销售额突破10亿元。[①]

多年的磨合并未让这场令人艳羡的跨国"婚姻"白头偕老。"达娃之争"在2007年公开爆发，并成为改革开放以来影响最大的国际商战。《经济参考报》在2007年4月发表了题为《宗庆后后悔了》的报道："由于当时对商标、品牌的意义认识不清，使得娃哈哈的发展陷入了达能精心设下的圈套。"报道还显示了达能集团计划以40亿元并购杭州娃哈哈集团在合资公司体外建立的其他相关企业。宗庆后指责达能集团意图垄断中国饮料业，而达能集团却反击称，宗庆后多年来设立了这么多在母体外的企业，是在搞"体外活动"。

双方互不相让，这迅速在国内外引起热议。浙商研究会执行会长杨轶清表态："从整个事态看，达能显然是占了便宜。先不谈动机是什么，至少有一点是肯定的，那就是中国企业与外资合作的风险无处不在。'娃哈哈'这么成功的企业、宗庆后这么精明的老板，都没有避免这样的问题出现，这说明中国企业的全球化之路任重道远。"[②] 一些财经人士则认为，饮料行业已是一个完全开放的竞争性领域，国家保护已无必要，宗庆后试图悔约，缺乏必要的契约精神，而且他企图挟民族主义狂热来达到自己的商业目的。[③] 双方打了几十起官司，直到2009年9月才达成和解。充满戏剧性的是，达能集团同意将其在各家合资公司中51%的股权以30亿元的价格出售给中方合资伙伴，这样一来，本来是达能集团收购"娃哈哈"非合资公司的事件，却变成了"娃哈哈"的反收购。

20世纪末，国产可乐红极一时，包括崂山可乐、天府可乐和少林可乐等。非常可乐是"娃哈哈"在1998年推出的产品，2001年，非常可乐已经占据国

---

① 吴晓波、胡宏伟：《非常营销》，浙江人民出版社2002年版。

② 王小波、万栋：《"娃哈哈遭并购"引发各界热议》，载《经济参考报》，2007年4月5日。

③ 吴晓波：《激荡三十年：中国企业1978—2008》，中信出版社2017年版。

内碳酸饮料市场 12% 的份额；2006 年底，非常可乐在国内碳酸饮料的市场占有率已经提升到 16%—17%。[①] 其实在产品口味上，非常可乐和可口可乐并没有明显差别，甚至二者的包装都采用了红色。它们的差异首先体现在广告上，非常可乐打着"中国人自己的可乐"的宣传语，打民族主义"情怀牌"，而且广告攻势凶猛。据统计，1999 年 1 月至 8 月，非常可乐仅在央视的广告投入就加码到 2370 万元。而可口可乐同期的全国广告投放总计 9860 万元，只比上一年略有增长。

　　二者的差异还体现在渠道上。当可口可乐和百事可乐在城镇引领风潮时，非常可乐靠着"农村包围城市"的策略，提高在二三线城市的市场占有率。然而，非常可乐试图持续在农村市场中以低价取胜，不但错失了城镇中的年轻消费者，也在品牌心智上棋差一着，以至于后来被误以为是模仿可口可乐和百事可乐的山寨品。前瞻产业研究院的数据显示，2021 年，可口可乐和百事可乐在国内碳酸饮料的市场份额分别为 53.4% 和 32.2%，非常可乐只占 0.8%。不过，时隔多年后，新兴品牌、擅长新媒体营销的"元气森林"跻身前五名，市场占有率达到了 4.6%。

　　"娃哈哈"能够取得成功，自然离不开极具能力和魅力的当家人。和那时的很多企业家一样，宗庆后没能接受大学教育，他将早年的成功归结于自己的勤奋、忠厚老实、讲诚信，也归结于自己勤于观察、喜爱读书、直觉敏锐。宗庆后在早期兼并罐头食品厂的过程中，展现了头脑清晰、能凝聚人心的优点。此外，坚忍不拔是他最看重的男性品质。[②] 他经历过上山下乡，在商业浪潮中屹立不倒。有时候他也会表现得极为强势，在外界报道中，他是一个手腕强硬、说一不二、有"大家长"作风的当家人。

　　有人视宗庆后为营销大师，因为"娃哈哈"擅长打广告，尽管这家企业早

---

① 王涵：《谁伤害了国产可乐》，载《凤凰周刊》，2023 年第 5 期。
② 参考宗庆后在《鲁豫有约·说出你的故事》节目接受的采访。

年的广告确实很成功，但绝不能忽略时代技术的特殊性。在那个年代，大众媒体方兴未艾。进入网络时代、电商时代后，"娃哈哈"似乎并没有将营销玩得风生水起，宗庆后甚至还一度怒斥马云"用电商搞乱实体经济"。宗庆后尝试过做童装、奶粉甚至是地产，都没有掀起风浪，这也让不少人担忧品牌的老化。尽管宗庆后在 2010 年、2012 年和 2013 年三度问鼎福布斯中国内地富豪榜首富宝座，但 2022 年，钟睒睒凭借 623 亿美元的财富值成为首富，而宗庆后以 69.5 亿美元的财富值位居第 45 名。2020 年，胡润研究院发布了《2020 胡润中国 10 强食品饮料企业》，按照企业市值或估值，"娃哈哈"只能排第 7 名。

在家族企业传承方面，中国民营企业家一般选择让子女接班或者引入职业经理人。虽然宗庆后不止一次公开表示，职业经理人是现代企业的选择之一，子女可以继承财富，而不一定要继承管理，但宗庆后家族还是做了两手准备。2007 年，宗庆后的女儿宗馥莉出任宏胜饮料集团总裁，之后她将宏胜饮料集团从"娃哈哈"中独立出来。宗馥莉在美国念完了中学和大学，想法和父亲自然有许多不同之处。相比老一辈企业家的"重人情"，宗馥莉更注重制度化管理。"娃哈哈"向浙江大学捐资成立食品研究院的计划谈判耗时一年，宗馥莉对每一项具体事务制定了要求，细化到聘请教授的名单和每一笔资金投入的切实用途，被评价为"最苛刻的捐赠者"[1]。她努力让"娃哈哈"赢得新时代年轻人的喜爱：十年没改包装的营养快线有了多彩的限量包装；和钟薛高推出联名款 AD 钙奶雪糕；换掉多年的代言人王力宏后，让许光汉成为纯净水、苏打水系列产品的代言人，以及让王一博成为气泡水"生气啵啵"的代言人[2]……2021 年 12 月，"娃哈哈"宣布，宗馥莉出任集团副董事长兼总经理。让"娃哈哈"成为百年企业是宗庆后早就提出的心愿，而随着宗庆后退居二线，企业经营的重担正式落在了宗馥莉和其他企业高管的肩上。

---

① 《家族企业》杂志：《源动力：中国民营企业传承突围》，华文出版社 2020 年版。
② 李婉颐：《等待 17 年，富二代宗馥莉终于上位》，载《凤凰周刊》，2022 年第 1 期。

2024 年 2 月 25 日，宗庆后病逝，一代传奇谢幕。人们怀念宗庆后，致敬宗庆后。他和他创立的企业是时代的见证者，见证了改革开放以来的沧桑巨变；他和他创立的企业也是时代的奋斗者，在奋斗中让人们看到了值得学习的民营企业家精神。

首先，透过宗庆后早年的发展，可以看到改革开放对有才之士的激励：承包责任制打开国人发展新思路，让人们不再为饱腹忧愁，从而进入了注重身心保健的时代；开放的思想打破了一些国有老厂僵化、亏损的牢笼，让民营力量蓬勃生长，这也是"娃哈哈"能实现"小鱼吃大鱼"的前提。回过头来看，宗庆后承认时代的特殊性："紧缺经济的年代，可以白手起家，现在没有大的资本，你是起不了家的。"[1]

其次，他的经历让人们体会到"摸着石头过河"绝非空话。宗庆后曾经试图在 1997 年推动"娃哈哈"的美食城上市，但至今未能如愿。他后来回应："那时候是国家刚刚开始做股市，我们是浙江省的试点单位，所以公开募股成立了美食城，但公开募股时需要证监会批准。实际上当时包括政府在内，大家都不懂上市的概念，证监会最后否决了这个项目的上市申请，美食城并没有上市成功。"[2]

最重要的是，宗庆后的奋斗者形象可谓时代标杆，他的民营企业家精神更是值得崇敬。当他还在世时，就是许多企业家的榜样。当他去世后，人们更是纷纷悼念。人们敬重他在改革风云年代敢为人先、实干兴邦的精神，钦佩他在发家后仍然勤勉克俭、有责任担当的作风，致敬他始终饱含人文关怀，秉持正确的财富价值观。人们列举他过往的感人事迹：不开除 45 岁以上的员工；生活朴素，不爱穿名牌，出差愿意坐高铁二等座；活到老学到老，76 岁时还取得了

[1]　《改变世界·中国杰出企业家管理思想访谈录》，载第一财经网，https://www.yicai.com/news/4753624.html.

[2]　谢芸子：《温和鹰派宗庆后》，载《中国企业家杂志》，2018 年 9 月 19 日。

基金从业资格证书……在他逝世的当天，央视新闻回顾了一条 2017 年的采访视频。在采访中，当宗庆后被问到理想生活的标准时，他回答："让老百姓对你这个企业家比较满意，比较尊重你，尊重你的财富。要做到这一点也不是那么容易的。""有财富，你还帮着别人共同富裕，这样人家才会尊重你。"

许多人都听过苏联作家尼古拉·奥斯特洛夫斯基写在《钢铁是怎样炼成的》一书中的名句："人的一生应当这样度过：当回忆往事的时候，他不会因为虚度年华而悔恨，也不会因为碌碌无为而羞愧。"其实，宗庆后也曾在 2018 年说过类似的话："我是一个普通人，从底层崛起的凡人。幸运的是，我生于一个大时代；更幸运的是，我获得了一个机会，缔造了一家公司，并且因之而一度成为'中国首富'，得到了价值的实现与认同。我唯一的念头是，当我真的老去，我可以对所有人说：'我这一生，并不非凡，但我干了一番事业，改变了一些人的命运，为这个时代、这个社会和这个国家提供了一些正能量。很多人因我而受到鼓舞，成为主动打造新世界的力量。'真希望他们回答我：'不用担心，我们的看法相去不远。'"

斯人已逝，幽思长存。在改革开放年代勇立潮头、发挥企业家精神的宗庆后，度过了充实、有为的一生，而他创办的"娃哈哈"则继续书写着中国民营企业的新时代征程史。

"八大王"：温州民营经济起风波

擅长经商的温州人素有"东方犹太人"之称。当改革开放的东风刚刚吹起，敏锐的温州人就行动起来了，遍地都是他们的小生意。1980 年，温州成为国家进行经济体制改革的第一个试点城市，中国第一个个体工商户就出自这里。仅仅过了两年，在全国打击经济领域犯罪的活动中，温州发生了轰动一时的"八大王"事件。

说起"八大王"，人们会追溯到温州市乐清县柳市镇上的柳市通用电器厂。

厂长石锦宽是大学毕业生，做过居委会主任，动员过知青上山下乡，后来为了帮助重回城镇的知青就业，创办了这个主要经营低压电器业务的社队企业。1979 年，这家企业的产值竟达到 1 亿元，汇款汇入额占柳市的三分之二。[①] 一些独立的个体经营挂靠在这家社队企业，只需要交一些管理费就行了。1980 年，每个行业中挂靠经营的业绩最突出的人，在表彰大会上可以获得写有"大王"称号的热水瓶。例如，属于电器车间（门市部）的就叫"电器大王"，属于旧货车间（门市部）的就叫"旧货大王"。就这样，十个"大王"在当年横空出世。

当时个体私营经济火热，市场经济让温州人尝到了甜头，有的人建起了厂房，有的人开起了店铺，还有的人建起了小洋楼。然而当时"姓资姓社"的争论不止，有的人认为个体私营是在走资本主义道路，是在投机诈骗，并且导致了物资流通混乱。1982 年，国家印发《关于打击经济领域中严重犯罪活动的决定》，要求坚决打击"走私贩私、贪污受贿、投机诈骗、盗窃国家和集体财产等严重犯罪活动"。接着，浙江省委组成"打击投机倒把工作组"，而温州决定将乐清县柳市镇作为重点对象。当时的乐清县委并不同意打击个体工商户，但其后来被改组。

柳市的"大王"们风光不再。"五金大王"胡金林首先被工作组叫去谈话，他的电器原料通过各种法子从国企流出，生产出来的产品也是卖给上海、宁波一带的国企，到 1981 年，他的企业营业额已有 120 万元。[②] 被约谈后，他主动补缴了 6 万元作为 17 个月的税额，然而税务部门后来通知他营业税上调，增至 6%。感觉不妙的胡金林仓皇出逃，直到 1985 年才被捕获，而他在入狱 66 天后被宣布无罪释放。"线圈大王"郑祥青的遭遇，据传也颇有戏剧性。工作组在开车时看见一幢三层的小洋楼，便议论道："这户人家不搞资本主义，能有钱盖这

---

① 汤琴、程遥、叶长一：《柳市八大王，改革开放的探路者》，载浙江新闻客户端，https://baijiahao.baidu.com/s?id=1600514393647289826&wfr=spider&for=pc.

② 吴晓波：《激荡三十年：中国企业 1978—2008》，中信出版社 2017 年版。

样的楼吗？"楼房主人郑祥青就这样成了打击对象，院里废弃的电机线圈成为指控他"生产伪劣线圈牟取暴利"①的证据。"螺丝大王"刘大源虽然逃脱了牢狱之灾，但在外三年也如流浪汉一般。"旧货大王"王迈仟 1982 年被判刑 7 年，1983 年被无罪释放，1995 年因肝癌去世，享年 50 岁。大王们的"靠山"石锦宽也遭到拘禁审查，柳市通用电器厂被迫关停。

人们对"八大王"究竟是哪些人有不同的说法。据考证②，"八大王"应指挂靠在柳市通用电器厂的 8 个有名且被打击的人："五金大王"（也有人称其为"电器大王""机电大王"）胡金林、"螺丝大王"刘大源、"矿灯大王"程步青、"目录大王"叶建华、"翻砂大王"吴师濂、"线圈大王"郑祥青、"胶木大王"陈银松、"旧货大王"王迈仟。此外，虽然人们将这个事件的主角称为"八大王"，但当年被抓的还有 3 个自己开办了车间或门市部的供销员："电器大王"郑元忠、"仪表大王"钱师雄、"合同大王"李方平。他们虽然没有挂靠电器厂，但也被人们称为"大王"。同样被视为"八大王"案件代表之一的郑元忠也出逃了，后来他在看守所被关押了 186 天。

经此打击，温州私营经济的积极性受到重创。年底温州"两户"（重点户和专业户）代表表彰大会召开时，被邀请的人根本不敢到场。一些数据更为直观：1982 年，柳市镇工业产值比 1981 年下降了 53.8%；温州工业在 1980 年的增速为 31.5%，到 1982 年则下滑为 -1.7%；到 1982 年底，全国揭出并立案审查的各类经济犯罪案件共 16.4 万余件，已结案 8.6 万余件，依法判刑的近 3 万人，追缴赃款赃物计 3.2 亿多元③。

经济整肃运动与 1980 年前后国家宏观经济的变化有关。在改革初期，做大项目和经济调整的步子都迈得太大，国家在 1979 年和 1980 年连续两年出现

---

① 胡方松、林坚强：《温州模式再研究》，社会科学文献出版社 2018 年版。
② 胡方松、林坚强：《温州模式再研究》，社会科学文献出版社 2018 年版。
③ 张志勇：《民营企业四十年》，经济日报出版社 2019 年版。

巨额的财政赤字。1980年，商品价格上涨6%，其中城市上涨8.1%，农村上涨4.4%。[①] 当时一些国企的能人被乡镇企业和私企以高薪挖走，但他们在国企仍属于"停薪留职"，人才流失也在一定程度上加重了国企经营状况的恶化。1981年，《国务院关于加强市场管理打击投机倒把和走私活动的指示》印发，后来又规定"凡同大的先进工业企业争原料的以及盈利较多的社队企业，不论是新办的或者是原有的，一律照章征收工商所得税"。到1982年，打击走私贩私、贪污受贿的斗争在广东、福建、浙江、云南等地展开。

"八大王"事件是1982年经济整肃的缩影，但改革开放的历史潮流没有就此逆转。1984年中央一号文件明确提出，鼓励农民向各种企业投资入股，兴办各种企业，国家要保护投资者的合法权益。温州市委书记袁芳烈对"八大王"案件进行了反思，并在1984年就"八大王"认定问题作批示。经过复查审理，"八大王"案件以及类似案件都得到了无罪改判，收缴的财物从国库拨出归还，而且结论是：除一些轻微的偷税、漏税行为外，"八大王"的所作所为基本符合中央精神。1984年，温州市委公开宣布给"八大王"平反并道歉。同年4月8日，《浙南日报》写道："法律保护勤劳致富的冒尖户。"在"八大王"案件平反后，乐清县的电器业也再次热闹起来。曾在"目录大王"叶建华门前摆摊修鞋的南存辉申请注册了一个电器开关厂，这个厂后来成了中国500强企业——正泰集团。不过，令人唏嘘的是，"八大王"中并没有人能再现当年的辉煌。

至于"投机倒把"，这是在计划经济时代被广泛用来限制个人经济交易行为的由头。1979年的《中华人民共和国刑法》虽提到"投机倒把"罪名，但并没有对应的具体解释，而且"八大王"这样的个体工商户经营企业，其行为并不属于国务院颁发的文件中规定的"投机倒把"。1997年新修订的《中华人民共和国刑法》取消了"投机倒把"罪名，也就是说现在这个罪行已成为历史。多年后，袁芳烈在接受《人民司法》的记者采访时说，这些错案比较典型地反映

---

① 张志勇：《民营企业四十年》，经济日报出版社2019年版。

了我们执法工作的指导思想与社会经济发展现状严重不相适应的矛盾。作为上层建筑一部分的人民法院，如何适应经济基础的巨大变化，这是个必须解决的问题。①

"傻子"年广久：写进《邓小平文选》的雇工问题

"一个傻子带动了一个瓜子城市的崛起，一粒瓜子诠释了改革开放的历史进程"——坐落在安徽省芜湖市的"傻子瓜子"博物馆里有这样一句标语，而这句标语浓缩了那个风云激荡的年代的创业故事。

党的十一届三中全会后，国家不断鼓励个体私营经济发展。1979 年，国家工商行政管理总局批准了年广久申请的"傻子瓜子"商标，这让 42 岁的他兴奋不已。年广久十几岁时就摆摊卖鲜果，赚了一些钱，却被扣上"投机倒把"的帽子，在 1963 年被判了刑。出狱后，他觉得自己做水果生意争不过国营门市部，便另谋生路学了炒瓜子的手艺，没想到还挺受欢迎。有人说，因为年广久看起来傻傻的，称好瓜子后还会抓一大把送给顾客，所以大家说他是"傻子"；也有人说，他父亲是从北方逃荒而来的，当地人统称北方人为"侉子"②，被喊得多了就变成了"傻子"。无论这个名字是什么来源，总之当时"傻子瓜子"的生意好，名声也响。

随着生意越做越好，年广久便创办了"傻子瓜子"公司，还与新芜区劳动服务公司和芜湖县清水镇工业公司两家签订联营协议。1981 年，国家允许个体户请两个以内的帮手，而胆大的年广久在这一年 9 月开始雇工，请了 4 个帮手，随后又发展到 12 个。一些人想到马克思在《资本论》中的论断：雇工 7 个人以下，赚了钱用于自己消费的，算个体户；雇工 8 个人以上，产生了剩余价值，

---

① 孟焕良：《柳市"八大王"案再审纠错始末》，载《人民司法·天平》，2021 年 4 月 29 日。

② 王国刚：《大失败——经济学家眼中的中国失败企业家》，科学技术文献出版社 2004 年版。

就算剥削，是资本家。①因此，"七上八下"是当时雇工问题的一条分界线。令人困惑不已的问题产生了：炒瓜子的年广久是剥削人民的资本家吗？

随着经济的发展，雇工问题引发了越来越多的争议。当时在广东，雇工几十人、上百人的情况也存在。1981年5月29日，《人民日报》刊登了一篇题为《一场关于承包鱼塘的争论》的调查报告：一个叫陈志雄的肇庆农民，在承包百亩鱼塘后雇用了几百个短工。这篇文章在社会上引起热烈反响，人们的看法不一。关于年广久雇工问题的争论自然也无定论。直到1982年，面对一份由安徽省委撰写的关于"傻子瓜子"雇工多、社会反响大，认为其走资本主义道路，主张加以限制的调查报告，邓小平表态："不要动，先放一放，看一看。"这是邓小平最早谈到"傻子瓜子"。②过了两年，年广久的雇工已经有100多人了。在他的带动下，芜湖市的瓜子产量由原来的不到100万斤，猛增到3000多万斤，税收达400多万元。③1983年，邓小平在中央顾问委员会第三次全体会议上说："前些时候那个雇工问题，相当震动呀，大家担心得不得了。我的意见是放两年再看。那个能影响到我们的大局吗？如果你一动，群众就说政策变了，人心就不安了。你解决了一个'傻子瓜子'，会牵动人心不安，没有益处。让'傻子瓜子'经营一段，怕什么？伤害了社会主义吗？"④后来有财经人士分析，年广久这样的雇工问题之所以能引发中央关注，也和当时的就业情况有关——当知青返城后，城市就业压力骤增，私营经济依旧是被批判的对象，多数官员对它也只能"既痛恨又无奈"，在20世纪70年代末，城镇失业率为5.3%，有上百万人失业，国家财政也无法投资解决这一问题。⑤而雇工数量的争论直到

① 中共中央编译局：《马克思恩格斯全集》（第二十三卷），人民出版社1972年版。

② 叶心冉：《年广九：两度入狱也没放弃瓜子生意，谁给了"傻子"胆量？》，载《经济观察报》，2019年10月5日。

③ 王国刚：《大失败——经济学家眼中的中国失败企业家》，科学技术文献出版社2004年版。

④ 邓小平：《邓小平文选》（第三卷），人民出版社1993年版。

⑤ 王国刚：《大失败——经济学家眼中的中国失败企业家》，科学技术文献出版社2004年版。

1987 年才休止，中央五号文件发布："在社会主义初级阶段，在商品经济发展中，在一个较长时期内，个体经济和少量私人企业的存在是不可避免的。"

年广久沉醉于他的瓜子事业，想尽办法扩大销量。为了改进瓜子的品质和口味，年广久花了 100 多天走访了几个城市，而后创制出一款博采众长的新口味瓜子。他的瓜子定价远低于国营商业单位，加上质量更好，"傻子瓜子"的生意火热。更让人大吃一惊的是，他宣布开展有奖销售，即买够一定数量的瓜子就可以抽奖，奖品中竟有价值上万元的小轿车！这是前所未有的，一下子吸引了民众。只是不久后国家出台政策，要求停止一切有奖销售活动，"傻子瓜子"公司受到重创。

中国私营经济发展的"黄金时期"从党的十一届三中全会开始，持续到了 1988 年。1988 年，宪法第十一条增加规定："国家允许私营经济在法律规定的范围内存在和发展。"私营经济取得了合法地位。不过，国家虽然承认私营经济合法，但它的地位、前途以及未来的发展等仍模糊不清，如果私营经济在区域经济结构中所占比重过高，该区领导有可能被认为犯了方向错误。[①] 此外，从 1988 年下半年开始，国民经济出现过热现象，抢购风潮、倒买倒卖使得部分商品变得紧缺，经济秩序陷入混乱。党的十三届三中全会提出"治理经济环境、整顿经济秩序、全面深化改革"的指导方针，人们对私营经济的看法转变，还有人呼吁"不能吸收私营企业主入党""加强城乡个体工商户和私营企业税收征管"等。[②] 这时，私营经济再次成为灰色名词。一些人担心成为被改造的对象，甚至提出重新把企业交给国家，也有人积极找"靠山"，试图戴上集体的"红帽子"，产权不清的联营企业成为那一特定时期的独特产物。[③]

当时"傻子瓜子"公司也出现了亏损，经员工揭发，年广久被立案侦查，

① 王国刚：《大失败——经济学家眼中的中国失败企业家》，科学技术文献出版社 2004 年版。
② 叶心冉：《年广九：两度入狱也没放弃瓜子生意，谁给了"傻子"胆量？》，载《经济观察报》，2019 年 10 月 5 日。
③ 张志勇：《民营企业四十年》，经济日报出版社 2019 年版。

罪名是在和政府联营期间贪污、挪用公款。年广久作为一个文盲，自然不懂会计规范，他的公司财务是一本糊涂账。经调查，年广久的经济问题不成立，但他和与自己相差 20 多岁的女大学生结婚，法院在 1991 年判他犯了"流氓罪"。

1992 年邓小平"南方谈话"使全国思想再次得到解放，私营企业的活力也被唤醒了。无巧不成书，邓小平又一次提到年广久："农村改革初期，安徽出了个'傻子瓜子'问题。当时许多人不舒服，说他赚了一百万，主张动他。我说不能动，一动人们就会说政策变了，得不偿失。"[1] 一个月后，年广久被无罪释放。

命运和改革交织在一起，年广久很是自豪。1994 年初，一家贸易货栈因运输紧张，不能按时供货，年广久竟摘下人家的牌子，倒挂在芜湖市委机关门口，还口出狂言："谁不支持'傻子瓜子'，谁就是反对三中全会。"结果遭到了有关部门的严肃批评，年广久不得不请罪道歉。到了 1997 年，"傻子集团"成立，并在全国开了近百家分店，雇了几百人炒瓜子和销售瓜子，年销售额有数亿元。然而此后暴露的一系列问题，让"傻子瓜子"日渐黯淡。

首先，企业家的个人素养阻碍了品牌发展。从管理方式看，第一代商人大多是经验型管理者，大字不识几个的年广久用小作坊的经营方式来管理扩张迅猛的公司，难免顾此失彼。年广久对自己的评价是"大错不犯，小错不断"，而许多跟他打过交道的人则说他是"小事精刁，大事糊涂"[2]。年广久的大儿子年金宝曾说："他当时之所以出名，是靠新闻炒起来的，十一届三中全会以后，全国都在找典型，碰巧让他撞上了。"[3]

其次，家族纠纷影响了企业经营。十多年来，年广久跟他的两个儿子以及"大小老婆"之间旷日持久的官司，把"傻子瓜子"折腾得死去活来。[4] 在集团

① 邓小平：《邓小平文选》（第三卷），人民出版社 1993 年版。

② 吴晓波：《激荡三十年：中国企业 1978—2008》，中信出版社 2017 年版。

③ 宋春丹：《逝者年广九：写入〈邓小平文选〉的"傻子瓜子"》，载《中国新闻周刊》，2023 年 2 月 12 日。

④ 蔡恩泽：《中国家族企业成长之痛》，载《商界名家》，2003 年 6 月。

成立不久后，年广久看到两个儿子担任了董事长、监事长，自己担任的董事局主席"没有实权"，他竟砸了集团牌子，和儿子闹得不欢而散。2000年，年广久将"傻子瓜子"商标连同"年广九"名号和注册头像有偿转让给了两个儿子，但两个儿子却打起了商标官司，这场纠纷直到大儿子在2006年意外离世才收场，可年家又陷入遗产纠纷，案件历经三年才告一段落。[①]2023年1月，年广九在芜湖因病去世，享年86岁。

最后，"傻子瓜子"的销售模式没有与时俱进。同为炒货品牌的"洽洽香"瓜子在1995年由安徽人陈先保成立，"三只松鼠"则在互联网时代创立于芜湖。当"傻子瓜子"陷入泥淖时，洽洽食品和三只松鼠分别于2011年、2019年在深圳交易所挂牌上市。当然，相较于"傻子瓜子"，"徽派炒货"的新创业者们成长在一个更宽容、法律和经济制度更规范的年代，不至于像年广久那样经历大起大落，因此发展得也更顺利。主打"专卖店模式"的"傻子瓜子"错过了中国随后到来的"商超销售"时代，"三只松鼠抓住了电商刚起步时的关键期，我们的起步晚了"，"傻子瓜子"公司线上业务负责人裴家莉在2017年表示。[②]截至2023年10月，在淘宝平台上，三只松鼠旗舰店拥有4400多万粉丝，洽洽食品官方旗舰店有500多万粉丝，而"傻子瓜子"实控人年强创办的"金傻子旗舰店"只有7000多粉丝。

"傻子瓜子"的热闹不复往昔，只留下"傻子瓜子"博物馆静静矗立，并向世人诉说着"中国第一商贩"曾经的故事。

柳传志：科技工作者下海，当中国有了联想

1984年，如何将科技知识转化为生产力成了政府和研究人员关心的事。当

---

① 宋春丹：《逝者年广九：写入〈邓小平文选〉的"傻子瓜子"》，载《中国新闻周刊》，2023年2月12日。

② 王圣志、徐海涛：《从"傻子瓜子"到"三只松鼠"——两张"改革名片"见证中国发展变迁》，载新华网，http://big5.xinhuanet.com/gate/big5/m.xinhuanet.com/2017-11/11/c_1121940970.htm。

时经济改革的重点由农村全面转向城市，党的十二届三中全会作出《关于经济体制改革的决定》，"允许和鼓励一部分地区、一部分企业和一部分人依靠勤奋劳动先富起来"。《中国青年报》调查发现，个体户是当时第二个受欢迎的职业，仅次于出租车司机。

1983 年，柳传志已在中国科学院计算技术研究所工作了 13 年，受一个名叫陈春生的人影响，他萌生了创业的念头。陈春生随中国首个科学家访问团在美国参观后，立志要把中关村建成"中国硅谷"，并在 1980 年创立了一个技术服务部，这正是全国第一个民营科技公司的雏形。陈春生常提到，20 世纪 60 年代初，我国第一台激光器研制成功，与美国仅相差半年，然而 20 年过去了，美国已经形成强大的激光工业，我们的科研成果却还只是停留在纸上、实验室里，被禁锢在科研单位的深墙大院里。①

1984 年底，当柳传志创立公司时，中关村已成为知名的"电子一条街"，吸引了几十家科技企业，有不少公司的创办人都来自中国科学院。拿着 20 万元经费，柳传志创办了"中国科学院计算技术研究所新技术发展公司"，这正是联想集团的前身（公司于 1991 年 4 月更名为北京联想计算器新技术发展公司，后于 1998 年 8 月更名为联想集团控股公司）。计算技术研究所此前给中国科学院报告成立这家公司的原因是："通过办公司可以摸出科技成果转化为生产力的路子，同时也可以支持工资改革，稳定科研队伍。"②

创业不易，这家公司挤在中国科学院计算技术研究所的一间 20 平方米的传达室里。为了生存，早期的联想卖过彩电、旱冰鞋和布匹，甚至曾上当受骗导致 14 万元血本无归。直到 1985 年，获得第一桶金的机会才到来——柳传志和同事争取到为中国科学院进口的 500 台 IBM 电脑进行验机、维修和使用培训的机会，从而获得 70 万元的服务费。通过这个业务，柳传志跟 IBM 中国代表处

---

① 赵淑兰：《中国硅谷——中关村纪事》，载《经济日报》，2018 年 11 月 28 日。
② 彭征、袁丽丽：《联想教父柳传志》，现代出版社 2009 年版。

相识，为 IBM 做销售代理成为联想日后重要的业务来源。2005 年，联想在众多质疑声中收购 IBM 的个人电脑业务并成为全球第三大个人计算机厂商，还在 2014 年收购 IBM X86 服务器和摩托罗拉手机业务。19 岁的比尔·盖茨和 40 岁的柳传志都在开创事业时遇到了 IBM，前者的思路是通过直销的方式全面颠覆已有的电脑销售模式，后者则成了"电脑巨人"在中国的一个渠道代理商。[①]

1985 年对柳传志来说是重要的一年，因为计算机专家倪光南被说服到联想担任总工程师。当时计算机市场热度渐升，在中国至少已有 11 万台个人计算机，几乎全都来自 IBM。[②] 然而几万元一台的昂贵机器竟然不能识别汉字，因此国内有许多人开始从事研发汉字系统的工作。倪光南研发的一型汉卡优势在于利用汉字中词组和同音字的特性，建立起特有的汉字识别和联想体系，即打出一个汉字就会出现一连串相关的词组，而且它的词组重复率比其他汉卡系统更低。1986 年，倪光南研制的二型汉卡在香港面市。

然而科技市场瞬息万变，汉卡市场热度下降，因此 1989 年联想成立了专门负责汉卡和微机分销业务的企业部，孙宏斌被任命为经理。孙宏斌干劲满满，展现出过人的能力。然而，这个被柳传志看好的、手握公司千万元货款的年轻人，却妄图在公司建立自己的"独立王国"，最终因"挪用公款"的罪名被判刑 5 年。在孙宏斌出狱后，柳传志仍然惜才，借给他 50 万元。日后，孙宏斌将创立中国房企前十强——融创集团。

对全世界的电脑产业来说，1991 年是最悲惨的一年——恐怕只有英特尔和微软幸免于难。国际上英特尔和 AMD 掀起"黑色降价风暴"，大型计算机公司集体大降价，与电脑组装相关的中国公司也受到猛烈冲击，IBM 为了保证年终利润而裁掉了 4 万多名员工。[③] 联想仓库里的芯片存货价格跌掉七成，而香港

---

① 吴晓波：《激荡三十年：中国企业 1978—2008》，中信出版社 2017 年版。
② 凌志军：《联想风云》，中信出版社 2005 年版。
③ 凌志军：《联想风云》，中信出版社 2005 年版。

联想在三个月内亏损数千万元。柳传志决定裁撤香港工人，将组装生产线撤回深圳，还重新做起替跨国品牌销售器具的业务。然而，柳传志的预期还是太保守了。香港联想原本悲观地预期当年的营业额为 5.5 亿港币，但结果超预期达到了 9.5 亿港币。在力挽狂澜后，身心俱疲的柳传志竟一头晕倒，而后被确诊患有梅尼埃病——一种特发性的内耳疾病。不是所有人都能在时代中做出正确选择。1987 年，中关村有名的四通公司选择推出一款打字机迎接中国电脑时代时，曾有科学家认为，联想应依托计算技术研究所的实力去研发大型计算机，承担提高中国计算机研究水平的责任。但柳传志坚持认为，联想应以市场为导向，而不是以技术和研发为导向。这就是后来争论了数十年的"技工贸"或是"贸工技"①。1994 年，联想成立的微机事业部由杨元庆担任总经理，并推出了中国第一个家用电脑品牌"联想 1+1"，其广告词"人类失去联想，世界将会怎样"风靡全国。

面对国际竞争，联想还打起了价格牌和民族情怀牌。1995 年 4 月，当第 10 万台联想电脑下生产线的时候，柳传志宣称这是民族电脑业的一个里程碑，并将这台电脑送给了著名数学家陈景润。联想经济型电脑在同等性能下比跨国品牌便宜 40%—50%。1995 年底，在一项"最受消费者喜爱的品牌"的调查中，排名前两位的是联想、长城，第三位才是 IBM，前十名里国产品牌占了六个。杨元庆说："不仅是联想，还有其他大公司，都在联手降价，这是民族工业的胜利。"②

联想汉卡在公司成立的前三年里，销售额占整个公司营业额的 38%，利润占了 45.6% ③。倪光南自然是公司的大功臣，柳传志也给了他极大的权力和极高的地位。不过，跟热情外向的柳传志不同，中国汉字信息处理开路者倪光南更

---

① "技工贸"是指先开发新技术、新产品，加工生产以后进行销售，让新技术、新产品带来丰厚利润；"贸工技"是指先做生意，实现一定的原始积累，求得生存，然后开发新技术、新产品，并进行销售，找到新的利润增长点。

② 吴晓波：《激荡三十年：中国企业 1978—2008》，中信出版社 2017 年版。

③ 彭征、袁丽丽：《联想教父柳传志》，现代出版社 2009 年版。

像典型的科学技术工作者。柳传志在和别人聊天的时候总是"海阔天空"，而倪光南则喜欢用技术性很强的难题来考问对方。①

转眼到了 1994 年，国内取消了计算机产品进口批文，关税也大幅下调，国外电脑品牌进入中国市场更为容易。另外，随着软件系统的升级，汉卡需求萎缩，诸多公司陷入价格战。当时芯片技术被以英特尔为代表的海外公司把持，如果谁能突破这一领域，自然也能确立其产业地位。倪光南提出以芯片创造新的技术路线，中国科学院和电子工业部也充满热情地允许联想牵头组织企业一起参与。柳传志出人意料地反对这个设想，并和倪光南争吵不断。柳传志的理由是，芯片研发风险大，况且联想没有足够的技术储备和资本支撑，没法改变世界电脑行业的格局。柳传志更倾向先"把技术变成钱"，发挥中国制造的成本优势，并创造自主品牌。

倪、柳二人的关系迅速恶化。倪光南心生不满，向上级控告柳传志作风霸道，还有严重的经济问题。中国科学院派出工作人员调查，并没有发现柳传志存在个人经济问题。相反，联想内部的高层几乎都支持柳传志。1995 年 6 月，联想董事会同意免去倪光南总工程师的职务。1999 年，联想解聘倪光南，并赠予倪光南的新单位 500 万元。

"倪柳之争"被视为技术派和市场派的分歧，也被视为"技工贸"还是"贸工技"的路线选择。在面对全球化竞争和技术发展困难时，是先做贸易、加工，等赚到钱后研发新技术，还是先发展技术、加工，然后再做市场？对柳传志而言，这并不是一个选择题。他后来在接受媒体采访时不止一次提到条件限制，以及联想活着的重要性。其实，倪光南在离开联想后并没有如愿占领芯片技术制高点，国产 CPU 的发展道路充满艰辛。当时，北京市政府支持方舟科技的国产 CPU，但人们并不喜欢使用装了国产 CPU 的电脑，方舟科技的老板竟然还贪污经费，最后反倒让人们对国产 CPU 产生负面印象，更愿意选择国外 CPU。

---

① 陈惠湘：《联想为什么》，经济日报出版社 2008 年版。

尽管联想在 1996 年成为国内个人计算机品牌的龙头，在 1999 年成为亚太地区第一大个人计算机厂商；尽管在那个时代很多人都像柳传志一样做出了更为现实稳妥的选择，但多年后人们仍会忍不住诟病联想缺少自主核心技术，忍不住想象：如果当时联想选择了倪光南的方向，中国计算机产业当下会是什么样？

除了"倪柳之争"的路线问题，联想的上市和业务方向也备受关注。

1988 年，柳传志决定成立一家香港合资公司，其中一个合作者中国技术转让公司属于国家所有，柳传志的父亲柳谷书时任该公司副董事长；另一个合作者是导远公司的总经理吕谭平。三方各投 30 万港币资本，拥有同等股权。香港联想的成立既可以让北京的公司间接获得国外电脑的代理权，也被后人视为通过引进外部投资者的方式，尝试组建产权清晰的子公司。联想在 1993 年向香港联合交易所递交了上市材料，其间因倪光南的控告而打乱了联想的"南北整合"，之后经过中国证监会的严格审批，直到 1994 年 2 月 14 日，香港联想才正式挂牌。

2000 年 5 月，联想大举分拆，PC 业务交给擅长销售的杨元庆，IT 业务则交给了郭为。虽然郭为的创业算是成功了，但在 2001 年成为联想集团总裁的杨元庆却遭遇多元化战略失败，特别是"互联网泡沫"突然破裂，联想以 3 亿元收购的赢时通股值大幅缩水，创办的大型门户网站和新东方教育在线被迫关闭……此外，联想花了十几亿美元并购了 IBM 全球 PC 业务。然而，到了 2007 年，联想却开始淡化 IBM 品牌，独立使用自己的 ThinkPad 品牌。

2001 年，柳传志带领联想控股进入投资领域。如今联想控股以及负责 PC 业务的联想集团均已上市，神州数码则在 2018 年脱离了联想控股。

柳传志被誉为"中国企业家教父"。他是一个充满中国特色的管理大师，他把一种几乎半军事化的高度集中的管理模式运用到这个代表新兴技术的产业中，然而在太平洋的那一边，信息产业中那些最成功的企业家（比如比尔·盖茨）

都信仰一种更为自由、更为民主和创新的管理制度。[①]

阿里巴巴集团"总参谋长"曾鸣还在长江商学院教书的时候，问过柳传志："未来联想想做大还是想做强？"柳传志犹豫了半晌，说："那还是做大吧。"[②]如今联想的业务可谓"多面开花"。然而，在质疑者看来，除了PC之外，联想在其他领域没有亮眼表现，特别是错失了移动互联网时代。柳传志性格中谨慎中庸的一面也引人关注。华为创始人任正非和柳传志同龄，还同属中国改革开放后的第一代企业家。"很多人老是拿我跟任正非比，我特别佩服任正非，他敢往上（技术）走，我不行，我做不到；人的性格不同，我真的做不了这样的事。"[③]柳传志深知求稳更符合他的性格。

2019年，75岁的柳传志正式卸任联想控股董事长一职。退幕之时，他早已实现了下海时立下的目标：公司年产值达到200万元，也开创了知名的国产电脑品牌。但在资本市场上，联想控股和联想集团两家公司的市值（截至2023年10月）加起来仅有百亿美元，和市值万亿美元的微软和千亿美元的IBM相比，仍有不小的差距，道阻且长。

王石：房企巨头的发家之路和股权之争

1987年，中国土地管理制度出现变化。深圳作为经济特区走在前列，划出一块8000多平方米的土地进行拍卖，最终以525万元成交。这是新中国第一次将土地作为商品交易，标志着土地所有权和使用权的分离，使用权将可以有偿转让。次年，万科在一场土地拍卖会中以2000万元的高价拿到进入房地产市场的入场券。

彼时距离万科创始人王石来深圳赚到第一桶金已过去好几年。王石出生在

---

① 凌志军：《联想风云》，中信出版社2005年版。

② 迟宇宙：《柳传志错了吗？》，载《商业人物》，2017年8月23日。

③ 王以超、万艳：《柳传志："复盘"联想战略》，载《哈佛商业评论》（中文版），2012年7—8月合刊。

军人家庭，早年应征入伍，复员后做过工人，大学毕业后被分配到铁路局做技术员。然而向往浪漫刺激、追求自我的他不甘平庸，在听到朋友对深圳的描述后，他便争取作为外派人员到深圳特区经济发展公司发展。当时深圳盛行进出口贸易，王石偶然发现外国公司因为没有中国的运输指标，所以大费周章地从美国、泰国等地采购玉米，再从香港转运到深圳。在商机的驱动下，他联系了码头、广州海运局和深圳特区经济发展公司，开始做起给饲料厂贩卖玉米的生意，而后又拓展了成品鸡、猪饲料等业务。虽然辛苦、风险大、利润薄，但他也赚了 300 多万元。

　　这种在流通过程中赚取差价的方式并不罕见。20 世纪 80 年代是一个供给跟不上经济发展和民众需求的物质短缺的时代，统购统销的流通体系一度在"计划大手"中僵硬不堪，有待市场经济的深入改造，于是一些介于灰色地带的"倒爷"应运而生。财经作家吴晓波认为，"倒爷"利用关系滋生腐败、倒卖批文、一夜暴富及对流通秩序的肆意破坏，在公众心目中留下了极其恶劣的形象，以至于到了人人切齿、个个喊打的地步，但他们在客观上协助国家重建市场流通和资源配置格局，属于经济转轨期里必然出现的经济寄生物。[①] 1988 年，当政府鼓励大型国企探索股份制改革时，时任现代企业公司经理的王石也积极响应。在他看来："我们最初靠贸易起家，在开放之初的深圳，搞贸易往往需要搞关系、倒批文、钻政策和法律的空子。公司要发展，成就一番事业，就不能再走老路，从现在开始就要规范。中国要进入市场经济，规范是必不可少的前提。我们力图按照国际上通行的惯例来做。从谋求股份制改造开始，我们就需要把规范化放在核心的地位。要做中国最规范的企业。"[②] 然而深圳特区经济发展公司的管理层起初却拒绝了现代企业公司的股改申请，几经周旋，双方才定下来：公司股份里国家占 60%，职工占 40%，公开募集社会资金 2800 万元，而

----

① 吴晓波：《激荡三十年：中国企业 1978—2008》，中信出版社 2017 年版。

② 王石：《道路与梦想：我与万科（1983—1999）》，中信出版社 2014 年版。

深圳特区经济发展公司则变为持股 30% 的第一大股东。万科于 1991 年在深圳证券交易所挂牌上市。之后，又被批准在香港发行 B 股。

尽管王石是万科的领头人、第一任董事长，但他出人意料地放弃了应得的个人股份。这个选择折射出中国的文化传统、当时社会的观念以及王石的性格特点。根据王石自己的解释，原因有三：一是国人有"不患寡而患不均"的仇富心态，在名利之间，他只好选择名；二是他在年少时期读了雨果和巴尔扎克等人的文学作品，不希望自己成为类似书中的暴发户；三是他的家族历史几乎都是农民，不擅管财。[①]

除了外国文学作品之外，当时发展相对成熟的外企对刚起步的王石和其所在的民营公司也产生了影响。首先是公司名称，王石当时所在的公司，起初是一家科教仪器公司，后来改名为深圳现代企业有限公司。然而在办理股份制手续时，这家公司才发现自己和韩国大名鼎鼎的现代集团撞名了。后来一个英文专业的大学毕业生员工借鉴世界著名香烟品牌"万宝路"的名字，想出了"万科"这个名字。此外，当时外企在服务和管理思维上也更为先进。王石提出在深圳建立一家索尼设备维修站，本以为很简单，却被索尼拒绝了，只因其担心王石所在的科仪中心只能做简单的维修业务，无法保证给客户提供高质量的专业服务。在王石的坚持下，索尼虽然同意了，但要求科仪中心选出技术人员参与索尼的长期培训。这种为客户着想并精益求精的售后服务和技术保障深深触动了王石，也影响了万科日后对业主的服务管理。另外，在和美国富兰克林铸币公司进行合作时，王石对漫长的、流程式的谈判感到不适，也惊讶于需要签署的合同之多，但对方严谨、讲求效率的做法无疑是值得学习的。

万科选择进入房地产市场离不开国内有利的政策支持。1982 年至 1986 年，城镇住房制度开展改革，国家推进住宅商品化。到了党的十三届三中全会，"加快出售公房，逐步实现住房私有化"成了重要内容之一。1992 年，国务院明确指

---

① 王石：《道路与梦想：我与万科（1983—1999）》，中信出版社 2014 年版。

出："房地产业在我国是一个新兴产业，是第三产业的重要组成部分，随着城镇国有土地有偿使用和房屋商品化的推进，将成为国民经济发展的支柱产业之一。"

企业发展不可能一帆风顺，万科此后经历了两次轰动全国的风波——"君万之争"和"宝万之争"。

"君万之争"发生在 1994 年，是中国企业史上股东和董事会的第一次直接对抗。在那个年代，许多公司都搞多元化经营，万科也不例外，有着打造综合商社的梦想。万科在 1988 年至 1993 年急速扩张，旗下的几十家公司遍布十几个城市，涉足多个行业，看似花团锦簇，实则难以持续盈利。由于投资过于分散，成都万兴苑、深圳海神广场、福景大厦、武汉万科广场、天津金刚桥高级公寓、鞍山东源大厦都因资金短缺而濒临烂尾工程。[①] 当时深圳最大的证券公司君安证券正是抓住了万科业务分散等痛点发难，联络部分万科股东建议改组董事会。被突袭的王石则表示，君安证券是因为承销万科 B 股而积压太多股票，想找机会拉高股价再出货。因此他向深圳证券交易所提出停牌，并要求调查君安证券提前建的"老鼠仓"。双方隔空交战，万科股票停牌多天。当时《中华人民共和国证券法》尚未出台，股市也不像如今这么活跃。最终，王石获得证监会的支持，君安证券放弃改组万科。这场风波让万科开始重视业务整合，聚焦于房地产。根据王石后来的总结，万科的调整经历了三个阶段：首先从多元化经营向专营房地产集中；其次从房地产多品种经营向住宅集中；最后将投放的资源由 12 个城市向北京、深圳、上海和天津集中。

房地产在 20 世纪 90 年代是暴利行业，业内流传着"利润率低于 40% 不做"的说法，买地拆迁后转手还可以达到 100% 的利润，远高于国际房地产业8%—10% 的利润率，而王石看到行业风险后在 1992 年提出了"高于 25% 的利润不做"。1993 年，朱镕基总理开始主持针对股市和房地产泡沫的宏观调控。1998 年 4 月，中国人民银行发布《关于加大住房信贷投入，支持住房建设与消

① 吴晓波：《激荡三十年：中国企业 1978—2008》，中信出版社 2017 年版。

费的通知》，持续了约 40 年的住房实物分配制度在同年终止。王石认为，经过宏观调控后，房地产市场得到调整，并开始健康发展。国家把住宅产业作为新的经济增长点，这对房地产行业来说无疑是好消息，但国内房地产业发展太快，行业本身并未成熟，加之信息沟通较缺乏，很多开发商仍在走老路。①

"宝万之争"则发生在 2015 年，是一场经典的公司控制权争夺战。当时万科的第一大股东央企华润持股不到 15%，公司管理层持股不足 5%（截至 2015 年 6 月 30 日），股权分散问题引起姚振华兄弟"宝能系"的关注。"宝能系"以蔬菜起家，后来进军地产、物流和保险领域，擅长资本运作。"宝能系"通过多种不同渠道设计高杠杆进行融资，持续买入万科股票。尽管华润两次增持，但到 2015 年底时，"宝能系"已持股 20% 并跃升为第一大股东。按照规定，持有 30% 股份即可达到要约收购线，万科却表示不欢迎"宝能系"成为第一大股东。王石发表内部讲话，将反对"宝能系"控股的原因总结为四点：信用问题、管理能力问题、债务风险问题和华润大股东的重要性问题。在行动上，万科找了"白衣骑士"安邦保险集团帮忙买入股份，不过见效甚微。于是，万科又通过股票停牌来延长战线。戏剧性的局面出现在万科和深圳地铁宣布签署合作后，华润提出反对意见，称万科管理层的合作决定未经董事会决议，但万科管理层却表示早已与董事会沟通。多方博弈，万科的资产重组方案几经争论。"宝能系"和华润又先后发表声明，质疑王石等管理层损害股东利益。2016 年 7 月，万科董事会会议全票通过了不同意"宝能系"罢免万科管理层的议案，华润淡出。万科停牌半年后复牌，但两周内跌幅就超过了 30%。万科向监管部门举报"宝能系"9 个资管计划存在问题，工会向法院起诉，然而到了 8 月至 11 月，中国恒大又买入万科股份，让人摸不着头脑。最终这场大混战随着金融监管定调落下帷幕。证监会时任主席刘士余将"宝能系"定位为"兴风作浪的妖精"，认为其以不正当资金从事杠杆收购。保监会则叫停了"宝能系"前海人寿的万

① 王石：《道路与梦想：我与万科（1983—1999）》，中信出版社 2014 年版。

能险业务，姚振华被撤销前海人寿董事长职务，并禁入保险业 10 年，有关部门分别派检查组进驻前海人寿和恒大人寿。深圳地铁主导收尾工作，受让华润和恒大持有的万科股权，成为最后的大赢家。

这场风波被许多人视为中国版"门口的野蛮人"①。"宝能系"在资本市场的运作手段并没有明确违反当时的法律法规，其利用的就是金融监管的漏洞。不过"宝能系"对南玻 A 的"血洗"和争夺格力电器等企业的控制权则引发了不良示范效应，使得资金出现"脱实向虚"的趋势，迫使监管层出手整治。②

然而，市场上并非一边倒地支持王石和万科。有人认为，规则与情怀的争论，是为了让市场更加公开、公平、公正，而在规则下，资本并不肮脏，不能动不动就视资本为最肮脏的游戏。此外，在经济学家华生看来，大股东控制和经理人控制是现代上市公司并存的两种流行模式，它们各有利弊。③

王石带领万科成为国内房企巨头，可谓非常了解国内市场，但他也绝非无所不知、常胜不败的"神"。他曾预言，中国加入世界贸易组织之后，房价将下跌 15%。事实恰恰相反，他的预言成了一个笑话。王石曾经概括过包括万科在内的新兴民营企业的七大特征：一是企业的初期规模很小；二是短期内急速膨胀；三是创业资金很少或没有；四是毛利率较高，总是想找一个利润空间较大的行业钻进去；五是初期的发展战略不清晰；六是创业者没有受过现代企业管理的训练；七是企业家的权威作用毋庸置疑。④

众所周知，王石除了企业家的身份之外，还拥有众多爱好：他登过珠穆朗玛峰等山峰，坚持健身，喜爱皮划艇……1999 年春，王石辞去万科总经理之职，任董事长。2017 年 6 月，66 岁的王石宣布退休。到了 2020 年，王石在接

---

① 布赖恩·伯勒所写的《门口的野蛮人》于 1990 年出版，讲述了华尔街历史上有名的公司控制权争夺战。
② 马永斌：《公司控制权安排与争夺》，清华大学出版社 2019 年版。
③ 张志勇：《民营企业四十年》，经济日报出版社 2019 年版。
④ 吴晓波：《大败局 I》，浙江大学出版社 2013 年版。

受媒体采访时，半开玩笑半认真地说："万科时代已经过去了，现在应该是华为时代……"

鲁冠球：从田野走向世界的乡镇企业家

"杭州万向节厂厂长，他把一个乡镇小厂办成了能与发达国家相匹敌的企业，生产的万向节打入了美国市场。"1985 年，《半月谈》评选出"全国十大新闻人物"，是这样介绍鲁冠球的。

1986 年底，乡镇企业的总数已经达到 1515 万家，劳动力近 8000 万人，向国家缴纳税金 170 亿元，实现总产值 3300 亿元，占全国总产值的 20%。[①] 鲁冠球正是这一时期有名的农民企业家之一。

鲁冠球于 1945 年出生在浙江农村，年少辍学，而后一心想进城当工人。他曾当过打铁学徒，却因经济不景气而被辞退；后又开了自行车修理铺，却被视为"资本主义尾巴"而遭查封。直到 1969 年，国家鼓励"社社实行机械化，农机维修不出社"，鲁冠球才办起宁围公社农机修配厂。他为了抓住机会，变卖家当凑了 4000 元，拉上妻子和其他 5 个人一起干活。那时生产、购买和销售产品都由国家统一调配，鲁冠球的工厂不在政府的供应指标计划内，只能为附近公社提供农具配套，人家需要什么就得想办法做出什么。1979 年，社会企业还被限定在"主要为农业生产服务"，而"不与先进的大工业企业争原料和动力"，这也限制了鲁冠球工厂的经营范围。

真正影响鲁冠球创业命运的是"万向节"。有一天，鲁冠球看到《人民日报》发表社论《国民经济要发展，交通运输是关键》，国民经济计划也提到汽车的货运指标要增加，因此他判断中国的汽车行业有发展前景。虽然当时鲁冠球并没有能力制造汽车，但经过一番考虑，他认为汽车的重要配件万向节倒是个生产的好方向。所谓"万向节"是指万向接头，可以连接汽车传动轴和驱动轴，

---

① 张志勇：《民营企业四十年》，经济日报出版社 2019 年版。

实现零件之间的角度变化和动力传递，类似人体关节。[①] 于是，他开始专攻万向节的生产。1979 年，国家准备挑选几家企业定点生产万向节。鲁冠球的工厂属于乡镇企业，原本不在考察范围内，但是他特意找朋友运作，并对照条例标准一一整改自己的工厂，竟也入围参评，最终以 99.4 分被选中。这意味着鲁冠球的工厂获得了国家的认可。

1981 年夏，有客户反映鲁冠球工厂生产的万向节出现了裂纹，他便组织员工到各地检查，结果几万套瑕疵产品都被当成废品卖掉，鲁冠球也因此损失了43 万元。多年后，当海尔集团的张瑞敏砸冰箱时，也有人想起了鲁冠球对产品质量的重视。

乡镇企业在当时的地位并不高，打开销路存在难度。1981 年，全国汽车零部件订货会没有给鲁冠球名额，他和员工被挡在会场门外。头脑灵活的鲁冠球在场外摆地摊，还大胆地降价 20%，由此吸引了商家。他一共拿到了 200 多万元的订单，真正打开了国内市场。

鲁冠球在产权问题上走在了同时代乡镇企业家的前面。1983 年，鲁冠球通过抵押价值 2 万元的苗木，承包了万向节厂。当时，农村已推广家庭联产承包责任制，承包责任制大大激发了人们的生产积极性和自主性。三年后，根据工厂的业绩和承包奖励，他可以获得几十万元奖金。然而鲁冠球认为，如果他拿了奖金，那么工人在看到如此悬殊的收入后会丧失主人翁的感情；如果他不拿奖金，那么别人可能会误以为政策有变或者是他沽名钓誉。最终他选择将奖金投入工厂、建造乡村小学。这种左右为难的境况和当时的观念以及乡镇企业的特殊身份有关。1978 年，吴敬琏、周叔莲和汪海波发表论文《建立和改进企业基金提成制度》，用经济学和政治学理论论证，利润考核和提成制度符合社会主义经济特征，而非"资本主义的利润挂帅"。此外，乡镇企业享受了政策支持，提供了就业机会，但产权问题难以满足经营者对资产的追逐。1984 年，万向节

---

① 《家族企业》杂志：《源动力：中国民营企业传承突围》，华文出版社 2020 年版。

厂实行股份制试点，鼓励员工投资入股。1987 年至 1988 年，万向节厂的净资产经评估为 1500 万元，其中 750 万元归乡政府，剩余归"厂集体"所有。这种"花钱买不管"的方式，让鲁冠球在掌控企业的同时也使其保留了集体企业的性质。1994 年，万向钱潮股票上市，成为全国乡镇企业中第一家上市的公司。中国民营公司的成长从一开始就有两个源头，一是华西式的乡村基层政权及其集体企业组织，二是鲁冠球工厂式的自主创业型企业，前者始终依托在村级政府的肌体上，而后者的崛起则大半是个人创造，但"乡镇企业"一直是他们共用的一个概念。[①] 鲁冠球可谓嗅觉敏锐，后来不少企业家不幸因产权不清而陷入纷争。

起家于改革开放早期的乡镇企业家们往往对参政的热情高昂，鲁冠球也不例外，但他幸运地保持好了距离。与之相反的则是误入歧途、锒铛入狱的禹作敏。禹作敏曾是天津市静海县大邱庄的党支部书记。20 世纪八九十年代，在他的带领下，一个穷村的工业企业得到快速发展，成了富甲一时的"天下第一庄"。1992 年底，大邱庄一位职员因涉嫌贪污而被严刑逼供致死，但禹作敏竟包庇下属，还骄横膨胀，与政府公开对抗。和禹作敏关系不错的鲁冠球写信劝慰他，但最终事态超出预料，禹作敏被判处有期徒刑 20 年。1994 年，鲁冠球写了一篇文章《乡镇企业家急需提高自身素质》："我们面临经营者的自身素质障碍。这是一道更困难的障碍。这种障碍的病因是部分农民能人没有充分意识到自己所负载的历史使命，仅仅陶醉在眼前的成功光环中，这样的马失前蹄是非常让人痛惜的。而这一障碍的真正根源，其实是传统的小农意识与现代精神的冲突，显然，我们今天需要一次彻底的决裂。"

鲁冠球重新思考企业家和政府之间的关系，他发表的观点往往围绕乡镇企业和自己的实践，类似于加快东西部企业的优势嫁接、《中华人民共和国乡镇企业法》的修正等。鲁冠球还曾当选中共十三大、十四大代表，多次当选全国人

① 吴晓波：《激荡三十年：中国企业 1978—2008》，中信出版社 2017 年版。

大代表。他的经历也明显不同于自称"半个经济学家＋半个社会活动家＋半个企业家"的南德集团创始人牟其中。

鲁冠球的万向节又是如何走向世界舞台的呢？ 1984 年，在中国进出口商品交易会上（因在广州举办，又被称为"广交会"），全球拥有万向节专利最多的美国舍勒公司相中了鲁冠球的"钱潮"牌万向节。经过考察，舍勒公司下了三万套订单。舍勒公司的总裁还在鲁冠球到美国考察时说："我们都是农民的后代，我送你一句话，先进的技术不能弥补落后的管理，而先进的管理可以弥补落后的技术。"①

鲁冠球经此看到了技术差距，回国后开始重视人才培养。20 世纪 50 年代，高校毕业生可以接受政府的"包分配"，可以到国企、机关单位就业。1984 年，时任国务委员兼国家经委主任的张劲夫到万向节厂考察时，鲁冠球抓住机会得到其同意可以引进大学生。他以每人 6000 元的培训费引入了 4 名大学生，还给他们提供了当时稀有昂贵的"永久"牌自行车。1985 年，鲁冠球和万向节厂登上了美国的《商业周刊》，当时刊登的题目是《中国新时代的英雄》。

万向集团以制造业起家，但自 1992 年鲁冠球的儿子鲁伟鼎出任副总裁后，集团逐渐将资本和实业相结合。作为"企业家二代"，鲁伟鼎不同于出身农民的父亲，他在新加坡和美国学习过企业管理。万向集团提出"大集团战略、小核算体系、资本式运作、国际化市场"的战略方针。多年来，万向集团主要通过资本并购在世界汽车产业链中逐渐壮大：2000 年，并购了美国汽车零部件行业第三名美国舍勒公司，在美国建厂，成为通用汽车和福特汽车的供货商；2001 年，成为美国维修市场主要供应商 UAI 的第一大股东；2005 年，打通了美国三大汽车企业供货渠道；2007 年，海外业务规模首次超过国内业务；2013 年，收购美国最大的新能源电池制造商 A123 公司；2014 年，收购美国电动车企业

---

① 《商界》考拉看看、商界杂志社采编团队：《商界 40 年：先行者（1978—1988）》，浙江人民出版社 2019 年版。

菲斯科系统公司。早在 2008 年，“钱潮”牌万向节在国内的市场占有率已达到 62.88%，而美国市场上，每两辆汽车中，就有一辆使用了万向集团的产品。[①]

进入 21 世纪，万向集团也面临着不少挑战。中国在 2001 年加入世界贸易组织，到 2006 年，中国市场的整车生产能力扩大了 500 万辆的产能，是加入世界贸易组织前的 3.5 倍，但是万向集团“钱潮”的业绩下滑，净利润率从 1993 年上市之初的 13.61% 下降到 2006 年前三季度的 4.71%。[②] 全球知名的零部件厂商进入中国建厂，和改革开放初期不同，万向集团会面对更激烈的竞争和冲击。也许考虑到独立实现整车制造的路途漫长，万向集团在 2005 年出资购买了广汽集团约 4% 的股份。尽管是父子一同管理企业，但有报道称万向集团投资部的投资计划书即使被鲁伟鼎认可，鲁冠球仍有关键的否决权。2017 年，鲁冠球去世，享年 72 周岁。鲁伟鼎正式成为万向集团董事长。

万向集团如今已参控股承德露露、中色股份和中国长城等多家上市公司，横跨金融、新能源、农业和地产等多个领域，但若其想再创辉煌，甚至成为主导产业链的领头羊，仍需努力。家族企业的局限性可能会成为万向集团未来发展的一个不稳定因素。

---

① 根据新闻报道及图书《源动力：中国民营企业传承突围》《时代的见证者》等整理。

② 吴歆：《万向集团本土扩张受挫，海外收购德尔福受阻》，载《新汽车》，2007 年 1 月 10 日。

五、"小学阶段"的中国民营经济，摸着石头过河

在旧商业文明时代，尤其是中国企业的发轫期，我国民营经济虽然得到了前所未有的发展，但大多数民营企业仍存在各种各样的不足，那些较为突出的民营企业也同样是千疮百孔。这些民营企业所暴露的问题，与其成长发展的土壤有着千丝万缕的联系，也与其自身理念不足、素质参差不齐脱不开干系。

改革开放初期，由于政策空前开放，出现了一批"倒爷"，其中最具代表性的就是牟其中。牟其中的成败，与他本人的政治野心密切相关。在他因"罐头换飞机"的贸易获取暴利之后，便开始贪大求全，一次次宣称要为国家和民族做各种"大事件"。例如，"出资150万美元举办华人经济论坛""盖一座118层的大厦，在楼下建一个邓小平广场"等，但这些提议只停留在想象层面。尽管他声称自己是为祖国的发展而做事，但其追名逐利的目标也昭然若揭，他并没有做到新商业文明时代企业家应有的"知行合一"。像他这样的民营企业家很具有代表性，他们自身的素养不高，却野心勃勃，在因时代红利、政策红利、信息不对称而获得短暂成功后，过高估计自己的能力，从而沦为时代的悲叹。身处那个特殊的历史时期，这些民营企业家存在单一的唯利是图的价值体系，很少有人懂得"经营企业是为了完善社会，为了给人类创造幸福"的新商业文明时代的企业信仰，鲜有企业做到新商业文明时代应有的"依道而行"。他们盲目追求赚大钱、赚快钱、扩大规模、跻身财富排行榜等，时代的局限性也令他们的创业之路变得异常坎坷。在旧商业文明时代，许多民营企业家存在因过分追逐利益而导致的违法行为，牟其中只是其中的代表而已。宗庆后是少有的运气比较好的民营企业家，他认准市场空白，专攻儿童营养食品领域，并且得到政府支持，占了"国退民进"的发展先机。但他引进外资的经验尚浅，陷入了"达能陷阱"，差点难以全身而退。成功后的宗庆后也有贪大的趋势，他尝试了蹩脚的多样化路线：涉猎童装、奶粉、地产，均以失败告终。宗庆后也拥有那

个时代民营企业家的烙印：不能够聚焦于自己的主业，缺乏"一厘米宽，一公里深"的战略定力，没有做到"依法精进"，最终尝尽盲目扩张的苦头。旧商业文明时代，我国的许多民营企业家认知有限，缺乏对优秀企业的了解与认识，也未能从这些企业身上学习到先进的经营之道，因此"落后就要挨打"。早年以营销见长的"娃哈哈"，却因未能与时俱进，让曾经的代理商钟睒睒创办的"农夫山泉"反超一大截。可见，抓住时代红利发展起来的民营企业并非无往不利，如果它们仅停留在旧商业文明时代的传统经营理念上，必将难以维系曾经的辉煌。

"蒙冤入狱"一词，对于彼时的中国民营企业家来说，是一个躲不掉的关键词。温州"八大王"当年的罪名是"投机倒把罪"，这是现在的人们难以想象的。年广久因雇佣的工人超过 8 人而遭牢狱之灾，更是旧时代的产物。当然，"八大王"在出狱后的经商表现不佳、年广久因家族内部问题而焦头烂额，都体现出当时一部分民营企业家自身的文化素养不高，仅靠勤劳致富。他们因为缺乏长远发展的眼光和正确的财富分配机制等，必将走向衰败。旧商业文明时代靠低成本等比较优势发展起来的民营企业，由于没有科学的经营理念、长期主义的发展格局等，当然无法成为经久不衰的卓越企业。

民族企业中率先并购海外公司的联想，其早年的发展也并没有"波澜壮阔"。联想在发展过程中，更是犯了民营企业经常犯的四大错误。其一，高管孙宏斌因"挪用公款罪"而入狱，使联想深受打击。其二，技术骨干倪光南与掌舵人柳传志之间尖锐的矛盾无法调和，最终倪光南被赶出局，而联想也失去了掌握核心技术的好时机。在那个时代，大多数民营企业家都是"一言堂"，他们盲目自大、缺乏集体决策意识，制约了企业的发展。其三，后继者杨元庆盲目进行多样化尝试，投资屡屡失败。在旧商业文明时代，发展较好的企业也许尚有试错的空间，但到了新商业文明时代，战略上出现问题的企业是难以生存发展的。其四，柳传志过于保守的风格，令联想错失了移动互联网时代的巨大商机。旧商业文明时代的许多民营企业家大都存在刚愎自用、自以为是的认知局限，普遍缺乏顺应时代潮流的格局和眼光。

　　处于旧商业文明时代初期的中国民营企业仅仅是蹒跚学步，尚未形成稳定而成熟的运作模式，还在摸着石头过河，走到哪儿算哪儿。很多人都说西方管理思想不适合应用于中国民营企业，实际上是中国民营企业与种种先进而成熟的西方管理文化、技术相去甚远，远远没有达到应用西方管理思想的境界。仅仅走过了十几年道路的中国民营企业家，与经过长达上百年市场经济磨炼的西方企业家相比，还在小学阶段。当时，很多中国民营企业家的核心能力更多体现在玩弄权术、上蹿下跳、欺上瞒下等行为上，根本谈不上经营与管理，更何谈新商业文明。当企业发展壮大之后，只有拥有先进的经营理念和以人为本的商业思想，企业才能真正踏入新商业文明时代。

第二章

春天的故事，中国有个"92 派"
（1992—2001）

一、"抓大放小""国退民进"，民营经济被肯定

在中国改革开放 40 多年的发展史上，1992 年是具有划时代意义的一年。1992 年 1 月 18 日至 2 月 21 日，88 岁高龄的邓小平毅然来到南方视察，分别在武昌、深圳、珠海、上海等地发表重要谈话，这一系列谈话冲散了"姓'资'姓'社'"的阴霾，我国改革开放过程中的"春天的故事"，由此拉开了序幕。

邓小平在谈话中罕见地说出较为激烈的论调："我们真的穷怕了！不搞改革开放，只有死路一条。发展才是硬道理，不要争论姓'资'姓'社'；改革要大胆一些，经济发展要保持一定速度；谁不改革谁下台！"针对此前"要计划经济还是要市场经济"的争论，邓小平称："要害是姓'资'还是姓'社'的问题。判断的标准，应该主要看是否有利于发展社会主义社会的生产力，是否有利于增强社会主义国家的综合国力，是否有利于提高人民生活水平。""计划经济不等于社会主义，资本主义也有计划；市场经济不等于资本主义，社会主义也有市场。计划和市场都是经济手段。社会主义的本质，是解放生产力，发展生产力，消灭剥削，消除两极分化，最终达到共同富裕。"[1]

---

① 邓小平：《邓小平文选》（第三卷），人民出版社 1993 年版。

5月，国家出台了《有限责任公司暂行管理条例》和《股份有限公司暂行条例》，代表着中国的现代企业制度正式启航，从此经商的人们真正有了"企业家"的身份，并可以通过融资的手段启动自己的事业，资本市场开始活跃。5月21日，上海股票交易价格限制全部取消，由市场引导。仅三天时间，股票暴涨570%，上证指数从616点连日上蹿，到25日已高达1420点，民间资本被激活。人们热衷于买认购证、买原始股的致富新道路。上海证券交易所的创办者尉文渊甚至包下有半个体育场大的文化广场，供股民们进行交易。

6月9日，江泽民到中央党校发表讲话，阐述了如何深刻领会和全面落实邓小平的重要谈话精神。在谈到计划与市场的问题时，他倾向于使用"社会主义市场经济"这个提法。我国经济体制的模式经历了五次转变：1949—1977年为计划经济；1978—1983年，提出了"计划经济为主，市场调节为辅"的思想；1984—1987年，提出了"有计划的商品经济"理论；1987—1992年，提出了"计划与市场相结合的社会主义商品经济"理论；到1992年，正式提出了"社会主义市场经济"理论[1]。10月，中国共产党第十四次全国代表大会召开，大会明确提出了"建立社会主义市场经济体制"的目标，同时把"邓小平建设有中国特色社会主义的理论"和"党的基本路线"写入党章，邓小平出现在大会的闭幕式上，这是他最后一次出现在党的代表大会上[2]。中共"十四大"公报传到正在日内瓦参加"中国恢复关贸总协定创始会员国谈判"会议的中国工作组，中国代表团团长宣布："我们中国也是搞市场经济的，我们搞的是社会主义条件下的市场经济。"这一公开表态引起极大震动，促使中美达成了市场开放的协议。

邓小平的讲话和江泽民的提法为民营经济带来了春风，这股春风不仅在南方刮起，也席卷全国。据统计，1992年辞官下海的有12万人，没辞官却投身商业的超过1000万人。同时还有数以百万计的教师、学生和科技人员在经

---

① 吴晓波：《激荡三十年：中国企业1978—2008》，中信出版社2017年版。

② 吴晓波：《激荡三十年：中国企业1978—2008》，中信出版社2017年版。

商①。当时出现了一种"92派"②的叫法，这些民营企业家都是借着1992年的春风创立并发展自己的事业。这是我国改革开放以来的一个分水岭，民营经济发展到了新的阶段。

1992年底，全国政协决定吸纳一批民营企业家为政协委员。标准是：在非公有制经济或所在的行业中，要有一定影响力，要爱国、拥护社会主义，要有社会责任感，守法经营等。1993年3月14日，刘永好、张宏伟、王祥林、李静等23名民营企业家，以全国政协委员的身份，第一次走进人民大会堂，出席全国政协八届一次会议。尽管在2093名委员中，他们只占1%，但这标志着民营经济在时隔近40年后，重新登上中国参政议政的政治舞台，这可以说是对中国个体、私营经济的最高肯定③。新希望集团的刘永好作为新经济成分的代表，作了题为《中国的民营经济是有希望的》的发言。中国第一个可口可乐批发商李静提出，要成立一家以私人资产为股本的民营性质的商业银行，解决私营企业在发展过程中贷款难的问题，希望得到国家的支持。他连夜起草了关于建立民营商业银行的提案，并在第二天的小组讨论会上征得43位委员的当场签名。正是这份提案促进了中国第一家民营股份制银行——中国民生银行④的组建。

1993年3月29日，第八届全国人民代表大会第一次会议通过了宪法修正案，将社会主义市场经济写入宪法。这进一步激发了人们对市场经济的向往。11月，党的十四届三中全会通过了《关于建立社会主义市场经济体制若干问题的决定》，明确提出"要建立适应市场经济要求，产权明晰、产权明确、政企分开、管理科学的现代企业制度"，指出"坚持以公有制为主体、多种经济成分共

---

① 张志勇：《民营企业四十年》，经济日报出版社2019年版。

② "92派"由在国务院发展研究中心的陈东升提出。在陈东升看来，"92派"企业家的核心价值，一是引进现代企业形态；二是通过模仿、学习世界上的先进企业，带动行业的发展。"92派"企业家的主体都是过去社会的主流精英阶层，在进入商界之前，他们要么在政府机构，要么在研究机构。

③ 张志勇：《民营企业四十年》，经济日报出版社2019年版。

④ 中国民生银行成立于1996年1月12日，由全国工商联牵头组建，股本金为13.8亿元，其中八成以上来自民营企业。如今的中国民生银行已经在国内上市，刘永好、张宏伟先后成为该银行的副董事长。

同发展""国家要为各种所有制经济平等参与市场竞争创造条件，对各类企业一视同仁"，对民营经济的支持力度进一步加大。

同年，在中国民营企业中发生了两件事，给民营企业家敲响了警钟。一是此前作为乡镇企业家典型代表的天津市静海县大邱庄党支部书记禹作敏① 被捕。1992 年底，禹作敏的手下非法拘禁大邱庄华大公司的一位员工并将其殴打致死。禹作敏让犯罪嫌疑人连夜离开大邱庄。1993 年 1 月，检察机关派人到大邱庄取证，竟也被非法拘留 13 个小时。2 月 18 日，天津有关方面动用 400 名全副武装的武警，与大邱庄对峙三天三夜。4 月，禹作敏因有窝藏、妨碍公务等嫌疑被捕。8 月，天津市中级人民法院以窝藏、妨碍公务、行贿、非法拘禁和非法管制 5 项罪名，判处禹作敏有期徒刑 20 年。

二是以 30 万元注册了一家集体性质企业长城机电技术开发公司（以下简称"长城公司"）的沈太福，发明了节能的新型电机。当时国内能源紧张，因此这款电机颇受青睐。沈太福利用比银行高一倍的利率进行民间集资，1993 年初，他先后在全国设立了 20 多个分公司和 100 多个分支机构，雇用员工 3000 多人。2 月，他一共集资 10 亿多元，投资者达 10 万人，其中个人集资款占集资总额的 93%。但长城公司只售出电机 50 多台，价值仅有 600 多万元。3 月 6 日，在沈太福为集资超过 10 亿元举行庆祝酒会时，收到了中国人民银行发出的《关于北京长城机电产业集团公司及其子公司乱集资问题的通报》，称长城公司"实际上是变相发行债券，且发行额大大超过其自有资产净值，担保形同虚设，所筹集资金用途不明，投资风险大，投资者利益难以保障"，并要求"限期清退所筹集资金"。3 月 31 日，准备出逃的沈太福在北京机场被截获。1994 年 3 月 4 日，沈太福被判处死刑。沈太福上诉，理由是："北京长城公司是戴着集体帽子的私

---

① 邓小平"南方谈话"之后，大邱庄抓住经济复苏的机遇，在钢材上狠狠赚了一大笔。1992 年，大邱庄的工业产值据称达到了 40 亿元。全国媒体掀起了一股报道大邱庄的热潮，禹作敏俨然成为"中国第一农民企业家"。禹作敏曾在《经济日报》上发表春节寄语，他写道："大邱庄最大的贡献，是给中国农民长了脸。"他在大邱庄建起自己的别墅，瞧不起来参观的一些地方官员，自我膨胀到了极点，一副"土皇帝"的做派。

营企业，被告人不能成为贪污的主体，没有贪污的动机和行为，因而不能构成贪污罪。"法院没有采纳这些意见，4 月 11 日，40 岁的沈太福被执行枪决。

在我国经济改革过程中，朱镕基的影响至深。第一，他很快处理了积压已久的"三角债"① 问题。1993 年，他兼任中国人民银行行长，清理金融领域的体制外活动，对于任何有可能扰乱现有金融秩序的行为都严惩不贷。在这种背景下，沈太福便被视为顶风作案而受到了最严厉的惩处。第二，20 世纪 90 年代初期，中央财政支出过多，"一个父亲养多个儿子"，因此非常拮据，不得不靠大量发行货币来解困，带来了通货膨胀的危机。朱镕基顶着巨大压力提出分税制，重新梳理中央与地方政府的财政关系，使中国的财政秩序大改，中央财政重获活力。第三，朱镕基力排众议实行汇率改革，让人民币大幅贬值。在此之前，中国实行的是官方汇率与调剂市场汇率并存的汇率制度，既保护了国营企业的利益，同时也催生了一个庞大的外汇交易黑市。从 1994 年 1 月 1 日起，国家实行"以市场供求为基础的、单一的、有管理的人民币浮动汇率制"，人民币兑换美元的汇率比价定为 8.72 元人民币兑换 1 美元，比之前官方汇率 5.7 ：1 一次性便宜 33%。人民币的大幅贬值使得中国商品的价格在世界市场上变得便宜了，拥有了竞争优势，也更加能吸引投资商进入中国。第四，朱镕基搞活了国企。1993 年，中国出现"下岗潮"。此后，下岗工人中一部分成为民营企业家，大部分人成为民营企业的雇员，这为民营经济提供了更丰富的人力资源。

1993 年，大量外资涌入我国，一些地方政府为了吸引外资，大量建设"开发区"，使得国有土地大量流失。但与此同时，外资企业的先进技术、管理理念

---

① "三角债"是指企业相互之间拖欠货款所形成的连锁债务关系。中国的"三角债"早在 20 世纪 80 年代中后期就开始形成。1985 年中央政府开始收紧银根后，企业账户上"应收而未收款"与"应付而未付款"的额度大幅上升。到 1991—1992 年，"三角债"的规模占银行信贷总额的三分之一。大多数企业都面临没有毛收入的问题，致使经济效益好的企业也因缺乏资金而难以扩展生产，并不能进一步向银行申请贷款。朱镕基调研后指出："三角债的主要源头是部门、地方和企业为追求增长速度而盲目上建设项目，固定资产投资缺口大，造成对生产企业设备、材料货款和施工企业工程款的大量拖欠。"因此，他提出从固定资产投资拖欠这个源头入手清理"三角债"，顺次解开债务链，很快就解决了这一问题。

对民营经济的发展也有很大影响，我国民营经济在夹缝中求生存。

1994年4月21日，全国工商联主席经叔平、副主席胡德平召集全国工商联七届二次常委会的10位民营企业家常委开会，讨论扶贫工作。4月23日，周晋峰代表10名民营企业家在全国工商联七届二次常委会的闭幕式上宣读了《让我们投身到扶贫的光彩事业中来》倡议书。他倡议"中国民营经济每年为老、少、边、穷地区培训1000名人才，开发100个项目，开发10余种资源。到20世纪末，共培训7000名人才，开发700个项目，开发70种资源。""光彩事业"由此拉开序幕，广大民营企业家开始了他们的扶贫公益行为，这也扭转了大众对于民营企业家的一些负面印象。民营企业参与公益事业的行动持续到今天，更是给整个中国社会带来了巨大的影响。

1994年7月1日，《中华人民共和国公司法》正式施行，从此，中国企业步入与国际惯例接轨的规范化管理时期。国务院发展研究中心的报告显示，国有企业亏损面超过40%，而民营企业却蓬勃发展，《经济日报》称"乡镇企业已成为中国经济最大的增长板块"，当年农村社会总产值的75%、全国社会总产值的38%、全国工业总产值的50%、国家税收的1/4、外贸出口交货值的一半均来自乡镇企业。

这里要提到关于"红帽子"问题。此前，一些民营企业为了规避所有制风险问题，与地方政府合作，给企业戴上了"红帽子"①。但"红帽子"不是长远之计，最大的问题就是产权不清、民事责任主体模糊、法律责任不明确，既影响投资者的权利，也让挂靠的单位一起承担风险。1994年，一些"红帽子"企

业的负责人险些落马。直到1997年党的十五大之后"红帽子"问题才得以解决。党的十五大报告指出，"非公有制经济是我国社会主义市场经济的重要组成

---

① "红帽子"企业指附属于政府部门，以国有企业或集体企业为名义进行经营活动的并有良好声誉的私人企业。这些企业其实还是自筹资金、自主经营、自由组合、自负盈亏，但它们和挂靠单位商议好，要定期交一笔管理费。

部分""要健全财产法律制度，依法保护各类企业的合法权益和平等竞争"，这使民营企业家增强了信心，此后很多戴"红帽子"的企业纷纷"摘帽"。

1995年9月25日至28日，党的十四届五中全会审议并通过了《中共中央关于制定国民经济和社会发展"九五"计划和2010年远景目标的建议》，指出："国家对不同所有制的企业一视同仁，依法征税，形成平等竞争环境。"这给快速发展的民营经济带来了极大的鼓舞。

这一年，出现了两块引领时代潮流的广告牌。一是纽约曼哈顿的时代广场上出现了"999三九药业"①的霓虹灯广告。《纽约时报》报道说，"这是中国企业第一次在世界广告密度最大、最有影响力的商业区做中文广告，时代广场由此出现了一种新的广告语言——中文"。二是北京中关村的一块广告牌上写着"中国人离信息高速公路还有多远——向北1500米"②。1995年初，互联网已经连接全世界4万多个网络、380万台计算机，154个国家和地区可以通过互联网互通电子邮件。这一年也是中国的一些科技互联网企业觉醒的一年。马云创立了"中国黄页"，这是国内第一家中文商业信息网点，同时也在国内最早形成主页发布的互联网商业模式；丁磊辞职后开始了互联网的创业生涯；张树新与丈夫姜作贤则创立了瀛海威③。

1996年3月5日至17日，第八届全国人民代表大会第四次会议举行。时任国务院总理的李鹏代表国务院作《关于国民经济和社会发展"九五"计划和

---

① 三九集团从1996年到2001年共并购了140多家企业，平均每个月并购两家企业。三九集团迅速扩张，并成为全国最大的中医药企业，总资产猛增到186亿元，形成了医药、汽车、食品、制酒、旅游饭店、商业、农业和房地产八大产业。扩张之初，企业负债率是19%，到1998年负债率已高达80%，这使它走到悬崖的边缘。2005年底，三九集团总裁赵新先因涉嫌向境外转移资产被宣布"双规"。2007年6月，赵新先因"国有公司人员滥用职权罪"被法院判处有期徒刑一年零九个月。

② 吴晓波：《激荡三十年：中国企业1978—2008》，中信出版社2017年版。

③ 瀛海威于1995年5月19日成立。"瀛海威时空"当时宣称是国内唯一立足大众信息服务、面向普通家庭的网络。在第一届"最受用户欢迎的中文信息网站"评选活动中，瀛海威名列第一。但它在商业模式的探索上出现了问题，2000年的"中国互联网影响力调查"中，昔日排名第一的瀛海威跌至第131位。

2010 年远景目标纲要的报告》，明确把继续鼓励和引导发展个体私营经济作为今后 15 年发展国民经济必须坚持的方针，进一步促进了民营经济的发展。5 月 3 日、4 日，江泽民连续两次召集了四川、河北、辽宁、山东、上海企业界人员和江苏、浙江、山东、上海四省市的领导人开座谈会。座谈会的主题就是改革，江泽民在座谈会上说，当前改革正处在一个非常关键的时刻。

山东省诸城市市长陈光受到党的十四大报告的启发，在 1995 年之后，将全市 288 家乡镇以上企业中的 272 家国有企业或集体企业都出售给了个人，完成了企业产权变革，获得绰号"陈卖光"，引发了争议。1996 年，朱镕基到诸城考察，得出结论：诸城不存在国有资产流失问题。1997 年，陈光被调任至菏泽，后升任市委书记。1998 年，他针对菏泽早已资不抵债的国有企业，采取的是"白送"的处理办法，又被称为"陈送光"。1998 年前后，一些经济学家根据诸城的经验，提出"抓大放小"的新改革方针，没有竞争力也无关国计民生的中小企业将被"放掉"，政府将主抓有成长潜力、具备资源优势的大型企业及盈利能力强的产业。此后，民营经济在资本的整合中得到了快速的发展，工业化进程加快。如果没有国企的改革，就没有之后民营企业的超常发展。

1996 年，国有企业的净销售利润率降到历史最低点，亏损总数是 1985 年的 28.6 倍，而全国乡镇企业的产值则增长 22%。这一年，国有企业破产达到了高潮，全年破产企业数超过了过去 9 年的总和，共计 6232 家。据不完全统计，国有企业集中的辽宁省全年有近百万名下岗职工需要分流到民营经济领域。当时，民营企业可以对国有企业进行收购和吞并，民营企业享用了国有企业几十年发展过程中所积累的资源和经验，尤其是人力资源。

1997 年 2 月 19 日，邓小平逝世。5 月 29 日，江泽民在中央党校发表重要讲话，强调要高举邓小平理论的伟大旗帜。在谈到学风问题时，他说："离开本国实际和时代发展来谈马克思主义，没有意义。孤立静止地研究马克思主义，把马克思主义同它在现实生活中的生动发展割裂开来、对立起来，没有出路。"

理论界认为，这次讲话推动了新的思想解放。党的十五大报告明确指出："公有制为主体、多种所有制经济共同发展，是我国社会主义初级阶段的一项基本经济制度。""对个体、私营等非公有制经济要继续鼓励、引导，使之健康发展。"民营经济从社会主义经济的"补充地位"上升到"重要组成部分"。

1997 年，亚洲金融危机爆发，索罗斯先后攻击泰国、马来西亚、菲律宾、印度尼西亚、韩国以及中国香港地区，给这些国家和地区带来巨大的金融伤害。菲律宾、马来西亚和印度尼西亚的中产阶级财产分别缩水 50%、61%、37%，中国香港地区、新加坡和泰国的居民资产则下跌了 44%、43%、41%。此外，韩国和日本也受到重创。全球股市大跌，中国股市也陷入低迷，消费市场更是一片萧条。1997 年中期，全国的工业库存产品总值超过了 3 万亿元，出现了"结构性过剩"的现象，95% 的工业品都是供大于求。国家相关部门不得不联合成立全国库存商品调剂中心，以求企业商品加速流通。

值得欣喜的是，网易的丁磊、新浪的王志东和搜狐的张朝阳把中国带进了"互联网元年"。《中国互联网络发展状况统计报告》显示，全国共有上网计算机 29.9 万台，上网用户数 62 万，WWW 站点约 1500 个。中国互联网行业多为民营企业，它们产权清晰、增长迅速，并参与国际化竞争，日后互联网行业的巨头们将逐步占据国民经济中举足轻重的位置。

1998 年 3 月 19 日，第九届全国人民代表大会第一次会议闭幕。朱镕基特地点名回答了香港记者吴小莉的提问，这一举动使香港股市当天上涨了 300 多点。他说："这次九届全国人大一次会议对我委以重任，我感到任务艰巨，怕辜负人民对我的期望。但是，不管前面是地雷阵还是万丈深渊，我都将一往无前，义无反顾，鞠躬尽瘁，死而后已。"朱镕基承诺在其任期内完成三件事：一是力保人民币不贬值；二是激活经济，启动内需；三是用三年时间让国有企业摆脱困境。

之所以要力保人民币不贬值，是因为索罗斯打响了对人民币有深刻影响的"港币阻击战"，国际炒家们抛售上百亿港币，恒生指数一路狂泄到 6600 点，比一年前几乎下跌了 10000 点，总市值蒸发 2 万亿港币。8 月 13 日，香港特区政府在中央政府和朱镕基总理的支持下，携巨额外汇基金进入股票市场和期货市场，与炒家们直接对抗。当时全球股市哀鸿一片，美国道琼斯股指连连重幅下挫，欧洲、拉美地区的股市受连累，都相继下跌 3%—8%。如果恒生指数失守，香港特区政府的数百亿港币将瞬间蒸发。8 月 28 日是香港恒生指数期货 8 月合约的结算日，国际炒家们手里有大批期货单子到期必须出手。当日，炒家们疯狂抛盘，香港特区政府照单全收，成交额创下日成交量的历史最高纪录，收市钟声于下午四点响起，恒生指数和期货指数分别稳坐 7829 点和 7851 点，索罗斯集团一败涂地。当时的香港特区政府财政司司长宣布："在打击国际炒家、保卫香港股市和港币的战斗中，香港特区政府已经获胜。"

其实，为了坚守人民币不贬值，朱镕基承担了空前的压力和风险。受金融风暴影响，我国的出口增长率罕见下降，国内商品库存增大，消费需求却不能消化库存。全球舆论都认为人民币应该贬值，否则中国经济将面临很困难的局势。然而，朱镕基用自己的方式证明了中国经济独有的优势。

为扭转经济下滑局势，朱镕基决定激活经济，启动内需，他盯准了房地产行业。1997 年 4 月 28 日，中国人民银行以"特急件"的方式将《个人住房担保贷款管理试行办法》发往各商业银行，宣布即日起执行。《国务院关于进一步深化城镇住房制度改革加快住房建设的通知》明确要求"建立和完善以经济适用住房为主的多层次城镇住房供应体系"。中国人民银行颁布的《个人住房贷款管理办法》，规定住房贷款有等额本息和等额本金两种还款方法，允许商业银行开展住房按揭贷款的服务。这些政策迅速刺激了房地产市场的复苏，拉开了中国房地产业进入支柱产业的序幕。

在朱镕基的施政承诺中，"用三年时间让国有企业摆脱困境"是最难完成的任务，然而他却如期兑现了承诺，实施的战略就是"国退民进"。"国退民进"从 1997 年开始试验，1998 年大规模推广，一直到 2003 年才进入尾声。其实并没有形成全国性的法制化改革方案，出现了数十种产权量化出让的手法①。由于缺乏法律依据和监管方案，这一阶段的"国退民进"也存在不同程度的乱象。

1998 年，由于"抓大放小"和"国退民进"的方针，民营企业的增长速度再次加快，到 1998 年底，全国城乡个体工商户已经发展到 3120.2 万户，从业人员 6114.4 万人，注册资本 3120.31 亿元；全国民营企业共创总产值 5853.25 亿元，比上一年同期增长 49.22%；实现营业收入 5323.75 亿元，比上一年同期增长 71.92%。

1999 年 1 月 13 日，《中华工商时报》公布了当时国内的十大商业网站，分别是新浪、163 电子邮局、搜狐、网易、国中网、《人民日报》网站、上海热线、比特网、首都在线和中国雅虎，均为资讯类网站。当时的互联网行业主要由这类以资讯为主的门户网站和尚不成熟的电子商务网站构成，其中一些网站未来将成为行业巨头。

2000 年 5 月，江泽民先后在江苏、浙江、上海考察工作，他在浙江着重就非公有制企业党建工作进行了调研，考察了多家当地的民营企业。江泽民说，应该积极鼓励和引导非公有制经济健康发展，发挥它们在活跃城乡经济、满足社会多方面需要、增加就业、促进国民经济发展等方面的重要作用，促进它们在同内外市场竞争中增强竞争力，完善企业管理，提高技术水平和产品档次，并呼吁民营企业建立党组织。9 月，中央组织部下发《关于在个体和私营等非公有制经济组织中加强党的建设工作的意见（试行）》，各级非公有制经济组织逐步建立党组织，到 2001 年 6 月，全国已在各类非公有制经济组织中建立党组织 4.6 万个。

江泽民在庆祝中国共产党成立 80 周年大会上明确提出"私营企业主是中国特色社会主义建设者"，这是中国共产党历史上第一次对社会主义初级阶段私营

---

① 这些手法包括：管理层 MBO——企业家被允许购买自己管理的企业股份，有的是全数出资购买，有的是赠送部分比例的干股；曲线 MBO——管理层出资组建新的公司，然后与原有企业发生种种经营或资本重组关系，最终曲线获得股权；员工持股——组建员工持股会，以全员持股的方式将企业的资产量化到位，其中管理层获得最大比例的股份；引资量化——通过引进外来资金或上市的方式，对企业资产进行重组，切出一块由管理层持有；增值量化——以现有净资产为基础，对今后的增值部分量化到人，逐渐加大私人的股权比例；破产改制——先让企业破产，然后再出售给个人；等等。

企业主的社会地位作出新论断。江泽民指出："不能简单地把有没有财产、有多少财产当作判断人们政治上先进与落后的标准，而主要应该看他们的思想政治状态和现实表现，看他们的财产是怎样得来的以及对财产怎么支配和使用，看他们以自己的劳动对建设有中国特色社会主义事业所做的贡献。"民营经济再一次得到中央的肯定。

2001年，中国加入世界贸易组织，凭借低廉的劳动力、完备的制造业体系，"中国制造"很快横扫全球市场。此后10多年，中国经济增速领先世界，民营企业贡献了绝大部分GDP和就业岗位；能源、通信、金融等领域的国有垄断企业成为世界级"巨无霸"；房地产投资猛增，基础设施建设突飞猛进，城市化进程加快。投资、出口和消费被称为拉动经济增长的"三驾马车"。

2001年9月，美国"9·11恐怖袭击事件"震惊全球。安然事件[①]和世界通信公司丑闻[②]则让人对美国的公司监管制度产生了质疑。信用话题开始在全球受到重视。与此同时，纳斯达克的股灾使得美国经济变得动荡不安，并波及中国在美股上市的互联网公司，互联网行业进入寒冬期。

从1992年到2001年，我国进一步加大了改革开放的力度，民营经济的地位逐步提高，民营企业家成为经济发展中被肯定、被鼓励的代表人物。虽然他们中的部分人由于法律意识淡薄等原因，触碰了红线，但这样的人只是少数。中央对民营经济的态度越发积极，并落实在了实际的政策上。例如，对房地产行业的各项支持举措，促进了行业的大跨步式发展。这一时期的民营企业家原来多是体制内的精英，文化素养较高，他们抓住了时代的红利，书写了举足轻重的民营经济历史。

---

① 安然公司曾经是世界上最大的能源、商品和服务公司之一。然而，它被发现存在财务报告作假的嫌疑，其高管层也一直在悄悄地抛出手中的股票套现，使安然公司的股票大跌。2001年12月2日，安然公司不得不向纽约破产法院申请破产保护，该案成为美国历史上第二大企业破产案。

② 这家全美第二大长途电信公司被发现通过虚构营业收入、夸大利润等手法欺骗投资人。2002年7月，深陷假账风波的世界通信公司申请破产保护，这是美国有史以来最大的一宗企业破产案。

二、科教兴国、人大立法鼓励科技创新

20 世纪 90 年代初，我国的科学技术发展在国际上仍处于较为落后的水平。为了迎接新科技革命的挑战，自 20 世纪 70 年代以来，世界各国都投入巨额资金争相发展教育与科技。然而 1992 年之前，我国科技在经济增长中的贡献率只占 30% 左右，远低于发达国家 60%—80% 的水平。在 1991 年召开的中国科学技术协会第四次全国代表大会上，"科学技术是第一生产力"被确立为现代化建设新阶段的指导方针。

综合国力的竞争关键是科技和人才的竞争。在这一阶段，环境生态问题得到发达国家和广大发展中国家的关注，可持续发展成为时代主流。由于我国人口较多，能源和资源的人均占有量远低于发达国家，再走粗放式的发展道路显然难以为继。在这一背景下，邓小平在"南方谈话"中指出，要把科技与教育作为战略措施提出来。振兴经济首先要振兴科技，而科技进步、经济与社会发展，从根本上取决于劳动者素质的提高和大批科技人才的成长。党的十四大报告明确提出必须"把教育摆在优先发展的战略地位，努力提高全民族的思想道德和科学文化水平"。

为了更好地开展科技工作，20 世纪 80 年代、90 年代，国家相继研究制定了《国家中长期科学技术发展纲要》《1991—2000 年科学技术发展十年规划和"八五"计划纲要》，阐明我国中长期自然科学技术发展的战略、方针、政策和发展重点，以指导我国科技与经济、社会的协调发展。

1993 年 7 月 2 日，《中华人民共和国科学技术进步法》由第八届全国人民代表大会常务委员会第二次会议通过，并于 10 月 1 日起实施。这一法律是我国推动科技进步的基本准则，也是制定配套法律法规的依据。1994 年 2 月，国家科委、国家体改委发布了《适应社会主义市场经济发展，深化科技体制改革实施要点》，在总结科技体制改革经验的基础上，明确提出了新型科技体制的总体

框架。

1993 年 7 月，国家教委印发《关于重点建设一批高等学校和重点学科点的若干意见》，决定设置"211 工程"重点建设项目，即面向 21 世纪，重点建设 100 所左右的高等学校和一批重点学科点。1999 年，国务院批转教育部《面向 21 世纪教育振兴行动计划》，"创建若干所具有世界先进水平的一流大学和一批一流学科"，"985 工程"正式启动，分期开展。

为促进知识产权保护工作的顺利开展，形成有利于知识产权保护的良好社会环境，国务院于 1994 年颁布了《关于进一步加强知识产权保护工作的决定》，于 1995 年颁布了《中华人民共和国知识产权海关保护条例》。

1995 年 5 月，中共中央、国务院颁布《关于加速科学技术进步的决定》，进一步明确了将重点依靠科技和教育来推动经济发展与社会进步，指出"科学技术是第一生产力，是经济和社会发展的首要推动力量，是国家强盛的决定性因素……要从国家长远发展需要出发，制定中长期科学技术发展规划，统观全局，突出重点……加强基础性研究和高技术研究，加快实现高技术产业化"。

"科教兴国"战略在 1995 年的全国第三次科技大会上被提出。"科教兴国"战略是对"科学技术是第一生产力"思想的全面贯彻和落实，其战略重心在于依靠科技发展经济的同时，更加注重社会的全面发展，注重综合国力的提高。实现这一战略的根本途径是坚持以教育为本，把科技与教育摆在经济社会发展的首要位置，最终实现经济、社会、生态的持续协调发展。

在向市场经济转型的过程中，国家在制定具体科技政策时开始逐步考虑市场需求，并于 1993 年和 1997 年分别发布了《国家工程技术研究中心暂行管理办法》和《关于设立中外合资研究开发机构、中外合作研究开发机构的暂行办法》。为进一步促进我国基础研究的发展，科技部组织实施了《国家重点基础研究发展计划》（亦称"973"计划）。

2000 年 2 月 9 日，国务院作出《关于 2000 年度国家科学技术奖励的决定》，自 2000 年起设立国家最高科学技术奖。

1992 年至 2001 年，中国科技创新取得了巨大的进展。

1957 年 10 月 4 日，苏联成功发射了人类历史上第一颗人造卫星——斯普特尼克 1 号。这颗卫星虽然只能发出简单的无线电信号，但它开启了人类利用太空资源进行通信的新时代。20 世纪 70 年代以后，随着人造卫星技术的成熟和多样化，卫星通信开始广泛应用于各个领域。1976 年 1 月 22 日，欧洲航天局（ESA）发射了第一颗欧洲同步轨道通信卫星（OTS），为欧洲各国提供了电话、电视和数据传输服务。1986 年 7 月 8 日，我国国内卫星通信网正式建成，大大促进了国内的信息交流和经济发展，为全国性综合电视节目的传送创造了途径。在我国发射第一颗通信卫星之后，1993 年 9 月 12 日，美国发射了第一颗全球移动通信卫星（Iridium），为全球各地提供了移动电话和数据传输服务。通信行业的发展为经济的发展提供了更多便利，之后，我国以华为为代表的民营企业将在通信行业大展拳脚。

1993 年 5 月 26 日，由中国科学院高能物理所谢家麟等承担的国家"863"高技术项目——北京自由电子激光装置（BFEL）成功地实现了红外 FEL 振荡激光，又于 12 月 28 日凌晨顺利地实现了饱和振荡。使中国成为继美国、西欧之后又一个利用直线加速器获得红外自由激光的国家，标志着中国在这一高科技领域跨进国际先进行列。

1993 年 7 月 2 日，由当时的机械电子部牵头，在全国组织实施了涉及国民经济信息化的金桥（国家公用数据信息通信网工程）、金卡（银行信用卡支付系统工程）、金关（国家对外贸易经济信息网工程）等"三金工程"。1994 年 4 月 20 日，北京"中关村地区教育与科研实施示范网络"（NCFC）通过美国 Sprint 公司的 64K 专线，实现了与国际互联网的全功能连接。1994 年 7 月初，由清华大学等 6 所高校建设的"中国教育和科研计算机网（CERNET）"试验网开通，该网络采用 IP/X.25 技术，连接北京、上海、广州、南京、西安 5 个城市，并通过 NCFC 的国际出口与 Internet 互联，成为国内最早运行 TCP/IP 协议的计算机互联网络。1995 年 1 月，邮电部电信总局分别在北京、上海设立的通过美国 Sprint 公司接入美国的 64K 专线开通，并且通过电话网、DDN 专线以及 X.25 网等方式开始向社会提供 Internet 接入服务。同年 3 月，中国科学院完成上海、合肥、武汉、南京 4 个分院的远程连接（使用 IP/X.25 技术）。1996 年 11 月，中国教育和科研计算机网开通到美国的 2M 国际线路，同月开通了中德学术网络互联线路 CERNET — DFN，建立了中国大陆到欧洲的 Internet 连接。随着四大互联网络（中国科学技术计算网、中国教育和科研计算机网、中国公用计算机互联网、中国金桥信息网）的发展，中国开始将 Internet 向全国范围进行扩展。20 世纪 90 年代末到 21 世纪初，由于经济、技术等方面的原因，很多国家开始聚焦于下一代互联网的建设。中国也较早地认识到下一代互联网建设将带来的重大意义，积极开展探索研究，使得自己在这一领域的研究与应用与国际水平并驾齐驱，甚至在某些方面领先于同期国外水平。

1995 年 5 月 6 日 10 时 55 分，中国北极科学考察队胜利到达北极点，把五星红旗插到了北极点。北极科考的圆满完成，填补了我国自然科学研究地域上的空白，证明中国科学家有能力深入北冰洋腹地开展科考观测和取样。

1995 年 12 月 15 日，我国科学家在《科学》杂志上发表论文，描述利用以图谱为基础的克隆技术从水稻基因组分离出白叶枯病抗性 Xa21 基因的研究。这一成果标志着我国水稻生物技术和基因组研究取得重大进展。

1996 年 6 月，中国科学院国家基因研究中心在世界上首次成功构建了高分辨率的水稻基因组物理图。我国的水稻研发技术进入新发展阶段，进一步为我国各行各业的发展提供动力。

1997 年 5 月 21 日至 6 月 27 日，由中国科学院沈阳自动化所及声学所等单位研制的 6000 米无缆自治水下机器人，圆满完成了太平洋海底的各项调查任务。我国海洋勘探技术进入新发展阶段，为能源行业的发展带来新的曙光，也为工业发展提供了更多的资源支持。

1997 年 11 月 8 日，长江三峡水利枢纽工程成功实现大江截流。这是一项盛大的工程，直到 2012 年 7 月 4 日，三峡工程最后一台 70 万千瓦巨型机组才正式交付投产。这项工程耗时长、影响大。一方面，三峡工程在中国电力工业的发展中发挥了巨大作用，为长江流域提供了大量清洁能源，满足了当地及周边地区的电力供应需求。另一方面，三峡工程有助于调控水资源，能降低洪涝灾害的风险，是一项利国利民的伟大工程。

1998 年，中国科学院物理所解思深领导的研究小组成功制备出长达 2—3mm 的超长定向碳纳米管列阵，并实现了利用常规实验手段测试碳纳米管的物理特性。该研究成果在 1998 年英国《自然》杂志第 394 卷发表后，引起科技界的关注，认为这是首次将碳纳米管的长度提高到毫米量级。纳米技术和每一个行业息息相关，智能、功能强大的纳米器件和纳米材料将在每一个行业中得到应用。

2000 年 11 月 8 日，贵州省洪家渡水电站、引子渡水电站、乌江渡水电站扩机工程同时开工建设，我国西电东输工程全面启动。电能的全国布局，助力我国民营经济中制造业的稳步发展。

2001 年 6 月 29 日，青藏铁路二期工程开工典礼在青海格尔木和西藏拉萨同时举行。2006 年 7 月 1 日，青藏铁路全线建成通车。交通的发达对经济的发展起到了不可小觑的助推作用。

从 1992 年到 2001 年，我国越来越重视"科教兴国"战略，从而带来科学技术在各个领域、各个行业的蓬勃发展。越来越多的民营企业开始重视科学技术在企业发展中的关键作用，然而，西方发达国家对科技的发展也极为重视，在很多领域，我国的科技发展仍处于落后地位。民营经济的发展更多是依靠政策的红利和企业家的拼搏冒险精神，我国民营经济的发展尚存在科技含量偏低、科技发展缓慢的问题。

三、谷歌、亚马逊风头正劲，美国金融业大爆发

1992 年至 2001 年，欧美经济持续繁荣，代表性企业不断涌现。

美国老牌企业通用电气公司一路高歌猛进。通用电气公司于 1892 年创办，当时总部设在纽约州的斯克内克塔迪。一百多年后，通用电气公司逐渐成长为美国工业巨头，并一度成为全球市值最高的企业之一。20 世纪 90 年代，通用电气公司进行业务调整，出售了非核心资产，专注于发电设备、金融、医疗等业务，实现转型升级。它还拓展全球市场，在新兴国家投资设厂。到 2001 年，通用电气公司的营收超过 1300 亿美元，其中有 40% 来自旗下的金融机构。

微软此时继续处于软件行业的霸主位置。1995 年，比尔·盖茨首次荣登福布斯全球亿万富翁排行榜榜首，个人财富达 129 亿美元。微软当年的销售收入为 59 亿美元。1996 年，微软硬件推出 Microsoft IntelliMouse，滚轮鼠标正式走入用户的生活。1997 年，微软的老对手苹果处于崩溃边缘，急需现金支持。微软购买了苹果 1.5 亿美元的股票，但没有投票权。微软承诺继续为苹果的 Mac 系统开发 Office，苹果同意将微软的 IE 浏览器作为默认浏览器绑定在 Mac OS 中，但双方的交易未能一直持续下去。1997 年末，微软收购了 Hotmail，Hotmail 被命名为 MSN Hotmail。1998 年 6 月，微软发布首个专门面向普通家庭设计的 Windows 98 系统。1999 年，微软推出 MSN Messenger，这是一款即时通信软件。1999 年 12 月 30 日，微软创下 6616 亿美元的人类历史上上市公司最高的市值纪录。2000 年，微软发行了 Windows 2000 系统。2001 年，微软发售首款游戏主机 Xbox，与 Sony 的 PS2 和任天堂的 Game Cube 相抗衡。

电子商务领域的巨头、亚马逊创始人贝佐斯也在这个时代发展起来。1994 年，贝佐斯在美国华盛顿州创立了亚马逊网上书店。20 世纪 90 年代，亚马逊成为全球最大的网上书店。2000 年，贝佐斯将公司定位为"地球上最针对消费者的公司"，开始涉足更多的业务，奠定其成为电商巨头的基础。

另一个互联网巨头是在世界上影响巨大的谷歌。1998 年，斯坦福大学的博士生拉里·佩奇与谢尔盖·布林创立了谷歌。他们研发的 PageRank 算法使得谷歌搜索引擎迅速占领市场。20 世纪 90 年代末，谷歌已成为全球最大的搜索引擎，同时也成为中国互联网巨头百度模仿的对象。2000 年，谷歌推出免费电子邮件服务 Gmail。到 2001 年，谷歌的市值超过 100 亿美元。

在美国个人计算机领域表现突出的 IBM，于 20 世纪 90 年代初进行了重组，转型为信息技术服务提供商。该策略获得成功，IBM 重拾增长态势。到 2001 年，IBM 的营收达到 850 亿美元，再次成为 IT 行业巨头。

美国的软件巨头思科也有了长足的发展。1984 年，斯坦福大学的一对教师夫妇创立了思科，该公司专注于计算机网络产品的研发。20 世纪 90 年代，思科推出优秀的路由器产品，快速占领互联网基础设施市场。到 2001 年，思科已成为全球最大的网络设备供应商，它也是华为的直接竞争对手。

美国的金融业发展迅猛，其中的代表之一就是花旗银行。花旗银行是花旗集团旗下的一家零售银行，其前身主要是 1812 年 6 月 16 日成立的"纽约城市银行"，经过近两个世纪的发展、并购，它已经成为美国最大的银行之一。20 世纪 90 年代，花旗银行继续扩大投资银行和信用卡业务，成为美国最大的信用卡发行机构。英国《银行家》杂志公布 2001 年世界 1000 家大银行排行榜，花旗银行位居第一。2001 年，花旗银行的业务遍布全球 100 多个国家。

此时，投资银行也发展起来了。高盛作为全球知名的投资银行，在 20 世纪 90 年代中期获得了成功。1990 年，高盛推出了一项划时代的金融创新业务——衍生品交易。高盛设计并推广各类衍生金融产品，如掉期[①]、期权等，大大推动了衍生品交易市场的繁荣。1994 年，高盛成为第一家将股票买卖电子化的证券公司。通过设立全电子化的交易平台，高盛大幅提高了交易效率和处理量，这

---

① 掉期是指在外汇市场上买进即期外汇的同时又卖出同种货币的远期外汇，或者卖出即期外汇的同时又买进同种货币的远期外汇。在掉期交易中，即期汇率与远期汇率之差就是掉期率。

为其后来在电子交易领域确立领先地位奠定了基础。1996 年，高盛在全球范围内推出了网上交易软件巨蟹座（Crabel）。这款软件使得银行及个人用户都能通过网络进行证券交易。1997 年，在亚洲金融危机期间，高盛成功押注泰铢贬值，从中获得了 10 亿美元的利润。在这场危机中，高盛是少数获利的美国投资银行，这更加巩固了其在货币交易领域的领先地位。到 2001 年，高盛已发展成为全球最大和最具影响力的投资银行之一，其总资产达 2920 亿美元，净收入达 82 亿美元，员工总数达 22627 人。

美国的航空业中，西南航空一枝独秀。1966 年成立的西南航空是美国航空业的先驱之一。20 世纪 90 年代，它以低价策略成功打开市场，年运客量超过其他航空公司。1995 年，西南航空实现全年获利，成为美国四大航空公司中唯一盈利的公司。

另一家影响全球消费者生活方式的公司是连锁咖啡店的代表企业星巴克。1971 年，星巴克在美国西雅图开办了第一家专卖店。20 世纪 90 年代，它采用快速扩张的策略，在美国的主要城市开设分店。1999 年，星巴克在中国开设第一家门店。到 2001 年，星巴克在全球已有近 5000 家门店。

这一时期，汽车行业蓬勃发展，其中的代表有美国的通用汽车。1992 年，通用汽车关闭了多家不盈利的工厂，裁减员工达 7.4 万人，全面走向轻资产运营。1996 年，通用汽车成功研发车与车之间的通信技术 OnStar，使汽车实现电子化，这项创新为通用汽车带来技术优势。1997 年，通用汽车在中国上海与上汽集团合作成立上汽通用汽车有限公司，正式进入中国市场。1998 年，通用汽车收购韩国大宇汽车，将业务扩展至亚太地区。同年，通用汽车首创 0% 的车贷，刺激汽车销量大幅增长。之后，通用汽车推出色彩鲜明的跨界 SUV（运动型多用途汽车）雪佛兰 Tracker，获得消费者青睐，该车型成为通用汽车历史上最畅销的 SUV。到 2001 年，通用汽车已经连续四年位居全球汽车销量第一名，成为美国最大的汽车制造商。其全球销量达 851 万辆，全球市场份额达 15%。

汽车行业的另一个代表企业是德国的宝马。1992 年，宝马推出了 E36 M3 系列轿车，这种车型的轻量化设计和优异性能深受消费者欢迎。不久之后，宝马在美国南卡罗来纳州投资建厂，正式进入北美市场。收购英国顶级豪华汽车制造商罗尔斯·罗伊斯的行为大幅增强了宝马在豪华车领域的实力。1998 年，宝马推出 Z3 系列跑车，这种车型凭借时尚的外形和优异性能打开了年轻客户的市场。Z3 系列跑车获得巨大成功，成为宝马历史上最畅销的豪华敞篷车。1999 年，宝马发布 X5 系列 SUV，填补了自己在 SUV 市场的空白。X5 系列的轿跑性能和豪华气息获得消费者青睐。2001 年，宝马向全球客户交付 102.46 万辆车，同比增长 5.9%，登上了全球豪华车销量第一的宝座。

在日本，一家大公司逐步跻身世界 500 强，它就是 NTT（日本电报电话公司）。1992 年，日本将原国营电信业务拆分，NTT 应运而生。NTT 逐步从政府独资企业转型为民营上市公司。1995 年，NTT 在东京证券交易所、大阪证券交易所、名古屋证券交易所上市。1996 年，NTT 推出移动通信服务 DoCoMo，这项创新服务迅速获得用户青睐。1997 年，DoCoMo 的用户规模已超过 1000 万，NTT 跃居日本移动通信业的龙头地位。1998 年，NTT 研发成功 ADSL 技术，开始提供宽带互联网接入服务，这优化了个人用户的网速体验。之后，DoCoMo 推出了第三代移动通信网络 FOMA，让手机网络大幅升级。进入 21 世纪，NTT 的市值超过 1000 亿美元。

在瑞典，一家享誉全球的家居公司——宜家正在崛起。宜家的家居产品以简约、实惠而闻名于世。20 世纪 90 年代，宜家加快扩张步伐，在欧美及新兴市场开设店铺。它打破传统，将家具零售与餐饮结合。到 2001 年，宜家在全球已有 145 家大型门店，品牌价值达 67 亿美元，成为世界第一家具零售商。

这些发达国家的巨头企业，在技术创新、组织变革、商业模式探索上，有了许多尝试和进步，其中一些进行了全球化布局，成为影响全球的企业。尤其是互联网行业和汽车行业的发展，对我国民营经济有较大影响，我国民营企业也开始革新技术和组织。

四、以"92 派"为代表的中国民营企业家

冯仑："92 派"地产"思想家"

乘着 1992 年的春风，以下海的机关干部、大学生和海归等精英群体为代表的一群民营企业家创业成名，他们又被称为"92 派"，冯仑就是其中之一。

冯仑在海南赚到了第一桶金。我国于 1988 年建立海南省，并将全海南岛辟为经济特区。中央党校的硕士毕业生、在国家经济体制改革委员会工作的冯仑前去筹建海南改革发展研究所。不久之后，研究所解散，冯仑失业，他也无法再回到北京的体制内工作。他先后在中国社会调查所和牟其中创办的南德集团工作过，一度成为牟其中的"第一副手"。1991 年，和牟其中想法不合的冯仑离开南德集团，兜兜转转再次回到海南。他和几个朋友成立了海南农业高技术投资联合开发总公司，这家公司在 1993 年改制为万通集团。

1992 年至 1993 年，房地产市场一片火热。银行、国企、乡镇企业和民营企业的资金通过各种渠道源源不断地流入房地产市场，推高房价。《中国房地产市场年鉴（1996）》显示：1988 年，海南商品房每平方米的平均价格为 1350 元，1992 年猛涨至 5000 元，1993 年达到 7500 元的顶峰。[1] 冯仑回忆说，一些从北京南下的人，靠政府背景拿到一块地，仅凭一纸批文就可以获利上千万元。很多楼盘一拿到报建批文就登广告，连地基还没有开始打，价格已经驴打滚一样地翻了几倍。[2] 冯仑在这场淘房热中和王功权、潘石屹、易小迪、王启富和刘军通过倒卖批文、贷款拿到别墅后转手，也赚得盆满钵满。这六人被称为"万通六君子"，他们也是 20 世纪 90 年代下海人员的缩影。冯仑总结发现，在 20 世纪80 年代，主要是个体户、干部子女参与市场经济；而 1991 年至 2001 年是公司

---

[1] 任泽平等：《全球历次房地产大泡沫：催生、疯狂、崩溃及启示》，载自媒体账号"泽平宏观"，https://baijiahao.baidu.com/s?id=1709378841406897390&wfr=spider&for=pc.

[2] 吴晓波：《激荡三十年：中国企业 1978—2008》，中信出版社 2017 年版。

时代，企业经营范围扩大、市场化要素（如土地）增加，这时机关干部、乡村能人、大学生、研究生，以及从海外留学归来的人成为企业经营者，他们更懂得政策，组织能力、专业能力、学习能力、竞争意识更强，承担风险的意识也更强。[①]根据统计，当时仅海南一地，在"炒地皮"中赚了1000万元的就有上千人。这些人的成功和"用钱铺路"分不开，他们中的绝大多数都是有权力背景的人物，他们用来"炒地皮"的巨额资金基本上不是自己的钱，而各种各样的民营房地产公司也很少不是靠银行贷款起家的。[②]不过泡沫终有破灭的时刻，1993年，国务院发文加强宏观调控，终止房地产公司上市、银根收紧。开发商或逃离或倒闭，海南出现大量烂尾楼和烂账，预感到风险的冯仑等人幸运地在泡沫破灭前已经撤离海南。

万通在1995年至1996年遇到了两大危机。一方面是财务危机。通过杠杆收购和连环控股，万通迅速扩张，但其将短期拆借资金用于长期投资，导致债台高筑。另一方面是组织危机。"万通六君子"最初合伙时采取《水浒传》的"座有序，利无别"模式。尽管1993年时万通改革了产权，成立了董事会，但几个人决策时仍然一人一票，并且他们分开管理业务，整体效率低下。这种缺少规范的组织问题属于当时一些民营组织的通病，出现严重的利益冲突也不奇怪。

为了解决财务危机，万通先还债、压缩成本，然后收缩业务、增资扩股获得资金，并幸运地在1996年市场监管加强前处理好了资金问题。冯仑发现民营企业冒险性大的原因是大多数自有资本金来源于高利贷，会造成暴利倾向，加上"野蛮生长"时代创业者的冒险心理、环境的不确定性，造成赌得赢的概率不大，所以越赌越大。例如，同时代唐万新创办的德隆集团之所以失败，也是因为恶赌金融资产项目。[③]

---

① 冯仑：《野蛮生长》，中信出版社2017年版。
② 余治国：《中国民营企业批判》，当代中国出版社2005年版。
③ 冯仑：《野蛮生长》，中信出版社2017年版。

至于组织危机，西方相对成熟的企业管理思想派上了用场。王功权后来带回了在美国学习的财务和产权划分理论；在经济学家张维迎的介绍下，张欣与万通相识。她也向万通介绍了西方的商业规则；经济学家周其仁向冯仑讲述"退出机制"和"出价原则"。由此，冯仑最终提出"以江湖方式进入，以商人方式退出"的办法，即离开的合伙人可以卖掉股份给留在公司的合伙人。"万通六君子"除冯仑以外陆续离开：潘石屹和张欣创立了房地产公司，也就是日后的SOHO中国；王功权转行进入风险投资领域；易小迪创办阳光100集团；王启富成为海帝木业董事长；刘军回四川老家发展农业。

《中国企业家》杂志的主编牛文文认为，"92派"是中国现代企业制度的试水者，和之前的中国企业家相比，他们应该是中国最早具有清晰、明确的股东意识的企业家代表，这些人往往在政府部门待过，有深厚的政府关系，同时又有一定的知识基础，具有前瞻性的预测能力，能创立一个行业并成为行业的领头羊。[①]

1999年，社会开始讨论民营企业的"原罪"问题。冯仑用"原罪论"强调中国民营企业在早期发展中存在的组织管理问题，以及当时制度环境的缺陷。不过，经济学者郎咸平则指责民营企业牟取暴利、造成国有资产流失的一面。张维迎持相反意见，他主张不应继续追究民营企业以前做的这些事情，应自然地赦免，认真发展经济。

社会对所谓的"原罪"问题议论纷纷，直到2006年才算有结论。时任中央统战部副部长、全国工商联党组书记的胡德平在接受《南方周末》记者的采访时表示，民营经济的诞生非但没有"原罪"，而且应该早生10年、20年；现在要来清算"原罪"和"第一桶金"，就等于是对改革开放巨大成绩的否定。

民营企业和政治之间的关系向来复杂，不同于前上司牟其中充满政治热情，冯仑更为保守。他曾认为民营资本从来都是国有资本的附属补充，"面对国有资

---

① 吴晓波：《激荡三十年：中国企业1978—2008》，中信出版社2017年版。

本，民营资本只有始终坚持合作而不竞争、补充而不替代、附属而不僭越的立场，才能进退自如，持续发展"①。

在商业意识模糊的时代，冯仑率先找到了如何化解合伙危机的办法，后来他又不断提出一些超前新颖的理念，尝试开拓创新，因此被称为"地产思想家"。冯仑认为自己的人生轨迹充满了时代的意味：最开始，有人说他是反动文人；流落江湖，他成了"流氓文人"；为了养活自己，他被迫做了商人，被认定为民营企业家；再后来，他就成了"黑心开发商"②。

冯仑在2014年接受媒体采访时说："很多人在20世纪80年代很辉煌，于是就把自己封闭起来，活在历史中。所以，有两类人活在历史中，一类是囚犯，另一类是曾经成功、不愿面对当下的人。谁活在未来？小孩活在未来，年轻人活在未来。另外，面对挑战的人必须活在未来，比如我们企业家。"然而对于他们这一代人，他却说道："我们这些在20世纪50年代出生、在80年代改革、在90年代创业的所谓'92派'，在这一篇里有地位，等到互联网时代到来，其实已经没我们什么事了。我们只能去做慈善、公益、环保了。"2017年，冯仑卸任万通控股董事长职务，而后沉浸于投资、玩自媒体、讲段子、办脱口秀和出书等事情。

离开了冯仑的万通尚未延续以前的成功。从大环境来看，万通的发家是因为碰上了海南的炒房乱象，后来的壮大则是因为吃到了过去中国城镇化和经济增长驱动下的房地产行业红利。时过境迁，2008年全球金融危机引起房地产下行；2010年至2011年国内开始实行房地产限购政策；到了2016年，中央经济工作会议首次提出"房住不炒"，而后这成为促进房地产市场健康发展的总基调。近年来，尽管限购政策有所放松，但人口结构和经济周期的变化使得房地产销售收入放缓。

---

① 冯仑：《跨越历史的河流》，载《中国企业家》，2007年第2期。
② 薛芳：《冯仑：一个买卖人的思考》，载《南方人物周刊》，2012年第4期。

此外，万通谋求多元化转型，在房地产行业的地位已远不如从前。在上海易居房地产研究院联合中国房地产业协会发布的《2022 房地产上市公司测评研究报告》中，万通位居第 98 名，而万科、保利发展和中国海外发展分别占据前三名。早在 2017 年万通就表示，在不断加码的调控政策影响下，公司销售业绩受到明显影响，出于对未来发展的考虑，公司以房地产业务为基础，致力探索并推进传统房地产由第二产业生产型向金融服务型的第三产业转化。公司还在 2020 年更名为万通发展，此后将核心业务定为文旅、娱乐、商业办公等。2023 年，万通发展的房地产营销仍占总营收的六成，房屋租赁占四成，其他业务对收入贡献微乎其微。万通发展仍需要扛住宏观变化和谋求多元化发展的压力。不过截至 2023 年 6 月 30 日，持有万通发展 15.51% 股份的万通控股作为投资管理平台，除了投资不动产之外，还做资产管理和股权投资，同期持有华泰保险、中城投资和兰州银行等股权。

史玉柱：豪赌"巨人"

在 20 世纪八九十年代下海经商的民营企业家里，很难找到比史玉柱学历更高的人，他曾是知识青年的偶像，却上演了"巨人不巨"的悲剧，又能在蛰伏后惊人地跨行业东山再起，创造了一个又一个神话。

史玉柱年少得意，考入浙江大学数学系，在安徽省统计局工作期间表现出色，后到深圳大学软科学系进修。1989 年，史玉柱在研究生毕业后，本可发展为处级干部，但他却辞去工作，选择在经济特区深圳创业。国内计算机市场在 20 世纪 80 年代热度渐升，起初个人计算机几乎都来自 IBM，但外国系统无法识别汉字。当时，倪光南研发出"联想式汉字系统"，并已加入了柳传志所在的公司。史玉柱也研发了一种名叫 M-6401 的桌面排版印刷系统，但销售艰难。为了打开市场，他冒险打时间差，先和报社谈好了 8000 多元的广告。其实他并不能确定有没有买家上门，甚至想过："如果广告没有效果，我最多只付得出一半的广告费，然后只好逃之天天。"在等待十几天后，史玉柱竟真获得客户的汇款，他这才付清报社的广告费。4个月后，M-6401的销售超过百万元。这是史玉柱赚到的第一桶金。

初获成功后，史玉柱又研发出新一代软件，而后在1991年创办了珠海巨人新技术公司，誓做"中国的IBM，东方的巨人"。不久之后，巨人集团的汉卡销量就超过了联想集团和四通集团，成为全国第一，获利上千万元。史玉柱乘胜追击，相继研发了多类中文电子产品。在邓小平"南方谈话"之后，许多民营企业都进入迅速扩张期，也产生了巨大的影响力。1992年，一家知名媒体对北京、上海、广州等十大城市的上万名青年进行了一次问卷调查，其中一个问题是"写出你最崇拜的青年人物"，结果第一名是比尔·盖茨，第二名就是史玉柱。[1]

史玉柱春风得意，计划在当时巨人集团的总部珠海建造38层的大厦。一位领导视察时参观了巨人大厦的施工现场，向史玉柱提问："这座楼的位置很好，为什么不盖得高一点儿？"也许说者无意，听者有心，史玉柱随后决定加盖楼层。为了成为全国第一高楼且避开敏感和不吉利的数字，巨人大厦最终计划建造70层，预算超10亿元，工期长达6年。当地政府大力支持，仅象征性地收取每平方米几百元的大厦征地费。另外，巨人集团还想出了到香港卖楼花的融资办法。"楼花"一词是从香港传入的，主要是指尚未竣工交付的商品房，楼花按揭在20世纪70年代被大力推广，现为世界发达国家和地区房地产金融市场广为流行的一种融资购楼方式[2]。卖楼花也就是现在常说的卖期房。巨人集团的楼花卖得火热，一方面，这家有名的高科技企业"计划于1995年上市"；另一方面，其楼花广告中提到了"零风险、高回报"的保证。巨人集团由此轻松获得了上亿元。

① 王国刚：《大失败——经济学家眼中的中国失败企业家》，科学技术文献出版社2004年版。
② 马原：《房地产案件新问题与判解研究》，人民法院出版社1997年版。

意想不到的是国内电脑行业还未壮大，就遇上了风云变幻的国际局势。当时，巴黎统筹委员会面临解散①，西方国家向中国出口计算机的禁令随之失效，IBM 和惠普等国际知名品牌涌入国内，起步不久的国产计算机在市场竞争中压力重重。

1994 年 8 月，史玉柱召开员工大会，剖析了巨人集团的五大隐患：一是创业激情基本消失；二是出现大锅饭机制；三是管理水平低下；四是产品和业务种类单一；五是市场开发能力停滞②。面对内忧外患，他提出"二次创业"，即通过产业多元化扩张来找到出路。然而，恶果就此种下。

这位曾立志要做"中国的 IBM"的企业家，选择涉足没有知名国际品牌参与、国内已较为成熟的保健品市场，推出"脑黄金"。1994 年，全国保健品市场的销售总收入达 300 亿元，是一个暴利行业。其中的飞龙集团在 1993 年、1994 年连续两年获利超过 2 亿元，让中国的民营企业家看到了该市场的无限魅力。③

1995 年，史玉柱位列福布斯中国内地富豪榜第 8 名，这也是巨人集团集光辉和混乱于一身的重要一年。没有日用品经营经验的史玉柱，以军事思想和军事组织方式带领巨人集团发起促销战役。巨人集团一次性推出 12 种新保健品，在 50 多家新闻媒体上刊登广告，营销人员发展到数千人。狂轰滥炸的大促销迅速提升了产品热度，然而问题也暴露出来：广告耸人听闻、存在不良导向，产品供应跟不上营销速度，新加入公司的干部管理不当……有关部门紧急叫停巨人集团的广告行动。史玉柱不得不宣布"创业整顿"。过了一个冬天，他又发起减肥产品的营销战役。巨人集团内的一些人将此当作最后捞取油水的机会，做出各种违规、违法行为。在营销战役中，巨人集团竟在宣传文案中写道："据说'娃哈哈'有激素，造成儿童早熟，产生许多现代儿童病。"此举对"娃哈哈"

---

① 巴黎统筹委员会由十几个资本主义发达国家组成，在冷战中承担经济封锁任务，于 1994 年宣布解散。

② 黄文莱：《富殇》，中国工人出版社 2003 年版。

③ 张志勇：《民营企业四十年》，经济日报出版社 2019 年版。

造成了严重损害，"娃哈哈"称当年减少近 5000 万元销售额，并将巨人集团起诉至法院。1996 年 10 月，双方庭外和解，巨人集团向"娃哈哈"支付 200 万元的经济损失赔偿，并在次年召开新闻发布会公开道歉。由此，巨人集团的公众形象一落千丈。

1996 年底，巨人集团陷入了财务危机，高额的保健品营销费及建造巨人大厦的支出等让巨人集团债台高筑。巨人大厦资金告急的消息很快传到购买楼花者的耳中，媒体也大肆进行负面报道。1997 年，巨人集团分崩瓦解，史玉柱消失在大众视野。

从激情创业到惨烈收场，人们可以从史玉柱和巨人集团的经历里总结出诸多教训。

第一，财务管理和资本运作能力不足。史玉柱冒险赚得第一桶金，"豪赌"、非理性的个性早已显露，这背后是以可能获得的利润为基础而做的计划，却低估了可能产生的亏损。此外，在建巨人大厦时，史玉柱没有申请抵押贷款，也没有对电脑公司和其他项目进行资产独立运作，而将希望都押注于保健品等产品的利润上。尽管巨人集团拥有高额的营业额和流动资金，但史玉柱一向以零负债为荣，银行在巨人集团出现危机后自然袖手旁观。

第二，多元化经营战略的隐患。史玉柱在二次创业期间多线作战，既没有稳定住原本的电脑产品主业，也没有系统规划保健品和房地产等新业务。多年后，史玉柱自己也发现没能抵挡住诱惑、战线拉得过长是很多失败企业的共同特点。

第三，广告营销无度，反而使企业产生负面形象。在互联网尚未普及的年代，报刊广告效果斐然。史玉柱靠广告起家，对广告十分崇拜。他曾经对一位向他求教的企业家说，做企业是"作诗、作势、做事"，要将大部分精力放在"作诗、作势"上面。[1] 虽然许多企业都是借助广告迅速成功的，但正如史玉柱

---

[1] 黄文莱：《富殇》，中国工人出版社 2003 年版。

的一位部下所言："这位年轻的知识才俊显然对民众智力极度蔑视而对广告攻势有着过度的自信。"①

第四，组织管理问题。史玉柱一人就占据巨人集团的九成股份，其他高管无法干预他的决定，因此巨人集团的决策机制并不明智。在营销战役中，"巨人大军"主要是刚毕业、没什么经验的学生和从其他企业跳槽来的人，对巨人集团并无忠诚度可言，因此出现违规违法行为也不足为奇。

第五，不善交际。在危机期间，史玉柱关门独自冥思，和外界缺乏沟通。曾任巨人集团常务副总裁的王建评价史玉柱："他最大的缺点是清高，最大的弱项是与人交往，最大的局限是零负债理论。"②

第六，缺乏危机公关处理能力，被新闻和民众的盲目崇拜"捧杀"。史玉柱曾感慨："以前新闻总说巨人好，这儿也好，那儿也好；现在说巨人这儿不好，那儿也不行。我原计划1997年好好做市场，但各地报纸一转载巨人风波，说巨人差不多倒闭了，产品就没人敢买了。"③史玉柱的老部下江红在多年后说："他被当成一个失败的英雄，却仍被一些人用另一种心态崇拜着，我在感到可笑的同时，对人类博大而盲目的同情心和英雄崇拜的情结俯首无语。"

史玉柱遭遇打击，但以惊人的方式再次获得成功。失意的史玉柱去爬珠穆朗玛峰，却差点迷路冻死，"重获新生"的他和朋友借钱，将脑黄金改名为"脑白金"。不久之后，"今年过节不收礼，收礼只收脑白金"的广告便出现在电视荧幕。"以褪黑激素为主要成分"的脑白金令史玉柱大赚一笔，他坚持自己偿还巨人大厦的债务。2002年，脑白金的商标权以1.46亿元被转让出去。套现之后，史玉柱又接着打造出补充多种维生素的保健品"黄金搭档"。这时的史玉柱已开始玩起了资本游戏，不断增持华夏银行和民生银行的股票，并注册巨人公

① 吴晓波：《大败局Ⅰ》，浙江大学出版社2013年版。

② 王建、王育：《谁为晚餐买单：沉浮中的史玉柱和巨人集团》，广州出版社2000年版。

③ 吴晓波：《大败局Ⅰ》，浙江大学出版社2013年版。

司以谋求上市。

网络游戏也吸引了史玉柱。当时国外风靡的是3D游戏，暴雪娱乐在2003年发行《魔兽争霸Ⅲ：冰封王座》、2004年发行《魔兽世界》；国内则有陈天桥于1999年创立的盛大网络，销售点卡。半路出家的史玉柱不走寻常路，起用陈天桥抛弃的团队，推出2D免费游戏《征途》，玩家只有买"装备"时才会花钱。这款游戏出人意料地大获成功。尽管最早实行游戏免费模式的是盛大网络，但业界仍认为史玉柱才是免费模式的"鼻祖"。2005年，盛大网络抢先宣布包括《传奇》在内的三款游戏免费，《征途》则打出"终身免费"的招牌，结果前者导致第四季度收入环比减少三成，而后者在公测阶段就成功实现盈利。[①]

2007年，巨人网络登陆美国纽约证券交易所，总市值达到42亿美元，成为在美国发行股票规模最大的中国民营企业，史玉柱的身价突破500亿美元[②]。2013年4月，史玉柱却辞去巨人网络CEO职位，退居二线。2014年，巨人网络私有化从美股退市，在2016年借壳世纪游轮上市A股，一度出现20个涨停板。不过，该股在2017年达到巅峰后，到2022年已连续几年下跌。近年来，游戏行业经历了版号停发和监管变严等考验。截至2023年第二季度，游戏约占巨人网络营业收入的99%。巨人网络在未来能否借助AI、元宇宙等新事物重获生机仍是未知数。

功成名就的史玉柱还深陷担保风波。他曾加入民间商会组织泰山会，这个组织模仿梁山好汉的江湖义气，成员间会借钱担保、合作生财。2021年，泰山会解散，同年史玉柱发微博感慨："帮朋友忙，多帮生活，少帮事业。"2023年，他因陷入担保风波而被强制执行17.65亿元。泰山会成立初期，恰逢我国民营企业的起步发展阶段，企业发展环境比较脆弱，大家抱团取暖、资源互通，才能走得更稳、更远。但随着中国经济大环境的变化，时来天地皆同力，运去英

---

① 梁素娟、刘红强：《游戏江湖：陈天桥向左，史玉柱向右》，新世界出版社2009年版。

② 吴晓波：《激荡三十年：中国企业1978—2008》，中信出版社2017年版。

雄不自由[①]。商界传奇人物史玉柱再次给人们留下引以为戒的教训。

张瑞敏：中国品牌从制造到智造

张瑞敏有句名言："没有成功的企业，只有时代的企业。"20 世纪八九十年代正是中国民营企业和品牌发展的时代，其中，海尔是家电行业的代表之一。

张瑞敏在 1984 年引入德国企业利勃海尔的电冰箱技术，挽救了青岛一家濒临倒闭的集体所有制小厂。次年，他带领员工当众砸毁 76 台不合格的冰箱，和几年前鲁冠球将几十万元的瑕疵产品当废品卖掉一样引发了关注。在那个商品短缺的时代，张瑞敏"一砸成名"。1991 年，海尔集团正式成立。

中国民营企业在起步阶段往往靠学习或抄袭国外先进企业的经验和模式来发展，海尔也不例外。首先与海尔结缘的是德国企业利勃海尔，它不仅在海尔的品牌名称上打下了烙印，而且对海尔的经营理念也产生了很大影响。两家企业谈判时，德国人傲慢且自信，他们的底气来自质量标准。"德国制造"是高品质的代名词，张瑞敏也为海尔提出了"要么不干，要干就争第一"的经营理念[②]。1995 年，一部名叫《海尔兄弟》动画片开始走进千家万户，主角是两个小男孩，他们正是代表了中国海尔和德国利勃海尔。

当时日本的电器制造水平也非常高。1955 年至 1961 年，因宏观经济情况较好、居民收入提高等有利因素，日本家电业快速成长，其国内已经有冰箱、洗衣机、黑白电视机"三大神器"的说法[③]。当时张瑞敏从日本松下和丰田引进不少管理模式，其独创的"OEC 管理法"（Overall Every Control and Clear，全方位优化管理法）被广泛传播。在张瑞敏看来，管理流于形式已经成为国内大中型企业的通病，而"OEC 管理法"最关键的一点，就是一丝不苟地坚持，以

---

① 燕玉涵：《史玉柱的江湖烂账》，载"华商韬略"网，http://www.hsmrt.com/article/12398。

② 张瑞敏：《海尔是海》，青岛出版社 2005 年版。

③ 国泰君安家电团队：《日本家电消亡史》，载微信公众号"国泰君安证券研究"，https://mp.weixin.qq.com/s/GMILIvFyZJa-y9AnO4ouhw。

及尽力强化规章制度的权威性①。

自 1981 年开始执掌美国通用电气公司，并带领公司实现跨越式增长和转型的杰克·韦尔奇，被张瑞敏和联想创始人柳传志视为楷模。张瑞敏曾说过，如果见到杰克·韦尔奇，最想向他请教两个问题：一是怎么把大企业做小；二是制造型企业如何做金融？② 媒体也曾一度将张瑞敏称为"中国的杰克·韦尔奇"。

张瑞敏总结道，在管理企业方面，我们原来是学习人家、模仿人家，比如改革开放初期学习日本，20 世纪 90 年代学习美国。我们没有自己的管理模式，没有自己的管理方法、管理思想③。不过，他在日后的企业经营中并非纯粹的"拿来主义"，而是不断地结合国情和企业发展特点，提炼出了独特的管理思想。

1994 年之后，振兴民族品牌成为时代主题。海尔创业 10 周年之际，张瑞敏写出了文采飞扬的《海尔是海》。文中提到的"敬业报国，追求卓越"等企业精神，也是当时许多中国民营企业的共同理念。1995 年，面对大举进入中国市场的海外企业，海尔主动推出"星级服务"，并宣称"用户永远是对的"。1996 年，张瑞敏为了激励员工斗志，生动地描写了当时海外品牌在中国市场的影响："我们一直高喊的'走向世界'，倒成了'世界在走向我们'，而那感觉'真真切切'，并非'雾里看花'。不信也得信，当荧屏上不断闪烁着'P ＆ G'时，'飘柔'已经轻轻地'亮丽'着你的头发了。既已从头开始了，就不必客气，脚下也得配套，忍痛解囊来一双'耐克'……"④

在国际竞争中，企业家和国家机关都摩拳擦掌。张瑞敏在 1995 年底明确提出海尔要进入"世界 500 强"，尽管当时海尔的销售额仅是入围标准的十八分之

---

① 吴晓波：《激荡三十年：中国企业 1978—2008》，中信出版社 2017 年版。

② 谢泽锋：《海尔金控往事》，载自媒体"巨潮 WAVE"，https://baijiahao.baidu.com/s?id=1770649048678055543&wfr=spider&for=pc.

③ 张瑞敏口述，王海燕采访、整理：《张瑞敏：我在欧美卖中国冰箱》，载《三联生活周刊》，2018 年 12 月 20 日。

④ 张瑞敏：《海尔是海》，青岛出版社 2005 年版。

一。而国家经贸委则宣布，将重点扶植宝钢、海尔、江南造船、华北制药、北大方正、长虹6家公司，力争使它们在2010年进入"世界500强"。当时国内民营企业效仿日韩的财团模式，特别是韩国大宇集团，其规模庞大、无所不包的航空母舰式财团模式被认为是抗击国际竞争风险的最好模式①。

1997年，冰箱行业遇到政策上的拐点。在亚洲金融风暴爆发后，国家战略开始转向，政策不再重点倾向于家电业，而国内冰箱行业表面看起来繁荣，其实需求已趋于饱和，一些厂商甚至出现严重的库存积压，出海成了一条新的发展道路。这一年，海尔参加了在德国科隆举行的世界家电博览会，标志其品牌已在国际市场崭露头角。张瑞敏倡导打出中国民族工业品牌的旗帜，喊响"中国制造"。他在1998年写道："国外并没有真正把一流的技术给我们，而我们同时又失去了许多不该失去的市场，这种交易是不等价的。如果一个国家没有自己的品牌，只能为别人打工，就会永远受别人制约和'剥削'。特别是许多企业多年来只满足于加工出口、卖货换汇，殊不知中国产品为什么在国际市场上是'低档低值'的代名词，就在于没有自己的国际名牌。"

1999年，海尔在美国建厂。此后数年，海尔接连并购了意大利迈尼盖蒂冰箱厂、新西兰家电龙头斐雪派克和日本三洋电机，还以超过50亿美元的大手笔收购了美国通用电气家电公司。根据海尔的总结，1998年至2005年，其实行的是国际化战略；2005年至2012年，其实行的是全球化品牌战略。

进入互联网时代和物联网时代之后，张瑞敏提出了新的管理思想。2005年，张瑞敏认为"大企业病"是常态，企业的行动越来越迟缓，进而提出了"人单合一"，即员工与用户价值的统一和实现。2013年，张瑞敏发现中国制造业的人工成本上升速度远远高于欧美国家，由于智能制造技术的进步，通用电气在美国本土生产的产品成本甚至可能低于在中国制造的成本②。2014年，张瑞敏又

---

① 吴晓波：《激荡三十年：中国企业1978—2008》，中信出版社2017年版。
② 张瑞敏：《海尔是海》，青岛出版社2005年版。

提出"企业平台化、用户个性化和员工创客化"，成立青岛海创客投资管理有限公司。

张瑞敏总结和反思了曾经的学习对象日企和美企的问题。"日本制造几乎和德国制造齐名，但在互联网时代，用户并不买账，我们在 2012 年收购日本三洋的白电产业，三洋有非常优秀的技术人员和精细化制造水平，但唯命是从的企业文化使其远离用户而陷入巨额亏损。我们为其输入'唯用户是从'的海尔'人单合一'管理模式，8 个月后，这家企业实现止亏。"

2010 年，张瑞敏进一步反思企业的核心竞争力问题："企业所需的是核心竞争力，即企业可以获取用户资源的能力，如果有了这个能力，我就可以获取核心技术和核心产品。正如戴尔有了直销模式，可以获取核心技术；IBM 的 PC 没有获取用户资源，有很高的研发技术，最后还是把它卖给了联想；像亚马逊，颠覆了原来传统实体店的模式，做网上营销，因此产生了电子书核心产品和核心技术。"①

2018 年，张瑞敏多年的心愿成真：海尔进入"世界 500 强"名单，名列第 499 位。

回顾多年发展，海内外人士都对海尔提出过质疑。2002 年，美国的《商业周刊》对海尔提出"三大批评"：海尔（美国）的总裁麦克声称对价格战没有兴趣，但其生产的"迷你冰箱"却清晰地指向低端市场；海尔以 700 万美元并购的意大利冰箱厂，根本不能生产出物美价廉的产品；很难理解海尔是如何依赖其在中国的利润来为海外市场扩展提供资金支持的。当海尔拒绝回答关于财务的问题时，这家外媒认为海尔保守秘密的企业文化将有碍其在海外的发展。

《南风窗》杂志则在调查和采访后，发表《六问海尔》，尖锐质疑海尔的业绩缺乏真实性、疑似操纵财报、产能急速扩张但市场份额丢失、国际化资金消耗巨大、企业文化恶劣、张瑞敏权力集中导致人才流失等。

---

① 张瑞敏：《海尔是海》，青岛出版社 2005 年版。

产权问题是改革开放以来令许多民营企业家头疼的问题。2004 年，经济学家郎咸平发文直指张瑞敏自 1997 年至 2001 年通过三次资本运作改变公司所有制，将集体持股变为管理人员持股。海尔对此仅发表简短声明："郎先生发表的文章是以海尔是国有企业为前提的，众所周知，海尔不是国有企业，海尔没有任何违规、违法行为，不予评价。"不过这一时期，郎咸平炮轰顾雏军，爆发了"郎顾之争"。顾雏军出声反击，两人的争论在国内媒体上引起轩然大波，然而在各种猜疑之下，顾雏军被立案调查并被判刑，格林柯尔企业也迅速崩塌。直到 2022 年，喊冤多年的顾雏军收到了广东省高级人民法院作出的国家赔偿决定。经济学家周其仁曾提出和郎咸平截然相反的意见："公有制企业的改革实在前无古人，困难自成一家。当初没有清楚的约定，倒回去厘清产权份额谈何容易！正是在这个意义上，我一直认为实践具有第一位重要的品格。"[①] 2023 年，美的 MBO[②]、格力电器混改均已尘埃落定，但海尔的管控架构与激励机制仍处于走向明朗的过程中。截至 2023 年 10 月，海尔旗下有 4 家上市公司，即海尔智家（原名"青岛海尔"）、海尔生物、盈康生命和雷神科技。

家电行业的日子一度不尽如人意。2020 年，海尔的营业利润增长率下降 11.9%，格力更是下降 38%，只有美的勉强爬过了"零界限"为 0.9%，原因无外乎两个：线上价格战、宏观环境影响。从三年前开始，整个行业零售规模开始断崖式下跌。[③] 家电行业一度承压于原材料涨价、房地产低迷、海运价格上涨等利空因素。

此外，海尔一直未成为业内第一。截至 2023 年，在《财富》杂志的"世界 500 强"名单中，海尔智家位列第 419 名，美的位列第 278 名，国内家电三巨

---

① 文钊、程明霞：《周其仁：我为什么要回应郎咸平》，载《经济观察报》，2004 年 9 月 11 日。

② MBO(Management Buy-Outs，即管理层收购) 指公司的经理层利用借贷所融资本或股权交易收购本公司的一种行为，从而引起公司所有权、控制权、剩余索取权、资产等变化，以改变公司所有制结构，通过收购使企业的经营者变成了企业的所有者。

③ 陈腾：《走出冬天：被"颠覆"的海尔》，载微信公众号"真探 AlphaSeeker"，https://mp.weixin.qq.com/s/_Bw9Ncj9KMnG0PcsZLFenQ。

头之一的格力落榜。从市值看，三者之中也是美的最高，海尔次之。2022年的财报显示，海尔智家的销售费用、管理费用合计约占营收的两成，然而美的的对应费用仅占一成。

在多年前，海尔是海，不过这个比喻已被更新。如今，海尔希望成为"热带雨林"。张瑞敏认为科层制①企业是有围墙的花园，花木修剪得非常好，但这种人为的整齐抹杀了人性的活力，其实好的企业应类似于可以孕育新物种的亚马孙热带雨林。2021年，张瑞敏辞任海尔董事局主席，担任名誉主席；海尔则继续推行"生态品牌战略"，投入智慧家庭、产业互联网和大健康三大主业赛道。

褚时健："烟王"陨落，"橙王"弄潮

褚时健的一生可谓跌宕起伏、一波三折。他是改革开放时期红极一时的"烟草大王"，也是高龄务农、东山再起的"褚橙"创始人，还是被王石、柳传志和俞敏洪等民营企业家膜拜的"经营之神"。

自1979年开始，褚时健接手半机械化半小作坊式的玉溪卷烟厂，采取了一系列措施：抓住政策机会借债引进国外设备技术、实行"大包干"、紧抓烟叶源头质量。而后"红塔山"成为中国名牌香烟，玉溪卷烟厂则成为现代大型烟草企业，全厂固定资产从1978年的1000多万元发展到1996年的70亿元，每年创收税款近200亿元。在全国180多个卷烟企业中，玉溪卷烟厂保持装备技术水平、出口创汇、税利等七个第一。②

然而1995年成了褚时健人生的转折点。2月，中央纪委收到匿名举报信："三门峡市烟草分公司某人勾结洛阳水泥厂驻洛办事处临时工林正志，用行贿手段，先后给云南玉溪卷烟厂厂长褚时健送去大量礼金……"随后经调查，褚时健妻女涉案并被捕入狱。12月，褚时健的女儿在狱中自杀。其实在这封举报

---

① 科层制度是通过层层委托—代理关系，遵照命令完成企业内部交易的组织形式。

② 王国刚：《大失败——经济学家眼中的中国失败企业家》，科学技术文献出版社2004年版。

信出现之前，中央已开始重视领导干部及其子女的"以烟谋私"问题。1994 年，中央纪委调查发现，贵州国际信托投资公司的董事长阎建宏通过云南烟草系统的领导，在玉溪卷烟厂拿到了 1000 件"红塔山"香烟的批条，转手倒卖指标后得到 40 多万元的分赃款。① 随后，国家派出工作组进驻玉溪卷烟厂进行深度查账。

1997 年 7 月，褚时健正式被捕。1999 年 1 月，云南省高级人民法院以贪污罪、巨额财产来源不明罪数罪并罚，判处 71 岁的褚时健无期徒刑，剥夺政治权利终身，并处没收财产人民币 20 万元，财产中明显超过合法收入的差额部分——价值人民币 403 万元、港币 62 万元的财产被依法没收。② 而褚时健能说明其来源合法、经查证属实的人民币为 118 万元。

虽然褚时健犯罪了，但他的悲剧也引起人们对激励机制欠缺的反思。在国企公司制改革过程中，经营者的付出和收获没有得到充分评判。褚时健曾在1990 年接受媒体采访时说："中国企业家和外国企业家有很大区别，我们要将自己的利益放在后边，他们则首先把自己的利益放在前头。"到了 1995 年，上级考虑调整领导班子，褚时健的违纪违法行为就集中发生在这一时期。他想："新的总裁来接任我之后，我就得把签字权交出去了，我也苦了一辈子，不能就这样交出签字权。我得为自己的将来想想，不能白苦。所以我决定私分 300 多万美元……"根据统计，褚时健 17 年的全部收入约为 80 万元，其比例仅为玉溪卷烟厂上缴国家税收的十几万分之一。律师马军在为褚时健辩护时从法律地位、政治地位和经济地位的角度提出三大问题——为什么企业的领导可以被行政机关随意调换，使其权利被侵害？在企业和企业家对政府部门存在依附关系的前提下，政府部门实实在在、设身处地地为他们做了什么？在市场经济条件下，怎样从根本上解决国企及企业家的合理分配问题？③ 相比之下，褚时健

① 　周桦：《褚时健传》，中信出版社 2016 年版。
② 　周强等：《中华人民共和国刑法案典》，人民法院出版社 2016 年版。
③ 　周桦：《褚时健传》，中信出版社 2016 年版。

的继任者宇国瑞，年薪与奖金之和超过 100 万元，同时代的美国公司高管的收入更是丰厚①。因此有人认为褚时健是"在不该拿钱的时候，拿了他应该拿的钱"。

经过探索，企业家激励制度（特别是股权激励）得以推行。1990 年，美国苹果电脑公司 CEO 获得 1670 万美元的收入，其中股票、期票、期权收入占了 87%；IBM 的郭士纳在 1993 年至 1996 年获得的股票、期权报酬达 8000 万美元。1999 年 9 月，中国共产党第十五届中央委员会第四次全体会议通过《中共中央关于国有企业改革和发展若干重大问题的决定》，明确规定对一些企业试行的年薪制、股份奖励和认股期权制"可以继承探索，及时总结经验"，系统地阐述了建立和健全国有企业经营者奖励与约束机制问题②。

此外，褚时健的违法犯罪行为也反映了改革过程中监督机制不到位的问题。当时，卷烟厂、烟草专卖局和烟草公司"三权合一"在全国推行多年，褚时健手握玉溪卷烟厂大权，厂内纪检、职代会对他的监督流于形式。1997 年，褚时健被捕后，国家烟草专卖局出台了"双控"政策。同时，云南烟草行业的"三权合一"被拆开，"红塔山"香烟在专卖店被取消后销量从高峰时的 90 万箱锐减至 30 万箱，玉溪卷烟厂的利税额也连年下降：1997 年利税为 193 亿元，2000 年跌至 164 亿元，2001 年大幅降至 127 亿元。③

尽管褚时健经营企业有功，但其个人发展离不开政策支持。国务院发展研究中心社会发展部部长丁宁宁说："改革开放初期就是这样，哪里穷就批准哪里发展烟草，不太看这个地方是否适合。"在这个前提下，国家对云南的烟草业放得非常宽，"从收集原料到销售，什么都可以尝试"④。1988 年，国务院决定放开名烟名酒的价格，实行市场调节，由企业按市场供求自行定价。其中放开价格的名烟包括"中华""云烟""玉溪""红塔山"等。

---

① 王国刚：《大失败——经济学家眼中的中国失败企业家》，科学技术文献出版社 2004 年版。
② 王国刚：《大失败——经济学家眼中的中国失败企业家》，科学技术文献出版社 2004 年版。
③ 余胜海：《变革时代：金钱、荣耀与原罪》，科学出版社 2011 年版。
④ 蔡崇达：《褚时健之后的云南烟草》，载《三联生活周刊》，2005 年第 9 期。

在判刑考量时，云南省高级人民法院认为，尽管褚时健为玉溪卷烟厂的发展作出贡献，但党和政府给予其政治上、物质上的荣誉和待遇，无论其功劳多大，都不因此而享有超越法律的特权。从法律里"罪刑相当"原则看，利用职务之便侵吞公款，数额特别巨大属情节特别严重，这是承担刑事责任的基础。"至于被告人的历史表现反映出的主观方面的情节，可在量刑时酌情考虑"。

2001年，褚时健因糖尿病获保外就医。后经减刑，他在2011年被刑满释放。其间他和妻子在哀牢山承包千亩荒山种植甜橙。

褚时健之所以选择种植橙子，原因有多个。首先，早在20世纪80年代，云南就开始大力发展柑橘种植业，褚时健的弟弟褚时佐而后引入湖南的冰糖橙。褚时健品尝后感觉有发展前景，就出资支持弟弟。另外，褚时健认为云南的天然条件除了适合种植烟草，也适合种植水果，而他对土地种植颇有把握。他的妻子马静芬则表示，在家埋头务农，外人不会有意见。

和以前经营烟草一样，褚时健仍旧注重采用先进技术。他请来专家，紧抓橙子质量。2002年，褚时健成立新平金泰果品公司，立志推出"云冠"牌高品质水果。恰逢当时食品安全问题备受关注，高品质的水果自然也受到了欢迎。2003年，万科创始人王石发表文章《哀牢山上冰糖橙》，再次提升了褚时健的公众热度。

进入新时代，企业经营也有新的方式和特点。2011年前后，电商在中国一线城市兴起。"本来生活网"上门联系褚时健，打出"人生总有起落，精神终可传承（橙）"的宣传语。高龄、经过低谷的褚时健创业并取得成功的事迹鼓舞人心，加之随后国内创业潮方兴未艾，人们又将"褚橙"称为"励志橙"。而后，"褚橙"通过阿里巴巴等电商渠道售卖。

尽管"褚橙"大获成功，但对其他同类企业而言，这种成功难以复制。褚时健创业之初绝非白手起家，他早年积攒的人脉、名声和资金以及大家族中的优秀人才都有所助益。当然这并非意味着"褚橙"不可超越，如今赣南脐橙和四川爱媛都是其有力的竞争对手。

很多家族企业在第一代创始人步入高龄后，往往难以选定接班人，这对褚时健而言也是一个难题。因为女儿早年出事，怀有亏欠之心的他对留学后归来的外孙女和外孙女婿颇为重视。不过，褚时健也在2013年召回了多年在外、曾从事金融业的儿子褚一斌。2015年，两场表态矛盾的发布会让外界看到了褚氏家族企业似乎存在内斗。褚时健曾经将分权作为解决方法："中国传统的家族企业弊病很多，我们总说富不过三代，自己的家人一直亲自经营是冒险，请别人经营同样也是冒险。所以我在想，当我们（的产能）发展到五六万吨的时候，让我们家的这些主要成员一人分一部分，自己成立自己的公司，分开管理。"①他也考虑过引进职业经理人，但是他认为当时国内没有适合职业经理人生存的土壤，可能存在股份激励问题。

2018年，云南褚氏果业股份有限公司举办了成立仪式，褚时健退休，最终由独子褚一斌接班，外孙女任书逸、外孙女婿李亚鑫和孙女褚楚各有公司和基地。2019年3月，褚时健离世，享年91岁。褚一斌虽然也要传承"褚橙"品牌，但他和父亲的想法有所不同。对于褚时健曾经坚持办小而精、不上市的农业企业，褚一斌说："一是他年龄大了，二是他觉得自己承载不了上市后对社会的责任。他的表达方式比较简单直接。但这个事情我觉得只是时机成熟与否的问题。"②2018年底，褚一斌的上市想法才被褚时健认可。父亲去世后，褚一斌将产品包装上略带苦闷表情的褚时健头像改为微笑愉悦的表情。他说："父亲的苦，是体现在创业的艰辛上，但他以劳为乐，其内心是快乐的。因此我们希望他以更加快乐的状态出现在产品包装上。"

---

① 周桦：《褚时健传》，中信出版社2016年版。
② 黄语贤：《褚橙山庄的父与子》，载《都市时报》，2016年3月31日。

唐万新：A 股初代庄家，德隆系崩塌

在市场经济制度和金融监管体制不成熟的时期，一些民营企业家上演了偶获成功、膨胀后铤而走险、最终崩塌的"三幕剧"。唐万新和他创立的德隆常被中国的民营企业家视为反思的重要标本。

唐万新在 1992 年夏天感受到了股票的魅力。当时，数百万人涌入深圳想认购原始股，唐万新也是其中之一，他雇了 5000 人排队领取认购抽签表，最后大赚一笔。唐万新出生在一个新疆支边家庭，大学辍学后做过各种各样的小生意。1991 年，唐万新赶上油田大开发，他靠代理四通打印机赚了上百万元并还了债。迷上资本市场后，他和大哥唐万里等人注册新疆德隆实业公司，在多个省份收购国企的原始股和内部职工股，通过倒卖或者等待股票上市的方式套现。唐万新后来回忆："1993 年之前，我对股票一窍不通，连法人股和流通股都分不清楚，认为只要是股票都可以上市，于是我把法人股全部卖了，短短几个月就赚了 4000 万元。比赚钱更重要的是，通过资本运作，我对资本市场有了切身的体验。"[①]

1996 年，德隆总部迁往北京并收购多家公司，开启数年的坐庄生涯。唐万新提出"创造传统产业的新价值"理念，他认为全球产业结构处于巨变之中，其中传统产业由于体制和观念等原因，导致诸多问题产生，但通过资本并购，可以将这些产业进行优化整合，再创价值。从这个理念出发，德隆要实现"产融结合，双轮驱动"，在实业之外自然要进行收购。当时被张维迎和梁定邦等经济学家诟病的股权分置制度，为庄家们的灰色运作提供了肥沃的"土壤"，因为所有国有上市公司都握有一部分不流通的法人股，而投机者收购的法人股交易成本比流通股价格更低，还不会受任何监管。[②] 德隆通过购买法人股，先后控

---

① 余胜海：《变革时代：金钱、荣耀与原罪》，科学出版社 2011 年版。

② 吴晓波：《激荡三十年：中国企业 1978—2008》，中信出版社 2017 年版。

股新疆屯河、沈阳合金和湘火炬三家上市公司，即所谓的"三驾马车""老三股"，由此构成"德隆系"核心的产业整合平台。借助放出利好、宣扬整合重组和多次转配股等方式，"老三股"纵马狂奔，按复权计算，皆在5年内涨超10倍！通过高价抛货牟利的德隆被称为"天下第一庄""A股第一强庄"，唐万新则自称为"集中长期持有的控制性庄家"。

1998年，德隆用1000万美元买下苏联已退役的"明斯克"号航空母舰，在深圳的沙头角建成了世界上第一座以航空母舰为主体的军事主题公园。社会各界都非常看好这个项目，中信旅游以5亿元的价格承包了该公园未来三年的门票经营权，香港的一家旅游公司则以1.3亿元承包了团体票经营权，德隆一次性收进了6.3亿元。[①] 这一年，唐万新为德隆定下"成为一家世界性的大公司，进入世界500强"的目标。那时国际大舞台已向中国企业开放，不少大型企业渴望成为"世界500强"。

到了2000年，德隆形成产业以"老三股"为核心，金融以金新信托为主、新疆金融租赁为辅的格局。[②]

2001年初，经济学家吴敬琏直言中国股市如赌场，甚至有坐庄、炒作和操纵股价等不规范的情况，存在巨大风险。9月，中金公司研究部总经理许小年发布研究报告《终场拉开序幕——调整中的A股市场》。人们对此争论不休，但没过多久，A股大盘进入"大熊"。经历了连续跌停的中科创业及其关联上市公司被调查，后来被视为A股第一代"超级庄家"的吕梁坐庄。10月，中科创业变更为ST康达尔。自称为"中国民营企业的航母"的德隆也受到质疑。这一年，由郎咸平做学术顾问的调研文章《德隆系："类家族企业"中国模式》在深圳的《新财经》杂志发表，文章指出德隆敛财损害股市健康，"老三股"缺乏优良业绩，市盈率却超百倍，且据推算，德隆主力博取的收益高达50亿元，为

---

① 吴晓波：《大败局 I》，浙江大学出版社 2013 年版。

② 陈晓峰：《中国福布斯落马榜》，中国经济出版社 2009 年版。

支撑股价则耗资 70 亿元。

混乱之中，被指资金链必将断裂的德隆仍未倒下。2003 年，"德隆系"控制了 1200 亿元资产，成为当时国内拥有上市公司最多、市值最大的民营资本集团，还有许多信赖唐万新的江浙企业家将巨额资金交给德隆的相关理财公司打理。

2004 年，为了降低市场热度，国家紧缩银根，减少企业贷款，并对钢铁、水泥、房地产和汽车等几大行业进行"降温"，这些恰好是德隆涉足的主要行业，德隆的新疆金融租赁的融资管理也被收紧。"老三股"数周之内全线下挫，股市将德隆过去几年所创造的奇迹和纸上财富全数抹去，流通市值从最高峰时的 206.8 亿元跌到 2004 年 5 月 25 日的 50.06 亿元，旦夕之间蒸发将近 160 亿元之巨。[1] 出走缅甸后又归国的唐万新构思了《市场化解决德隆问题的整体方案》。不过这套方案难以有效地解决问题。后来，负责德隆债权债务的华融资产管理公司决定将"德隆系"分拆零卖，部分公司被停业或关闭，个人投资者的债权由各地政府财政承担。"老三股"中的新疆屯河归中粮集团所有，并改名为"中粮糖业"；辽宁机械集团入主的合金股份改名为"合金投资"；湘火炬被潍柴动力吸收。而"明斯克"主题公园的股权遭冻结，在被银行起诉后宣告破产。

2006 年 4 月，因犯"非法吸收公众存款罪"及"操纵证券交易价格罪"，唐万新被判处有期徒刑 8 年并处以 40 万元罚款。

德隆的崩塌引起其他企业家和经济学家的沉思。曾和唐万新同在武汉洪山监狱的南德集团创始人牟其中认为，德隆在国内的法治条件、金融条件、道德条件尚不完善时，不采取特殊的防范措施，以为自己处于成熟的市场经济环境中，最终只能被"聚而歼之"。经济学家钟朋荣更具体地指出，中国企业融资主要是债务融资，信用都集中在银行，都是借贷融资，德隆也不例外，主要是向银行或私人借贷。这样一种比较单一的融资结构，一旦遇上风吹草动，碰上宏

---

① 吴晓波：《大败局I》，浙江大学出版社 2013 年版。

观调控、银行紧缩贷款，就变成了一种风险很大的融资方式，谁都受不了，而德隆所做的多数都是长期项目，与短期融资体制不匹配[1]。在渴求融资的情况下，德隆以委托理财之名，通过金融机构向民间开出了12%—22%的年息。

唐万新是国内产融结合的支持者和先行者，原本只生产火花塞的湘火炬，在他的打造下成为拥有50多家子公司，横跨齿轮、越野车、空调压缩机和汽车刹车系统的大企业。然而从历史上看，产融结合深受宏观经济影响。西方发达国家在这方面发展更早，大致经历了"融合—分离—融合"的发展过程，可分为以下四个阶段[2]。

第一阶段：20世纪30年代以前，市场经济自由竞争，"由融而产"的摩根集团逐渐发展，同样发展的还有美国的洛克菲勒、花旗、杜邦及日本的三井、三菱、三和等。第二阶段：20世纪30年代至70年代末，世界经济危机出现，金融自由化导致金融行业秩序混乱，美国实行银行业和证券业的分业经营，以通用电气为代表的"由产而融"的产融结合模式开始发展。第三阶段：20世纪80年代至20世纪末，经济滞胀，有关放松金融管制、实行金融自由化政策的呼声强烈。1990年之后，美国几乎所有的大公司都开始利用基金等形式搞体外融资，产融结合特征日趋显著。第四阶段：21世纪产融结合深化，但到了2008年金融危机爆发后，产业集团又开始收缩金融、回归主业。

中国的产融结合则起步于改革开放初期，传统企业参股金融企业，例如，海尔和新希望等企业进军金融业；20世纪90年代，金融市场秩序混乱，国家限制银行参股企业，自2006年起企业不能违规将银行信贷投入金融、地产等行业；2008年金融危机爆发后，银监会界定企业成为银行控股股东的要求和条件，企业在产融结合时有了依据。产融结合的理念本身没有问题，但唐万新错在严

---

[1]　吴晓波：《激荡三十年：中国企业1978—2008》，中信出版社2017年版。
[2]　中国（深圳）综合开发研究院课题组：《产业金融发展蓝皮书：中国产业金融发展指数报告2017》，中国经济出版社2018年版。

重脱实向虚，甚至从实业中抽血投到支撑股价高企的无底洞中，并没有实现产业和金融的共同发展。

唐万新等人长期操纵股价却没有被及时监管限制，这是那个时代的痼疾之一。时任斯太尔动力董事长、原德隆欧洲地区操盘手的朱家刚在 2013 年表示，随着监管制度的逐步完善，已不可能再出现另一个"德隆"。确实如他所言，出狱后的唐万新试图再次操纵资本，却多次登上监管名单和法院文件。

2021 年 3 月，斯太尔动力发布公告称收到中国证监会的处罚决定书，认为其除了财务造假，还隐瞒了实际控制人：斯太尔动力在年报中称冯文杰为实际控制人，但经查发现，唐万新、张业光、唐万川通过主导斯太尔动力非公开发行、与投资人约定收益分成、实际承担业绩补偿、派驻管理团队控制董事会和管理层等方式，成为斯太尔动力的实际控制人。证监会最终决定对唐万新、张业光、唐万川给予警告，并分别处以 60 万元罚款。从 2012 年开始，人们就发现德隆的前高管们重现江湖布局上市公司，"新德隆系"若隐若现。

2022 年 11 月，山东省高级人民法院发布悬赏令：在执行申请执行人青岛永汇兴业工程设备配套有限公司与被执行人唐万新合同纠纷一案中，被执行人唐万新拒不履行生效法律文书确定的义务，现申请执行人提出悬赏执行申请。根据悬赏比例估算，最高赏金可达 2000 万元。

唐万新曾说："拿我们的生命去赌的，一定是最精彩的。"如今，他不仅留下了跌宕起伏的故事，也给债权人们留下了烂摊子。他并没有像当年那样绞尽脑汁地提供一份方案，而是选择消失不见……

何伯权：乐百氏沉浮

1993 年，当宗庆后推出娃哈哈果奶，试图从保健品转向食品饮料时，何伯权管理的乐百氏稳坐全国果奶第一的位置，并将闯入保健品市场。乐百氏在多年后走出了和娃哈哈迥异的发展道路。

何伯权在 1989 年时还是广东省中山市小榄镇的团委副书记、镇办制药厂副厂长。他受命办厂创业，拿到了 95 万元拨款。随后，他在香港发现了一种制作工艺简单、低价、易储存和运输的配制型乳酸奶，由此打开了创业思路。当时，"太阳神"已是国内保健品名企，其中一个名叫方实的联合创始人辞职出走，并自创了一个名字近似香港屈臣氏的饮料品牌"乐百氏"，何伯权从他手中租下了品牌使用权。后来，何伯权管理的中山乐百氏广为人知，一度被方实的广州乐百氏跟随模仿，人们并不知道这是两家公司，二者渐生竞争矛盾。直到 1997 年，何伯权才以 1500 万元收购了乐百氏品牌。

起初为了打开销路，资金有限的何伯权发起"红色风暴闪电战"——用大红纸书写横幅"热烈欢迎乐百氏投放市场"，每到一个城市就迅速贴满。这种简单粗暴的方式竟真取得了效果。从 1993 年到 1998 年，乐百氏乳酸奶的市场占有率稳居第一。在这个市场上，乐百氏和娃哈哈打起了"概念大战"，双方你来我往，好不热闹。当娃哈哈推出了 6 种口味的系列果奶，在市面上大受欢迎时，乐百氏则在 1995 年率先推出乐百氏钙奶，迎合儿童补钙的市场需求，并获得了中国营养学会的推荐。两家大企业"神仙打架"，却苦了同行的上万家小企业，这些企业不得不一再降价，最终因利润太薄而倒闭。1998 年前后，全国果奶企业已消失了 80%。

当时，保健品火热得让人难以忽视，何伯权很快也进军了这个行业。1993 年，传奇教练马俊仁率领辽宁女子田径队横扫世锦赛三枚金牌，一年内刷新了 66 次纪录，令国人惊叹不已。马俊仁在接受媒体采访时公开表示他为运动员们熬制了含有鳖血的汤药补品，嗅到商机的何伯权提出与之合作。1994 年 1 月，何伯权领导的乐百氏以 1000 万元高价买下马俊仁的秘方，并为秘方投保 2 亿元。在一家大酒店里，何伯权和马俊仁一手拿着支票，一手拿着装有秘方的信封，在百家媒体的见证下进行了交换，这成为当时的热门新闻。如日中天的马俊仁、神秘的东方营养秘方、充满好莱坞大片色彩的情境设计、中华人民共和国成立以来个人与企业之间最大的一宗知识产权交易、创纪录的单一物品巨额保单——种种概念表明这将是一个不凡的商业策划[1]。由此，乐百氏推出"生命核能"口服液。擅长营销的何伯权公开拍卖此口服液在各省的总经销权，仅在6个省份就拍卖了1800万元，迅速回本。

1994年，全国保健品生产企业从4年前的近百家增至3000余家，平添30倍，品种多达2.8万种，年销售额高达300亿元，增长12倍。当时全国最大的保健品公司"太阳神"的营业额为13亿元，利润达3亿元。[2] 然而"其兴也勃焉，其亡也忽焉"，央视在1995年揭露马俊仁代言的"中华鳖精"产品的鳖含量低到可忽略不计，鳖精市场受到重创。与此同时，马俊仁本身的形象和信用也出现了危机，他带领的运动员们据说因无法忍受其严苛的管理而集体出走，其中包括颇为有名的王军霞。除此之外，"生命核能"口服液因定位不清，销量不尽如人意，乐百氏随后逐渐淡出了保健品市场。

乐百氏后来还兵败果冻领域和纯净水领域。1997年，喜之郎果冻走俏，何伯权也想跟上脚步。当年8月，乐百氏果冻上市，到春节前后供不应求。于是，何伯权将生产线增加3倍，销售计划扩大近6倍，却忽视了产品质量问题和市场消化能力，最终造成产品滞销。1996年，娃哈哈纯净水上市，并夺得全国市场占有率第一名，企业的销售额突破10亿元。何伯权则在1997年推出乐百氏瓶装纯净水，年销售额达2亿元。在营销上，何伯权豪掷200多万元拍了广告片：一滴水穿越27层过滤材料，最终成为乐百氏纯净水。其优劣实在不是一言可以道尽的，但两个事实却难以回避：其一，"27层净化"的理念让许多消费者难以理解，因此其促销效果并不理想；其二，2000年，养生堂突然发难，指责纯净水过于"纯净"而缺乏人体必需的矿物质，在业界内外掀起了轩然大波。尽管这场争论最终以不了了之而落幕，纯净水市场也并未因此而萎缩，但

---

① 吴晓波、胡宏伟：《非常营销》，浙江人民出版社2002年版。

② 张志勇：《民营企业四十年》，经济日报出版社2019年版。

"27 层净化"的理念则在消费者心目中蒙上了一层似是而非的阴影①。

频频受挫后，何伯权尝试创新企业内部制度，还以 1200 万元高价找来大名鼎鼎的麦肯锡做战略指导。麦肯锡建议乐百氏主攻非碳酸饮料，于是何伯权放弃了进入可乐市场的想法，转而推出茶饮料，然而这款饮料并未如预期的那样走红。1998 年，乐百氏的市场增速从前一年的 85.3% 下滑到了 33.3%。不过，如果乐百氏选择了做碳酸饮料，也未必是一条更好的出路。当时可口可乐和百事可乐在中国市场引领风潮，打出民族品牌的国产可乐商家众多，后来出现了"两乐淹七军"事件，即可口可乐和百事可乐两大巨头收购了中国七大国产可乐品牌。娃哈哈也在 1998 年推出非常可乐，但因为策略失误，这款可乐一度被误以为是山寨品，后来逐渐丢失市场份额。

何伯权后来反思道："中国企业在战略上有两个最大的毛病，一是头脑爱发热；二是看到别人在某某行业、产品上赚利润多，心里就急，'门槛那么低，我干吗不去分一杯羹'？"②

在中国加入世界贸易组织前后，引进强大的外资、办合资企业是许多国内公司的选择。面对激烈的市场竞争，何伯权先后接触了美国高盛和瑞士雀巢等，但均未谈妥。何伯权认为高盛只能提供资本支持，不了解饮料行业；而雀巢想 100% 买断乐百氏品牌，这让他难以接受。2000 年 3 月，乐百氏出人意料地宣布法国达能成为其合资伙伴。根据约定，达能购买乐百氏母公司 92% 的股权，拥有绝对发言权；中山市小榄镇地方政府的股权占 5%，何伯权等 5 名创业元老的股权仅占 3%。2001 年 11 月，何伯权与另外 4 位创业人集体辞职。何伯权在最后陈词中说，作为经营者，我们与控股方达能对公司今后发展战略的认识发生了严重的分歧，而公司今年的业绩增长亦没有达到预期的目标，为尊重大

---

① 　吴晓波、胡宏伟：《非常营销》，浙江人民出版社 2002 年版。

② 　秦朔：《大变局：中国民间企业的崛起与变革》，广东旅游出版社 2002 年版。

股东的决定，同时我们也与董事会权衡了利弊，才作出集体辞职的选择①。乐百氏和达能之间的分歧折射出当时中国企业在合资中的困境，何伯权一度被认为"出卖了一个民族企业"。当 2007 年达能和娃哈哈的矛盾爆发时，乐百氏向娃哈哈发出了声援信。乐百氏在公开信中表示，"希望达能当局以乐百氏为鉴，认真反思和深刻检讨在乐百氏问题上所犯的错误"，并支持娃哈哈员工以自己特有的方式争取权利，"作为经历了乐百氏兴衰的老乐百氏人，我们深刻感受到自己努力创造的优秀品牌和亲手开拓的优势市场因为错误的管理日益衰落而给员工和社会带来的痛苦和不良影响"②。

当宗庆后三度问鼎中国首富时，何伯权已淡出与娃哈哈的竞争。他将乐百氏与娃哈哈的差距拉得如此大的原因总结为四个：第一是合资获得拓展业务的时机比娃哈哈晚；第二是广告投放到央视的时间晚，对农村市场的认识有误；第三是错误地放弃大本营所在的广东市场；第四是新品开发和销售不力，因制度不严、分工不清，导致员工过度依赖老产品的销售③。

在退出乐百氏之后，何伯权选择到海外高校进修，而后成为投资人。他投资过的项目包括金融领域的诺亚财富和医疗健康领域的爱康国宾等，被人津津乐道的则是投中了新兴茶饮品牌"喜茶"。时隔多年，在自己熟悉的饮料行业，在乐百氏曾兵败的茶饮料赛道，何伯权最终以天使投资人的身份获得了成功。

然而没有了何伯权的乐百氏经营状况不佳，最终沦为达能的"弃子"。2016 年，达能和深圳盈投控股有限公司达成协议，将乐百氏品牌和 6 家乐百氏工厂，以及从事乐百氏品牌业务的员工，转移到对方旗下。在功能型饮料竞争中闯出名声的"脉动"作为独立品牌，并不归属于乐百氏，而隶属于达能。达能表示，未来将专注于天然矿泉水业务，乐百氏已不在其发展计划之内。

---

① 吴晓波、胡宏伟：《非常营销》，浙江人民出版社 2002 年版。
② 伊志宏：《中国企业成长调查研究报告（2014）》，中国人民大学出版社 2014 年版。
③ 吴晓波、胡宏伟：《非常营销》，浙江人民出版社 2002 年版。

刘永好：中国农业巨头的 40 年

20 世纪 80 年代初，农村联产承包责任制在四川普及。在征得县委书记的同意后，刘永言、刘永行、刘永美和刘永好四兄弟建起育新良种场，而后成为大户，拥有十几万只鹌鹑。1986 年 11 月，时任国务委员宋健在考察刘氏兄弟的育新良种场时题词"中国的经济振兴寄希望于社会主义企业家"，于是备受鼓舞的刘氏兄弟将企业命名为"希望"。

随着鹌鹑市场过热，刘氏兄弟又带着 1000 万元资金转战饲料市场。1990 年，希望集团的饲料在西南地带称雄。当时跨国企业正大集团已进入中国饲料市场，也是由四兄弟（谢正民、谢大民、谢中民、谢国民）管理。为了赢得竞争，刘氏兄弟下足了血本：在产品质量方面高薪聘请动物营养学家；同美国的科研机构建立合作；派出科技人员到美国与德国考察；研制出提高猪崽成长速度的饲料；用成本更低的材料代替鱼粉；在品牌宣传上，把小广告设计成农民喜闻乐见的门神样式，并加上简单直接的宣传语"吃一斤，长一斤，希望牌乳猪饲料就是精"①。这样多管齐下，只用了 3 个月，希望集团的销量就赶上了正大集团。

1992 年对希望集团而言是重要的一年，"希望一号"乳猪饲料在中国农业博览会上获得金奖，就此打开了全国市场。此外，在粮食计划取消以后，很多国有饲料企业出现了亏损。刘氏兄弟便提出结合民营企业的资金、技术、管理和品牌优势，以及国企的厂房和设备优势，互补发展。希望集团在两年内合资、兼并、重组了 38 家国有企业，由此奠定了集团的基础。

民营企业往往起步迅速，缺乏系统的规划，在股权管理方面更是存在短板。希望集团最初将刘氏四兄弟中的老大定为主席，老二定为董事长，老三定为总经理，老四定为总裁。随着企业壮大，决策问题凸显。1992 年，希望集团第一次明晰产权时竟简单粗暴地将股份平均分给兄弟四人，每人都占 25%。兄弟四

① 《家族企业》杂志：《源动力：中国民营企业传承突围》，华文出版社 2020 年版。

人按照自己的喜好和优势选择发展方向：老二刘永行和老四刘永好留在饲料相关行业，分别成立东方希望公司和南方希望公司；老大刘永言创立大陆希望公司，主攻高科技；老三刘永美建立华西希望公司，涉及农牧业和房地产等。后来，刘永行和刘永好对企业发展的想法不一致，合作日渐减少。1997 年 11 月 4 日，希望集团发布公告称，新希望集团只是希望集团下属南方集团的一个分支机构。之后，刘永好在南方希望公司的基础上，组建了广为人知的新希望控股集团有限公司。

今天回过头来看，希望集团的分家有很大的"侥幸"成分，毕竟分股权是重中之重，平分股权更是一大忌讳，股权平均分配会导致企业缺乏一个核心股东，在关键时刻没有能一锤定音的人[①]。

2011 年发布的《中国家族企业发展报告》显示，从 2012 年开始的 5—10 年，大约有四分之三的家族面临交接班问题。2013 年 5 月，刘永好的女儿刘畅接棒成为新希望集团下属上市公司六和集团的董事长，刘永好特地在交班时设置了"联席董事长"，由刘畅和曾任六和集团总裁的陈春花一同担任，前者负责企业治理，后者负责企业战略。集团的总裁和经营团队也经过了精挑细选，以"辅佐"刘畅。直到 2016 年陈春花辞任，刘畅才正式独立接手集团。

在刘畅管理下的六和集团做起了生猪养殖业务，同时更注重国际化：2013 年，收购澳洲高端牛肉加工和出口商 Kilcoy；2014 年，收购美国中高端食品深加工企业公司 Ruprecht；2015 年，新希望乳业和 Moxey 家族、Perich 集团以及澳大利亚自由食品集团合资成立澳大利亚鲜奶控股有限公司……

无论是刘永好还是刘畅，他们在管理中都有两大问题。

第一个问题是主业的"猪周期"。所谓"猪周期"，指的是猪肉生产和价格存在周期性变化，每个周期持续 3—4 年。每轮"猪周期"通常以养殖利润下降、生猪存栏数量下降开始。当生猪供给不足时，猪肉价格上涨，猪粮比扩大，

---

① 《家族企业》杂志：《源动力：中国民营企业传承突围》，华文出版社 2020 年版。

刺激养殖户扩大养猪规模，母猪存栏数量增加；然而生猪供应大增时，猪肉从供给不足转为供给过剩，这导致猪肉价格下跌，养殖利润跌至盈亏平衡点以下，养殖户缩减养猪规模，大量淘汰母猪，生猪存栏数量下降，猪肉再度转为供给不足，继而开启新一轮周期①。

刘畅接手企业后遇到了媒体所说的猪价异常、持续时间长的"超级猪周期"。2018 年，猪肉价格持续走低多时，但下半年非洲猪瘟爆发，加上环保监管，猪肉价格受到刺激回升。新希望集团发布的报告显示，生猪养殖营业利润同比暴增 8712%。在这轮周期中，市场狂热，房地产和互联网行业也开始跨界养猪，更遑论原本就身处养殖业的企业。新希望集团也快速扩张了在建工程和生产性生物资产，最终在财务报表上呈现为流动负债大幅增加。然而 2020 年猪肉价格高位横盘，于 2021 年开始下跌，此后多种不利因素叠加，新希望集团 2022 年的负债率接近七成，并且在 2021 年和 2022 年连续出现亏损。无论是新希望集团还是其投资者，大家都在等待这轮"猪周期"的翻转。

第二个问题是业务多元化。和其他兄弟不同，刘永好对金融行业更早显露出兴趣。1996 年 1 月，我国第一家民营股份制银行——中国民生银行正式成立，该行股本金为 13.8 亿元，其中八成以上是来自民营企业，59 家股东主要是全国工商联会员②。刘永好成为中国民生银行的副董事长，此后还多次收购中国民生银行的股份。2001 年，中国民生银行上市，新希望集团已是其第一大股东。除了涉足银行，刘永好还试水证券、信托和保险，"新希望"股票和新希望乳业股份有限公司先后于 1998 年、2019 年在深圳证券交易所上市。如今新希望集团的业务早已不限于饲料和养猪，其实体产业包括食品与现代农业、乳业与快消品、房产与基建、化工与资源；在金融方面涉足基金与资产管理、TMT投资和医疗与健康。

---

①　赵硕刚：《读懂中国经济：格局、周期与趋势》，清华大学出版社 2022 年版。

②　张志勇：《民营企业四十年》，经济日报出版社 2019 年版。

　　财经人士秦朔曾向刘永好提及业务多元化的问题：国外的商学院和咨询公司一般主张企业的战略应该聚焦主业，走专业化而不是多元化的道路。然而很多中国企业家提出了两点疑虑：一是受益于改革开放红利，中国市场的新机会不断出现，面对繁多的机会却被告知应该聚焦主业，这让他们很困惑；二是技术的变化往往对产业有根本性影响，如果原地坚守，往往会被新时代甩开。对此，刘永好强调，确实要根据实际情况与时俱进，通过数字化转型升级的新希望集团根本上是为了产业链布局，其做法符合国情，也符合时代变化。[①] 数字化和技术是新希望集团近年来频频提起的关键词。刘畅在 2021 年接受媒体采访时，回应为何农业领域的技术变革慢：第一个原因是行业在数字化认知上存在一定的局限；第二个原因是与养殖相关的生物科技还在国外企业手中，新希望集团有待研发掌握行业领先技术。

---

① 刘睿敏：《焕新：刘永好和新希望的 40 年》，中信出版社 2023 年版。

五、民营经济春风得意，野蛮生长难逃"原罪"

我国的民营经济在邓小平的大力推动下，获得了突飞猛进的发展。"企业家"这个词语被广泛认可，民营企业家当上了政协委员，社会主义市场经济被写入宪法。但与此同时，民营企业的经营仍不够规范，守法经营的理念未能普及，部分民营经济暴露出诸多法律问题，这与当时民营企业家的综合素养不高密切相关。

1992年的"南方谈话"为民营经济吹来了春风。当时有一群民营企业家被称为"92派"，他们都是借着1992年的春风将自己的事业创立并发展起来的，其中最具代表性的就是冯仑。冯仑下海成立万通公司，涉足房地产，赚得盆满钵满。1993年国家进行宏观调控，海南地产业的泡沫破裂之后，冯仑率队撤离。他的万通公司由于管理不善，面临着财务和组织的双重危机。冯仑多次表达他眼中那时的房地产企业等民营企业面临的"原罪"，甚至公开承认自己"收过回扣"等经历。这些不规范、不科学的乱象，都是旧商业文明时代的典型缩影。

在史玉柱的字典里，"冒险"一定占有举足轻重的位置。高学历的他本有机会成为处级干部，却选择了下海创业。他的第一次冒险，是在不确定能否获得销售收入的情况下，花费重金打广告。他的第二次冒险，是巨人大厦的"楼花"销售，这让他获得上亿元资金。他尝到了冒险的甜头，进行多元化发展，铺天盖地地刊登广告和招聘营销人员推广保健品，后因各种问题被有关部门紧急叫停。尽管史玉柱后来通过脑白金和网络游戏大赚特赚，但他的"冒险"风格并不为人所称道。在旧商业文明时代，像他这样的企业家还有很多，他们习惯"走钢丝"，无法赢得普遍的尊重。

褚时健的故事广为人知，他的犯罪行为带有典型的时代色彩。许多人认为，他是"在不该拿钱的时候，拿了他应该拿的钱"。这种思想反映了人们法律观念的淡薄。尽管刑满释放后，褚时健再次创业成功，依靠种植橙子成为"网红"，"褚橙"也卖得风生水起，但他的成功有着很大的偶然性和特殊性。褚时健的成功不可复制，但他作为"成功企业家"的失败，是旧商业文明时代的典型矛盾。

唐万新的第一桶金，同样具有偶然性。起初不懂股票的他，由于赶上了红利期而大赚一笔。尝到甜头后，他成立了德隆，并大肆进行股权投资，低买高卖的德隆曾被称为"天下第一庄"。能够在中国股市中发现千载难逢的机会并迅速采取行动，这无疑说明唐万新具有快速准确地抓住商机的能力；能够在单纯的资本市场运营失败而迅速转型，又说明唐万新具备了对于商业风险的把握能力；而是否能够通过资本运作的方式将传统产业"整合"起来，对于没有实业经验的唐万新来说，或许并不是一件容易的事。高杠杆的获利模式终究敌不过国家宏观调控带来的挑战。前有紧缩银根造成的"德隆末路"，后有违法行为带来的牢狱之灾，唐万新的"德隆神话"终遭破灭。纵观德隆的扩张模式，几乎都是以融资、收购、再融资、再收购的方式进行的。貌似庞大的体系完全依托资金链的支撑，而借助于金融机构的融资思路更使其陷入恶性循环。企业多元化经营既应具备高超的资本运营、战略规划能力，又应有极为审慎的法律筹划。"德隆战车"的解体，既是企业并购重组时风险爆发的集中体现，也是唐万新轻视法律风险的突出体现。

在这一时期，中国民营经济可谓是野蛮生长，很多民营企业家的发迹靠的是政策红利、冒险精神、内部资源等。这些民营企业家更多考虑的是如何利用红利期低买高卖、如何拿到银行的贷款、如何先获利后支付成本、如何通过非法手段满足自己的私欲。此时的民营企业家，虽然拥有一定的学识和能力，但仍然缺少可贵的企业家精神和企业家素养，缺少长期主义的发展眼光与格局。他们的成功多数靠投机和胆量，距离新商业文明的大道还有很长的路要走。

第三章

与狼共舞，中国民营企业参与全球经济竞争
（2002—2011）

一、"中国制造"席卷全球，中国成第二大经济体

世界经济在 2001 年大幅回落之后，2002 年又经历了数不清的劫难："9·11"恐怖袭击事件的余波、阿富汗之战的继续以及美伊之间一触即发的战争等。但世界经济仍在跌跌撞撞地走向复苏，复苏的程度当然不可能达到预期。而当时的中国借着加入世界贸易组织的东风，才真正进入全球市场，参与世界经济一体化的国际竞争。随之而来的，是"中国制造"这个词语席卷全球。中国的制造业多为劳动密集型产业，在人力成本上拥有巨大的优势，随着中国对外开放的力度不断加大，越来越多的国际知名品牌将工厂设在了中国，这一趋势也推动了中国民营经济的井喷式发展。

时任世界银行行长沃尔芬森说："中国要想在不依赖政府支出的情况下保持高增长率，就需要民营企业继续成长和发展。政府应该为民营企业发展创造更好的投资环境，包括提高企业的透明度和问责制，减少腐败现象，改进法律和司法制度等。"亚洲开发银行公布的《2002 年亚洲发展展望》也指出，民营企业是带动中国经济发展的重要动力。今后中国每年需要为城市新增劳动力创造 800 万到 1000 万个就业机会，并帮助约 500 万的国有企业下岗职工再就业。亚

洲开发银行给出的解决办法是，需要由充满活力的民营企业担负起带动经济增长和创造就业机会的重任。但要想实现这些，就必须给民营经济带来良好的发展环境①。

2002 年 6 月 29 日，第九届全国人民代表大会常务委员会第二十八次会议通过《中华人民共和国中小企业促进法》，这是我国第一部关于中小企业的专门法律，在中小企业发展史上具有里程碑意义。中央财政实施创业担保贷款贴息政策，减轻创业者和用人单位负担，支持劳动者自主创业、自谋职业，引导用人单位创造更多的就业岗位，推动解决特殊困难群体的结构性就业矛盾。

2003 年 6 月 18 日，中国第一家以民营资本为投资主体的保险公司——民生人寿保险股份有限公司正式开业，这也是国家对民营经济发展的支持。不久之后，浙江、广东等省份的民营经济投资占全省社会投资总额的 60%，民营经济成为国民经济不可或缺的资金源头。据世界银行统计，中国的人均 GDP 已达到 960 美元，逼近 1000 美元，标志着"中国社会已经走过温饱阶段，初步实现了小康"②。

民营企业家的地位也进一步提高，重庆力帆集团董事长尹明善与浙江传化集团董事长徐冠巨，分别当选为重庆市工商联主席和浙江省工商联主席。党的十六大报告指出："第一，必须毫不动摇地巩固和发展公有制经济……第二，必须毫不动摇地鼓励、支持和引导非公有制经济发展……第三，坚持公有制为主导，促进非公有制经济发展，统一于社会主义现代化建设的进程中。""两个毫不动摇"和"一个统一"标志着中国非公有制经济进入新的发展时期③，民营经济的地位再一次得到提高。值得一提的是，这次报告中明确提出"完善保护私人财产的法律制度"，由此，对于民营经济、民营企业家的财产保护提上日程，

①　张志勇：《民营企业四十年》，经济日报出版社 2019 年版。
②　吴晓波：《激荡三十年：中国企业 1978—2008》，中信出版社 2017 年版。
③　张志勇：《民营企业四十年》，经济日报出版社 2019 年版。

此前由于法律定义不明晰而造成的"贪污公款"等罪责，即将获得更清晰的厘定。此外，党的十六大报告还提出在21世纪头20年全面建设小康社会的新目标和统筹协调的发展方针，国家支持"东北老工业基地振兴"，投入1万亿元以上的国债项目，化解设备老化和资源枯竭等城市的遗留问题。

2003年，突发的"黑天鹅事件"影响着全国的生产生活，它就是"非典"。在疫情的影响下，餐饮、旅游等行业受到重创，但药品、食品等行业却得以迅速发展。这一年，前两个季度的经济增速下滑，但后两个季度的宏观经济却逆势上涨，国民经济经受住了这一严峻的考验，也让世界对中国刮目相看。

这一时期，我国工业经济呈现增长速度明显加快、效益水平显著提高、出口增长保持较高水平、经济结构继续改善的发展态势。由于轻工业、重工业的迅猛发展，以及房地产行业的蓬勃发展，我国出现了能源紧缺且价格上涨的情况，上游垄断企业乐得其所，而下游需要能源的民营企业则一片哀鸿。以电力为例，当时我国全年发电量和用电量增速均在15%以上，火力发电设备平均利用小时达到5760小时，同比增加了488小时，局部电力供需较紧，先后有16个省区出现拉闸限电情况，其中缺电较为严重的是浙江、四川、山西、湖南、江苏、江西和福建7个省①。国家发展改革委紧急加强调度，终于缓解了电力供应紧张的局面。

2004年3月，第十届全国人民代表大会第二次会议通过宪法修正案，规定："国家保护个体经济、私营经济等非公有制经济的合法的权利和利益。国家鼓励、支持和引导非公有制经济的发展，并对非公有制经济依法实行监督和管理。""公民的合法的私有财产不受侵犯。""国家依照法律规定保护公民的私有财产权和继承权。""国家为了公共利益的需要，可以依照法律规定对公民的私有财产实行征收或者征用并给予补偿。"民营经济进一步受到国家保护，有法

---

① 《国家发改委：我国2003经济运行总体态势势良好》，载新浪网，https://news.sina.com.cn/o/2004-01-16/16491606372s.shtml.

可依。

为了对房地产行业进行宏观调控，2004 年 3 月至 4 月，国务院推出了一系列严厉的调控措施，包括：控制货币发行量和贷款规模；严格土地管理，坚决制止乱占耕地；认真清理和整顿在建和新建的项目；在全国范围内开展节约资源的活动。一系列举措接踵而来：3 月 25 日，推出再贷款浮息制度；4 月 25 日，央行提高银行存款准备金率 0.5 个百分点；4 月 27 日，央行以十分罕见的电话通知的方式要求各商业银行暂停"突击放款"；4 月 29 日，国务院办公厅下发《关于深入开展土地市场治理整顿严格土地管理的紧急通知》；4 月 30 日，温家宝总理发表讲话，强调"推进银行改革是整个金融改革的当务之急"。随后，银监会提出 7 项措施，"进一步加强贷款风险管理"。这直接导致购买力的迅速下降和楼市成交量的急速萎缩。房地产的冬天突然降临①。

2004 年 4 月 9 日，共青团中央、劳动和社会保障部联合发布《关于深入实施"中国青年创业行动"促进青年就业工作的意见》，要求从普及创业意识、培养创业能力、提供创业服务、优化创业环境、完善对青年的就业服务五个方面采取措施，引导、帮助广大青年（包括大学毕业生）在创业中实现就业。

12 月 24 日，100 名非公经济人士在北京人民大会堂接受中央统战部等五部委的联合表彰，并被授予"优秀中国特色社会主义事业建设者"称号。这是民营经济得到国家肯定的又一标志性事件。

2005 年 2 月 19 日，《国务院关于鼓励支持和引导个体私营等非公有制经济发展的若干意见》印发，其被称为"非公经济 36 条"，主要包括"放宽非公有制经济市场准入""加大对非公有制经济的财税金融支持""完善对非公有制经济的社会服务""维护非公有制企业和职工的合法权益""引导非公有制企业提高自身素质""改进政府对非公有制企业的监管""加强对发展非公有制经济的指导和政策协调"。

---

① 吴晓波：《激荡三十年：中国企业 1978—2008》，中信出版社 2017 年版。

各部委也切实地贯彻落实"非公经济 36 条"，出台了许多相关政策。6 月，国防科工委发布《武器装备科研生产许可实施办法》。7 月，铁道部出台了《关于鼓励支持和引导非公有制经济参与铁路建设经营的实施意见》；银监会下发了《银行开展小企业贷款业务指导意见》；国家民航总局公布了《国内投资民用航空业规定（试行）》。9 月，商务部和中国出口信用保险公司下发了《关于实行出口信用保险专项优惠措施支持个体私营等非公有制企业开拓国际市场的通知》；商务部又出台了《关于促进中小流通企业改革和发展的指导意见》。10 月，国家外汇管理局发布《关于境内居民通过境外特殊目的公司融资及返程投资外汇管理有关问题的通知》。这一系列政策和文件，为民营经济的发展开辟了广阔的道路。

2006 年 3 月，胡锦涛参加上海代表团审议时发表重要讲话，强调要毫不动摇地坚持改革方向，坚定改革的决心和信心，提高改革决策的科学性，增强改革措施的协调性，不断完善社会主义市场经济体制，保证经济社会又快又好发展。这番话给民营经济打了一剂强心针。

4 月，由时任国务院副总理吴仪率领的中国经贸代表团，在美国完成了我国历史上最大的一次巡回采购。200 多人的代表团中，不仅有来自商务部、质检总局、信息产业部等部委的负责人，还有 30% 的人是民营企业家。[①] 民营经济的地位在国际上也得到了认可。

7 月 24 日，中共中央颁发《关于巩固和壮大新世纪新阶段统一战线的意见》，明确指出新的社会阶层主要由非公有制经济人士和自由择业知识分子组成，集中分布在新经济组织、新社会组织中。他们包括民营科技企业的创业人员和技术人员、受聘于外资企业的管理人员、个体户、私营企业主、中介组织的从业人员和自由职业人员等六个方面的人员。到 2006 年，新的社会阶层从业者超过 1.5 亿人，约占总人口的 11.5%。他们掌握着 10 万亿元左右的资本，使

---

① 张志勇：《民营企业四十年》，经济日报出版社 2019 年版。

用全国半数以上的技术专利，直接或间接地为全国贡献近 1/3 的税收。"新社会阶层"的提出，使这一群体在政治上得到了认同。与此同时，民营经济对中国经济的贡献已由改革开放之初的 1% 增加到 2006 年的 65%。[①]

11 月 20 日，上证指数重返 2000 点，楼市也持续火热。大批民营资本由于无法进入石油、电信等垄断行业，而流向股市和楼市。这一年，由于房地产行业发展过热，国家从金融、信贷、土地、税收等方面出台了多项政策，其中包括加息及"国六条"[②]"90 平方米 70%"[③]等，调控已然从"宏观"延伸到"微观"。然而，当时出现了"且调且涨"的局面。究其原因，是政府采用计划经济手段对市场经济体制下的房产市场进行调节，两种体制相互博弈，令政策效应滞后。在市场经济体制下，只有供给和需求达到相对平衡，价格才能保持平稳。

2007 年 3 月 16 日，第十届全国人民代表大会第五次会议通过《中华人民共和国物权法》，规定："国家、集体、私人的物权和其他权利人的物权受法律保护，任何单位和个人不得侵犯。"这一法律酝酿已久，它的出台标志着我国的经济发展和法制改革进入新的阶段，对民营经济的保护上升到新的高度。同时，国家还出台了《中华人民共和国企业所得税法》，使得民营经济的赋税负担变轻，有效推动了民营经济的发展。

党的十七大报告指出："坚持和完善公有制为主体、多种所有制经济共同发展的基本经济制度，毫不动摇地巩固和发展公有制经济，毫不动摇地鼓励、支持、引导非公有制经济发展，坚持平等保护物权，形成各种所有制经济平等竞争、相互促进新格局。"从此，民营经济获得更加平等的保护和支持。

这一年，股市和楼市继续高歌猛进。8 月 23 日，上证指数一跃突破 5000 点，载入中国股市史册。全国房价涨势凶猛，很多城市的房价甚至涨了好几倍。碧

---

① 张志勇：《民营企业四十年》，经济日报出版社 2019 年版。

② 国务院九部委于 2006 年颁布的关于调控房地产市场的六条政策。

③ 自 2006 年 6 月 1 日起，凡新审批、新开工的商品住房建设，套型建筑面积 90 平方米以下住房（含经济适用住房）面积所占比重，必须达到开发建设总面积的 70% 以上。

桂园的"创二代"杨惠妍成了新一任的中国首富，这正是我国房地产行业飞速发展的一个鲜明写照。

这一年，互联网行业继续高速发展，一个标志性的事件是：11 月 6 日，阿里巴巴在香港上市，当日收盘较发行价上涨 192%，创港股当年新股首日涨幅之最，市值达 1996 亿港元，成为市值最高的中国互联网公司。

2008 年，是对我国宏观经济影响较为深远的一年。美国爆发"次贷危机"①，旋即成为影响全球的金融危机，包括中国在内的各国都受到波及。据世界银行推测，2008 年世界经济增长将从 2007 年的 5% 跌落到 1%，其中发达国家将呈现负增长，长期保持巨大增长活力的发展中国家的增速也将回落到 5% 以下。国际货币基金组织则发出警告，世界经济正进入"严重低迷时期"②。

2008 年初，我国为抑制经济过热而出台了较紧的货币政策：从 1 月 25 日到 5 月 20 日，连续四次上调人民币存款准备金率，银行的准备金率达到 16.5% 的历史高位。受到金融危机的影响，我国不得不于 9 月 16 日将金融机构一年期贷款基准利率由 7.47% 下调至 7.20%，并下调个人住房公积金贷款利率；五年期以下（含五年）由 4.77% 调整到 4.59%；五年期以上由 5.22% 调整到 5.13%。从 9 月 16 日到 12 月 23 日，央行罕见地连续五次降息。为了刺激房地产消费，10 月 22 日，财政部又宣布个人首次购买住房的契税税率下调到 1%，并对个人买卖商品房暂免印花税、土地增值税；同时央行宣布，首次置业和普通改善型置业贷款利率下限为基准利率的 0.7 倍，最低首付款比例调整为 20%。③

这一年，外贸行业受到严重冲击。11 月，中国出口增速下降到 -2.2%，进口增速下降到 -17.9%。房地产行业低迷，各房地产巨头都面临大幅亏损。股市也陷入"熊市"，上证综合指数从 2007 年 10 月 16 日的 6124.04 点跌到 2008 年

① 指一场发生在美国，因次级抵押贷款机构破产、投资基金被迫关闭、股市剧烈震荡引起的金融风暴。它致使全球主要金融市场出现流动性不足危机。

② 张志勇：《民营企业四十年》，经济日报出版社 2019 年版。

③ 吴晓波：《激荡三十年：中国企业 1978—2008》，中信出版社 2017 年版。

10 月 28 日的 1664 点，累计下跌幅度达 70%。

7 月 25 日，全国首部规范小额贷款公司成立条件及管理制度的《浙江省小额贷款公司试点登记管理暂行办法》正式出台，首次通过制度的形式正式承认了民间贷款机构的合法地位。11 月，国家出台扩大内需促进经济增长的十项措施。初步匡算，实施这十大措施，到 2010 年底约需投资 4 万亿元。随着时间的推移，中国政府不断完善和充实应对国际金融危机的政策措施，逐步形成应对国际金融危机的一揽子计划。此后，一些媒体和经济界人士仍将其简单地解读为"四万亿计划"。12 月，国务院办公厅出台"金融 30 条"① 表明了政府对稳步发展中小企业的鲜明态度。2008 年底，中国的 GDP 增速保持在 9%，相对于全球的经济危机而言，这已经是一种奇迹。

这一年，我国还经历了两次罕见的自然灾害。1 月，百年一遇的暴雪造成近千万人受灾；5 月 12 日的汶川地震更是造成 69227 人遇难、374643 人受伤，直接经济损失达 8000 多亿元。天灾之外，还有人祸。9 月 9 日，"三聚氰胺"事件被爆出。9 月 16 日，国家质检总局通报全国婴幼儿奶粉三聚氰胺含量抽检结果，被抽检的百余家奶粉企业中，有 22 家企业 69 批次产品均检出含量不同的三聚氰胺，三鹿、伊利、蒙牛、雅士利、圣元、南山等国内知名企业均未幸免。其中，三鹿集团的所有产品均检测出三聚氰胺，含量超出原卫生部公布的"人体耐受量"40 倍，令人发指！其负责人田文华遭河北警方刑事拘留②。

值得铭记的还有这一年的北京奥运会。奥运会不仅仅是体育盛会，更是一场经济盛宴。北京奥运会对中国的经济发展起到了巨大的助推作用。奥运会开始前，中国投入数以亿计的资金进行基础设施建设，如公路、铁路、机场、体育场馆等，它们给中国经济的发展提供了重要支撑。同时，奥运会也带动了相

---

① 指《国务院办公厅关于当前金融促进经济发展的若干意见》，内容包括"落实适度宽松的货币政策，促进货币信贷稳定增长""加强和改进信贷服务，满足合理资金需求"等。

② 吴晓波：《激荡三十年：中国企业 1978—2008》，中信出版社 2017 年版。

关产业的发展，如餐饮、住宿、旅游、电子商务等，为中国经济的发展注入了新的活力。

2009 年 1 月 19 日，国务院总理温家宝主持召开国务院第二次全体会议，他指出，2009 年是我国进入 21 世纪以来经济发展最困难的一年，要尽快扭转经济增速下滑趋势。3 月 13 日，在两会中外记者招待会上，温家宝又强调"信心比黄金和货币更重要""我真希望中国经济能早一天复苏"。

这一年，全国土地出让金总额高达 1.5 万亿元，占 GDP 的 4.4%。在这股房地产的浪潮中，恒大地产的许家印成为该年度的中国首富。另一个蓬勃发展的行业是互联网。根据波士顿咨询公司的报告，中国的网民数量在 2009 年达到 3.84 亿人，超过了美国和日本网民的总和。中国互联网此时还发生了决定性变局，由新浪、搜狐和网易"三巨头"所统治的新闻门户时代，向百度、阿里巴巴和腾讯的 BAT 时代转轨。[1] 其中，以贸易为主业的阿里巴巴受全球经济危机的影响较大，于是它便创造了影响中国电商行业的"双十一购物狂欢节"。也是在这一年，效仿美国推特的新浪微博崛起，在整个社交网络中一枝独秀，新浪首席执行官兼总裁曹国伟也成了当年 CCTV 评选的年度经济人物。

10 月 30 日，创业板首批 28 家公司在深圳证券交易所挂牌上市，这意味着民营经济进一步跨进资本市场。12 月 23 日，这 28 家创业板公司总市值为 1313.7 亿元，平均市盈率达 104.21 倍。民营经济的又一喜人成果，是以李书福执掌的吉利汽车为代表的民营企业对沃尔沃等国外知名品牌和企业的收购行动。中国的民营企业与强势的国有企业一同走上了世界经济舞台，这不仅提升了我国汽车行业的发展速度，更提振了国人发展经济的士气。

2009 年底，中国的 GDP 增长了 8.7%，对世界经济增长的贡献超过了 50%，我们打赢了这场仗！但与此同时，我国宽松的财政和货币政策也存在着一定的隐患。内需不足、出口降低、通货膨胀等问题仍然需要解决。

---

[1] 吴晓波：《激荡三十年：中国企业 1978—2008》，中信出版社 2017 年版。

2010 年，我国进一步放开民营经济，多个行业向民间资本敞开了投资的大门。1 月，新闻出版总署发布《关于进一步推动新闻出版产业发展的指导意见》，再次细化了非公有资本参与新闻出版产业的方式和渠道；5 月，《国务院关于鼓励和引导民间投资健康发展的若干意见》印发，提出"对非公有资本的开放力度更大，允许和鼓励民间资本以独资、合资、合作和参股等方式进入电力、电信、铁路、民航、石油、公路、水运、港口码头、机场、通用航空设施等领域"；11 月，国务院办公厅转发发展改革委、卫生部等部门《关于进一步鼓励和引导社会资本举办医疗机构意见的通知》，要求放宽社会资本举办医疗机构的准入范围。这些举措都在努力缩小民营经济与国有经济之间在政策和资源上的距离。

人们在揣度楼市"拐点"是否来临时，房价却意外飙升，从而引发了"史上最严厉"的楼市调控。据统计，2010 年，包括国务院、国土资源部、国资委等在内的多个国家部委共出手 40 多次间接或直接地给房地产市场施加影响，调控措施贯穿全年，是历年房地产调控中力度最大、策略最多、持续性最长的一年。岁末，突如其来的加息令房地产市场再一次感受到"从紧"的气氛。房地产主管部门已开始密集部署 2011 年的调控，土地、信贷、税收等政策进一步收紧，楼市调控已经步入常态化阶段。12 月 26 日，国务院总理温家宝在回答关于房价的提问时表示，今后将从两方面继续加大力度：一方面是加大保障性住房建设力度；另一方面是抑制投机行为，利用信贷杠杆加强对土地市场的管理，打击违法违规行为。

中国经济的整体表现不仅好于新兴经济体，而且令正处于泥淖中的美国、日本等国家难以望其项背。2010 年 7 月，中国人民银行副行长、国家外汇管理局局长易纲在接受媒体采访时称，中国实际上现在已经是世界第二大经济体了。8 月 16 日，日本政府首次公开承认日本的 GDP 已经被中国超越，引起全球关注。

然而，令人期待的股市却呈现为"熊市"。2010 年 12 月 31 日，沪指报

2808 点，A 股市场交出了一份令人不满意的答卷，沪指自 2010 年以来下跌 469.06 点，跌幅 14.31%，在全球股票指数涨幅排名中位列倒数第三，仅略强于身陷欧债危机的希腊和西班牙。

2010 年，饱受堵车之苦的首都北京公布治堵方案。根据方案，北京将实施小客车数量调控措施，按照公开、公平、公正的原则，以摇号方式无偿分配小客车配置指标。方案出台后，引发一系列连锁反应：国内多个大城市关注北京治堵新政，北京车市更是在"史上最严厉治堵方案"出台前后上演岁末抢车热潮。

2010 年 12 月 3 日，由中国南车集团研制的"和谐号"380A 新一代高速动车组最高时速达到 486.1km/h，中国高铁再次刷新世界铁路运营试验最高速，这是喷气飞机低速巡航的速度。据铁道部公布的数据，中国已投入运营的高速铁路营业里程达到 7531 公里，已成为世界上高速铁路系统技术最全、集成能力最强、运营里程最长、运行速度最高、在建规模最大的国家。

12 月 3 日召开的中共中央政治局会议向外界释放出重要信息：我国货币政策将由此前的"适度宽松"调整为"稳健"。与过去两年强调宏观政策的连续性和稳定性不同，此次会议提出要增强宏观调控的针对性、灵活性、有效性。自 2008 年 9 月以来，为应对金融危机带来的严峻形势，我国采取适度宽松的货币政策，降低经济主体融资成本，有力地支持了中国经济的复苏。然而"适度宽松"是应对国际金融危机的"非常之举"，随着中国经济已经企稳回升，"适度宽松"的货币政策就应及时退出。

2011 年，我国对房地产市场的调控继续加强。1 月 26 日，国务院常务会议召开，明确提出"各直辖市、计划单列市、省会城市和房价过高、上涨过快的城市，在一定时期内，要从严制定和执行住房限购措施"；7 月 12 日，国务院提出"房价上涨过快的二三线城市要采取必要的限购措施"。年底，中央经济工作会议提出，要坚持房地产调控政策不动摇，促进房价合理回归，加快普通商品住房建设，扩大有效供给，促进房地产市场健康发展。经过持续调控，全国房价呈现止涨回落趋势。

9月，微博网友爆料了一份《近期温州老板跑路清单》，其中涉案金额少则几千万元、多则几亿元。温州老板跑路潮引起了中央的重视，10月3日至4日，温家宝总理先后到浙江绍兴和温州考察，针对民间借贷、高利贷、非法集资等问题发表意见，要求妥善处理企业之间担保、企业资金链断裂问题，进一步强调支持中小企业发展。

由于财政吃紧，10月20日，财政部宣布在上海市、浙江省、广东省、深圳市开展地方政府自行发债试点，同时公布了《2011年地方政府自行发债试点办法》，明确指出债券期限分为3年和5年，以新发国债发行利率及市场利率为定价基准，采用单一利率发债定价机制确定债券发行利率。从此开启了地方政府的发债之路，对我国宏观经济环境造成了深远影响。

随着国内经济形势的变化，货币政策在保持稳健的同时，显示出更加灵活的姿态。10月25日，国务院总理温家宝在天津调研时指出，要把握好宏观经济政策的力度、节奏和重点，适时适度进行预调微调。11月30日，中国人民银行宣布从12月5日起，下调存款类金融机构人民币存款准备金率0.5个百分点。存款准备金率下调，对国民经济起到了一定的刺激作用，为民营经济的发展带来更多的生机。

2011年，中国的手机产量为9.98亿部，在全球的份额超过60%。智能手机成为手机消费市场的主力产品，移动互联网的发展吸引了越来越多的民营创业者。小米等公司开始崭露头角，腾讯的张小龙将微信这个超级应用展示在世人面前，改变了国人的社交网络。团购网站Groupon在北美快速成功，创造了一个巨大的"风口"，中国互联网世界呈现出"百团大战"的局面，后来胜出的美团网将在王兴的带领下成为中国互联网的又一巨头。

此外，中国企业的发展势头受到美国资本的打压。2011年上半年，中国概念股陷入危机，部分违规事件让整个中国概念股遭受牵连，全年有67家中国概念股遭受了第三方机构的质疑。做空中国概念股的机构如浑水公司等，直接或间接导致股价跌至 1 美元。截至 11 月 30 日，被摘牌或退市的中国概念股的数量为 46 家 ①。全年跌幅排名前十的公司分别是 21 世纪不动产、精密热仪、研控科技、惠通集团、新能源系统、中国风力发电、联合信息、联游网络、圣恺工业、柯莱特，下跌幅度为 88.08%—94%。

外商投资也是拉动我国经济发展的一个重大引擎。2002 年，全国工商税收总额为 17004 亿元，其中涉外税收总额为 3487 亿元，占比 20.5%；到了 2011 年，全国工商税收总额为 110764 亿元，其中涉外税收总额为 21768.8 亿元，占比虽同样维持在 20.5%，但绝对数值提升了 524.3%。

从 2002 年到 2011 年，随着政策的鼓励和经济市场环境一片繁荣向好，民间创业文化也随之兴起，主动创业占比逐渐超过被动创业，创业者中高学历人员的比例也在逐年增加。尽管我国创业活动的质量在提高，但与 G20 经济体中的发达国家相比，仍存在差距。我国加入世界贸易组织之后，更加深入地参与全球经济竞争，民营经济在此过程中发挥着举足轻重的作用。虽然在全球金融危机的阴影下，在激烈的全球竞争中，我国经济遭遇了前所未有的严峻挑战，但由于全国上下一致努力，我们战胜了困难，成为世界第二大经济体。此时的民营经济发展迅猛，也涌现了许多杰出的民营企业家。虽然他们仍具有旧商业文明时代的局限性，但其企业家精神值得称道。

---

① 张志勇：《民营企业四十年》，经济日报出版社 2019 年版。

二、中国科技全面开花，网民数量居世界之首

2001 年 12 月 11 日，中国正式加入世界贸易组织。不久之后，中国就成为世界上吸引外资最多的发展中国家。大量外资涌入、资金池充沛激发了国内市场的巨大活力，与此同时，技术环境和创业环境也在蓬勃发展，自此中国便开启了迅速崛起的十年。

图 1　R&D 经费投入强度（2002—2011）

2002 年，国内科学研究与试验发展（R&D）经费支出为 1287.6 亿元，截至 2011 年，R&D 经费支出已经增加到 8687 亿元，约为 2002 年支出总额的 6.75 倍。国家财政科技拨款额从 2002 年的 816.2 亿元增长到了 2011 年的 4902.6 亿元，平均每年的增幅约为 22%。

R&D 经费投入强度（即 R&D 经费支出与 GDP 之比），从 2002 年的 1.23% 增长到 2011 年的 1.84%；R&D 人均经费从 2002 年的 12.4 万元上涨到 2011 年的 30.1 万元，涨幅超过 100%。

2002 年，中国的知识产权保护工作再次取得了世界瞩目的成就，以专利、

商标、著作权为三大支柱的知识产权法律体系经过进一步完善后，在全国全面贯彻实施。2002 年，国家知识产权局共受理三种专利申请 252631 件，同比上一年增长了 49058 件，增长率为 24.1%。

2011 年，中国专利申请量快速增长，全年达到 163.3 万件，实现了"十二五"知识产权事业发展的良好开局。截至 2011 年底，经国家知识产权局授权并维持有效的专利共 274 万件，其中国内拥有 35.1 万件，占比 50.4%，首次超过国外在华有效发明专利数量。蓬勃的专利申请后面，隐藏的是数以万计的企业发芽和崛起。无数人回头看这黄金十年，都不禁感叹这是"站在风口上，猪都会飞"的十年，也是无法复制辉煌的十年。

如果说 2002 年是"厚积"——将无数外资引入中国，利用外资盘活本地经济，那么 2003 年就是"薄发"。危机里，"危"和"机"是并存的。

2002 年底，"非典"疫情突如其来。2003 年第一季度和第二季度的经济涨幅也因此受到影响，大幅缩水。然而令人惊讶的是，中国的经济非但没有受到"非典"持续性的影响，反而迎来了转机。当时，人们对互联网工具的接受程度和使用程度并没有那么高，而在"非典"期间，其却成了人们不得不使用的工具。"非典"结束后，互联网工具对于人们生活的影响还在持续着。

2003 年 10 月 10 日，网易股价升至 70.27 美元的历史最高点，丁磊纸面上的财富已超过 50 亿元人民币。阿里巴巴从"非典"后开始绝地反击、新浪和搜狐相继实现盈利、百度成为中国网民首选的搜索引擎……一个个互联网创业神话的发生，让人们的创业思维有所改变，互联网行业的风迅速刮了起来。

2002 年到 2011 年，我国各行各业涌现出了新的科技成果，这些科技成果为我国的行业发展和经济调动提供了坚实的基础。

2002 年，中国科学院计算技术研究所研制出我国首枚高性能通用微处理芯片——"龙芯 1 号"CPU，终结了中国计算机"无芯"的历史。这一科技成就打破了欧美国家的芯片垄断，让我国不必在高端技术上受制于人。芯片在日常生活甚至军用国防等方面的应用都十分广泛，一旦断供就会影响国防安全和民生经济。"龙芯 1 号"的成功研发，在提供更多经济岗位的同时，也更有力地保障了我国的技术安全和国家安全。

2003 年，航天员杨利伟乘坐"神舟五号"飞船成功升空，绕地球飞行 14 圈后安全着陆，我国首次载人航天飞行圆满成功。这是我国航天史上的里程碑，向全世界展示了我国的经济实力、综合国力和科技水平，增强了我国的话语权。

2004 年，由中国科学院计算所、曙光公司和上海超级计算中心共同研制的每秒峰值运算速度 10 万亿次的曙光 4000A 系统正式启用，我国计算机技术产生质的飞跃，在国际方面也获得较高认可。

2005 年，我国首款 64 位高性能通用 CPU 芯片"龙芯 2 号"问世，这款芯片除了在性能方面有所提升，还能够流畅地支持视窗系统、桌面办公、网络浏览、DVD 播放等。依托于龙芯芯片的产业化链条逐渐形成。

2007 年，我国第一颗绕月探测卫星——"嫦娥一号"发射成功，并进入预定地球轨道，中国成为世界上为数不多的具有深空探测能力的国家。中国在经济快速腾飞的路上，不仅脚踏实地，还"仰望天空"，这大概是刻在中国人骨子里的浪漫。

2008 年，我国网民总人数达到 2.53 亿人，首次跃居世界第一，域名总数达到 16,826,198 个，其中 CN 域名数量达到 13,572,326 个，网站数约 2,878,000 个，国际出口带宽约 640,286.67Mbps。不仅国内互联网行业热情高涨，而且以互联网为依托的全球范围内的文化交流和经济沟通也火热至极。

2009 年，中国颁发 3G 牌照，进入 3G 时代；首台千万亿次超级计算机"天河一号"研制成功。伴随着 3G 和 Wi-Fi 的兴起，网民不再受到流量和宽带的限制，对于网络的使用也逐渐转向移动端。同时，微信等依赖网络技术的社交软件开始兴起。新的交流形式带来了更多社交媒介、生活方式的变革，如语音聊天平台、视频发布平台、直播平台的出现，既丰富了人们的精神文化生活，也带动了经济的发展。

2010 年，第五颗北斗导航卫星成功发射，为地形勘探、地图绘测、手机导航等功能的实现提供了技术支持。同年 8 月，小米发布首个 MIUI 系统，突破了 Android 系统的技术限制，自此开启了小米手机的黄金时代。

2011 年，百亩超级杂交稻试验田亩产突破 900 公斤，粮食问题进一步得到解决。人们在物质需求得到满足之后，重心逐渐转向精神生活，更多内需产生并拉动经济增长。这一年，首座超导变电站建成，大幅度提高了电网供电的可靠性和安全性，有效地降低了系统损耗。稳定的电力系统是一切产业有序运行的基础保障。

从 2002 年到 2011 年，我国民营经济发展的技术环境和创业环境都有所改善。扎实的科技基础、优异的政策环境、充沛的外资流入、民众的内在需求等，凝聚成一股强大的力量，拉动着中国经济大步前进。美中不足的是，尽管我国的技术发展迅速，但是距离发达国家还有一定差距。同时，本土"原创"互联网商业模型较少，更多的还是在模仿中成长，需要进一步提高创造力和自主性。整体而言，未来可期。

三、以苹果、谷歌为代表的国外先进企业大放异彩

2002 年至 2011 年，虽经历金融危机的打击，但发达国家的一些卓越企业仍有长足的进步和发展。

由于石油在国际市场上的地位越来越高，埃克森美孚这个全球著名的石油公司也展露了强大的影响力。其悠久的发展历程可以追溯到 19 世纪末。1870 年，约翰·洛克菲勒创立了标准石油公司，这是埃克森美孚的前身。随后数十年，标准石油公司通过并购不断壮大规模，成为美国第一大石油公司。标准石油公司后继者之一的纽约标准石油公司改名为美孚石油公司。20 世纪上半叶，美孚石油公司凭借技术创新，业务不断扩张。1999 年，美孚石油公司和埃克森石油公司合并为埃克森美孚。通过合并，埃克森美孚成为全球最大的石油公司。进入 21 世纪后，埃克森美孚持续壮大实力。2002 年至 2011 年，埃克森美孚的收入稳步增长，从 210 亿美元上升到 490 亿美元，利润也从 165 亿美元大幅提高到 306 亿美元。埃克森美孚主要做对了这几件事：一是加大对资源的开发力度，提高产量并扩大探明储量；二是扩建炼油设施，加强炼油与化工能力；三是开拓天然气业务，增强清洁能源供给；四是优化组织结构，提高运营效率。凭借雄厚的技术优势和管理能力，埃克森美孚获得长足发展，成为全球最具实力的综合性石油公司。

荷兰皇家壳牌石油公司是全球知名的石油和天然气公司，其悠久的发展历程可以追溯到 19 世纪。为了与当时最大的石油公司——美国标准石油公司竞争，1907 年，荷兰皇家石油公司与英国的壳牌运输贸易有限公司合并，正式组建荷兰皇家壳牌石油公司。随后，荷兰皇家壳牌石油公司逐渐发展为一流的石油公司。2002 年至 2011 年，该公司的营业额从 1710 亿美元增长到 4680 亿美元，利润从 92 亿美元大幅提升到 312 亿美元。其战略布局主要有以下几个方面：一是深耕主业，加强油气资源开发。二是布局天然气业务，加大清洁能源

投入。比如，进入卡塔尔的液化天然气项目。三是扩展下游化工业务，提升炼油化工能力。比如，在新加坡建设大型炼油厂。四是进行战略调整，出售部分资产，优化业务结构。凭借雄厚的技术实力，荷兰皇家壳牌石油公司在行业中保持领先地位，是全球最成功的综合性油企之一。

全球最大的零售商沃尔玛通过开新店和并购，快速扩张业务。仅在 2007 年，沃尔玛就新开了近 600 家门店。2010 年，沃尔玛收购南非最大的零售商 Massmart，进一步扩大其在非洲的市场。此外，沃尔玛强化对上游供应商的管理，与其建立战略合作关系，确保商品稳定供应的同时降低采购成本。沃尔玛通过应用信息技术提高配送效率，实现货物 24 小时达店的目标；还建立了销售预测系统，利用 RFID 读码进行库存管理。沃尔玛还致力于环境保护和公益事业，树立良好的企业形象。凭借强大的供应链和先进的管理模式，沃尔玛获得快速发展，成为世界上最大、影响力最强的零售商之一。

信息技术领域，苹果是当之无愧的佼佼者。自 2001 年乔布斯回归后，苹果持续推陈出新，发布了 iPod 音乐播放器、iTunes 音乐商店，完全改变了数字音乐产业。2007 年，苹果又推出 iPhone 智能手机，全面颠覆了手机形式与功能，为智能手机时代奠定了基础。凭借这些具有划时代意义的产品，苹果的市值在 10 年间增长了近 100 倍。

在线服务领域，谷歌凭借其简洁卓越的搜索引擎迅速崛起。2004 年谷歌成功上市后，通过并购 Youtube、DoubleClick 等公司拓展业务范围。2008 年，谷歌发布 Android 系统，推进手机操作系统的开源化，并打造了完整的移动互联生态。凭借"组织全世界的信息"的使命，谷歌已经成长为全球最大的互联网企业之一。

电商平台领域，亚马逊仍是行业的领头羊。亚马逊从 1995 年开设网络书店后，不断扩充商品类目，将 B2C 做到了极致。2006 年，亚马逊推出云计算服务 AWS，再次颠覆了 IT 基础设施的交付模式。凭借电商平台和 AWS 云服务的双引擎，亚马逊完成了从网上书店到 IT 巨头的华丽转身。截至 2011 年，其市值已经超过 1000 亿美元。

社交媒体领域，Facebook（现已改名为 Meta）的崛起让人瞠目结舌。Facebook 在 2004 年创立之初，只是哈佛大学学生的小众社交网站。但兼具简洁性和开放性的产品设计，令 Facebook 在大学生群体中迅速流行，2006 年，Facebook 成功进军公众市场。2011 年，Facebook 已拥有 10 亿用户，完成了从学生社交网站到全球性社交平台的华丽转变。

汽车行业的代表企业之一是日本的丰田。1926 年，丰田自动织机制造株式会社开始试制汽车。1937 年，该公司正式成立汽车部门，即后来的丰田汽车工业株式会社。"二战"后，丰田开始批量生产轿车。凭借良好的品质和可靠的服务，丰田在 20 世纪 50 年代快速占领美国市场，成为日本汽车行业的龙头企业。2002 年至 2011 年，丰田持续发展壮大，在全球汽车市场的占有率和影响力显著提升，其全球销量从 560 多万辆增加到近 800 万辆。丰田的发展得益于频频推陈出新，产品线不断创新升级。比如，丰田推出的第三代普锐斯已成为全球最畅销的混合动力车型。此外，丰田还通过参与世界一级方程式锦标赛的方式来展现品牌风采。丰田 F1 车队于 2002 年正式出现在赛道上，很快便成为 F1 赛场的领头羊。凭借制造精良的汽车，丰田已经跻身汽车业"三巨头"，与通用、大众并驾齐驱。

汽车制造领域，沃尔沃也实现了令人刮目相看的发展。沃尔沃抓住环保与安全两个方面的消费诉求，大力发展减排及安全性能优异的汽车。结果其品牌形象与销量均获得大幅提升，成功转型为高端品牌，其独特的设计与制造已经为全球所瞩目，实现了品牌的全球化发展。2010 年，沃尔沃被中国吉利并购，也带动了中国汽车行业的蓬勃发展。

2002 年至 2011 年，能源行业的上升势头使得石油公司大赚特赚；汽车行业蓬勃发展，行业翘楚高歌猛进；互联网行业的迅猛发展，使无数科技互联网公司的市值猛涨。我国民营经济深度参与全球的竞争，深受发达国家行业巨头的影响，在浪潮中被推动着发展，并在激烈的竞争中不断提升自身价值与竞争力。

四、加入世界贸易组织后蓬勃发展的中国民营企业

李彦宏：互联网搜索中辗转千百度

2003 年 6 月，《中国电脑教育报》举办的"万人公开评测"结果显示，百度胜过美国谷歌，成为中国网民首选的搜索引擎。此时的百度创建未满三年，它的创始人李彦宏尚未到不惑之年。

李彦宏是互联网创业者中的海归代表之一，从北京大学毕业后，他到美国留学，主攻计算机专业。毕业后，李彦宏进入华尔街、硅谷工作，并在 1999 年归国。2000 年 1 月，李彦宏创建了百度。他引用自辛弃疾所写的"众里寻他千百度，蓦然回首，那人却在灯火阑珊处"，将宋词描写的踪影难觅与和现代搜索引擎的作用巧妙结合。李彦宏创业两个月后，纳斯达克指数达到顶峰，而后互联网泡沫破裂。不过作为名校精英、从华尔街和硅谷出来的人才，李彦宏手握先进技术，幸运地拿到了风险投资。

百度起初的商业模式是向门户网站提供搜索引擎服务，但在互联网寒冬降临后，门户网站的付费意愿降低，甚至会延迟付款。李彦宏转而向谷歌学习，通过线上广告主的付费获利，并借鉴美国商业搜索服务提供商 Overture 的商业模式，走上运营搜索引擎和广告竞价排名之路。百度模仿了谷歌，但可谓"青出于蓝而胜于蓝"。谷歌在 1998 年以搜索引擎起家，直到 2006 年才实质性地进入中国市场。谷歌根据用户的浏览或搜索历史推送广告，而百度则是让企业出资购买自己在百度引擎上的排名。在百度获得成功后，谷歌原希望控股或并购百度，但被李彦宏拒绝了。谷歌在 2010 年离开中国市场。

财经人士吴晓波感叹，我们的本土互联网企业几乎在所有领域都击败了各自的国际对手，这在其他行业是从来没出现过的完胜场面，甚至连谷歌这样的公司都无法幸免，它在中国的市场占有率还不到竞争对手百度的一半；另外一个很奇异的事实是，凡是被国际公司收购的企业都前景堪忧，搜索领域的

3721 被雅虎收购后不复存在，B2C 领域的卓越被亚马逊收购后一度陷入低迷 [①]。中国民营企业对中国市场更为熟悉，打法更为灵活，因而能打败国外竞争对手。然而在国际收购中，企业文化融合失败、理念冲突带来的悲剧也比比皆是。2003 年，雅虎收购了周鸿祎创立的中文上网服务公司 3721，并将其更名为"雅虎助手"。然而在合并后，两方企业文化融合失败，3721 和周鸿祎没有获得足够的本土决策权并面临业绩压力。2009 年 1 月，雅虎正式放弃 3721 业务。

　　2005 年 8 月，作为全球最大的中文搜索引擎，百度在美国纳斯达克上市。百度的发行价为 27 美元，首日开盘价为 66 美元，最终收涨至 122.54 美元，创下了几年来美股新上市公司首日涨幅之最。互联网和资本市场造富的速度和力度都让国人惊叹，李彦宏在一夜之间成为坐拥 9 亿美元的富翁。耶鲁大学经济学教授陈志武说，"在对科技进步的激发作用上，我认为'神舟六号'的作用还不如百度上市来得大"。他在接受《南风窗》的记者采访时说："这几年，很多 IT 公司到纳斯达克上市，就是利用全球化的机会，把许多年轻人的创造力在短期内变成了财富。" [②] 这一时期民营企业得到快速发展。据有关方面统计，到 2005 年底，在沪深证券交易所上市的私营企业有 336 家，在香港有 119 家，在美国有 66 家，在新加坡有 50 家。[③]

　　2012 年，"3B 大战"爆发。由于受到周鸿祎创立的奇虎公司（360）进军搜索市场的冲击，百度在一日内股价大跌 5.7%，创下 10 个月以来的最大跌幅。李彦宏倍感愤怒：为什么百度做了十几年搜索引擎，却不能对奇虎公司形成绝对的技术壁垒？ [④] 尽管百度未被奇虎公司打败，但温文尔雅的李彦宏开始意识到百度的竞争力有所下降，他第一次在内部提出"狼性文化"。

　　2013 年前后，百度逐步从 BAT（百度、阿里巴巴、腾讯）掉队，市场开始

---

①　吴晓波：《激荡三十年：中国企业 1978—2008》，中信出版社 2017 年版。

②　吴晓波：《激荡三十年：中国企业 1978—2008》，中信出版社 2017 年版。

③　张志勇：《民营企业四十年》，经济日报出版社 2019 年版。

④　林军：《沸腾十五年：中国互联网（1995—2009）》，电子工业出版社 2021 年版。

质疑百度的战略和竞争力。百度在主航道的战略思考上，和阿里巴巴、腾讯拉开了距离：李彦宏对搜索的执念是其中一个原因，但"框计算"是基于 Web 的，而 App 解构了 Web 时代；百度在 2013 年还讨论过一个方案，即逐步放弃 Web 式的传统搜索，保留搜索框，通过给用户提供一系列轻应用（相当于今天的公众号＋小程序），为用户提供优质服务和优质内容，相当于再造一个生态。这件事在百度大会上被重点宣讲，但因为牵涉面太广，执行又不得力，所以并没有一以贯之。①

谈起百度，有这样一种说法："百度是一家有昨天、有明天的企业，但唯独没有今天。"意为百度的搜索引擎曾在 PC 时代大放异彩，押注了人工智能和无人驾驶等未来技术，但在移动互联网时代进退失据②。

在现实层面方面，视频领域的土豆网曾向百度发出低于优酷的合并报价，但李彦宏的态度并不坚决，而后错过机会；2013 年，当团购行业格局尘埃落定时，百度并购了糯米网，却几乎没有溅起任何水花……

百度的低谷出现在 2016 年。有网友发帖称，百度将贴吧中的"血友吧"经营权卖给了有问题的"血友病专家"，而大多数用户通过百度搜索医疗信息时会完全信赖百度的信息。百度随即声明"病种类贴吧全面停止商业合作，只对权威公益组织开放"。不过，人们发现，莆田的民营医院已和百度密切合作，不断打出巨额广告。而后，一位年轻的癌症患者魏则西在百度搜索看到网页排名前列的一家医院，但他在这所问题重重的医院治疗不久后去世。这些事件引发了人们对百度医疗广告、竞价排名模式的广泛讨论，百度的企业文化和公关方式也受到严重质疑，一些员工甚至不好意思承认自己在百度工作。2019 年 7 月，李彦宏在百度 AI 开发者大会演讲时，突然被一位上台的观众劈头盖脸地浇下

---

① 林军：《沸腾十五年：中国互联网（1995—2009）》，电子工业出版社 2021 年版。

② 贾琦：《百度烽火连天》，载微信公众号"市界"，https://mp.weixin.qq.com/s/c4_L43orcS-9b6yGh_yV-w.

一瓶矿泉水，他在震惊之余拂去脸上的水渍，而后略带怒气地问道："What's your problem?"

在支柱业务搜索引擎的赛道上，百度也面临冲击。各种满足细分需求的 App 比网页搜索更深入人们的生活。美团、抖音可以让用户搜索本地生活服务；想学做菜，可以在 B 站和抖音搜索简单易懂的教程；时尚消费可以通过小红书实现；更不要说微信可以搜索到海量内容……2019 年，传播学研究者方可成在自媒体"新闻实验室"发表文章《搜索引擎百度已死》。他认为，微信、微博和淘宝等重要的平台未向百度开放，百度搜索引擎的内容不全面，而这些平台内容生产丰富、流量渐大；最重要的还是百度的商业决策饮鸩止渴，搜索结果大量导向百度自家产品，内容质量低劣。尽管百度方面回应"百家号"内容占比小于 10%，但方可成认为百度没有提到用户关注的首页比例，不具说服力。2023 年，小红书 WILL 商业大会的演讲 PPT 上赫然写着："小红书，普通人的生活搜索入口。"这个 2013 年才出现的软件，提供了图文并茂、简单精准且无广告链接的内容，成了大量用户的搜索工具。

百度高管的变动也引人注目。2016 年，曾被视为"太子"的李明远因经济问题引咎辞职；百度当时最年轻的副总裁、知名营销公众号"李叫兽"的创始人李靖于 2018 年离职；在百度工作 14 年的向海龙于 2019 年辞去百度高级副总裁、搜索公司总裁职务；2020 年，百度副总裁韦方涉嫌贪腐犯罪，被移送公安机关……

其中，陆奇的加入与离开颇受关注。陆奇在复旦大学读研，在美国卡内基梅隆大学读博，而后出任雅虎的执行副总裁和微软的副总裁，主导过微软"小冰"人工智能技术的研发。被视为"优秀职业经理人"的陆奇在 2017 年 1 月加入百度，担任集团总裁兼首席运营官。当时的百度业务虽多，但架构和战略有待调整。陆奇喊出"All in AI"的口号，为百度押注人工智能赛道转型，先后投资和收购了数家与公司业务相关的创业公司。然而陆奇最终在 2018 年 5 月辞职，消息一出，百度当日的美股股价大跌 9.5%。

李彦宏可能对人工智能的商业化前景尚无足够信心，一些员工在接受媒体采访时透露出百度存在"大公司病"，包括部门利益纠葛导致工作效率低下、损害员工创业热情；公司内部人事发生变化，李彦宏的妻子马东敏和陆奇几乎同时进入百度，陆奇需要让这对意见不一致的夫妻同时点头……① 当时外界将陆奇离开百度视为海外职业经理人和本土企业文化之间的水土不服。不过，作为上市公司的百度，其财报才是投资者最关注的东西，人工智能需要巨大的资金投入，而陆奇领导的项目并未在当时带来实际的商业化收益。

尽管陆奇已经离开，但人工智能确实被李彦宏和百度寄予厚望。早在2015年，李彦宏的两会提案就提到：设立"中国大脑"计划，推动人工智能跨越发展，抢占新一轮科技革命的制高点。2016年11月，李彦宏在第三届世界互联网大会上表示，不能再期待移动互联网市场的新风口，未来的机会在人工智能。在第四届世界互联网大会上，他又进一步解释说，近几年中国互联网网民的成长速度慢于GDP的增长，意味着支撑互联网飞速发展的人口红利消失了。与此相呼应的是，2017年10月11日，阿里巴巴在云栖大会上重磅宣布成立目标超越微软、英特尔、IBM研究院的全球新技术研究顶级机构达摩院，计划三年内投入1000亿元，研究方向不再是互联网贸易平台，而是主攻机器智能、智联网和人机自然交互②。宏观层面上，政府机关也在加大对人工智能技术的支持力度。2017年7月，国务院印发《新一代人工智能发展规划》；同年11月，科技部公布首批国家新一代人工智能开放创新平台名单，并提到将依托百度建设自动驾驶国家新一代人工智能开放创新平台。

百度以智能驾驶作为人工智能的重要商业落地方向，并在2021年决定造车。该消息传出后，当日百度美股股价暴涨15.57%。不过，造车市场已一片火

---

① 秦雯子：《陆奇：拨开百度迷雾的"局外人"》，载"网易号"，https://www.163.com/dy/article/DLD4QHKI05119C3G.html.

② 胡宏伟：《东方启动点：浙江改革开放史（1978—2018）》，浙江人民出版社2018年版。

热，国内有小米、蔚来、理想、小鹏和一大批传统车企，国外还有特斯拉和谷歌等巨头。ChatGPT 爆火后，国内外争相追逐大模型技术，李彦宏同样对这个方向充满热情，推出"文心一言"。科技行业日新月异，百度的造车和大模型之路能否像曾经的搜索引擎一样成功，仍存在巨大的不确定性。

马云："风清扬"和他的阿里巴巴

喊出"让天下没有难做的生意"的马云，用不到 20 年的时间打造出世界一流的互联网阵营——阿里巴巴，先后推出了影响整个行业和社会的淘宝、支付宝、天猫、阿里云、菜鸟等，又在旗下蚂蚁集团的风波中淡出公众视野。

他的故事缘起于互联网发展元年。1994 年，邮电部电信总局和美国商务部签订了关于国际互联网的协议，中国公用计算机互联网建设启动，马云而后成为中国第一批网民。当时马云还是一名外语教师，他在给国外客户做翻译时，偶然接触到互联网，并感受到了互联网的无限魅力。1995 年 4 月，他创办了"中国黄页"网站，面向企业提供服务。

1997 年，在先后开发了对外经济贸易合作部官方网站、广交会（中国进出口商品交易会）网上平台后，马云渐渐意识到中国有一个庞大的中小企业群体，它们担负着为世界制造产品的任务，但在世界商业舞台上却饱受盘剥之苦；它们凭自身力量无法打开销售渠道，只能依靠贸易公司勉强生存。马云随即意识到：为中小企业谋生存、求发展，通过互联网提供平台，将全球中小企业的进出口信息汇集起来，让中小企业能走向世界，是一个巨大的商机[①]。

1999 年，阿里巴巴诞生。马云为企业取名时考虑了国际化认知，最终选定"阿里巴巴（Alibaba）"——一个《一千零一夜》中发现"芝麻开门"口令、打败大盗、用财富助人的英雄形象；同时在字母表中以"A"开头，占据前列。已经功成名就的蔡崇信被马云的梦想所吸引，毫不犹豫地加入了阿里巴巴，并

---

① 陈润：《时代的见证者》，浙江大学出版社 2019 年版。

在之后帮助公司拉来了第一笔救命的融资——这笔天使基金来自美国高盛、蔡崇信的老东家银瑞达和富达亚洲风险投资等。随后，阿里巴巴又拿到了软银2000万美元的战略投资。世界级的投资为阿里巴巴带来了巨大的影响力，2000年7月，马云成为《福布斯》杂志全球版封面人物，成为50年来第一位获此荣誉的中国企业家。至此，马云和阿里巴巴正式走上了世界舞台。

在技术和商业模式上，阿里巴巴向海外学习，并获得海外的资金支持；但在企业内部管理上，阿里巴巴又宣扬中国传统的武侠文化。马云是武侠迷，他以金庸小说《笑傲江湖》中神龙见首不见尾、武功超群的"风清扬"自居。他模仿武侠小说里的"华山论剑"，在2000年发起名为"西湖论剑"的行业大咖论坛，参与者包括金庸、时任新浪CEO的王志东、搜狐CEO张朝阳和网易董事长丁磊等人。

电商行业的拐点出现在2003年。"非典"让中国的商业活动陷入混乱，外贸企业和客户无法面对面沟通，他们只能借助网络通信工具交流，甚至在网上完成交易。刚好阿里巴巴在"非典"出现前就向美国的CNBC投放了大量广告，而马云特意组织的小分队也在隔离期间研究出了淘宝。"非典"对阿里巴巴来说，不仅意味着其之前在海内外两条线上所做的关于电子商务的教育和普及工作得到了加速；更重要的是，它让阿里巴巴内部的凝聚力空前高涨，之前经历过颇多磨难的阿里巴巴，就此完成了从优秀到卓越的内部跃迁[1]。这一年，刘强东的京东商城线下连锁店发展到十余家，但皆因"非典"歇业并产生亏损。之后，他转向线上电商，开启了京东大发展的黄金时代。

2003年6月，全球最大的电子商务网站美国eBay收购了易趣网剩余股份，全资控股易趣，成为中国C2C市场的"巨无霸"。然而到了2005年，淘宝的市场规模就超过了eBay易趣。2006年，eBay退出中国市场。马云是如何赢得这场竞争的呢？2003年8月，诞生百日的淘宝宣布，前10万名经过身份认证

---

[1] 林军：《沸腾十五年：中国互联网（1995—2009）》，电子工业出版社2021年版。

并在淘宝上有过一次买卖经历的会员，将享受 3 年之内不交服务费的优惠。淘宝还推出了第三方支付平台支付宝，解决了交易中的诚信问题；又推出星、钻、皇冠等金字塔式的商家等级制度。背靠软银的资金支持，马云作为企业管理人和企业形象代表更是凭借着出色的口才活跃在媒体中。当阿里巴巴大举进攻时，刚完成收购的 eBay 却反应迟钝。易趣创始人邵亦波离职，公司空降海外高管，他们对中国市场的熟悉程度不如阿里巴巴。马云后来回忆："那时候我说，我们是扬子江里的扬子鳄，扬子鳄其实不大，但 eBay 是海里的鲨鱼，只要在长江里打仗，我们就有机会。那些话只是鼓一鼓士气而已。所以，直到今天，我们也没敢到海里跟他们打。"[1]

在马云的管理下，阿里巴巴引进外部投资者雅虎，通过出售阿里巴巴 40% 的股份，获得雅虎 10 亿美元投资及雅虎中国的全部资产。

在电商的发展过程中，"虚实之争"一度火热。2016 年，在被问到马云提出的新零售、新制造、新金融、新技术和新资源的"五新"观点时，宗庆后却说："新制造，（阿里巴巴）本身就不是实体经济制造什么东西啊？如果是新技术，我倒认为实体经济确实是要追求新的技术来提高我们这个制造业，从中低端走向高端制造业。"李东生和董明珠也赞同他的观点。不久之后，马云在参加一个大会时则表示："新技术的冲击远远超过大家的想象。不是技术让你淘汰，而是落后思想让你淘汰；不是互联网冲击了你，是保守的思想、昨天的思想、不愿意学习的惰性淘汰了你，是自以为是淘汰了你！"这场隔空争论引发热议。次年在参加浙商座谈会后，马云和宗庆后握手寒暄，这场"虚实之争"由此落幕。马云为打通虚拟经济与实体经济的"最后一公里"摇旗呐喊、频频出招，传统实体企业的大佬们虽有些狐疑，但也并非无动于衷。商场拼杀，从来没有永远的"敌人"。[2]2017 年 3 月，宗庆后作为全国人大代表，在表态上发生了变

---

① 阿里巴巴集团：《马云：未来已来》，红旗出版社 2017 年版。
② 胡宏伟：《东方启动点：浙江改革开放史（1978—2018）》，浙江人民出版社 2018 年版。

化，他认为虚拟经济和实体经济并不是完全对立的，用好互联网技术将更有利于实体经济的发展。

马云曾在 2006 年被问到最大的对手是谁，他答："我用望远镜也找不到对手。"然而随着京东的崛起，阿里巴巴在电商市场的"一枝独秀"很快就被阿里巴巴、京东的"双雄争霸"所取代；而拼多多的强势崛起，则进一步让电商格局变成了"三足鼎立"。事实上，情况还不止于此。快手、抖音等 App 虽然名义上是做短视频和直播的，但其在掌握了巨大的流量之后，也开始切入电商市场，并独立发展出视频电商这一新的电商门类。^① 为了固守自己的城池，互联网一度出现竞争乱象。2020 年 12 月，市场监管总局根据举报，依法对阿里巴巴实施"二选一"等涉嫌垄断行为立案调查。2021 年 4 月，市场监管总局作出行政处罚决定，责令阿里巴巴停止滥用市场支配地位行为，并处以 182.28 亿元罚款。

阿里巴巴多次征战资本市场，其 B2B 业务于 2007 年 11 月在香港联合交易所挂牌上市。2013 年，寻求整体上市的阿里巴巴原本也想在香港上市，但因其合伙人制度与香港交易所同股同权原则相悖，最后便登陆美国纽约证券交易所，融资总额达 250 亿美元，创下当时全球 IPO 最高纪录。2022 年 7 月，在"中概股回港潮"中，阿里巴巴宣布将于纽约证券交易所及香港交易所双重上市。

英国《经济学人》杂志曾在 2007 年评价马云："该公司最大的财富也许是他的创始人马云，马云在公众眼中是个有魅力、善言辞并懂得利用媒体的人。他拥有大胆的想法，怀有巨大的市场目标以及对商业的敏感，这都使他吸引了众多眼球。"然而这个善于利用媒体、口才了得的人，却在两次发言中掀起轩然大波，旗下的蚂蚁集团也折戟上市之路，正应了中国那句"言多必失"的老话。

2019 年，"996"成为热门话题。3 月，有程序员在世界知名的代码仓库GitHub 上建立"996.ICU"项目，以表达对高强度工作的不满。4 月，阿里巴巴的公众号发布了马云在内部的交流分享："今天中国 BAT 这些公司能'996'，

---

① 陈永伟：《后马云时代的电商向何处去》，载《经济观察报》，2019 年 9 月 23 日。

我认为是我们这些人修来的福报。"尽管有人支持他的看法，但处于社会竞争和高压下的工薪阶层则反对和反感这一观点。马云而后调整表态："任何公司不应该也不能强制员工'996'。但是年轻人自己要明白，幸福是奋斗出来的。"

2020 年 10 月 24 日，马云在外滩金融峰会上发表演讲，直指国内金融创新发展存在监管阻碍，他认为改革需要重新思考，甚至在未来需要付出牺牲，并以自己旗下的蚂蚁金服和淘宝的成功经历作为参考举例。一石激起千层浪，有人认为马云点评金融体系和政策，属于自我膨胀和无知傲慢，甚至只是想吹捧即将上市的蚂蚁集团；也有人认为马云率直、敢说。国务院金融委在几天后召开专题会议提出，"当前金融科技与金融创新快速发展，必须处理好金融发展、金融稳定和金融安全的关系""监管部门要认真做好工作，对同类业务、同类主体一视同仁"。①

蚂蚁集团原计划于 2020 年 11 月 5 日在上海与香港同步上市。然而 11 月 2 日，中国证监会发布消息："中国人民银行、中国银保监会、中国证监会、国家外汇管理局对蚂蚁集团实际控制人马云、董事长井贤栋、总裁胡晓明进行了监管约谈。"又过了一会儿，中国银保监会、中国人民银行就《网络小额贷款业务管理暂行办法（征求意见稿）》公开征求意见。次日，蚂蚁集团的上市计划被叫停。

暂停上市后，蚂蚁集团接受了多轮约谈。2020 年 12 月 26 日，相关部门对蚂蚁集团提出五点整改要求：一是回归支付本源，提升交易透明度，严禁不正当竞争。二是依法持牌、合法合规经营个人征信业务，保护个人数据隐私。三是依法设立金融控股公司，严格落实监管要求，确保资本充足、关联交易合规。四是完善公司治理，按审慎监管要求严格整改违规信贷、保险、理财等金融活动。五是依法合规开展证券基金业务，强化证券类机构治理，合规开展资产证券化业务。2021 年 4 月，蚂蚁集团最终形成了五项整改方案：纠正支付业务不

---

① 《刘鹤主持召开国务院金融稳定发展委员会专题会议》，载中国政府网，https://www.gov.cn/ xinwen/2020-10/31/content_5556394.htm.

正当竞争行为；打破信息垄断，依法持牌经营个人征信业务；整体申设为金融控股公司；严格落实审慎监管要求；管控重要基金产品流动性风险。2023 年 1 月，央行相关负责人表示，蚂蚁集团等 14 家大型平台企业过去的金融业务存在的无牌经营、监管套利、无序扩张、侵害消费者权益等突出问题，大多数已基本完成整改。根据蚂蚁集团官方网站发布的公告，截至 2023 年 1 月 7 日，原实际控制人马云在蚂蚁集团的表决权从约 53% 的股权降为约 6%，包括马云等在内的10 名自然人分别独立行使股份表决权，不再存在任何直接或间接股东单一或共同控制蚂蚁集团的情形。

马云从 2020 年起逐渐淡出公开场合。根据消息，他已回归自己喜爱的教师身份，曾在海外讲授创新创业相关课程。他留下一个横跨电子商务、本地生活服务、数字媒体娱乐、数字化和智能化创新研究等业务的庞大商业帝国。不过正如金庸笔下的"风清扬"一样，虽然大哥已"退隐"江湖，但江湖仍有大哥的传说。

黄光裕：首富入狱，国美衰落

黄光裕在 2004 年、2005 年和 2008 年三次问鼎"胡润百富榜"榜首，他执掌的国美电器曾是中国最大的家电零售企业，然而他却因操纵股市等多项罪名而身陷囹圄。多年后他刑满释放，却也未能重现往日辉煌。

黄光裕和哥哥黄俊钦最初到北京开了名为"国美"的服装门店，奈何生意不火，才转行卖电器。1987 年，国美电器店开业。20 世纪 80 年代末、90 年代初的家电销售是卖方市场，在当时的市场背景下，很多商家采用"抬高售价，以图厚利"的经营方式，但黄光裕和哥哥却反其道而行之，决定走"坚持零售，薄利多销"的经营策略。在国营商店对于广告的认识还停留在"卖不动的商品才需要广告"时，黄氏兄弟却想到利用《北京晚报》中缝打出"买电器，到国美"的标语，每周刊登电器的零售价格，从而走出了坐店经营的模式，一度被称为"中缝大王"①。到了 2001 年，国美电器已拥有 80 多家连锁店，销售的商品多达上千种。2003 年，国美电器的销售额在中国家电零售业排名第一。

当黄光裕寻求公司上市之法时，遇到了老乡詹培忠。詹培忠被人称为"金牌壳王"，他以买壳、洗壳和卖壳闻名，臭名昭著至香港媒体都将其列为"恶人"。2004 年，囊括部分门店的国美电器以 88 亿元的价格卖给上市公司中国鹏润集团。同年 9 月，"中国鹏润"正式改名为"国美电器"。由此，黄光裕的身价高达 105 亿元，成为"胡润百富榜"的首富。国美电器借壳成功后，市盈率一度高达 50 倍，当时全球家电零售业的平均市盈率不过是 14.3 倍，而黄光裕曾经不止一次地说过："做 PE、玩资本比卖家电赚钱快多了。"②黄光裕在资本市场大行其道，却给投资者带来了伤害。2005 年，国美电器中期报告显示销售额增长 34%，但纯利润仅增加 5.5%，引发行业前景认同危机，股价崩盘，市值缩水超过 50%。而黄光裕已经于国美电器达到峰值前实现套现，将这个近 50 倍的高市盈率泡沫扔给了公众投资者③。

不久之后，黄光裕进入当时如日中天的地产行业，希望复制借壳上市的方式，让旗下地产业务也进入二级市场。2006 年 4 月，中关村科技公司的大股东北京住总集团将持有的 1.01 亿股转让给黄光裕实际控制的鹏泰投资公司，占公司总股本的 15%。中关村股价闻风而动，走出四个涨停板，三个多月就翻倍了。黄光裕春风得意，而后宣布在全国启动房地产发展计划。不过在两年后，中国证监会将调查这些涉嫌违规违法的重组交易。

在资本市场捞金的黄光裕开启了疯狂并购。20 世纪 90 年代后，国美电器和苏宁电器向全国各地扩张，一度被人们笑称为"美苏争霸"，大中电器、永乐电器和三联商社分别雄踞北京、上海和济南。然而，2006 年 7 月 24 日，手握

①　陈晓峰：《中国福布斯落马榜》，中国经济出版社 2009 年版。
②　余胜海：《变革时代：金钱、荣耀与原罪》，科学出版社 2011 年版。
③　《郎咸平解剖黄光裕"国美电器"资本运作三部曲》，载高顿网，https://www.gaodun.com/caiwu/356192.html.

巨资的黄光裕宣布以 52.68 亿港元收购业内第三大电器零售商永乐电器的九成股份，由此国美电器的规模超过了苏宁电器。2007 年，大中电器卖给了国美电器。2008 年，黄光裕获得了三联商社的控股权。这种并购重组的资本游戏让黄光裕十分着迷。有媒体报道，仅仅是用于资金与资本运作的"工具公司"，黄光裕就至少有上百家。①

就在国美电器上市一个月后，其劲敌苏宁电器也挂牌深圳证券交易所，创始人张近东激动到敲断了上市敲钟槌。当 2006 年黄光裕提出想收购苏宁电器时，张近东怒斥黄光裕："苏宁做事虽然低调，但不是无能。你不要想，即使想买也买不起。如果苏宁做不过国美，就送给你。"2008 年，苏宁电器的销售额和店铺数超过了国美电器；之后，国美电器陷入控制权之争，苏宁电器顺势成为行业老大；2011 年，苏宁电器的年收入约为国美电器的 1.57 倍。②

迷恋资本运作的黄光裕在 2008 年出事了。当年 4 月，香港证监会开始调查国美电器和黄光裕；11 月，黄光裕因涉嫌经济犯罪接受警方调查。之后，中国证监会宣布，黄光裕控制的鹏润投资公司在公司重组、资产置换等重大事项过程中，有重大违法违规嫌疑。2010 年 8 月，北京市高级人民法院对黄光裕一案进行二审宣判，黄光裕犯非法经营罪，内幕交易、泄露内幕信息罪和单位行贿罪，三罪并罚被判有期徒刑 14 年以及罚没 8 亿元人民币的判决维持不变。

黄光裕背后存在诸多问题。一方面他高调地扩张；另一方面，他频繁而大手笔地运作资本，其背后却是疏离管理之道。黄光裕已经将个人重心转向了房地产、并购及投资等领域，而不是国美电器的经营管理，这被外界认为是黄光裕走向失败的起点③。这里面当然也有他自身个性的问题。他在多年前曾说："我是要求速度的，要尽快实施，我不会花三个月的时间来谋划，把这个规划

---

① 余胜海：《变革时代：金钱、荣耀与原罪》，科学出版社 2011 年版。

② 陈润：《时代的见证者》，浙江大学出版社 2019 年版。

③ 余胜海：《变革时代：金钱、荣耀与原罪》，科学出版社 2011 年版。

书的标点符号都改清楚了，然后再去做这件事情，我不会。我是边实施边修正。只要有三分把握的事，我就敢去做。"①

太平洋证券研究所的郭士谈起黄光裕时表示，企业做大了，不可避免地要与金融市场以及资本市场打交道，在这个过程中，产业投资需要注意量力而行、适可而止。关键之处是，金融市场与企业经营存在很多不同之处，资本市场尤其有着自身非常复杂的法规制度，要求所有参与者严格遵守。违背诚信的行为，或可以在市场上风光一时，但只要民举官究，就会涉及企业的整体安全，得不偿失。②

让苏宁电器有机会反超国美电器的控制权之争爆发于 2010 年，这也是中国民营企业历史上股权纠纷的经典案例。

在黄光裕被抓后，国美电器股价大跌，并陷入流动性危机。上海永乐电器的创始人陈晓临危受命，出任国美电器董事长，并让国美电器的利润恢复正增长。2009 年 6 月，陈晓引入美国一家私人股权投资公司贝恩资本入股国美电器，并成为第二大股东。身在狱中的黄光裕仍持有国美电器的多数股权并希望继续掌控公司，因而颇为忌惮董事会的权力扩张。2009 年下半年，陈晓以董事会的权力推出了高管股票期权激励计划，然而这个计划如果成行，将摊薄黄光裕的股份和权力，黄光裕自然反对，并开始要求陈晓离职。2010 年 5 月，在股东周年大会上，黄光裕控制的两家控股公司反对贝恩资本提出的三位非执行董事人选。黄光裕还发表致全体员工的公开信，将矛盾激化。2010 年 8 月，国美电器将黄光裕告上法庭，指出黄光裕在一笔 24 亿港元的回购股份行为中，违反公司董事的信托责任及信任的行为，要求赔偿。陈晓代表的董事局和黄光裕一方各执一词。

在这场争夺战中，黄光裕博得内地舆论和许多投资者的同情，大家认为陈

---

① 陈晓峰：《中国福布斯落马榜》，中国经济出版社 2009 年版。

② 陈晓峰：《中国福布斯落马榜》，中国经济出版社 2009 年版。

晓是乘人之危、背信弃义，甚至有一个股民声称为了支持黄光裕，联合两位投资人在股东大会前买入 1 亿股国美电器的股票。不过，陈晓获得了国美电器的管理层与海外机构投资者的支持。

在这场风波中，可以看出董事会的权力巨大，加上黄光裕此前多次减持套现后股权稀释，又深陷监狱无法实际管理，因此陷入失去企业控制权的危机。至于高管们走向黄光裕的对立面，其中一个行为则是推行股权激励计划，以改变黄光裕过去在位时对他们不尽如人意的回报。不同于海外机构讲究理性的公司治理观念，大股东黄光裕频繁套现、盘剥中小股东的利益，并进行关联交易，将公司财产转移到家族手中，家族过度索取控制权私利，损害了其余股东的利益。黄光裕不遵守公司与投资者的协议，阻止贝恩资本提名的人选进入董事会就是一个恶劣的先例，家族为寻求自己的利益还拉着其他股东与他们一起承担潜在的赔偿风险[①]。

黄光裕提出的撤销董事局等多数议案落败，陈晓等管理层留了下来。但在 2011 年 3 月，陈晓宣布离开国美电器，由张大中接任。张大中当时 60 多岁了，他创办的北京大中电器在 2007 年也卖给了国美电器。黄光裕不肯放手国美电器的控制权，在 2021 年出狱后，他声称："要用 18 个月让国美重新回到原来的市场地位。"然而过了 18 个月，他发布公开信表示："我们对执行的困难预料不足……"

时过境迁，在现在的家电市场，格力自建专卖店，美的开启线上销售，京东、小米和天猫等互联网巨头也攻城略地。《2022 年中国家电市场报告》显示，"线上渠道主导、线下渠道辅助"的格局进一步巩固，第一名的京东拥有 36.5% 的份额，天猫占 16.2%，苏宁易购从上一年的 16.3% 降至 8.7%，国美仅剩 2.1%。黄光裕当然尝试过转型，2021 年 1 月，"国美"App 改名为"真快乐"，涵盖内容分享社区、短视频直播、赛事榜单和电商购物平台等板块，但这

---

① 朱沆、李炜文、黄婷：《从人治到法治：粤商家族企业的治理》，社会科学文献出版社 2013 年版。

个"大杂烩"没有成功，最终将名字改了回去。

在财务上，国美电器的负债压力巨大。从 2017 年到 2021 年，国美电器零售流动负债从 353.44 亿元升至 521.50 亿元，特别是在 2020 年和 2021 年，其年营收已无法抵销债务。2022 年前后，国美电器欠薪等问题爆出，有员工在愤怒之余和黄光裕发生了冲突。同年 4 月，惠而浦中国发布公告表示，由于国美电器支付货款的情况持续恶化，公司管理层对国美电器未来偿付能力的判断发生了重大变化，将终止与国美电器及其下属关联公司的合作。到了 2023 年，国美电器总部人去楼空。

在资本市场上，黄光裕出狱的消息一度刺激国美电器零售股价上涨，但现实让多年前的巨鳄光芒消散，国美电器的股价在 2021 年和 2022 年分别跌了近 30% 和 80%。人们发现，在股价下跌时，黄光裕夫妇频繁减持，一路套现几十亿港元。

这已不是黄光裕熟悉的零售江湖，也已不是大众熟悉的国美电器和黄光裕。果真是"没有企业家的时代，只有时代的企业家"。

杨惠妍：父女联手共治，碧桂园"快马"狂奔

2007 年，年仅 26 岁、手持碧桂园股份的杨惠妍成为中国首富，排在她后面的有世茂集团的许荣茂、复星国际的郭广昌和富力集团的张力。他们的共同点是都身处房地产行业，不同点是杨惠妍大学毕业才两年。两年前，她从美国归来，担任碧桂园的采购部经理。在碧桂园上市前，父亲杨国强已将所持碧桂园股份转给了这个 1981 年出生的二女儿。

杨国强曾是广东顺德北滘建筑工程公司的总经理，该公司有一个重要的地产项目因为位于广珠公路南侧的碧江村、三桂村，所以叫"碧桂园"。[①]1992 年，

---

① 中共顺德区委宣传部、珠江商报社：《见证与突破：顺德改革开放三十年回眸与前瞻》，广东人民出版社 2008 年版。

由于顺德地区推行企业产权改革，杨国强便和另外三个同乡从镇政府手中买下了建筑工程公司的全部产权。然而，仅过了两年，在国家宏观调控的影响下，房地产销售热度下降，碧桂园项目的两大股东退出。经过协商，杨国强负责卖掉已盖好的别墅，以销售款核销工程费。为了卖掉这批房子，杨国强缔造了"学区房"概念——在地产项目中建立国际学校，提供优质教育资源，以吸引购房者。这个策略确实有效，而"学区房"后来也成为众多普通家庭竞相选择的房产类型。在此之后，亚洲金融危机爆发，但碧桂园反倒趁机推出"给您一个五星级的家"的广告。1998 年，福利分房时代结束，伴随着城市化进程的加快和经济的腾飞，商品房市场化迎来了黄金时期。2001 年，碧桂园广州凤凰城项目的 70 栋楼同时施工，开盘一天就销售了数亿元，业内称碧桂园"像卖白菜一样卖房子"。

2005 年前后，国内棚户区改造拉开大幕，推动了三四线城市房地产市场的"去库存"进程。杨国强选择了"农村包围城市"的战略。他强调，一线城市审慎进入；二线城市巩固市场；三线城市和四线城市为主打，约占总布局的 50%，因而被地产江湖称为"三四线杀手"；关于五线城市，则要达到"每个县城都要有碧桂园"[①]。

2007 年，碧桂园在香港联合交易所上市时，杨国强作为名义上的董事局主席，已将股份交给了自己培养多年的女儿杨惠妍。父女二人共同管理公司多年，直到 2023 年 3 月，杨国强才宣布退休。

杨惠妍进入碧桂园后，经历了多个岗位的历练。在她的主导下，博实乐教育（前身为碧桂园教育集团）于 2017 年在美国纽约证券交易所上市，碧桂园服务于 2018 年在香港上市。杨惠妍还在主业之外推动机器人产业和科技建造，以及农业等业务的发展。除了杨惠妍，在碧桂园高层中还可以见到其他杨家人的身影：杨惠妍的丈夫陈翀为碧桂园非执行董事，妹妹杨子莹为碧桂园执行董事，

---

① 陈春花等：《顺德40年：一个中国改革开放的县域发展样板》，机械工业出版社2019年版。

堂哥杨志成是碧桂园高级管理人员。

杨惠妍并不认为碧桂园是家族企业。她公开表示："我记得在我 25 岁的时候，我和父亲有过一次深入的谈话，主要围绕企业的可持续发展这个话题，我们认为企业可持续发展必须依赖社会上的优秀人才，而不是家族，家族（模式）100 年都出不了一个优秀人才，堪比中奖概率……从我回来工作到现在，我一直把自己定位成职业经理人。当时（回来）我就跟父亲说，我有权利选择留在公司或者离开公司，他也有权力把我炒掉。所以我们在经营上、管理上，是把自己放在一个职业经理人的位置去做的。"[①]

不过，碧桂园的核心管理人员也有供职超过 10 年的。碧桂园曾将几百名中国建筑集团、中国海外集团的前员工招至麾下，比如从 2010 年 7 月起担任碧桂园总裁的莫斌，就曾经是中建五局有限公司的董事兼总经理[②]。碧桂园在上市后，内部仍然是家族式管理，"元老们"在高位争抢胜利果实，大大小小的事情都需要杨国强批阅审核。碧桂园的项目越来越多，但是施工的仍然是北滘建筑工程公司时期的"杨家建筑队"，外部新鲜血液难以输入。这导致在 2008 年金融危机爆发时，碧桂园股价跌了九成，全年收益不足预期的一半[③]。莫斌正是在杨国强求贤若渴时进入碧桂园的。而后，碧桂园又请来中海地产的吴建斌出任首席财务官。

为了平衡管理层和项目激励的关系，碧桂园在 2012 年推出了"成就共享"机制，如果项目的现金流和利润达标，管理层可从利润中获得高额激励，这推动了企业的扩张。然而这个机制导致负责人过度看重项目融资，催生了资金回笼不积极、争相买地皮但忽视质量、在经济形势不乐观时积极性下降等问题。到了 2014 年，这个机制才得以完善。

---

① 李艳艳：《杨惠妍"首秀"：碧桂园不是家族企业，我是职业经理人》，载《中国企业家》，2023 年 4 月 3 日。

② 陈春花等：《顺德 40 年：一个中国改革开放的县域发展样板》，机械工业出版社 2019 年版。

③ 《家族企业》杂志：《源动力：中国民营企业传承突围》，华文出版社 2020 年版。

后经杨惠妍和杨国强同意，碧桂园在资本运作中与中国平安联手。根据首席财务官吴建斌的回忆，民营房地产公司会受到市场歧视，主要体现在融资成本比国营房地产公司更高，而市盈率更低，究其原因是投资者担心民营企业倒闭、数据不真实、不规范、决策冲动等[1]。在这种情况下，碧桂园决定"染红"，即邀请国企进行财务投资。2015 年 4 月，中国平安的子公司平安人寿斥资 62.95 亿港元，成为碧桂园第二大股东，占当时碧桂园扩大后股本的 9.9%。这段"牵手"持续了 8 年。2023 年 8 月，当碧桂园承认遭遇了阶段性流动压力时，中国平安已多次出售碧桂园股份，到第三季度末已全身而退。

作为房企龙头，碧桂园的经营模式曾被众多同行模仿。在销售上，杨国强向零售巨头沃尔玛学习。沃尔玛的创始人山姆·沃尔顿的自传《富甲美国》曾经是碧桂园员工的必读书目。房地产市场火热，竞争者众多，碧桂园多次强调高周转模式。实际上，高周转模式并不是碧桂园首创的，万科早就提出了"5986 高周转模式"，即拿地后 5 个月动工，9 个月开盘，第一个月卖出八成，产品必须六成是住宅。而碧桂园则在这个基础上进一步提速，在三四线城市开启"456 模式"，即拿到地后 4 个月开盘，5.5 个月回笼资金，6 个月资金再周转，创造了让人惊叹的"碧桂园速度"[2]。2014 年，万科总裁郁亮发文《楼市进入"白银时代"》，表态房地产行业进入保守阶段，而碧桂园、融创和恒大选择上杠杆扩张。2015 年，首套房的首付比例降低，房地产市场又开始火热起来。

然而"欲速则不达"。2018 年，碧桂园在多地出现安全事故，导致数十人丧命、多人受伤。此外，因为质量和品质问题，人们将碧桂园的广告词"给您一个五星级的家"改成"给您一个五星期的家"。外界认为问题出在碧桂园引以为傲的"高周转模式"上。在 2018 年 8 月的媒体沟通会上，CEO 莫斌鞠躬道歉，并表示碧桂园的"高周转模式"在不断优化。副总裁兼运营中心总经理陈

---

① 吴建斌：《我在碧桂园的 1000 天：以财务之眼看杨国强和他的地产王国》，中信出版社 2017 年版。

② 《家族企业》杂志：《源动力：中国民营企业传承突围》，华文出版社 2020 年版。

斌则解释，"高周转"指的是资金的高周转，碧桂园将在确保工程质量的前提下，进行科学规划，将浪费、闲置的时间节省下来，优化工期。

2020年8月，住建部等部门发布了房企融资的"三道红线"政策，即剔除预收款后的资产负债率大于70%；净负债率大于100%；现金短债比小于1倍。踩中"三道红线"的企业为红档，不得新增有息负债；每降低一档，有息负债规模增速上限增加5%，全部达标则为绿档。2021年，碧桂园在第二道线和第三道线达标，但"剔除预收款后的资产负债率大于70%"没有达标。直到2022年，碧桂园通过降低销售资产规模和财务经营杠杆才转为绿档。

经过了"三道红线"的考验并不意味着高枕无忧。曾经疯狂扩张的中国恒大负债2万多亿元并爆雷，让众多房企在寒冬中心有戚戚。2023年8月，碧桂园董事会主席杨惠妍、总裁莫斌发布致歉信表示，受销售与再融资环境不利的影响，2023年上半年预计出现较大的亏损。他们说道，"市场整体尚未回暖，行业绝对规模下降，资本市场信心修复尚需要时间，公司整体经营压力有增无减，面临自创办以来的最大困难"。至于管理层，"虽然对本轮市场调整周期有所预判，但对市场下行的深度、烈度和持续度估计不足，未能及早做出更有力度的应对措施，未能洞见房地产市场供求关系已发生重大变化，对三四线及更低线城市投资比例过大、负债率压降速度不够等潜在风险的认识不够深刻，化解行动不够及时有力"。

2023年11月，《2023胡润女企业家榜》发布：从2017年到2022年，蝉联了六届女首富的杨惠妍排名下滑到第五位，她的财富从2022年的750亿元降至480亿元，缩水超三成。

顾雏军：产权风暴重击，格林柯尔帝国瓦解

2003年底，"CCTV2003中国经济年度人物"评选结果揭晓，格林柯尔的创始人顾雏军入选，和他一同入选的还有当年成为中国首富的网易创始人丁磊

和蒙牛创始人牛根生等人。主持人提问："我们知道顾雏军先生想打造制冷王国，现在这个目标实现了吗？"顾雏军回答："这个目标基本上已经实现了。"

30岁那年，顾雏军因自创的"顾氏热力循环理论"而出名。尽管这个理论被广泛报道，但他的导师认为这是"伪理论"。顾雏军经过一番创业折腾，在天津建了一个名为格林柯尔的无氟制冷剂工厂。当时，人们的环保意识增强，而氟利昂会造成环境污染，因此无氟家电产品大受欢迎。2000年，格林柯尔科技控股有限公司在香港创业板上市，进入公众视野的顾雏军却受到了更多的质疑。例如，他对外宣称自己曾在英美两国创业，但他本人并未熟练掌握英语，也没有公开的信息可以证实他所说的这段经历。而且当格林柯尔发布年报时，媒体指责这家公司财务作假，到处签假订单。

即便如此，格林柯尔还是在2001年10月成为制冷家电龙头企业科龙的第一大股东。格林柯尔以5.6亿元收购科龙20.6%的股权，后来收购价降低为3.48亿元。科龙的前身是广东顺德的一家乡镇企业——珠江电冰箱厂，由镇政府支持、潘宁管理，旗下的冰箱在20世纪90年代连续8年夺得全国销量第一。1992年，邓小平在视察这家工厂时，惊讶于它的高水平发展。尽管潘宁随后创立科龙品牌，希望在产权上能摆脱政府的控制，但在当时，不明晰的产权问题横在政府和众多企业家之间，难以找到解决办法。最终，潘宁在1999年突然辞去董事长职务，远走海外。之后的科龙就陷入管理的动荡期，并出现巨额亏损。

面对外界对格林柯尔和科龙之间交易感到的震惊和不解，当时的容桂镇镇长在新闻发布会上解释："作为政府，对企业最好的管理方式是零持股、零负债，应该退出企业，只负责宏观管理即可。"他还表示看好格林柯尔的高科技核心技术、跨国经营网络、人才与市场优势。一位曾任科龙董事会秘书的知情人士后来透露，顾雏军与政府谈判的重要筹码是科龙与母公司容声集团之间藏于账面之下的大量关联交易，"顾雏军向政府表示，如果让他收购，容声集团欠科龙的钱就可以不用还了"。①

尽管格林柯尔获得了家电巨头的称谓，但它同时承担着两家企业的资金压力。在格林柯尔宣布收购科龙的一个月后，《财经》杂志发布调查结果，指格林柯尔的业绩存在众多疑点，随后格林柯尔的股价应声大跌，一个月内跌超六成。2002 年 4 月，科龙公布财报，继续报亏 15.55 亿元，其中对容声集团 8 亿元欠款计提了 1.72 亿元的巨额坏账准备，经营费用、管理费用竟然高达 21.17 亿元。面对内部亏空严重、销售网络和品牌形象尚可的科龙，顾雏军严格控制成本、优化管理，竟获得了成功。科龙在 2003 年上半年盈利 1.12 亿元，实现了扭亏为盈。

而后格林柯尔成为上市公司美菱电器的第一大股东。此外，顾雏军出资 4 亿多元入主亚星客车，又收购了 ST 襄轴、欧洲汽车配件公司和汽车设计公司。至此，顾雏军不仅打造了制冷王国，还横跨汽车产业，构建起他的格林柯尔系帝国。

转折出现在 2004 年 8 月，郎咸平教授发表题为《格林柯尔：在"国退民进"的盛宴中狂欢》的演讲，直指顾雏军在收购活动中卷走国家财富。郎咸平将顾雏军的收购方式总结为"七板斧"伎俩。郎咸平指出，顾雏军在收购公司时，均以公司大幅度亏损为由，压低收购价格。实际上，这些公司的大幅度亏损都是顾雏军一手制造的。顾雏军在完成收购前，一般会提前进驻被收购公司担任董事长，公司的大幅度亏损报告都是在他任董事长之时出台的。他制造亏损的手法就是提高企业运营费用。在完成收购后，顾雏军又将运营费用的比例降为零，制造接手后即大幅扭亏的假象。郎咸平的观点引起轰动，顾雏军出声反击，二人的争论掀起轩然大波，最终以顾雏军锒铛入狱落幕。

2004 年 11 月，深圳证券交易所与香港联合交易所一起进驻科龙总部，对其财务问题进行集中核查。2005 年 1 月，香港联合交易所以关联交易为名对顾

---

① 陈磊：《顾雏军调查》，广东人民出版社 2006 年版。

雏军进行公开谴责，科龙股价应声大跌。2005 年 9 月，顾雏军正式被捕。2006 年
1 月，毕马威会计师事务所发现，科龙的不正常现金流量累计超过 75 亿元。

2009 年 3 月，广东省高级人民法院作出终审裁定，认定顾雏军犯虚报注册
资本罪，判处有期徒刑 2 年，并处罚金人民币 660 万元；犯违规披露、不披露
重要信息罪，判处有期徒刑 2 年，并处罚金人民币 20 万元；犯挪用资金罪，判
处有期徒刑 8 年；决定执行有期徒刑 10 年，并处罚金人民币 680 万元。

格林柯尔系迅速瓦解，青岛海信以 6.8 亿元收购科龙，四川长虹收购美菱
电器，东南汽车收购亚星客车，格林柯尔港股退市……

顾雏军多年来一直不断喊冤，外界也有一些人对他持同情之心。2012 年
9 月，提前获释出狱的顾雏军召开记者见面会，他头戴一顶纸糊的高帽，帽子
上写着六个大字："草民完全无罪。"他还向海信科龙、海信集团等提起诉讼。
2019 年 4 月，最高人民法院经再审，撤销原判对顾雏军虚报注册资本罪、违规
披露、不披露重要信息罪的定罪量刑部分和挪用资金罪的量刑部分，以挪用资
金罪改判顾雏军有期徒刑 5 年。从最高人民法院经再审的记录来看，顾雏军确
实存在一些问题，但从法律上看并非那么严重：

> 原审认定顾雏军、刘义忠、姜宝军、张细汉在申请顺德格林柯尔变更
> 登记过程中，使用虚假证明文件以 6.6 亿元不实货币置换无形资产出资的
> 事实存在，但该行为系当地政府支持顺德格林柯尔违规设立登记事项的延
> 续，未造成严重后果，且相关法律在原审时已进行修改，使本案以不实货
> 币置换的超出法定上限的无形资产所占比例由原来的 55% 降低至 5%，故
> 顾雏军等人的行为情节显著轻微危害不大，不认为是犯罪；
>
> 原审认定科龙电器在 2002 年至 2004 年间将虚增利润编入财会报告予
> 以披露的事实存在，对其违法行为可依法予以行政处罚，但由于在案证据
> 不足以证实科龙电器提供虚假财会报告的行为已造成刑法规定的"严重损

害股东或者其他人利益"的后果，不应追究相关人员的刑事责任；

原审认定顾雏军、姜宝军挪用扬州亚星客车 6300 万元给扬州格林柯尔的事实不清，证据不足，且适用法律错误，不应按犯罪处理；

但原审认定顾雏军、张宏挪用科龙电器 2.5 亿元和江西科龙 4000 万元归个人使用，进行营利活动的事实清楚，证据确实、充分，顾雏军及其辩护人提出的科龙集团欠格林柯尔系公司巨额资金的意见，与事实不符，不能成立。顾雏军、张宏的行为均已构成挪用资金罪，且挪用数额巨大。鉴于挪用资金时间较短，且未给单位造成重大经济损失，依法可对顾雏军、张宏从宽处罚。①

2022 年，广东省高级人民法院对顾雏军申请国家赔偿案作出决定，决定赔偿顾雏军人身自由赔偿金 28.7 万余元，精神损害抚慰金 14.3 万元，返还罚金 8 万元及利息。2023 年，最高人民法院赔偿委员会维持广东省高级人民法院此前作出的国家赔偿决定。

顾雏军的经历比较典型地反映了产权改革中机制的不完善和资本运作过程中的漏洞，并影响了一些民营企业家的心态。国务院发展研究中心企业研究所副所长张文魁则在 2014 年撰文写道："对于国企产权改革，无论是国企还是有意参与其中的民企，都在观察和观望，不敢轻举妄动。因为他们对于产权改革怎么改，混合所有制到底是'馅饼'还是'陷阱'，心里没底。特别是民营企业家非常担心，是否会像当年顾雏军那样，参与国有企业改革，最后却被'关门打狗'。顾雏军事件出现之后，这种记忆在他们心里留下了很深的伤痕。为什么现在很多民营企业选择投资国外？除了有战略性目的，例如收购矿产等资源或者企业还不具备的技术外，还有一部分是为转移资产，寻找安全感所致。"②

---

① 最高人民法院民事审判第二庭：《商事审判指导（2019 年卷）》，人民法院出版社 2020 年版。

② 吴敬琏、周其仁、郑永年等：《读懂中国改革 2：寻找改革突破口》，中信出版社 2014 年版。

顾雏军出事后，北京大学教授周其仁发文《可惜了，科龙》："评论到科龙案例，我是这样说的：'如果还是潘宁掌控科龙，或者在创业人时期就彻底完成改制，我认为格林柯尔入主科龙就没有那样容易。'要点是，因为没有彻底改制，才导致了科龙的下场。"至于为什么当年科龙不以潘宁的创业团队为基础完成改制，他在徐南铁撰写的《大道苍茫——顺德产权改革解读报告》一书中找到了答案——在产权改革中，时任容桂镇党委书记的陈伟主张"留大，去小，转中间"，科龙在镇上"一大二靓"，当然不能"外嫁"。陈伟当年盘算，科龙可以卖四五十亿元，但要为以后的发展考虑。然而时势巨变，科龙最终的卖身价仅为数亿元。周其仁还在多年后提到，改革中存在如何避免国有资产流失，消除国企高管被扣侵吞国有资产的帽子，以及民营企业不敢介入国企改制的担忧。为此，他提出，国企改革的重点是需要市场平台，修法界定政府和市场的关系，并且中央全面深化改革领导小组（现改为中央全面深化改革委员会）可以成为督促改革的第三方机构。[①]

尹明善：成于"两轮"，败于"四轮"

2003 年，力帆集团创始人、65 岁的尹明善当选为重庆市政协副主席，成为改革开放以来第一个进入省级政协领导班子的民营企业家。他在 54 岁时创办力帆集团，60 多岁时宣布进军汽车制造业，76 岁时带领力帆集团转型新能源汽车，见证了"两轮"变"四轮"、摩托变汽车的历史，也经历了企业的兴衰成败。

20 世纪八九十年代，摩托车在山城重庆供不应求。当行业领头羊嘉陵集团、建设集团都不愿意对外销售摩托车发动机时，尹明善一边派人偷偷购买建设集团维修部的发动机配件，自己组装后再低价卖掉，一边找工厂研制关键零部件。尹明善的轰达公司在 2000 年就超过了嘉陵集团，并在 2001 年正式更名

---

① 吴敬琏、周其仁、郑永年等：《读懂中国改革 2：寻找改革突破口》，中信出版社 2014 年版。

为"力帆"。

　　尽管力帆集团成了重庆"摩帮"的老大，但摩托车的市场状况却不尽如人意。1999 年，国内城市推行"禁摩"政策，重庆摩托车便出口越南等国。但到了2002 年 1 月，越南大幅提高摩托车整车进口关税，逼退重庆"摩帮"。2000 年，国内排量 100cc 的摩托车售价从 600 美元下降到 270 美元，半年时间内重庆"摩帮"两次杀价，摩托车价格平均每个月下跌 70 多美元。整车利润见底了，但还要投入上百万元的广告费用[①]。这种激烈的价格战也发生在海外市场，但并没有中国摩托车企业成为赢家。

　　摩托车市场萎缩后，几家企业都陷入了困局。嘉陵集团的前身为江南制造总局，它制造出了中国第一辆民用摩托车，但在重组失败后卖身给中电力神，"ST 嘉陵"更名为"ST 电能"，剥离摩托车业务。隆鑫通用债务高企、业绩黯然，在 2023 年深陷重组风波。宗申产业集团仍然在生产摩托车，不过其业务也拓展到了航空发动机和新能源技术等领域。

　　摩托车业务利润微薄，企业转型势在必行。和很多企业家一样，尹明善走上了业务多元化之路，进入足球、酒、矿泉水、服装、防盗门、媒体、空调和金融等领域。不过，现实证明多元化扩张并不适合心有余而力不足的尹明善和力帆集团，甚至也不适合绝大多数民营企业。

　　尹明善还根据日本企业的发展历史总结道，"世界经济有一条规律：当人均年收入达到 400—1000 美元时，就是摩托车的好时候；而当人均年收入超过1000 美元时，就是汽车进入社会的好时候，而摩托车的市场就会大面积萎缩"。

　　早在 1997 年，国内的吉利集团就打响了民营企业造车的第一枪。2003 年 9 月，国家发展改革委先后收到来自浙江 40 余家民营企业要求取得整车生产目录的申请，浙江已经进入汽车整车制造的企业有 28 家，范围涉及轿车、皮卡、商务车和客车。其中，汽车生产厂 5 家，占全国的 4%；生产改装车的企业 14 家，占

[①]　郑栾：《重庆摩帮衰落史》，载《商界》，2020 年第 9 期。

全国的 2.7%。①

尹明善下定决心转型，还称"让摩托车养汽车三年"。他提出了"发展战略学本田，企业制度学福特"。当时，通用、奔驰、丰田、现代、本田和福特等国外汽车品牌声名显赫，销量可观。其中，本田是在做了多年摩托车后才转向做汽车的，并获得了成功。美国的福特则首创了流水线生产汽车，追求平等的"无头衔管理模式"，讲究团队发展，并安然度过金融危机。

2002 年 4 月，力帆集团收购了重庆客车厂 55% 的股份，但双方在合作后才发现存在许多分歧，力帆集团不得不退出。次年 10 月，力帆集团收购重庆专用汽车制造厂，正式进入汽车业，由此获得整车生产目录。2005 年，力帆集团拿下轿车"准生证"。2006 年，力帆 520 汽车在全球同步上市，并和俄罗斯、尼日利亚、阿尔巴尼亚等国家签下了订单。

在明显落后于跨国汽车公司的情况下，力帆集团无法通过自身积累而创造出领跑世界的技术，也无法获得参与全球市场竞争的平等机会，所以只能通过外购技术迅速提升自身竞争力。力帆集团主要采用联合开发与技术购买方式获得技术归属权和自主知识产权②。

然而汽车制造技术复杂，行业门槛远高于摩托车，力帆集团走模仿丰田等品牌的道路并不容易，加上新能源汽车兴起，力帆集团也试图再次升级。2009 年 4 月，力帆集团推出第一款新能源汽车——"力帆 320"电动车。

进入汽车行业后，力帆集团复制其在摩托车行业重视出口的经验，在国内销售的第二年就开始出口海外③。尹明善称，国内市场竞争激烈，同时国内的消费者更偏好合资品牌和进口车，作为汽车行业后来者的力帆集团拥有的品牌竞争力不强。尹明善说："我打个比方，就像现在我们国内的消费者买海尔、格

---

① 张志勇：《民营企业四十年》，经济日报出版社 2019 年版。
② 蒋学伟、路跃兵、任荣伟：《中国本土汽车企业成长战略》，清华大学出版社 2015 年版。
③ 蒋学伟、路跃兵、任荣伟：《中国本土汽车企业成长战略》，清华大学出版社 2015 年版。

力、美的不觉得丢脸面，但如果是十几年前，特别是二十几年前，谁买这些家电的话会被人看不起，那个时候大家都要买松下、索尼、夏普。"①

2010 年 11 月，力帆股份在上海证券交易所正式挂牌上市，成为国内第一家在 A 股上市的民营车企。

尹明善年迈之时，不得不慎重考虑接班人问题。大儿子尹喜地特别喜爱豪车，但他没有出现在力帆汽车的官方活动上，反倒在特斯拉中国的发布会上亮相，难以服众。

尹明善多次公开表示以福特汽车为模范："我觉得美国的福特是我们的榜样。当时，在福特谁都可以当接班人，重要的是团队。所以力帆接班人问题的核心是团队，如果有好的团队，谁来当董事局主席都可以。"②

2015 年，力帆集团新上任的首席科学家、总工程师陈卫宣布了一系列新能源业务目标。陈卫是海归博士，拥有通信技术领域的经验，很快被尹明善对外介绍为接班人。当时，力帆集团先后推出两款纯电动车，并投入近十亿元用于产品研发。

2016 年，力帆集团的"新能源骗补"丑闻轰动市场。财政部检查组公布对力帆集团的处理决定，力帆集团乘用车申报 2015 年度中央财政补助资金的新能源汽车中，共计 2395 辆不符合申报条件，涉及中央财政补助资金 1.14 亿元。力帆股份也被取消 2016 年中央财政补助资金预拨资格。国家补贴取消，加上两款新能源主力车型在随后被勒令停产，力帆集团的资金链受到影响。陈卫曾对外解释，2015 年全行业都面临电池产量不足的问题，力帆集团在很多没有配套电池的车辆生产出来后先申请了补助，以为电池能在短时间内补上，并非有意"骗补"。

---

① 《76 岁尹明善：百年老店比家族的繁衍更重要》，载网易汽车，https://www.163.com/money/article/A7AAE5FQ00253G87.html.

② 《76 岁尹明善：百年老店比家族的繁衍更重要》，载网易汽车，https://www.163.com/money/article/A7AAE5FQ00253G87.html.

2017 年，尹明善退休，陈卫正式接手力帆集团。然而，力帆集团向新能源转型的道路困难重重。2019 年，陈卫辞职离开，力帆集团也爆发了财务危机，被多家银行及供应商追债。2020 年 4 月，尹明善的"95 后"孙女尹安妮出任力帆集团监事会股东监事，但最终未能改变败局。

一位在力帆集团工作多年的员工认为力帆集团失败的原因有三点："一、没有核心技术；二、新能源汽车品牌大量涌入市场，车市竞争激烈；三、尹喜地败家，接班人不给力。"①

2020 年 8 月，力帆集团发布公告称力帆控股因资产不足以清偿到期债务，向重庆市第五中级人民法院申请进行破产重整。重庆破产法庭发布的 2020 年破产审判"十大典型案例"，"力帆系"的破产重组排在第一位。最终，力帆股份被满江红基金、吉利共同出资接盘，并更名为"力帆科技"，成为吉利品牌新能源换电生态产业中的一环，从此和尹明善再无关系。

尹明善曾写下一篇随笔《跟自己讲和》，他认为自己总是不满当下，苛求未来："年度世界 500 强之首的通用电气老大伊斯梅尔，我曾有幸在央视和他同台做嘉宾，竟苛求自己的企业哪天赶上他。我过度奢望的未来从未成真，一直是梦。"他总结道："人生路上有太多的不可抗力，自己尽了力就行。我慢慢跟自己讲和，虽说晚了些、慢了点，但内心世界终归风轻云淡。"

李书福："汽车狂人"和他的造车梦

2010 年 3 月，吉利控股宣布以 18 亿美元从福特手中买下沃尔沃汽车，素有"汽车狂人"之称的吉利集团董事长李书福，再次引起轰动。在造汽车之前，李书福是从农村走出来寻找机会的年轻人，他尝试了很多工作：摄影、造冰箱、在海南炒房、倒腾建材、造摩托车……直到 20 世纪 90 年代，他决定生产汽车，并说出了被许多人视为笑料的话："汽车不就是四个轮子加两张沙发吗？"

---

① 郑栾：《重庆摩帮衰落史》，载《商界》，2020 年第 9 期。

那时市面上都是欧洲、日本和美国的汽车品牌。全球汽车产业在 20 世纪 90 年代形成了较稳定的"6+3"格局。其中，"6"代指通用、福特、戴姆勒－克莱斯勒、丰田、大众、雷诺－日产六大汽车集团，它们旗下都有多个品牌，年产量基本在 400 万辆以上，占世界总产量的 80%；"3"则指本田、宝马、标致－雪铁龙三家汽车集团，各家年产量均超 100 万辆。①1996 年，李书福到美国考察时，发现美国大街上汽车飞驰，而国内就没有这样的场景。虽然《中华人民共和国国民经济和社会发展第七个五年计划（1986—1990）》指明"把汽车制造业作为重要的支柱产业"，但我国在 1994 年才开放私人购车的市场。国人收入持续增加，对私家车存在需求。

当时国家并不允许民营企业造汽车，李书福通过四川一家汽车厂注资控股，间接获得进入客车领域的许可证。1998 年 8 月 8 日，吉利集团的第一辆汽车"吉利豪情"在浙江下线。与它对标的是当时市场上畅销的天津夏利车。"吉利豪情"的发动机是从天津车场采购的，内饰用的也是夏利的模具，使用的钣金工艺也比较粗糙。考虑到豪车的制造难度大、定价高，李书福放弃了最初"奔驰＋红旗"的路线，试图"造老百姓买得起的汽车"。

为了获得生产资格，李书福找到台州市黄岩区经委的领导，他刚把造汽车的想法说出口，就得到了一句"不可能"的答复；他找到省机械厅，得到的答复还是"不可能"，还多了一句："你去北京也没用，国家不同意，工厂不能建，汽车就是生产出来也不能上牌。"到了 1999 年，时任国家计委主任的曾培炎视察吉利集团，李书福又恳求："请国家允许民营企业家做轿车梦。如果失败，就请给我一次失败的机会吧！"2001 年 11 月，吉利集团才拿到汽车"准生证"，成为国内首家获得轿车生产资格的民营企业。

2009 年，当李书福对外透露收购沃尔沃的计划时，还被视为炒作。毕竟沃尔沃有 80 多年的历史，是全球著名的豪车品牌，而吉利集团才建成 20 多年，

---

① 魏江、刘洋：《李书福：守正出奇》，机械工业出版社 2020 年版。

走的是性价比路线。乍一看，二者有云泥之别，放在影视剧里就是"穷小子"想要追求"白富美"的桥段。然而，人们细看才会发现，吉利集团在这场收购中占据了天时、地利、人和。

美国福特在 1999 年收购沃尔沃的轿车业务，但其在 2008 年金融危机时陷入亏损，CEO 穆拉利决定缩减子品牌。而沃尔沃之所以亏损严重并被福特认为不得不抛售，是因为在过去它忽略了以中国为代表的新兴市场。沃尔沃的市场集中于美国和欧洲，其中美国占 20%，欧洲超过 50%，中国仅为 6%。[①] 中国在 2008 年的全球金融危机中恢复速度较快，汽车市场的潜力也更大。

在资金方面，收购沃尔沃需要数十亿美元，但吉利集团当时年净利润只有 10 亿元人民币，幸好中国银行、中国建设银行和上海市政府都给予其支持。李书福作为吉利集团里强势的决策者，也有助于达成这场收购。

除了获得罗斯柴尔德家族的咨询机构和汇丰银行的支持，李书福还发挥了他的个人魅力。他和穆拉利见面，为了引起对方的兴趣，他以粉丝的身份大谈穆拉利的战绩和自己的崇拜之情。在与工会谈判时，工会代表让李书福用三个字形容吉利集团为什么比其他竞争者更好，李书福双手一摊，用蹩脚的英语大声说："I love you！"[②] 由此缓解了紧张的气氛。

这场被视为"蛇吞象"的收购，让吉利集团成为中国第一家跨国汽车公司，并成为商学院的经典案例。在收购沃尔沃的过程中，李书福性格中的大胆和执着可见一斑。除此之外，他曾说国有车企死守合资车企股比，限制了生存；他批评记者所提的问题太低级了，应站在全宇宙的高度思考问题；他称互联网企业造车只为上市圈钱……无怪乎外界视之为"汽车狂人""汽车疯子"。

正如所有的家族企业一样，在创业初期，家族成员勠力同心实现了企业的高速发展，但之后，家族化管理的弊端渐渐显露。2003 年，李书福"大换血"

---

① 吴晓波：《激荡十年，水大鱼大》，中信出版社 2017 年版。

② 王千马、梁冬梅：《新制造时代：李书福与吉利、沃尔沃的超级制造》，中信出版社 2017 年版。

式地清除企业中的家族成员，建立职业经理人团队，让吉利集团走向规范化经营并成功上市 ①。

李书福在做摩托车时获得了兄弟们的支持，不过早在 1999 年，他和四弟李书通对摩托车价格战的问题就意见不合，而后李书通被解除职务。他的大哥和二哥也先后在 1997 年、2002 年离开了吉利集团，但仍然持有公司股份。

2002 年，吉利集团高层出现人事变动，被外界视为李书福"去家族化"、引入职业管理人的重要标志：董事长李书福不再兼任吉利集团总裁、首席执行官，改由曾是浙江省地税局总会计师的徐刚任职；跟随李书福创业的老将缪雪中离职，曾任华晨集团常务副总的柏杨接任其位置。

李书福的儿子李星星曾在吉利集团摩托车部门工作，而后担任吉利集团副总裁、吉利集团汽车销售有限公司副总经理，李书福还让他来做新品牌"领克"，但尚没有亮眼的表现。李书福的女儿曾在投资管理公司工作，而后成为汽车智能化科技公司亿咖通的董事。儿女虽早已在公司的多个岗位上任职，但均未显露出接班能力。

沃尔沃的技术让吉利集团在燃油车赛道上走得更远，双方还在 2016 年合作推出高端品牌"领克"。2017 年，吉利汽车登上国产汽车自主品牌销量第一的宝座。只是随着时代的发展，新能源车变革成了主题，吉利汽车尚未独领风骚。

2015 年 11 月，吉利集团提出"蓝色吉利行动"计划，其中一个目标是到 2020 年，吉利集团新能源汽车的销量占整体销量的 90% 多。然而到了 2020 年，吉利集团旗下多款新能源产品的总销量为 6.81 万辆，在总销量中仅占 5.16%，目标远未达成。在吉利集团内部的分享交流会上，李书福解释："'蓝色吉利行动'计划虽然没有如期完成，但也不奇怪，这不是战略方向错误，也不是战略执行失败，而是历史时机没有成熟，外部战略条件没有形成，这样的失败例子比比皆是。中国车企中有，美、日、韩车企中也有，我们不必为此沮丧。""我

---

① 《家族企业》杂志：《源动力：中国民营企业传承突围》，华文出版社 2020 年版。

认为这是吉利实事求是、透明竞争的真实体现。"

尽管这样说，李书福还是升级了战略：一是主攻节能与新能源汽车；二是主攻纯电动智能汽车。人们发现吉利集团动作频频，与百度、腾讯、富士康等讨论关于电动车的合作……

不过，近年来，吉利集团的新能源汽车战略选择了多品牌并行，并不聚焦，反而分散精力，产品矩阵也较为混乱，这一切导致吉利集团在新能源汽车领域发展频频遇阻[①]。在 2022 年全年业绩发布会上，吉利控股集团的行政总裁及执行董事桂生悦坦言："我们吉利汽车丢掉了中国民族品牌第一的宝座，在新能源车发展的道路上，被我们最优秀的同行拉开了距离。大家也看到我们的股价从最高时候的 36 港币掉到今天收市的 9.5 港币，差距不可谓不大。"他反思，此前推出的帝豪 L 插混版汽车有明显的不足。另外，吉利集团对新能源产品销售也没有做好准备。

更多人暂时将期待的目光放在了纯电高端汽车品牌极氪公司身上。根据极氪在 2023 年递交的美股 IPO 招股书，吉利汽车持有极氪的股份比例为 54.7%。极氪 2022 年的营业收入为 318.99 亿元，主要来自整车销售、三电业务（电池、电机与电控）、研发和其他服务，净利润为负，但整车毛利率为正数，月交付量连续 9 个月同比增长。

人们等待着、期待着"汽车狂人"能在新能源汽车舞台上再次让世人惊艳。

---

① 李信、钟微：《宣布合并沃尔沃，吉利的新能源焦虑有解药了？》，载微信公众号"连线出行"，https://mp.weixin.qq.com/s/aSrgSNh6y4MN-SGDB3prvQ.

五、民营企业家暴露短板，民营经济问题频发

这个时代的中国民营企业已经广泛地参与全球竞争，一些优秀的民营企业在美国上市，一些卓越的民营企业大举开展海外并购，中国民营企业在世界经济中扮演着越来越重要的角色。同时，我们可以看到，民营企业仍面临着诸多问题，其单纯逐利的本质带来了一系列经营上的隐患；竞争的压力，暴露了民营企业创新不足、同质化严重等诸多痼疾。我国的民营企业家整体素质虽然有了大幅提升，但与发达国家的优秀企业家相比，仍然存在较大差距。

2001年，中国加入世界贸易组织，民营企业逐步走向国际市场，其中很有代表性的就是百度。李彦宏作为高知海归，成功创立百度并将它发展壮大。幸运的百度等到了谷歌退出中国市场，在搜索引擎领域一家独大。然而，由于百度的收益多来源于竞价排名，"血友病吧"事件的反噬令百度和李彦宏元气大伤。最经典的一幕就是李彦宏被网友公开泼水，翩翩公子的形象一度崩塌。此外，"大公司病"、高管危机也对百度的打击颇大。没有稳定、核心的高管团队，百度的发展令人担忧。大而不稳的百度，收购了很多拥有不同垂直业务的公司，却并没有将其经营好的能力。以搜索引擎见长的百度，如今也面临着知乎、小红书等竞争对手的分流。知乎是问答社区，小红书是生活分享社区，现在二者已经成为年轻人更加青睐的网络搜索工具，人们逐渐抛弃了百度这个传统的"老大哥"。纵观百度的发展与衰落过程，不难看出，缺乏新商业文明时代的信仰和使命，过分追逐风口、盲目推行多样化策略是百度走向下坡路的主要原因。

马云在中国的民营企业家中非常具有代表性。他的能言善辩、野心勃勃一度为其带来巨大的名人效应，也助推阿里巴巴在国人心中位置的提升。然而，当马云说出"996是福报"等言论时，却激起了人们的不满和抗议。当他在公开场合对金融监管部门评头论足大逞口舌之快时，也招来了前所未有的危机。企业家就算再成功，也不能触碰那些约定俗成的"红线"。法律是一条红线，不

当言论似乎也是一条红线。在马云的不当言论发酵之后，蚂蚁集团上市被叫停，其高管被约谈，之后集团内部进行了一系列整改。曾经在巅峰时期说出"我不喜欢钱"的"民营企业教父"，偶有夸张的言论并不会影响企业的生存发展，但当他习惯了长袖善舞、能言善辩后，也许离"翻车"就不远了。马云有着旧商业文明时代企业家们的通病，新商业文明时代倡导的平等、自由、爱才是中国民营企业家未来真正的出路。

黄光裕的"成功"之路，离不开他的聪明才智和大胆创新。然而，他的落败也与其过分"聪明"脱不开干系。他发现卖电器不如玩资本赚的钱多，就以非常手段牟取暴利，直到因违法犯罪而入狱。黄光裕曾经拥有过辉煌时刻：三次被评为"最具影响力商界领袖"、三次成为中国首富；2005 年当选为中国工商理事会副理事长……然而就在众人把艳羡的目光投向他时，他却亲手击碎了自己创造的"神话"。人们在震惊的同时，也陷入深深的思考：中国民营企业家的"光芒"何以总是"昙花一现"？难道这是中国民营经济的"宿命"？令黄光裕痴迷的并购，在现代经济中已经发挥着越来越重要的作用。企业通过并购增强自身实力无可厚非，但当其把并购作为提高效率的手段时，不得不正视这样一个问题：成功地收购一家企业并不意味着成功，这甚至有可能是失败的开始。并购的成败从根本上来说，取决于整合的效果，包括资产整合、人力资源整合、文化整合、财务整合、渠道整合、管理整合等。显然，缺乏整合的并购必将存在着巨大的经营风险，甚至是法律风险。在旧商业文明时代，企业盲目利用多种套利或非法手段牟取暴利，究其原因，无非是信仰的缺失和价值观的扭曲。

格林柯尔的创始人顾雏军，从入选年度经济人物，到沦为阶下囚；从被判入狱多年，到获得国家赔偿，他经历了产权风暴的重击，成了时代的牺牲品。顾雏军在出狱后依然不断申诉，要求恢复名誉并追回自己的财产。2023 年，他通过媒体透露，自己已经向扬州市政府提交了国家赔偿申请。顾雏军要求政府归还先前被没收的亚星客车股权和扬州开发区内格林柯尔公司的土地及建筑，并且赔偿其经济损失共计 20 亿元人民币。然而在 2023 年 10 月 22 日，扬州市政府给予其明确答复，以国家赔偿决定书的形式驳回了顾雏军的全部请求。顾雏军似乎仍未放弃，但他的努力很难获得期待中的结果。在旧商业文明时代，企业产权不清晰引发的问题非常突出，它使民营经济的发展受到严重阻碍，也是很多知名企业家未能继续走向成功的关键。

曾当选为重庆市政协副主席的"重庆首富"尹明善，他创立的力帆集团是第一家 A 股上市的民营车企，后因"新能源骗补"丑闻而引发争议，企业形象一落千丈；曾因收购沃尔沃而名声大噪的"汽车疯子"、吉利集团董事长李书福，也在日新月异的新能源汽车赛道上落后于人。

这一时期，中国民营企业虽然已经大跨步地走向国际市场，但仍处于旧商业文明时代，仍存在种种问题。中国民营企业的发展主要依赖人口红利、改革开放等诸多利好，当它们在获得第一桶、第二桶金之后，因为短板太短，就会错失发展良机，有的甚至会走向末路。

第四章

问苍茫大地谁主沉浮，中美经济大博弈
（2012—2020）

一、中美两大经济体博弈，中国民营企业成世界买家

2012 年至 2020 年，对于中国经济而言至关重要。这一时期，全球多数国家的经济发展缓慢，中美两国的经济增量是 73 万亿元，而全球的经济总增量是 64 万亿元，说明其他国家在这几年至少减少了 9 万亿元财富。其中经济衰退最严重的是日本，还有一些欧洲国家。虽然贸易摩擦依旧存在，但根据《世界开放报告 2022》的数据，中国坚持高水平对外开放取得巨大进展，2012 年至 2020 年，中国开放指数提升了 5.6%，成为推动经济全球化的重要力量。2020 年，在《财富》杂志公布的世界 500 强榜单上，中国大陆公司数量（124 家）首次超过美国公司数量（121 家），实现了历史性跨越。

2012 年，中国经济增速放缓。3 月 5 日，温家宝在作政府工作报告时提出，2012 年国内生产总值增长 7.5%。这是我国国内生产总值预期增长目标 8 年来首次低于 8%。由于融资环境不佳，越来越多的民营企业将眼光投向海外，开始了海外并购之旅。2012 年前 9 个月，民营企业参与海外并购的数量占到总量的62.2%，首次超过国有企业。此后几年，中国民营企业在海外并购数量的比重持续升高，并购已成为民营企业产业整合的基本手段和资产优化的首选，民营

企业正成为全球市场上毋庸置疑的重要买家[①]。

2012 年 3 月 28 日，国务院常务会议决定，设立浙江省温州金融综合改革试验区，并确定了温州市金融综合改革的 12 项主要任务。随后，温州民间借贷中心、温州中小企业融资服务中心先后挂牌，温州金融改革广场正式开业。11 月，《浙江省温州民间融资管理条例》（草案）起草完毕，共 9 章 117 条，包括总则、民间借贷、私募融资、民间融资组织、民间融资服务、民间融资行业协会、民间融资监督与检查、法律责任、附则。11 月 23 日，温州市政府公布了《浙江省温州市金融综合改革试验区实施方案》，提出通过打造"中小企业金融服务中心"和"民间财富管理中心"，力图用 5 年左右的时间构建与温州经济社会发展相匹配的多元化金融体系。此外，由中国人民银行、国家发展改革委等八部委联合印发的《广东省建设珠三角金融改革创新综合实验区总体方案》7 月 25 日在广州发布。这些重大的金融改革对于民营经济的发展起到了助推作用。

2012 年 11 月 8 日，举世瞩目的中国共产党第十八次全国代表大会在北京开幕，这是在我国进入全面建成小康社会决定性阶段召开的一次统一思想、凝聚力量，承前启后、继往开来的盛会，自此中国的经济局面也展开了新的一幕。党的十八大进一步提出："毫不动摇鼓励、支持、引导非公有制经济发展，保证各种所有制经济依法平等使用生产要素、公平参与市场竞争、同等受到法律保护。"

一个不太乐观的消息是，在全球金融危机之后，中国经济发展明显受阻，民营经济面临成本上涨、资源紧缺、通货膨胀等种种考验。虽然民营经济一直在快速发展，但发展质量不高，主要是在拼廉价劳动力，产品附加值低，自主品牌少，创新能力严重不足，发展遇到瓶颈。2012 年以后，多个有关中国私人财富的调查报告不约而同地提到了"富豪移民"现象。《2011 中国私人财富报告》显示，在有 1000 万元资产的人群中，有 60% 已经完成或正在考虑投资

---

① 张志勇：《民营企业四十年》，经济日报出版社 2019 年版。

移民；在资产过亿元的富豪中，47%表示正在考虑移民。中国成为世界最大的"富豪出口"国。[①]"富豪移民"会造成财富和人才的大量流失，会影响中国经济的发展。这些选择移民的富豪逐渐有年轻化、精英化的趋势。人才的外流，是不可忽视的问题。

2012年7月17日，阿迪达斯宣布将中国工厂迁移至缅甸。这意味着中国的劳动力成本优势成为过去式。中国经济必须朝着精细化方向发展，才能巩固优势、吸引外资。

随着智能手机的普及，移动互联网行业呈现井喷式发展。2012年3月，微信用户首次突破1亿，马化腾激动地发了微博。4月，微信继续推出新功能"朋友圈"。8月，另一个具有划时代意义的产品"微信公众号"上线，人们崇拜的"腾讯巨人"，除了马化腾，又多了一个张小龙。越来越多的人将微信公众号作为自己的自媒体阵地。时至今日，虽然它的打开率大大下降，但仍然占据着自媒体平台的一席之地。

移动互联网时代，还诞生了许多成功案例。雷军带领小米实现了爆发式发展，曾创立饭否的王兴领导美团从"千团大战"中杀出重围，未来的互联网霸主张一鸣推出了他的第一款产品——今日头条，滴滴打车的出现让出租车司机看到了新的业态。此时的移动互联网企业正以迅猛之势发展，它们将改变全球经济。

2013年1月16日，全国中小企业股份转让系统举行揭牌仪式。12月14日，国务院发布《关于全国中小企业股份转让系统有关问题的决定》（以下简称《决定》），新三板全国扩容方案正式出台。《决定》指出，全国股份转让系统申请挂牌的公司应当业务明确、产权清晰、依法规范经营、公司治理健全，可以尚未盈利，但须履行信息披露义务，所披露的信息应当真实、准确、完整。

2013年5月，国务院决定取消和下放117项行政审批项目等事项。6月，

---

① 张志勇：《民营企业四十年》，经济日报出版社2019年版。

国务院常务会议首次提出"探索设立民营银行"。7月5日，国务院发布"金十条"，提出尝试由民间资本发起设立自担风险的民营银行、金融租赁公司和消费金融公司等金融机构。10月25日，国务院常务会议部署推进公司注册资本登记制度改革，改革内容包括放宽注册资本登记条件、将企业年检制度改为年度报告制度、放宽市场主体住所（经营场所）登记条件等。11月12日，党的十八届三中全会通过《中共中央关于全面深化改革若干重大问题的决定》，明确提出："扩大金融业对内对外开放，在加强监管前提下，允许具备条件的民间资本依法发起设立中小型银行等金融机构。"12月16日，中国银监会主席尚福林表示，2014年银行业将细化设立民营银行的政策思路。有关民营银行的政策走向逐渐明朗化。

2013年8月15日，第一家民营银行被核准名称。截至12月中旬，已有将近50家民营银行的名称被核准。由于国家对民营银行的政策松绑，民营资本争相试水银行业。此后，互联网企业也开始试水办银行：腾讯主导发起前海微众银行，阿里巴巴筹备网商银行，百度与中信银行合资成立了百信银行。阿里巴巴、腾讯、百度、京东等互联网巨头先后推出理财产品，互联网金融行业风头正劲。

2013年9月29日，中国（上海）自由贸易试验区（以下简称"上海自贸区"）正式挂牌成立。上海自贸区实行"一线放开、二线安全高效管区"政策，将为民营企业走出去、利用国内外两种资源和两个市场提供更大便利；实行负面清单加国民待遇管理模式，探索从行政审批转为备案登记，包括民营企业在内的各类企业都将获得更大的经营自主权；扩大金融、航运、商贸、文化和专业服务等六个领域开放，民营企业将获得更多的商机[①]。

2013年，中国产业结构调整显出成效：第三产业增加值占GDP的比重提高到46.1%，首次超过第二产业。此外，中国的人均GDP从1978年的384美元

[①]　张志勇：《民营企业四十年》，经济日报出版社2019年版。

上升到 6905 美元，进入中等收入国家行列。

2014 年 4 月 2 日，国务院常务会议决定扩大小微企业所得税优惠政策实施范围；5 月 30 日，国务院常务会议决定确定进一步减少和规范涉企收费、减轻企业负担；9 月 17 日，国务院常务会议部署进一步扶持小微企业发展，推动大众创业万众创新。11 月 20 日，国务院印发《关于扶持小型微型企业健康发展的意见》，从税收优惠、金融担保、创业基地、信息服务等十方面布局小微企业长远发展，被称为小微企业发展"新国十条"。

2014 年 5 月，习近平总书记在河南考察时首次提出"新常态"重要论断。中国 GDP 增速从 2012 年起开始回落，告别过去 30 多年平均 10% 左右的增长速度，由高速增长转为中高速增长。

这一年的民营经济中，发展最好的是互联网企业。阿里巴巴于 2014 年 9 月 19 日在美国纽约证券交易所上市，由于其承销商行使了超额配售权，此次 IPO 融资额达到 250.3 亿美元，刷新了全球 IPO 融资规模。当日，阿里巴巴以每股 92.7 美元开盘，较 68 美元发行价上涨 36.3%，最终以 93.89 美元收盘。以当日收盘价计算，阿里巴巴的市值达到了 2314 亿美元，成为仅次于谷歌的全球第二大互联网公司。在这一年的"双十一购物狂欢节"，阿里巴巴平台上的商品成交额创下了 571 亿元的纪录。

2014 年 5 月 22 日，京东在纳斯达克市场挂牌交易，受到投资者追捧。京东此次的融资规模达到 17.8 亿美元；刘强东个人身家达到 300 亿元人民币，成为新晋富豪。12 月 23 日，万达商业在香港挂牌上市，募资约 288 亿港元（约合人民币 230 亿元），成为港股年内最大的 IPO。

为了刺激经济发展，股市和楼市的政策先后放宽。2014 年 7 月 7 日，证监会发布修订后的《上市公司重大资产重组管理办法》，规定除借壳上市和发行股份之外，上市公司的重大资产重组不再需要经过证监会的行政许可，这一政策直接打开了上市公司并购重组的大门。9 月 30 日，央行、银监会提出拥有 1 套住房并已结清相应购房贷款的家庭，可享受首套房贷款政策，有机会享受"首付三成，贷款利率七折"的优惠。有关部门出台了配套性新政策，提高首套自住住房公积金贷款额度，并允许异地贷款，取消住房公积金个人住房贷款保险等收费项目。11月22日，央行下调了金融机构人民币贷款和人民币存款的基准利率：一年期贷款基准利率下调0.4个百分点；一年期存款基准利率下调0.25个百分点。11月28日，深沪两市居然出现7100亿元的交易量，创造了全球股市的一个历史性纪录。12月5日，沪深两市的股票交易继续放大，突破一万亿元大关①。

2015年，狂飙突进的股市迎来了拐点。6月12日，上证指数达到5179.19点，至8月26日下滑到2850.71点，大跌2328.48点，跌幅高达44.95%。截至7月7日收盘时，沪深两市2774只上市股票中，超过90%停牌或跌停。市场上哀鸿一片，股民得到了大大的教训。4月14日，国家统计局公布了最新的经济数据，一季度GDP增速为7%，创下2009年二季度以来的新低，全国工业企业实现利润同比下降4.2%，利用外资同比下降33.5%。

这一年，由政府主导的"互联网+"成为中国经济的新动能。第十二届全国人民代表大会第三次会议上，李克强总理在政府工作报告中首次提出"互联网+"行动计划，推动移动互联网、云计算、大数据、物联网等与现代制造业结合，促进电子商务、工业互联网和互联网金融健康发展，引导互联网企业拓展国际市场。2015年7月4日，国务院印发《关于积极推进"互联网+"行动的指导意见》，要求到2025年，"互联网+"新经济形态初步形成，"互联网+"成为我国经济社会创新发展的重要驱动力。

在民营经济中发展势头最猛的互联网行业，出现了几个重量级的合并案：争得"你死我活"的打车软件"滴滴"与"快的"终于合并；城市分类信息网的两个头部品牌——"58同城"和"赶集网"宣布合并；本地生活服务平台

---

① 吴晓波：《激荡十年，水大鱼大》，中信出版社2017年版。

"美团"和"大众点评"合并；旅游在线服务平台"携程"与"去哪儿"通过换股的方式合为一体；网络文学赛道的腾讯文学全资收购了盛大文学；婚恋交友网站"世纪佳缘"与"百合网"合并；女装电商网站"美丽说"和"蘑菇街"也宣布合并。互联网行业从野蛮生长回归理性，从进攻开始转为防守。

2016年，特朗普上台，由此开启了美国反全球化的浪潮。这一转变对于此后的全球经济有着深远影响，中美之间的贸易摩擦也由此开始。

在阿尔法围棋（AlphaGo）赢了围棋大师李世石之后，人工智能成为全球焦点。李彦宏在一次演讲中认定"互联网的下一幕，就是人工智能"。2015年初，中国的机器人公司约有260家；到2016年底，中国的机器人公司已经超过了2600家。

2016年10月1日，人民币加入国际货币基金组织特别提款权①货币篮子，成为继美元、欧元和日元之后的第四种储备货币，人民币的国际化迈出了决定性的一步。与此同时，中国民营企业的海外收购脚步没有停歇，以德国为例，全年超过200家德国企业被中国企业收购，以至于德国针对中国企业的收购出台了新规，限制非欧盟企业对德国企业的收购。

2016年10月，国务院办公厅发布了《互联网金融风险专项整治工作实施方案》，对互联网金融风险专项整治工作进行了全面部署安排。互联网金融在一定程度上缓解了民营企业融资难的问题，但也容易因监管不当引发各种风险。以"e租宝"为代表的无良企业利用互联网金融手段开展庞氏骗局，令互联网金融行业受到打击。

这一年，腾讯、阿里巴巴轮流成为亚洲市值最高的企业，折射出互联网这

---

① 特别提款权（Special Drawing Right，SDR），亦称"纸黄金"，最早发行于1969年，是国际货币基金组织根据会员国认缴的份额分配的，可用于偿还国际货币基金组织债务、弥补会员国政府之间国际收支差额的一种账面资产。其价值之前由美元、欧元、人民币、日元和英镑组成的一篮子储备货币决定。会员国在发生国际收支逆差时，可用它向基金组织指定的其他会员国换取外汇，以偿付国际收支逆差或偿还基金组织的贷款，还可与黄金、自由兑换货币一样充当国际储备。因为它是国际货币基金组织原有的普通提款权以外的一种补充，所以称为特别提款权。

个新兴产业的巨大影响力。中国互联网行业的民营企业，正在全球范围内呈现新的崛起之势。随着移动互联网的普及，网络直播和共享单车成为热门趋势，它们不仅成为投资者关注的热点，也改变了人们的生活方式。

2017 年，马云提出的"新零售"成为热词。美国《纽约时报》发表的文章一语中的："在中国，现金支付逐渐过时。"年轻的中产阶级消费者开始了消费升级，不再满足于性价比高的商品，更注重品质和个性。

2016 年 12 月，亚马逊推出全球第一家无人值守的线下全自动智能便利店 Amazon Go，它采用了计算机视觉、传感器和深度学习等技术，顾客在店中的每一个行为都会被追踪记录。事实上，中国的"新零售"创新远远多于亚马逊所在的美国。2017 年 7 月，阿里巴巴首个无人超市"淘咖啡"在杭州亮相，消费者只要打开"手机淘宝"，扫一扫店门口的二维码，便可获得一张电子入场券，然后就能进店购物了，其技术和体验与 Amazon Go 相似。9 月，阿里巴巴在它参与投资的肯德基快餐店试验了刷脸技术，消费者在自助点餐机上选好商品后，进入"刷验支付"的页面进行人脸识别，再输入与支付宝账号绑定的手机号就能买单了。此外，阿里巴巴还孵化了一家叫"盒马鲜生"的生鲜超市，其最大的特点之一就是快速配送：门店附近 3 公里范围内，30 分钟送货上门[1]。几年以后，刷脸支付成为中国消费者习以为常的支付方式。

人工智能领域的发展也很迅速。2017 年 11 月 15 日，科技部召开新一代人工智能发展规划暨重大科技项目启动会，并发布了首批国家新一代人工智能开放创新平台名单：依托百度公司建设自动驾驶国家新一代人工智能开放创新平台，依托阿里云公司建设城市大脑国家新一代人工智能开放创新平台，依托腾讯公司建设医疗影像国家新一代人工智能开放创新平台，依托科大讯飞公司建设智能语音国家新一代人工智能开放创新平台。这次会议的召开标志着新一代人工智能发展规划和重大科技项目进入全面启动实施阶段。

---

[1]　吴晓波：《激荡十年，水大鱼大》，中信出版社 2017 年版。

2018 年是中国改革开放 40 周年。2 月 26 日至 28 日，党的十九届三中全会审议通过了《中共中央关于深化党和国家机构改革的决定》和《深化党和国家机构改革方案》。3 月 13 日，国务院机构改革方案公布。根据该方案，改革后，国务院正部级机构减少了 8 个，副部级机构减少了 7 个，除国务院办公厅外，国务院设置组成部门 26 个。多部门进行合并重组，如组建自然资源部，不再保留国土资源部、国家海洋局、国家测绘地理信息局；组建国家市场监督管理总局，不再保留国家工商行政管理总局、国家质量监督检验检疫总局、国家食品药品监督管理总局；组建中国银行保险监督管理委员会，不再保留中国银行业监督管理委员会、中国保险监督管理委员会。

8 月 31 日，十三届全国人大常委会第五次会议表决通过了关于修改个人所得税法的决定。从 2018 年 10 月 1 日起，个税免征额由每月 3500 元提高到每月 5000 元。从 2019 年 1 月 1 日起，我国个人所得税将正式开启新税制时代，包括子女教育、继续教育、大病医疗、住房贷款利息、住房租金和赡养老人六项专项附加扣除和综合部分所得都将落地，新减税红利释放在即。

10 月 16 日，《中国（海南）自由贸易试验区总体方案》正式发布。根据该方案，海南全岛进入"自贸时刻"。海南自由贸易试验区将大幅放宽外资市场准入，包含允许外商投资国内互联网虚拟专用网业务、放宽人身险公司外资股比限制至 51% 等"五大允许"，以及取消新能源汽车制造外资准入限制等"五大取消"。11 月 28 日，海南自由贸易试验区首批 100 个建设项目集中开工，总投资 298 亿元。

10 月 22 日，国务院总理李克强主持召开国务院常务会议，决定设立民营企业债券融资支持工具，以市场化方式帮助缓解企业融资难。11 月 1 日，习近平总书记在民营企业座谈会上强调，民营经济是我国经济制度的内在要素，民营企业和民营企业家是我们自己人。我国民营经济只能壮大、不能弱化，不仅不能离场，而且要走向更加广阔的舞台。

10 月 23 日，被誉为"新世界七大奇迹"之一的港珠澳大桥正式开通。从此，港澳正式接入国家高速公路网，整个粤港澳大湾区的道路交通网被打通，真正意义上形成了环珠江口轴线的三角形。港珠澳形成"一小时生活圈"，广阔的伶仃洋由天堑变为通途。港珠澳大桥从设计到建设历时 14 年，是中国工程建设史上里程最长、投资最多、施工难度最大的跨海桥梁项目。

这一年，中国楼市经历"史上最严调控"，多地围绕"房住不炒"定位密集出台调控政策。"坚决遏制房价上涨，加快建立促进房地产市场平稳健康发展长效机制"成为房地产市场的主基调。房价从年初"涨势汹汹"到年末一片平静。市场总体上保持平稳运行，逐步回归理性。同时，房租飞涨，长租公寓快速扩张，租赁市场成为另一主角。

特朗普上台以来，美国对包括中国在内的主要贸易伙伴强行加征关税，制造贸易摩擦，破坏多边贸易体系。从出台反制措施到深化改革提速，从企业练好内功到不断扩大开放，中国政府多措并举积极应对中美贸易摩擦。12 月，中美两国元首达成共识，停止加征新的关税，并指示两国经济团队加紧磋商，朝着取消所有加征关税的方向达成互利双赢的具体协议。

2019 年 3 月 15 日，第十三届全国人民代表大会第二次会议表决通过了《中华人民共和国外商投资法》，国家主席习近平签署第二十六号主席令予以公布，新华社受权全文播发这部法律。外商投资法共分 6 章，包括总则、投资促进、投资保护、投资管理、法律责任、附则，共 42 条，自 2020 年 1 月 1 日起施行。我国对外开放的步伐进一步加快。

7 月 20 日，国务院金融稳定发展委员会办公室宣布，推出 11 条金融业对外开放措施。几个月之后，国务院印发《关于进一步做好利用外资工作的意见》。其中，在金融业方面，全面取消在华外资银行、证券公司、基金管理公司等金融机构业务范围限制。专家认为，取消金融行业部分板块在华外资金融机构的业务范围限制，有利于国内金融市场的进一步扩大开放，同时，也是在优化外资金融机构的经营环境。

7月22日，伴随着开市锣声的响起，首批25只科创板股票在上海证券交易所上市交易，科创板正式开市。中国资本市场走过了几十年的历程，迎来了科创板并试点注册制，标志着中国科技企业和资本市场进入加速换挡的新周期，奏响了中国经济转型升级与资本市场改革开放协奏曲的最强音。科创板搭建起了科技创新和资本之间的桥梁，为科技创新型企业带来了重大战略机遇。更多的科技创新型企业有望通过科创板这座桥梁走向资本市场，实现科技、资本和实体经济的良性循环。

8月，《中国（上海）自由贸易试验区临港新片区总体方案》正式对外发布。该方案明确支持新片区以投资、贸易、资金、运输、人员从业自由等五方面为重点，推进投资贸易自由化、便利化，建设特殊经济功能区。此后，新设的一批自由贸易试验区名单出炉，包括山东、江苏、广西、河北、云南、黑龙江6个省区。中国的自由贸易试验区覆盖东西南北中，形成了全方位、有梯度的开放。

10月31日，在中国国际信息通信展览会开幕式上，中国电信、中国移动、中国联通宣布启动5G商用，并发布相应套餐。5G正式进入中国寻常百姓家。工信部副部长陈肇雄在开幕式上表示，北京、上海、广州、杭州等城市城区已实现连片覆盖。下一步，中国将持续加快5G网络部署，深化共建共享，激活应用创新，开启通信和经济发展新篇章。随着5G的普及，移动互联网迎来发展新格局。

12月，《中共中央　国务院关于营造更好发展环境支持民营企业改革发展的意见》（以下简称《意见》）发布实施。《意见》坚持公平竞争原则，围绕营造市场化、法治化、制度化的长期稳定发展环境作出一系列安排部署，为进一步激发民营企业活力和创造力、促进民营经济发展注入强劲推动力。

12月28日，第十三届全国人民代表大会常务委员会第十五次会议审议通过了修订后的《中华人民共和国证券法》，于 2020 年 3 月 1 日起施行。新证券法按照全面推行注册制的基本定位，对证券发行制度进行了系统的修改完善，充分体现了注册制改革的决心与方向。新证券法加大了对证券违法行为的处罚力度。

2019 年，我国 GDP 接近 100 万亿元大关。按照年平均汇率折算，人均 GDP 达 10276 美元。一个拥有 14 亿人口的大国，实现人均 GDP 超过一万美元，这是人类发展史上的奇迹。

2020 年，是充满挑战与变革的一年。全球范围内暴发的新冠疫情对各国经济产生了深远的影响。为了控制疫情的蔓延，许多国家实施了封锁措施，使得许多行业停工停产，全球经济陷入衰退状态。失去工作的人们面对着生计的困境，企业陷入了倒闭的危机。

疫情的冲击推动了数字化转型的加速。许多企业不得不转向线上销售和远程办公，电子商务、云计算和在线娱乐行业蓬勃发展。此外，数字支付的普及也为经济的复苏提供了机会。科技巨头继续扩张其市场份额，在线交流平台、在线零售和在线娱乐等行业获得了快速发展，人工智能和自动化技术得到了广泛应用，无人机、智能物流和远程医疗等领域取得了重要进展。这些变化为未来经济的增长带来了新的机遇。

面对疫情挑战，中央推出了一揽子政策扶持实体经济，帮助企业渡过难关。中国人民银行决定于 2020 年 4 月对中小银行定向降准，并下调金融机构在央行超额存款准备金利率。同时，中国人民银行又创设了两个直达实体经济的货币政策工具，分别是普惠小微企业贷款延期支持工具和普惠小微企业信用贷款支持计划。疫情期间，财政赤字规模增加 1 万亿元、抗疫特别国债发行 1 万亿元，两个"1 万亿元"直达基层，惠企利民。

从发布行政命令封禁 TikTok 和 Wechat，到动用国家力量企图切断华为芯片供应链，2020 年以来，美国不断挑起经贸摩擦。加上疫情的严重冲击，

2020 年第一季度，我国 GDP 同比回落 6.8%。但第二季度以来，随着我国做好常态化疫情防控工作，复工复产、复商复市，经济逐渐恢复增长。面对严峻复杂的国际形势、艰巨繁重的国内改革发展稳定任务，中国保持战略定力，准确判断形势，精心谋划部署，果断采取行动，付出艰苦努力，交出了一份人民满意、世界瞩目、可以载入史册的答卷。我国成为全球唯一实现经济正增长的主要经济体。

2020 年 5 月 14 日，中共中央政治局常务委员会会议提出，"充分发挥我国超大规模市场优势和内需潜力，构建国内国际双循环相互促进的新发展格局"；7 月 21 日，习近平总书记在京主持召开企业家座谈会并发表重要讲话，他强调，要"逐步形成以国内大循环为主体、国内国际双循环相互促进的新发展格局"；7 月 30 日，中共中央政治局会议释放出"加快形成以国内大循环为主体、国内国际双循环相互促进的新发展格局"的信号。

6 月 1 日，中共中央、国务院印发《海南自由贸易港建设总体方案》，敲定了海南自由贸易港的建设蓝图。海南自由贸易港的发展目标是，到 2025 年将初步建立以贸易自由便利和投资自由便利为重点的自由贸易港政策制度体系，到 2035 年成为我国开放型经济新高地，到 21 世纪中叶全面建成具有较强国际影响力的高水平自由贸易港。

12 月 3 日，中共中央政治局常务委员会召开会议，听取脱贫攻坚总结评估汇报。会上，习近平总书记指出，经过 8 年持续奋斗，我们如期完成了新时代脱贫攻坚目标任务，现行标准下农村贫困人口全部脱贫，贫困县全部摘帽，消除了绝对贫困和区域性整体贫困，近 1 亿贫困人口实现脱贫，取得了令全世界刮目相看的重大胜利。

2012 年至 2020 年，由于互联网等新兴产业快速发展，我国民营经济在国民经济中的占比进一步增加，许多代表性企业参与全球经济竞争，并占有一席之地。一些民营企业家也轮流成为"首富"，掌握了更多的话语权。但由于行业发展的特性与偶然性，一些民营企业经历了短暂的辉煌后走向末路，看上去一直稳步发展的企业也面临着种种挑战。国家对民营经济的支持更加明显，尤其是对互联网行业的支持尤为突出。这一时期的民营企业家更加年轻化和精英化，虽然他们仍存在旧商业文明时代的种种短板，但他们看到了行业的变革和时代的洪流，勇立潮头，写就了不同的创业传奇。

二、航天、基建、互联网，中国技术领跑全球

2012 年至 2020 年，中国走过了极不平凡的发展之路：科技创新领先世界，人均 GDP 接近高收入国家门槛，研发人员总量稳居世界第一。我国真正成为影响全球的科技强国。

持续增加的研发投入给中国带来的好处显而易见。一大批核心技术纷纷突破，重大科技成果竞相涌现："天问一号"探火星、"嫦娥五号"登月球、"深海勇士号""奋斗者号""海斗一号"等不断实现新突破……我国的超级计算、高速铁路、智能电网、第四代核电、特高压输电等技术，都进入了世界前列。特别是 5G 研发和应用场景深度拓展，人工智能发展的中国特色生态初步建立，正在加快赋能百业。

高铁、移动支付、智能家居、人脸识别等快速发展，改变了我们的日常生活方式。随着高铁技术的发展，朝发夕至已司空见惯。高铁不仅大大提速，其环境也变得十分舒适，运行平稳、有序，安全系数也更高。之前，人们出门必然要带现金，而如今只需要一部手机。无论身处一线城市还是偏远地区，我们都可以方便快捷地用手机进行支付。

这几年，也是中国互联网发展的高速期。淘宝、天猫、京东、拼多多等电商崛起；微信公众号、今日头条、抖音、快手、美团渗透到生活的方方面面；支付宝改变了我们的支付习惯；快递、在线教育、物联网、共享单车等行业快速发展；手机高速迭代，通信从 3G 到 5G 呈现出翻天覆地的变化。此外，随着通信技术的发展，我们对视频的强大需求也被激发出来。

2012 年 6 月 16 日 18 时 37 分，"神舟九号"飞船从酒泉卫星发射中心发射升空，先后与"天宫一号"目标飞行器在轨成功进行了自动交会对接和手动交会对接。此次"天神"携手成功，标志着我国成为世界上第三个完整掌握空间交会对接技术的国家，具备了以不同对接方式向在轨航天器进行人员输送和物

资补给的能力。

2012 年 6 月 27 日，"蛟龙号"在西太平洋马里亚纳海沟创造了 7062 米的中国载人深潜纪录，也是世界同类作业型潜水器的最大下潜深度。这让我国成为继美、法、俄、日后，世界上第五个掌握大深度载人深潜技术的国家。

2012 年 9 月 25 日，我国首艘航空母舰辽宁舰正式交接入列，这对于提高中国海军综合作战力量，发展远海合作与应对非传统安全威胁能力，有效维护国家主权、安全和发展利益，促进世界和平发展，具有重要意义。

2013 年 6 月 17 日，国防科技大学研制的"天河二号"以峰值计算速度每秒 5.49 亿亿次、持续计算速度每秒 3.39 亿亿次双精度浮点运算优越性能，跃居第 41 届世界超级计算机 500 强排名榜首，标志着我国的超级计算机技术已走在世界前列。11 月 20 日，在美国丹佛市举行的国际超级计算大会上，国际 TOP500 组织正式发布了第 42 届世界超级计算机 500 强排行榜。安装在国家超级计算广州中心的"天河二号"超级计算机系统再次位居榜首，蝉联世界超算冠军。

2013 年 9 月 21 日，"新概念高效能计算机体系结构及系统研究开发"项目通过国家 863 计划项目验收专家组的验收。针对用户不同的应用需求，拟态计算机可通过改变自身结构提高效能，比一般计算机可提升十几倍到上百倍。它的研制使我国计算机领域实现从跟随创新到引领创新、从集成创新到原始创新的跨越；同时也可从体系技术层面有效破解我国核心电子器材、高端通用芯片、基础软件产品等软硬件长期受制于人的困局。

2014 年，由湖南杂交水稻研究中心袁隆平院士团队牵头的国家"863"计划课题"超高产水稻分子育种与品种创制"取得重大突破，首次实现了超级稻百亩片过千公斤的目标，创造了一项里程碑式的世界纪录。

2015 年 8 月 22 日，中国作家刘慈欣的《三体》斩获雨果奖。有人说，《三体》开启了中国人的"科幻元年"。科普科幻作品能在一定程度上反映一个国家的科学成就、科研实力和创新能力，一部高水准的科幻作品，往往也能起到重要的科学启蒙和传播作用。对于科研实力不断增强、公众科学素养同步提高的中国来说，《三体》"科幻科学潮"来得正好。

2015年10月，中国药学家屠呦呦发现的青蒿素应用在治疗中，使疟疾患者的死亡率显著降低，因而被授予2015年诺贝尔生理学或医学奖。这是中国科学家因为在中国本土进行的科学研究而首次获得诺贝尔科学奖。

2015年12月，随着第二届世界互联网大会的举行，全球互联网行业再次进入"乌镇时间"。来自120多个国家和地区的2000多位嘉宾齐聚乌镇，习近平主席发表主旨演讲，多国领导人、重要国际组织负责人致辞。10场论坛、22个议题相继展开，全面探讨"互联网+"。涵盖无人驾驶汽车、虚拟现实摄像、移动操作系统等众多互联网发展最新成果的互联网之光博览会吸引了各界目光，让世界聆听互联网发展的中国故事，同时也向世界传递出推进全球互联网治理体系变革的中国理念与共同构建网络空间命运共同体的中国主张。

2016年，我国相继发射一系列先进的科学卫星：4月，我国首颗微重力科学实验卫星——"实践十号"返回式科学实验卫星顺利完成12天太空飞行，其回收舱和留轨舱承担了19项实验；8月，世界首颗量子科学实验卫星"墨子号"发射，意在通过量子卫星建立天地一体的量子绝对保密通信网；12月，我国首颗碳卫星发射，今后全球排放多少二氧化碳，中国也有了自己的话语权。

2016年，郑（州）徐（州）高铁正式开通运营，标志着中国高铁运营里程突破2万公里。中国不仅是高铁里程最长的国家，而且也是高铁安全运输规模最大的国家。

2017年6月26日，具有完全自主知识产权的"复兴号"在京沪高铁上双向首发。与"和谐号"相比，"复兴号"设计寿命提升了50%，时速最高达400km/h，噪声更小，同时车厢里还提供充电插座、Wi-Fi、阅读灯等设施。"复兴号"的出现，意味着中国高铁从最早的"洋基因""混血""以我为主"，变为"纯中国血统"了，这标志着中国高铁迈出了"从追赶到领跑"的关键一步。

2017 年 7 月 7 日，港珠澳大桥海底隧道贯通，这是国内首条外海沉管隧道，也是当今世界上最长、埋深最深、综合技术难度最高的沉管隧道。海底沉管隧道技术难度极高，中国曾想让荷兰公司提供技术支持，然而对方漫天要价，世界上其他沉管隧道经验又无法照搬套用。于是中国选择从零开始，自主攻关，成就了中国建设史上施工难度最大的跨海桥梁，其被业界誉为桥梁界的"珠穆朗玛峰"。

2018 年 10 月 24 日，港珠澳大桥正式通车运营，它是全球最长的跨海大桥，跨越伶仃洋，东接香港特别行政区，西接广东省珠海市和澳门特别行政区。总长约 55 千米的大桥工程让珠江入海口两岸的 3 个城市只需 30 分钟便可以互通。2009 年底正式开工建设的港珠澳大桥被英国《卫报》称为"新世界七大奇迹之一"。

2018 年 12 月 27 日，"北斗三号"基本系统完成建设，已开始提供全球服务。这也标志着北斗系统服务范围由区域扩展为全球，北斗系统正式迈入全球时代。

2019 年 1 月 3 日，"嫦娥四号"探测器成功着陆在月球背面东经 177.6 度、南纬 45.5 度附近的预选着陆区，并通过"鹊桥"中继星传回了世界第一张近距离拍摄的月背影像图，揭开了古老月背的神秘面纱。

2019 年 5 月 23 日，我国首辆时速 600 公里高速磁浮试验样车在青岛下线，高速磁浮具有速度高、安全可靠、噪声小、震动小、载客量大、耐候准点、维护量少等优点，同时高速磁浮列车可以填补航空与高铁客运之间的旅行速度空白，对于完善我国立体高速客运交通网具有重大的技术意义和经济意义。

2019 年 9 月 25 日，中国国际航空公司的 CA9597 次航班从北京大兴国际机场起飞。当日，北京大兴国际机场正式通航，它拥有世界上规模最大的单体航站楼，此次使用的飞行校验系统拥有我国自主知识产权，我国也凭借此系统一举成为世界上第六个能够独立研制飞行校验系统的国家。

2019 年，随着 5G 商用牌照发放，中国正式迈入 5G 商用元年。同时，中国成立国家 6G 技术研发推进工作组和总体专家组，在移动通信领域进行前瞻部署，启动 6G 技术研发工作。

2020 年，在全球 5G 方案服务商中，华为、中兴通讯、诺基亚、爱立信一路你追我赶，在 5G 市场上攻城略地。其中，华为 5G 凭借领先 12—18 个月的技术优势稳居市场第一。华为 5G 能够提供"端管芯"多维度协同的 5G 解决方案，所有技术均来源于自主研发，在低时延、稳定性上具有很大的优势。在一些对网络要求极其苛刻的科研领域，如自动驾驶、远程手术等，华为 5G 成为最优解决方案。

2020 年 9 月 28 日，中国国家电力投资集团宣布，中国自主研发的三代核电技术"国和一号"完成研发，将进入商用环节。据悉，"国和一号"采用"非能动"安全设计理念，单机功率达到 150 万千瓦，代表全球最先进核电水平。"国和一号"预计每小时可以为电网提供 150 万度电，一年算下来单台机组可以满足 2200 万居民的用电需求，减少碳排放 900 万吨。

2020 年 12 月 4 日，中国科学技术大学的潘建伟教授宣布，中国自主研发的 76 个光子的量子计算机"九章"成功问世，刷新全球量子计算速度纪录。在此之前，这项纪录一直由谷歌的"悬铃木"保持。与此同时，中国新一代"人造太阳"装置——"中国环流器二号 M"（HL-2M）装置在四川成都建成并实现首次放电。这标志着我国自主掌握了大型先进核聚变装置的设计、建造、运行技术。

2012 年至 2020 年，我国科技事业取得累累硕果。无论是航天领域尖端科技的发展，还是基建和互联网等行业的蓬勃发展，都给人们的生活带来翻天覆地的变化，对民营经济的发展起到了很大的促进作用。与此同时，美国等西方国家在科技创新领域的成果也很多，在人工智能等前沿领域，我国仍处于落后地位。在激烈的全球竞争中，我国民营经济的发展仍面临人才紧缺等问题，核心技术和硬科技急需突破。

三、苹果、特斯拉改变世界，谷歌布局人工智能

2012年至2020年，世界前两大经济体是美国和中国，两国的企业在很多领域都有激烈的竞争，但美国在高科技等领域依旧领先。

比较有代表性的企业是苹果。这几年，苹果凭借产品创新和良好的运营，实现了高速发展，巩固了其在智能手机和平板电脑领域的霸主地位。2012年，苹果推出了iPhone 5，这是其首款支持4G网络的手机。凭借轻薄的机身设计和较大的屏幕，iPhone 5获得了巨大成功，创下历史上手机首周销量最高的纪录。iPhone 6和iPhone 6 Plus的出现进一步奠定了iPhone的超级明星地位，它们成为苹果历史上最畅销的手机产品。在平板电脑市场，苹果的iPad系列产品也处于主导地位。2015年，苹果改革了iPad产品线，推出了更大屏幕的iPad Pro，重新定义了平板电脑的产品形式。iPad Pro强大的性能和丰富的应用吸引了很多商业用户。苹果电脑和苹果手表也成为人们追捧的商品。在蒂姆·库克的领导下，苹果继续打造音乐、支付、云存储等数字生态。凭借持续创新与良好的客户体验，苹果在2012年至2020年的利润和市值大幅提升，已经成为世界上市值最高的公司之一。它引领着智能手机和平板电脑的产业发展方向。

与此同时，谷歌也快速成长为全球科技巨头。凭借搜索引擎和人工智能技术，谷歌势头正盛。2012年，谷歌发布了知名的谷歌眼镜，这是一款集成相机、麦克风等功能于一体的可穿戴智能设备，象征着谷歌对人工智能技术的积极布局。2014年，谷歌又发布了安卓系统的重要版本Android Lollipop，进一步优化了移动设备的用户体验。依托安卓系统，谷歌手机也获得了快速发展。2015年，谷歌进行企业重组，成立了Alphabet公司，并将业务拆分为互联网搜索、人工智能等，为快速发展创造条件。人工智能一直是谷歌的重点发展方向。2016年，谷歌的AlphaGo人工智能系统首次在围棋比赛中击败人类高手，震惊全球。在无人驾驶汽车、图像识别等领域，谷歌也处于领先地位。2020年，谷

歌宣布已经达到每月 1100 亿次搜索量。凭借强大的技术创新实力，谷歌对全球数字生态产生了深远影响。

这几年是亚马逊高速发展的黄金时期，它在电商、云计算等多个领域实现了跨越式发展，已经成为全球科技界的领军企业之一。亚马逊的零售业务继续保持强劲增长态势，它不断加强物流建设，提供更快捷的送货服务，增加商品种类，打造良好的购物体验，因此在电商零售市场的占有率不断提升。2017 年，亚马逊完成了对高端连锁超市全食超市的收购，正式进军线下零售业。与此同时，亚马逊的云计算部门 AWS 也成为公司新的增长引擎。AWS 提供可靠、安全的云服务，吸引了大量企业用户。目前 AWS 已经成为全球公有云服务的最大提供商。2020 年，AWS 的营收规模超过了 45 亿美元。凭借强大的云服务能力，亚马逊还抢滩智能硬件市场，推出了 Echo 智能音箱、Fire TV、Kindle 电子书阅读器等产品，取得了很好的成绩。苹果、谷歌、亚马逊已成为全球科技行业的头部企业。

稳居世界 500 强的沃尔玛，在这段时间对自身业务进行了调整优化，以适应零售行业变革的需求。面对线上购物需求的激增，沃尔玛加大了对电子商务的投入。它不断完善官方网站及移动 App 的功能，改善购物体验，并推出免费两日达等送货服务，与亚马逊展开竞争。除了电子商务，沃尔玛也调整了实体店战略。它关闭了一些表现不佳的大型商场，转而通过收购在社区小店中进行布局。这有助于沃尔玛贴近消费者，为其提供更便捷的购物选择。此外，沃尔玛还试图将门店打造成消费者体验中心。2017 年，它推出了"拾货点"服务，允许网购用户到门店免费取货；一些大型沃尔玛商场也打造了玩乐设施和餐饮区。这些举措提升了消费者的购物体验。在调整业务的同时，沃尔玛也加强了对员工的培训与关怀，试图改善其品牌形象。综合来看，经过一系列变革，沃尔玛保持了业界强者的地位。

说到世界级企业，就不得不提到一个富有想象力的公司——特斯拉。它凭借电动汽车的创新技术，实现了产品线的快速扩张和销量的爆发式增长。2012年，特斯拉推出了首款量产电动汽车 Model S，这款车凭借酷炫的外形设计和领先的电池技术，获得市场好评。之后几年，特斯拉又陆续推出了 Model X、Model 3 等畅销车型。特斯拉在这几年进行了大规模的产能扩张建设，它在内华达州建设电动车电池工厂，并购入加州的奔驰工厂进行改造。这使特斯拉获得了足够的产能支撑销量增长。凭借持续的技术创新和产品优势，特斯拉获得爆发式发展。2020年，特斯拉交付了50万台电动汽车，是2012年的近100倍。特斯拉改变了电动汽车的市场格局，将可持续出行理念推向市场，对世界产生深远影响。它代表了电动车企业的发展方向。

老牌车企德国大众汽车推出多款优秀车型，巩固其在全球车市的强势地位。比如，奥迪的 A3、A4L 系列，保时捷的 Macan、Panamera 系列，都获得了很好的销量。就在大众汽车表现亮眼之时，它却发生了影响深远的"排放门"事件。2015年，大众汽车被曝在美国贩卖了100多万辆安装"舞弊设备"的柴油车，这使其品牌形象严重受损。之后数年，大众汽车斥巨资与美国政府达成和解，并回购相关车型。这场危机也促使大众汽车调整经营策略，加大电动汽车等新能源车型的研发力度。虽遭遇危机，但依靠顽强实力，大众汽车保持了行业领先者的地位。它正在逐步实现业务转型，以适应汽车产业新趋势。

美国的福特也不甘后人，不仅推出多款畅销车型，还重塑管理和业务模式。产品上，福特的 F-150 系列皮卡以及新探险者 SUV 系列的销量保持强劲势头，是其重要的利润来源。此外，福特还推出了全新的 Mustang Mach-E 电动车，标志其电动化进程的加速。福特的新 CEO 哈克特上台后，进行了管理重组，裁减了管理层级与工作人员，提高了决策效率。福特还调整了与合资公司的关系，它与中国长安汽车结束合资关系，转而与当地初创公司建立合作，这提高了其在中国的自主决策能力。此外，福特还大力投资电动车与自动驾驶领域，它计划到2025年，电动车占比超过40%。福特正在进行新的尝试，它想以更有活力的企业形象应对行业变革。

韩国的三星在智能手机和芯片业务上取得长足发展，已经成为全球最大的科技企业之一。在智能手机领域，三星的 Galaxy S 系列产品与苹果的 iPhone 进行激烈竞争。2013 年，三星推出了 Galaxy S4，这款手机的销量达到 4000 万部。之后几年，Galaxy S 系列手机不断升级，在高端智能手机市场占据主导地位。与此同时，三星还布局平价手机市场。它推出全新的 Galaxy A 系列智能手机，以及 Tizen 操作系统，进一步扩大了市场规模。2015 年，三星智能手机的出货量达到 3.2 亿部，位居全球第一。在组件领域，三星的芯片产业也取得重要进展，于 2014 年实现了 14 纳米工艺量产，之后又推出 11 纳米工艺，继续保持领先地位。三星还大举投资内存产能，巩固其存储芯片的龙头地位。凭借强大的创新能力与良好的执行力，三星已经成为全球科技业的领军企业，并继续保持着旺盛的发展势头。

在金融业逐渐式微的这几年，凭借强大的研究团队和销售网络，摩根大通保持着全球最大的股票与债券交易量。与此同时，摩根大通加速进行数字化转型。它大力投资金融科技，推出数字支付、交易等新服务，以适应互联网时代的需求变化。2017 年，摩根大通与亚马逊云服务合作，成为首个将交易系统迁移到公有云的大型银行。在业务调整方面，摩根大通则进行了大刀阔斧的改革。它裁减传统业务部门，调整分支机构布局，减少操作成本。这些举措提高了摩根大通的效率和灵活性。摩根大通在稳步发展中继续保持着全球银行业的领导者地位。

这几年，金融行业大洗牌，互联网行业和电动汽车行业蓬勃发展。我国民营经济中的互联网行业、电动汽车行业、金融行业都有了全球化布局，与发达国家的行业巨头直接进行竞争，并在竞争中占有一席之地。

四、经济博弈中生存与落败的中国企业家

任正非：永不服输的华为，满怀忧患意识的"头狼"

2012 年，华为超越瑞典公司爱立信，成为全球最大的电信设备制造商。当年 8 月，《经济学人》杂志刊发封面文章《谁在害怕华为？》，指出中国企业开始在全球市场争雄，海尔已经是全球领先的白色家电生产商，华为正在跟随海尔的步伐，联想也在挑战惠普在人计算机市场的霸主地位。一些西方政府担心华为可能涉及间谍活动，并认为应该加强安全监管，拥有不透明的所有权结构和神秘企业文化的华为可以通过公开上市解除外界疑虑。紧接着在 10 月，美国众议院指控华为和中兴通讯对美国的国家安全构成威胁，两家中国公司则先后发表声明予以驳斥。回过头来看，这一年只是漫长国际竞争中的一个小插曲而已。

任正非在回忆这件事时说道："华为是由于无知才走上通信产业的。当初只知道市场大，不知道市场如此规范，不知道竞争对手如此强大。"[1] 任正非早年是军队里的技术兵，退役转业之后进入一家电子公司，不料被骗了 200 万元，因而丢了稳定的工作。他在 1987 年创立了华为——这个名字来自"中华有为"。华为起初只是销售代理一家香港公司的电话交换机，后来才自主研发设备。20 世纪 90 年代初，国外的思科、爱立信、阿尔卡特、朗讯和北电网络等占据我国的通信市场。为了扭转被动局面，政府鼓励民族企业进行自主研发，华为和中兴通讯脱颖而出。任正非为了提高品牌可信度和竞争能力，游说各地电信局，由华为与电信职工集资成立合资企业。从一开始，华为的合资模式就受到同行的攻击，被质疑是"不正当竞争"。任正非曾经试图在每一个省都组建合资公司，但由于告状的国内外企业实在太多，到 1999 年之后，任正非被迫整编这些合资公

---

[1]　杨正莲：《华为国际化路径上的美国壁垒》，载《中国新闻周刊》，2012 年第 39 期。

司。但事实上，华为的市场目标已经实现，合资公司的使命已然完成①。

1997 年，华为开始进入国际市场。华为在海外走"农村包围城市"路线，先聚焦于亚非拉地区。任正非为华为定下的方向是在国内市场做"狮子"，在国际市场做"羚羊"。为了不让狮子吃掉，羚羊必须比狮子跑得快；为了不饿肚子，狮子又必须比羚羊跑得快。2003 年，华为在印度班加罗尔设立全球研发中心。之后，华为首先推出 3G 无线通信技术 CDMA，巩固其在全球无线通信领域的地位。在进入欧洲市场时，任正非决定要针对英国电信专家提出的各项问题进行调整，将相关产品送到英国检测，力图获得英国电信供应商的认证。在费尽千辛万苦被纳入英国电信的"21 世纪网络"供应商招标名单后，华为又制定了明确的商业计划，并且在英国设立了欧洲地区总部和服务中心，以保障工程交付后的技术支持服务②。2005 年，华为才成为英国电信的"21 世纪网络"供应商之一。

21 世纪初，华为可谓错失了一大风口。当时其面临着两种选择：发展 2G系统，或是抢占火热的小灵通市场。任正非认为前者技术落后，后者风险大且不长久，因而押注更为领先的 3G 技术。市场的发展出乎其意料，中兴通讯选择了 2G 技术和小灵通市场，并很快拿下了中国联通的招标项目，而小灵通也风靡多年。任正非在 2019 年接受美联社采访时将小灵通的出现归结为体制内形成的"怪胎"，并表示："当时华为公司处于很大的生存压力中，在那种情况下，我们还是聚焦做 3GPP 标准的产品。这个过程耗时 8 年，内部有很多人都在写报告说要做小灵通，他们是想多赚一点儿钱，觉得小灵通很简单，完全可以上的。我每一次看到报告，内心都很纠结，痛苦得无以复加，可能抑郁症也是那个时候变得严重的。直到 8 年以后，中国确定放 3G 牌照，我们的心才真正放

---

① 吴晓波：《激荡三十年：中国企业 1978—2008》，中信出版社 2017 年版。

② 尧七：《任正非，杀出来了》，载新浪财经网，https://baijiahao.baidu.com/s?id=1739664426603044336&wfr=spider&for=pc.

下来。"

华为在 2003 年成立了手机业务部，先是进入小灵通领域，后来决定转型做高端机。2011 年初，华为将组织架构调整为运营商业务、企业网业务和消费者业务三大板块。归属于消费者业务（后来又改名为"终端业务"）的智能手机业务在 2013 年前后得以崛起。华为推出了高端机 Ascend P6，叩开欧洲市场大门，并在全球扩大其市场份额。

虽然华为和中兴通讯、爱立信、思科、三星等公司的激烈竞争推动了技术发展，但也引起了知识产权争端和贸易摩擦等。2003 年春，美国传统电信巨头思科起诉华为侵犯其知识产权，人们将之称为"世纪诉讼"。据报道，思科内部甚至成立了一个名为"打击华为"的秘密小组，并警告客户不要购买华为的产品。华为则反击思科涉嫌"垄断"，并和思科的对手 3Com 公司成立了合资子公司，由 3Com 的 CEO 提供对华为有利的证词。2004 年，华为、思科各自发表声明和解。

华为在这种环境下越发重视技术创新和专利保护，进而推动公司业务发展。2012 年是四核 ARM 的爆发年，高通新一代 Krait 架构的"骁龙"、德州仪器的 OMAP 5 和三星的四核 Exynos 5 等激烈竞争，华为也推出首款移动处理芯片 K3V2。2015 年，华为首次成为全球专利申请数量最多的公司。2018 年，华为率先推出 5G 商用设备，任正非公开表示："华为在 5G 技术上已经遥遥领先于其他国家。"2011 年至 2013 年，任正非连续三年位居美国《财富》杂志公布的中国最具影响力商业领袖首位；2014 年，华为的营业收入达到 465 亿美元，基本上与思科 471 亿美元的营业收入持平；2015 年，华为以 601 亿美元的营业收入超越思科 492 亿美元的营业收入，一举成为全球第一大通信设备商。[①]

不过，华为和网络安全、数据隐私、产业链依赖度等常年都是舆论关注的焦点，国际各方的质疑和审查成了制约华为业务拓展的重要因素。2018 年 3 月，

---

① 孙力科：《任正非：商业的本质》，北京联合出版公司 2017 年版。

美国时任总统特朗普在白宫正式签署对华贸易备忘录，宣布对从中国进口的600亿美元商品加征关税，并限制中国企业对美投资并购。到了2019年，美国宣布对华为实施一系列制裁措施，包括将其列入实体清单，限制美国公司与华为的业务往来。尽管2019年华为智能手机的出货量为2.4亿部，2020年其智能手机市场占有率首次超过三星和苹果，但被制裁风暴打击之后，第三方数据显示，华为的全球市场份额一度只剩3%。2022年，华为智能手机的出货量仅为2800万部。华为旗下的智能手机品牌荣耀也在2020年11月被分拆出去。

为了应对美国的制裁和降低对外国系统的依赖，华为在2021年正式发布自主研发的操作系统鸿蒙。到了2023年，华为先用自主研发的MetaERP系统替换甲骨文的ERP产品，然后推出搭载麒麟处理器的5G旗舰手机Mate60 Pro。

在风浪中，尽管任正非行事低调，但从一些采访中仍可见其鲜明的个性。

首先，他是具有狼性的商人。华为靠着"狼性"一路高歌猛进，在海外开疆拓土。不过，"狼性"文化也存在争议。过大的劳动强度、严厉的管理制度、随时准备替换表现不佳的人，使得华为员工的精神始终处于高度紧张状态[1]。

其次，他具有强烈的忧患意识。2001年，华为还处于业绩上升期，任正非以一篇《华为的冬天》敲响警钟："10年来我天天思考的都是失败，对成功视而不见，也没有什么荣誉感、自豪感，而是危机感。也许是这样才存活了10年。我们大家要一起来想，怎样才能活下去，也许才能存活得久一些。失败这一天是一定会到来，大家要准备迎接，这是我从不动摇的看法，这是历史规律。"伴随着全球IT泡沫破裂、公司内外部矛盾交汇，华为在这一年出现了创业以来的首次亏损。财经人士吴晓波认为任正非是笛卡尔式的怀疑主义者，即对人类行为的正面动机缺乏信心，更愿意以系统性的怀疑和不断的勇猛考验，达到求知求实的目的[2]。

---

① 林超华：《华为没有成功，只有成长：任正非传》，华中科技大学出版社2019年版。

② 吴晓波：《激荡十年，水大鱼大》，中信出版社2017年版。

　　任正非无疑是爱女心切的。2021 年前后，其小女儿姚安娜在娱乐圈出道。华为发布公告《关于公司代理姚安娜商标注册的几点说明》，解释了任正非委托知识产权部为女儿代理注册商标，并表示任正非是第一次公权私用，为此向全体员工道歉。大女儿孟晚舟被视为继承了任正非的坚毅品性。2018 年 12 月，时任华为副董事长、CFO 的孟晚舟正准备转机去阿根廷参加会议，却在加拿大温哥华被捕，加拿大警方给出的理由是华为涉嫌违反了美国对伊朗的贸易制裁规定。在被保释后，戴上电子镣铐的孟晚舟表现得很冷静。任正非在接受媒体采访时说："我女儿现在本身也很乐观，她自学五六门功课，准备读一个'狱中博士'出来。"经历了 1000 多天的非法拘押，孟晚舟与美国司法部达成延期起诉协议，并最终在 2021 年 9 月回到深圳。尽管在 2019 年 2 月，任正非曾公开表示"孟晚舟永生永世不可能做接班人，因为她没有技术背景"，但在 2023 年 4 月，孟晚舟首次当值华为轮值董事长。有人诟病华为的家族色彩浓重，但从制度上看，华为并非管理者独断专行的企业。在资本架构中，任正非本人在华为的持股比例只有 1% 左右，其余股份属于华为投资控股有限公司工会委员会。任正非早年发现华为内部思想混乱、山头林立，于是他决定在华为内部实行轮岗制。2012 年，他发文《董事会领导下的 CEO 轮值制度辨》："过去的传统是授权予一个人，因此公司命运就系在这一个人身上。成也萧何，败也萧何。非常多的历史证明了这是有更大风险的。"

　　任正非的故事，是一位企业家在宏观环境变化中满怀忧患意识的创业故事，也是不畏竞争和打压，一直向上攀登的伟大中国精神的写照。

贾跃亭：蒙眼狂奔，为梦想"窒息"

　　2015 年，在乐视超级手机的发布会上，贾跃亭留下了经典的、让人难忘的一幕：他张开双臂，身后的 PPT 上写着"让我们一起，为梦想窒息"。从成名到陨落，贾跃亭获得了很多带着戏谑意味的外号：他的打扮酷似苹果创始人乔布斯，人们称他为"贾布斯"；他是玩弄财技的"贾会计"；他是不停提出奇特概念的"造词家"；出走美国后，他成了"下周回国的男人"……

贾跃亭出生在农民家庭，毕业于山西省财政税务专科学校，曾在地方税务局工作，还拿过山西省税务系统计算机比赛第一名。辞去公职后，他折腾过一些小生意，后来借着中国电信业的 3G 浪潮开始布局视频行业。彼时视频行业参与者众多，国外有在 2006 年被美国谷歌收购的 YouTube，国内有土豆网、56 网、PPTV、PPS 和优酷等。2012 年，贾跃亭向外界高调宣布，乐视将进军电视行业。第二年，乐视就推出"全球首款 4 核 1.7G、全球速度最快的超级电视"，试图将硬件和软件内容打通，定价不到 7000 元。

乐视初期的运营模式被认为是"Hulu+Netflix"，即一方面以正版、标清质量的内容吸引用户访问网站，盈利以广告收入为主；另一方面以高清、超高清视频节目吸引用户直接付费观看。经过摸索，乐视形成了自己特有的盈利模式："将付费与免费相结合，付费模式主要由影视剧线上发行收入和企业会员服务费收入组成，免费模式主要由互联网广告收入和网游联合运营收入组成。"[①]

当乐视于 2010 年 8 月在国内创业板上市时，优酷网在当年 12 月才登陆纽约证券交易所，土豆则在次年才在美国纳斯达克挂牌上市。当很多视频网站在艰难求生时，乐视却宣布实现了盈利。时任华兴资本 CEO 的包凡却评论："一个排名第 17 位的视频网站，却有业内第一的财务指标，变戏法啊。"

人们后来将乐视的脱颖而出与贾跃亭的人脉、手段联系起来。首先，贾跃亭早在 2005 年前后就经人介绍认识了天天在线的总裁王诚（本名令完成），乐视也获得了王诚的投资。其次，在中国，视频网站领域的创业要难于其他互联网领域，其存活需要过三关：牌照关、行业资源关及资金关，而在同行眼中，乐视一直都是"通关"高手——乐视与新浪等少数几家民营企业是第一批拿到《信息网络传播视听节目许可证》的公司；乐视是民营视频企业中第一家（也是

---

① 周斌：《解码乐视》，机械工业出版社 2016 年版。

唯一一家）拿到手机终端内容运营牌照的公司；在与运营商的合作上，乐视也比其他视频网站要深入。① 此外，贾跃亭频频通过质押乐视股份以获得资金周转，这也为日后的风险埋下了伏笔。贾跃亭还擅长创造引人遐想的新概念。他提出"平台＋内容＋终端＋应用"的完整生态系统，被业界称为"乐视模式"。他提出"生态化反"的新概念——"价值重构、共享和全球化，最终由此形成由垂直闭环的生态链和横向开放的生态圈组成的完整生态系统"，但人们发现"化反"这个词在中国字典中找不到，很可能是"化学反应"的简称。

2014 年，有关部门收紧了针对互联网电视及机顶盒的政策，机顶盒甚至直接被要求下架。此外，乐视资金链方面传出贾跃亭大量质押个人股份的消息。多重坏消息叠加使得乐视的股价急速下滑，股价再跌下去贾跃亭就有失去质押股票的风险。② 不过好在当年 10 月，国务院发文鼓励体育产业消费，乐视体育迎来红利期。投资人的情绪高涨，也让乐视的融资变得容易起来，乐视体育和乐视移动分别完成 8 亿元、36 亿元的融资，马云、王健林、王思聪都投了乐视体育。资金充裕的乐视体育风头强劲，陆续买入超过 250 项体育赛事版权，涵盖足球、篮球、网球、排球、高尔夫、马拉松等多项赛事。③

当时的贾跃亭忙于在海外考察，回国后宣布了"超级电动生态系统计划"，致力于打造互联网电动汽车。据统计，在 2015 年，乐视先后召开了 150 多场新闻发布会。这一方面说明乐视有数不清的新产品要告诉消费者；另一方面也呈现出"化学反应"的空前无序。④2015 年 1 月 4 日，贾跃亭发布题为《不畏浮云遮望眼，只缘心在最颠覆》的新年内部邮件，预测乐视生态 2015 年的总收入将达到 230 亿元，并讲述了乐视的造车计划。4 月，贾跃亭在超级手机发布会上宣布"乐视手机多维度超越苹果，创十大全球第一，是世界上第一部超过

① 吴晓波：《激荡十年，水大鱼大》，中信出版社 2017 年版。

② 余明阳：《中国企业经典案例 2018》，上海交通大学出版社 2018 年版。

③ 张志勇：《民营企业四十年》，经济日报出版社 2019 年版。

④ 吴晓波：《激荡十年，水大鱼大》，中信出版社 2017 年版。

iPhone 的智能手机"。10 月，贾跃亭称乐视已成为中国乃至全球唯一一家涵盖三大智能硬件产品（电视、手机和汽车）的"超级公司"，他打出口号："永远无知无畏，执着蒙眼狂奔。"

贾跃亭充分展现了胆大豪赌的特质。他曾说："乐视造车也可能会失败。2013 年，针对是否造汽车，乐视高管发起过一次投票。结果大部分高管都表示坚决反对，因为（造车）难度极高、风险极大，甚至有可能会拖垮整个乐视。我当时说，即使乐视造车会万劫不复，但只要能点燃更多人的梦想，我们也会义无反顾。""即使乐视（造车）不成功，乐视生态整合的模式也会成功，而'乐视造车'必然会带动更多同行加入互联网电动汽车产业，大幅缩短互联网电动汽车产业的发展时间，就如我们引领并改变了电视行业一样。"当然他也尽力请了很多业内人士加入：曾任英菲尼迪中国区总经理的吕征宇，一汽大众生产总监石则方，上汽集团前副总裁丁磊……

备受追捧的贾跃亭当然不缺模仿者——暴风影音的创始人冯鑫。《完美的不真实：冯鑫以及〈坏血〉的故事》一文的作者侯继勇说，冯鑫曾经告诉他："乐视怎么干，我就怎么干。"乐视做电视，暴风影音也做电视；贾跃亭放言造车圈钱，冯鑫则围绕"虚拟现实"造梦……再后来的故事，则是冯鑫看着乐视豪赌乐视体育，自己也做起暴风体育并深陷收购案，最终遭受牢狱之灾①。

贾跃亭玩弄财技的隐患在 2015 年 6 月渐显。曾经成功揭露蓝田股份财报造假的刘姝威教授，公开质疑贾跃亭的行为和乐视的财务状况。她指出，贾跃亭 3 天减持套现约 25 亿元无息借给乐视，并认为乐视的"烧钱"模式难以维持。然而，当时市场狂热，沪指一度冲过 5000 点，"互联网＋"的概念如日中天，她的质疑自然没有得到反响。乐视还回应她："刘教授对乐视的创新和努力视而不见，用传统、古老、落后的研究方法对互联网企业进行分析和估值，已落后时代，犯了刻舟求剑的错误。"然而，A 股在下半年"由牛转熊"，最低一度跌

---

① 林军、胡喆：《沸腾新十年：移动互联网丛林里的勇敢穿越者（上下）》，电子工业出版社 2021 年版。

到 2850 点，乐视股价也随之下跌，贾跃亭的资金压力陡增。

乐视的年报显示，应收账款在 2015 年底为 33.5 亿元，但到了 2016 年底暴增为 86.8 亿元。另外，根据贾跃亭的自述，乐视超级电视在 2016 年的销售台数为 600 万台，可是根据奥维云网的数据推算，它的年销量应该小于 100 万台，而 2000 万部乐视手机的销售数据同样可疑①。

直到 2016 年 11 月，贾跃亭发布内部信《乐视的海水与火焰：是被巨浪吞没还是把海洋煮沸？》，才说出仅汽车项目已陆续花掉 100 多亿元的自有资金，承认公司资金链有断裂的可能。贾跃亭表示自己正在全力解决该问题，他本人自愿永远只领取公司 1 元年薪，但他仍号召全体员工"同路狂奔，梦想连海洋也能煮沸"。

危机出现后，贾跃亭在长江商学院总裁班的 50 多位同学伸出了援手，他们筹集 6 亿美元支持贾同学的梦想。贾跃亭的山西老乡孙宏斌做了一个多月的尽职调查，随后融创中国宣布以 150.41 亿元入股乐视，成为其第二大股东。

不过乐视的窟窿太大，贾跃亭在 2017 年 7 月离开中国，飞抵美国旧金山。当年 9 月，乐视更名为"新乐视"，完成了与贾跃亭的切割。孙宏斌则在 2018 年 3 月宣布辞任乐视董事长一职，退出董事会，并不再在乐视担任任何职务。

2019 年，中国证监会宣布对乐视网及贾跃亭立案调查。之后，乐视网收到中国证监会北京监管局送达的《行政处罚决定书》。决定书显示，乐视网、贾跃亭等存在五大违法事实：

一是乐视网于 2007 年至 2016 年财务造假，其报送、披露的申请首次公开发行股票并上市（简称 IPO）相关文件及 2010 年至 2016 年年报存在虚假记载；

二是乐视网未按规定披露关联交易；

三是乐视网未披露为乐视控股等公司提供担保事项；

四是乐视网未如实披露贾某芳、贾跃亭向上市公司履行借款承诺的情况；

---

① 吴晓波：《激荡十年，水大鱼大》，中信出版社 2017 年版。

五是乐视网 2016 年非公开发行股票行为构成欺诈发行。

2020 年 7 月，乐视在创业板终止上市交易，股价当日收报 0.18 元，而后退至新三板。而离开乐视的贾跃亭在做什么呢？他身处太平洋彼岸，名头变为法拉第未来公司的创始人兼首席产品和用户生态官，为新能源汽车奔忙，尽管围绕这家公司的话题包括巨额亏损、高层换人、交付困难……

人们迟迟不见"下周回国"的贾跃亭，只看见他留下了狂热的口号和一地烂摊子。

许家印：扩张，激进，爆雷，入狱

2016 年，恒大宣布在总资产、现金余额等多项指标方面均超过万科，成为"全球第一房企"。"全球第一房企"的掌门人许家印也在 2017 年以 2900 亿元身家成为中国首富。当时，许多人不会料到，恒大再过数年就会爆出债务危机，许家印也将身陷囹圄。正如清代孔尚任在《桃花扇》中所说："金陵玉树莺声晓，秦淮水榭花开早，谁知道容易冰消！眼看他起朱楼，眼看他宴宾客，眼看他楼塌了。"

许家印在早期的房地产项目中，就展现了出色的运作能力和管理能力。大学毕业后，他先是在河南的一家大型国企工作，后来下海做贸易业务员、房地产公司总经理等。在推广广州珠岛花园项目时，他打出"小面积、低价格"策略，在当年就盖完了 108 个公章，办齐所有的报检手续，这在当时几乎是不可能的。这个项目的房子很快被抢购一空。当许家印创办恒大地产后，在 1997 年做了第一个项目"金碧花园"。他仍将珠岛花园的成功经验复制使用，创下当年征地、当年报建、当年动工、当年竣工、当年售罄、当年轰动、当年入住、当年收益的"八个当年"纪录。[①] 在该项目的建设过程中，资金"快进快出"成为一大特色。许家印想到分期支付的方式，他说服施工单位先垫资盖房，当该

---

① 魏昕：《地产狂人许家印》，中国商业出版社 2014 年版。

楼的第一层施工完成并达到楼盘预售条件时，就向市场推出，回笼的资金用来支付施工和运营的费用。金碧花园第一期 300 多套房子只用半天时间就卖完了。

随着中国住房制度的改革，恒大也顺着商品房大潮高歌猛进。2003 年，恒大位居广州房地产最具竞争力十强企业第一名，并首度跻身中国企业 500 强。2004 年，许家印亲自推倒金碧世纪花园耗资千万元但不符合精品标准的中心园林，并高呼，"从今以后，公司都要实施打造精品、创立品牌的战略方针"。

2006 年，富阳（中国）控股、世贸房地产、绿城中国、盛高置地等内地房地产企业纷纷在香港上市，许家印也动了这个念头。为了冲刺上市，恒大筹资举债，开始在全国大举圈地，其土地储备在 2007 年底竟较 2006 年增长了 9 倍，而且恒大只用了一年半的时间就从广州走向了全国 22 个城市，但同行万科扩展到 29 个城市用了 10 年时间。[①]

2008 年 3 月，恒大启动了全球路演并公开招股，但在美国次贷危机的影响下，投资人都很警惕，恒大招股价被压低，最后许家印不得不宣布中止上市计划。公开上市失败意味着之前的大肆圈地将面临资金链断裂的压力，许家印则被人们视为"野心膨胀者"。

许家印开始寻求海外投资者特别是香港商人的支援。2008 年 6 月，周大福集团和新世界集团的创始人郑裕彤联手科威特投资局、德意志银行和美林银行等投资机构，斥资 5.06 亿美元入股恒大，让恒大负债率下降，也让许家印得以喘息。通过大力促销和请明星进行宣传的方式，恒大盘活了一大批在建项目。

2008 年，恒大的销售收入达到 118 亿元，第一次跻身国内房企的"百亿俱乐部"。2009 年，市场转暖，恒大地产重启上市。在上市投资推介会上，郑裕彤、刘銮雄和杨受成等商界巨头都现身站台。当天，恒大以 705 亿港元成为当时中国市值最大的民营房企。郑裕彤联手国际资本投入的 5.06 亿美元，收获了 6.6 亿美元的利润；凭借 68% 的持股比例，许家印以 480 亿港元一举成为当时的

---

① 何凤丹：《恒大地产绝地逢生史》，载《投资者报》，2012 年 7 月 2 日。

内地首富。①

春风得意马蹄疾，许家印不想单纯地依赖房地产行业，从而开启多元化战略。这为日后的"楼塌了"埋下伏笔。

作为一个体育迷，许家印决定借助职业联赛来推广恒大品牌。2008 年，恒大冠名世界乒乓球锦标赛。2009 年，许家印斥巨资创立"恒大女排"，由郎平担任主教练。足球无疑是许家印在体育投资中最浓墨重彩的一笔。2010 年，许家印宣布以 1 亿元接手广州足球队。当时，这支足球队由于踢假球被降级处理，处于低迷时期，商业价值并不高。然而，经过许家印改造的恒大足球队，却成了广州足球历史上首个顶级联赛冠军。

许家印特别重视树立绝对权威，对手下重奖重罚。在某次比赛中，球员们赢一场的奖金为 500 万元，平一场则有 100 万元奖金。不光是赢球有奖励，输球也会受到处罚，输一场的话会受罚 300 万元。② 其管理手段可见一斑。许家印还喜欢做思想工作，围绕激发斗志、捍卫尊严、呼唤英雄展开，并为此提出了很多著名的口号，他曾为恒大足球俱乐部提出"24 字指示"：直面困难，坚定信心；狼性十足，血拼对手；不辱使命，为国争光。这基本上也是他对所有恒大人的要求。

许家印投资足球有自己的小算盘：一次赛事的广告牌就可以挣回几十万元，如果要达到同样的楼盘宣传效果，则需要花费上亿元。当时，和许家印一样狂热的商人不在少数。2015 年 3 月，国务院办公厅发布《中国足球改革发展总体方案》，职业联赛的商业开发与足球产业的全面发展成为改革要点之一。于是，除了已经进入足球产业的富力和恒大，绿地、华夏幸福和佳兆业等企业也纷纷入场。前足球媒体人赵震表示，对于很多企业家来说，投资足球的目的并不复

---

① 《商界》考拉看看、商界杂志社采编团队：《商界 40 年：先行者（1978—1988）》，浙江人民出版社 2019 年版。

② 吴玲：《许家印：地产、足球，恒大的世界》，台海出版社 2019 年版。

杂，首先是为自己的企业做广告，其次是通过足球和当地政府建立联系，寻求政策上的倾斜。[①]

不过，恒大足球俱乐部的财报显示，从 2013 年至 2020 年上半年均未盈利，累计亏损超过 86 亿元。作为类"广告渠道"，当恒大主业出现危机时，足球队也自身难保。

许家印还在 2013 年宣布要进军高端矿泉水市场。他定下"2014 年恒大冰泉的销售额要达到 100 亿元、2016 年要达到 300 亿元"的目标。当时，农夫山泉的普遍定价不超过 2 元 / 瓶，百岁山的普遍定价为 3 元 / 瓶，但恒大冰泉竟定价 5 元 / 瓶。许家印豪掷千金进行轰炸式营销，但对消费者而言，恒大冰泉的口感并无特殊之处，最终也只能以巨额亏损而惨淡收场。

2018 年，房地产调控渐严，恒大地产发展遇阻。许家印渴望恒大能迅速转型，无奈船大难掉头。考虑到国家战略以及车子和房子的业务协同，许家印加大对新能源汽车的押注。当年 6 月，恒大健康宣布以 67 亿多港元正式入主贾跃亭的电动汽车初创公司"法拉第未来"。然而仅过了三个月，双方就陷入控制权纠纷，最终在年底和解。从 2019 年开始，恒大健康收购瑞典电动汽车公司 NEVS 的 51% 股权，入股世界顶级跑车品牌科尼塞克并与其成立合资公司，收购电池厂商卡耐基新能源 58% 的股权……恒大试图通过收购打通产业链。在恒大新能源汽车全球战略合作伙伴峰会上，许家印总结恒大的造车路为："买买买，合合合，圈圈圈，大大大，好好好。"一时语惊四座。在这一年，许家印宣布，恒大全面完成多元化产业布局，形成以地产为基础，旅游文化、健康养生为两翼，新能源汽车为龙头的产业格局。

然而在 2020 年 5 月，恒大动力科技集团常务副总裁吕超离职，并称"房地产造车"模式与汽车产业发展规律冲突，若不彻底改变这种行为方式和造车理念，很难成功。恒大汽车在 2021 年和 2022 年累计亏损 840 亿元，到 2022 年底

---

① 胡克非：《中超冠军解散，金元足球留下了一地鸡毛》，载《中国新闻周刊》，2021 年 3 月 4 日。

已资不抵债。

和房地产"快进快出"的资金模式不同，造车需要大量的资金投入、技术积累，以及管理者的耐心。此外，业内常有"真拿地、假造车"的讨论，即一些企业会以造车的名义从当地拿到住宅用地资源。

在 2014 年的中期业绩发布会上，许家印公开解释为什么要走多元化路线："我们专门研究后发现，绝大多数世界 500 强企业发展到一定程度和规模后，都会选择多元化战略，恒大也是这样。恒大的规模、团队、品牌，如果不走多元化路线，会失去很多发展机会。"

确实很多集团都有多元化的业务范围，然而问题在于企业实行多元化战略时，是有对应的经营能力还是在盲目扩张。商业历史上，不乏多元化失败的例子——万科梦想成为大型综合商社，却因投资过于分散而被外界发难，后来选择回归主业；喊出"企业不怕大"口号的四通集团搞房地产被骗，折戟多个领域；史玉柱多线作战，出现主业失守、新业务拓展冒进的局面……而且许家印偏好砸重金开拓市场并引来媒体报道，这意味着如果赌错了，资金压力就会陡增。

和很多白手起家的民营企业家一样，许家印也是企业中的灵魂人物。作为恒大的最高话事人，许家印在恒大的决策体系里拥有说一不二的至高权威。很多在恒大工作多年的员工坦言，虽然恒大是一家上市公司，但现代企业制度下的董事会、监事会、外部股东等角色在恒大很难起到真正的制衡监督作用[1]。

"房住不炒"在 2016 年中央经济工作会议上被首次提出，而后不断被强调。曾以高杠杆、高负债、高周转和低成本为发展模式的恒大，在 2017 年宣布要转向低负债、低杠杆、低成本、高周转的"三低一高"。在 2020 年前后，针对房地产开发企业融资的"三道红线"发布，伴随着宏观经济压力增大，恒大没能

---

[1] 张从志：《许家印的十年：从亚洲之巅到身陷囹圄》，载《三联生活周刊》，2023 年 11 月 26 日。

像在 2008 年时那样幸运。2021 年 7 月，广发银行宜兴支行以"情况紧急"为由，申请冻结恒大资产；当年 8 月，中国人民银行、银保监会约谈恒大；9 月，许家印放言："我可以一无所有，但投资者不能一无所有。"2022 年，媒体报道中的许家印忙于甩卖豪宅，宣称保证交楼。2023 年 9 月，市场传言被证实，许家印因涉嫌违法犯罪，已被依法采取强制措施。

大型房企的爆雷突然且猛烈，而重整残局的过程又如此漫长，许多恒大商品房的业主都陷入面对烂尾楼的惊恐和痛苦中。重新审视恒大爆雷，许家印的个人性格和管理方式固然存在问题，但商品房预售制和房地产业的发展也要引起我们的反思。尽管《中华人民共和国城市房地产管理法》规定，"商品房预售所得款项，必须用于有关的工程建设"，但由于这里的"有关"界定相对模糊，难以从根本上保证资金不被挪用。在楼市上行期，很多开发商会将预售房款投入下一个新项目[①]。随着房地产市场与宏观环境的变化，人们思考该如何及时有力地监管企业，避免爆雷重演；如何既平衡企业的发展，又维护普通购房者的权益……

王健林：昔日亚洲首富，从"买买买"到"卖卖卖"

2015 年 10 月，王健林作为首位在哈佛大学公开课登台的中国企业家，以万达的国际化之路为主题进行分享。主持人问道："我们注意到最近中国的海外投资增长很快。我听说有人质疑万达快速增长的海外投资，包括大量的收购，其实是向海外转移资产，您怎么看这个问题？"王健林笑了笑，思索了几秒后回复："海外投资的真正结果确确实实就是'资产转移'，或者说是资产在海外的新增。但资产转移或者在海外投资没有对错之分，只有合法和不合法之分。"

这一年，中国股市在经历了一波大涨之后，出现千股跌停的股灾。此外，

---

① 施旖旎、陈友华：《商品房预售制：保留抑或变革——基于诺思的制度变迁理论的分析》，载《探索与争鸣》，2023 年第 4 期。

中国对外直接投资流量创下 1456.7 亿美元的历史新高，同比增长 18.3%，不仅超过同期吸收的外资规模，实现资本净输出，还超过日本成为全球第二大对外投资国①。在这种背景下，人们对资本外逃的话题尤为敏感，万达掌门人王健林的一番话自然激起千层浪。

外界批评民营企业家没有对国内的经济建设给予资金支持，更何况万达在国内的贷款额几乎接近海外投资额，涉嫌"内贷外投"。在这一波以民营资本为主力的对外投资潮中，分实体资产和轻资产两部分：以美的为代表的制造业，其并购对象为拥有核心技术和制造能力的欧美工厂；而另一部分资本集团则聚焦于房地产和影院、俱乐部等文娱产业，它们的价值标的非常模糊，涉嫌资产转移②。

2017 年 6 月，有消息称，银监会要求各银行对包括万达在内的五家公司的境内外融资支持情况及可能存在的风险进行摸底排查，并重点关注所涉及的并购贷款、内保外资等跨境业务风险情况。消息一出，万达遭遇"股债双杀"。7 月中旬，万达宣布将价值超过 600 亿元、包括数十家文旅项目和酒店的资产打包出售给孙宏斌的融创中国和李思廉的富力地产。时任国家发展改革委政研室主任、新闻发言人严鹏程则表示："我们支持国内有能力、有条件的企业，开展真实合规的对外投资活动；支持以企业为主体、以市场为导向、按商业原则和国际惯例的对外投资项目。尤其支持企业投资和经营'一带一路'及国际产能合作项目。同时，有关部门将继续关注房地产、酒店、影城、娱乐业、体育俱乐部等领域非理性对外投资倾向，防范对外投资风险，建议有关企业审慎决策。"

2017 年，王健林在万达年会上唱了崔健的《一无所有》，其中一句歌词是："当初的美梦也离开，是否我，真的一无所有……" 2017 年成了王健林和万达

---

① 《商务部、国家统计局、国家外汇管理局联合发布〈2015 年度中国对外直接投资统计公报〉》，载商务部对外投资和经济合作司官网，http://hzs.mofcom.gov.cn/article/tpxw/201609/20160901399201.shtml.

② 吴晓波：《激荡十年，水大鱼大》，中信出版社 2017 年版。

难忘且难熬的一年。

王健林起家于房地产，却早早想转向文旅赛道。他在1970年入伍，后转业到大连市西岗区政府任办公室主任，又接手了许多人望而却步的旧城改造项目，从此走上房地产之路。王健林后来回忆，最初他有停薪留职的机会，正好旧城改造的第一单就赚了1000万元，所以他后来才敢下海。早年的经历对他影响颇深。他做事带有军人的气质和作风，工作节奏快，制定的规章制度严格。另外，在旧城改造项目中，他显露出大胆创新的特质，给改造房配上明厅、明卫和防盗门，以此吸引购房者。后来在经营企业时，王健林也强调创新的重要性。在房地产行业深耕10年左右，王健林深感这个赛道的周期性之强、现金流之不稳定，于是他持续探索转型之路。

2000年，王健林决定全面转型，进军商业地产。商业地产是指作为商业用途的地产，故又名做"商铺地产"，区别于以居住功能为主的住宅房地产、以工业生产功能为主的工业地产等，广义上通常指用于零售、批发、餐饮、娱乐、健身、休闲等经营用途的房地产形式[①]。2001年底，万达第一个商业地产项目在长春启动，但是内部反对之声此起彼伏。当时住宅地产热火朝天，所有项目在图纸设计阶段就能销售一空，而商业地产投资巨大、回报期太长，可是王健林拍板的事在公司无任何商量余地[②]。为了打开局面，万达喊出"向世界500强收租"的口号，其中一个想拉拢的对象就是沃尔玛。后来王健林回忆当时的情形："当时沃尔玛很牛，我要约他们一个主管发展的副总裁都约不到，后来还是通过大谊集团（当时沃尔玛和大连国有企业友谊集团开的一家合资公司）的老总才终于见到的。"[③]耗费半年多时间，经过几十次磋谈，沃尔玛才点头合作。之后，以万达广场为代表的万达商业地产项目才在全国铺开。

---

① 余明阳：《中国企业经典案例2018》，上海交通大学出版社2018年版。

② 杜丽娟：《万达：王健林的"加"法原则》，载《中国经营报》，2013年7月1日。

③ 周璇著：《王健林：万达广场的背后》，台海出版社2016年版。

到了 2003 年，王健林看到商业地产趋向饱和，且属于回报周期长、相对风险大的重资产，他又转向轻资产化。后来，王健林从成功的项目中获得启发，推出万达城市综合体模式。这种模式涵盖酒店、写字楼、公共空间、购物中心和文化娱乐休闲设施，既能卖商铺，又能卖住宅；既有现金流，又能经营物业。2006 年，万达跃升为全国商业地产领军企业，之后成为亚洲最大的不动产商、全球领先的不动产商。

王健林曾经想象过万达文化集团可以在 2020 年成为世界文化企业前 10 强。他特别喜欢通过并购海外公司的方式来实现影视产业布局。2012 年 5 月，万达以 26 亿美元收购了当时全球第二大院线集团——美国 AMC 影院公司，并承担全部债务，而后成为全球规模最大的电影院线运营商。尽管王健林对此感到非常兴奋，但在外界看来，万达主要依靠住宅销售资金来反哺持有物业，这样的收购将使万达背上沉重的资金压力，并可能使其在管理上面临海内外文化差异的冲突。除了北美地区，万达还在澳洲和欧洲地区开展大型院线并购。

除了影视业，旅游度假区也是万达的战略棋子之一。2013 年，万达启动集团航母级产品"万达文化旅游城"的建设。2015 年，斥资 1300 亿元、历经三年建设的万达西双版纳国际度假区终于迎来开业。王健林竟宣称万达的乐园就是要和拥有米老鼠、唐老鸭等知名 IP 的迪士尼乐园竞争。他认为，迪士尼乐园最严重的问题就在于成本高昂，而万达胜在能占据价格优势和数量优势，还可以融合国内的传统特色文化，"目标就是让上海迪士尼 20 年内盈不了利"。迪士尼 CEO 罗伯特·艾格则回应："我们确实被震惊到了，因为我们与它（大连万达）有生意上的来往。这种言论也很搞笑，但是我认为王健林所说的并不会对我们造成任何影响。"为了加快转型，王健林还在 2016 年 11 月一举将广发银行董事长董建岳、迪士尼行政总裁金民豪、谷歌全球副总裁刘允正等人收入麾下。

那几年，王健林的财富确实一路上涨。2013 年，王健林以净资产 860 亿元成为中国首富。2015 年，王健林以 2600 亿元的财富首次超过李嘉诚，成为全球华人首富。2016 年，王健林在接受鲁豫的采访时，展示了他的私人飞机、书画藏品。当谈到"很多年轻人想当首富"的话题时，王健林说："想做世界首富，这是对的奋斗方向，但是最好先定一个能达到的小目标，比方说，我先挣它一个亿。"这段话很快刷爆网络，对普通人而言遥不可及的一亿元，对王健林而言只是一个小目标。人们除了惊讶之外，只能用"一个亿的小目标"来调侃生活了。2017 年，王健林以净资产 313 亿美元登上亚洲首富的宝座。

2016 年底以来，我国有关部门加强海外投资真实性、合规性审查。王健林也公开表示要积极响应国家号召，把主要投资放在国内。此后，他逐渐减少了高调的发言。2018 年开始，万达陆续减持 AMC 院线的股份，到 2021 年则完全退出 AMC 董事会，仅保留少数股权。而万达的主题乐园至今未能像迪士尼乐园一样备受追捧。

"塞翁失马，焉知非福"，因为甩卖资产够快、够坚决，万达提前降低了负债率，甚至还一度成为向焦头烂额的同行和朋友伸出援手的"白衣骑士"。孙宏斌曾说："乐视之所以没有摆脱危机，就是因为老贾不坚决。他就应该坚决，该卖的卖，该合作的合作。""你看看人家老王（王健林），就是一个成功的企业家。"

令王健林感到头疼的问题主要有两个：一个是万达上市；另一个是儿子王思聪对接班不感兴趣。

以物业销售为主业的大连万达商业管理集团股份有限公司（以下简称"万达商业"）曾于 2014 年在香港上市，但上市后股价较为低迷，王健林认为其股价被严重低估，于是万达商业在 2016 年 9 月私有化退市。此后，它的上市之路颇为不顺。2015 年 8 月，万达商业向中国证监会递交了招股文件，拟上市资产主要是商场管理、酒店、文旅。本以为能在两年内 A 股上市，万达商业还向机构投资募集资金。但在 2018 年，万达商业看到回 A 股无望，而且上市期限被推迟到 2023 年，还不得不引入腾讯、京东、苏宁和融创等投资者。2021 年，万达商业先撤回 A 股上市申请，再以珠海万达商业管理集团股份有限公司（以下简称"珠海万达商管"）为主体向香港交易所提交上市申请，但多次失效无果。王健林面临巨大的对赌压力，因为根据 IPO 申报材料，如果珠海万达商管不能于 2023 年底成功上市，控股股东要向上市前的投资者支付约 300 亿元的股权回购款。幸而到了 2023 年 12 月中旬，太盟投资集团（PAG）和万达商业签署新的投资协议，通过再投资解除了这场资金危机。万达商业付出的代价是对珠海万达商管的持股比例下降近四成。虽然万达商业在签署新协议后仍然是单一最大股东，但太盟投资集团等数家现有及新进投资人股东持股占了六成。

王健林和很多民营企业创始人一样面临着儿女不愿意接班的问题。他的儿子王思聪在海外接受了名校教育，但对子承父业没有兴趣，反而以喜欢豪宅、网红、电竞和赛车的叛逆"富二代"形象出现在公众视野中。如果真要找出父子二人的相似之处，那大概是他们都敢说敢做——王思聪被网友戏称为"娱乐圈纪检委""毒舌大王"。王思聪拥有一家投资公司，投过的项目包括网鱼网咖、360、英雄互娱、乐逗游戏、云游控股等，失败的项目包括 2018 年爆雷的乐视体育和 2019 年破产的熊猫 TV 等。然而，当父亲日渐衰老，企业又面临困境时，王思聪是否接班尚无定论。

马化腾：缔造腾讯帝国的"第一产品经理"

"腾讯正在丧失产品能力和创业精神，变成一家投资公司。这家快 20 岁的公司正在变得功利和短视，它的强项不再是产品业务，而是投资财技。'3Q 大战'过后的 8 年，腾讯刀枪入库，马放南山，以流量和资本为核心动能，走上了开放投资道路。但与此同时，这家公司逐步失去了内部的产品和创新能力，在搜索、微博、电商、信息流、短视频、云等核心战场不断溃败。"2018 年 5 月 5 日，科技自媒体人潘乱发布名为《腾讯没有梦想》的万字长文，开篇如此断言。

他先是将腾讯在一些业务上的失败归因于高层过分关注短期回报，赛马机制导致内部资源浪费、执行不灵活；又指出在人力上团队领导犯错空间小、新人缺少磨炼等问题；此外，高层的精英思维使得企业失去下沉市场的机会，而且企业愿景太虚，组织进化成为难题。这篇文章摆出数据、事例和采访，迅速引发大面积的传播和讨论。有人将之视为危言耸听，也有人将之视为大公司的警钟。

没过多久，媒体发出一张顶着马化腾头像的微信聊天截图，人们以为马化腾做了回应——"看了，有批评蛮好"。接着，"马化腾"解释业务方向、承认不足，最后说："从写第一行代码开始，我的理想都是如何做出最好的产品，而不是赚多少钱，这一点我相信公司的很多同事都是这样想的。"然而，很快有另一个自媒体人跳出来称这是他伪造的一张图。

腾讯到底有没有梦想？网上讨论得沸沸扬扬。此时，百度已从所谓的"一线巨头"BAT掉队，TMD（今日头条、美团、滴滴）成为互联网领域的有力挑战者。尽管那张微信聊天截图是假的，但许多人都认为腾讯当时的产品乃至战略确实存在问题，也认为包括马化腾在内的腾讯高层需要反思。

腾讯很快施展了新动作。2018年9月，腾讯宣布了公司成立以来的第三次重大组织架构调整。马化腾表示："互联网的下半场属于产业互联网，上半场腾讯通过连接为用户提供优质的服务，下半场我们将在此基础上，助力产业与消费者形成更具开放性的新型连接生态。"①2019年11月，腾讯正式公布：公司全新的使命愿景为"用户为本，科技向善"，并将公司价值观更新为"正直、进取、协作、创造"。

这不是马化腾和腾讯第一次经历争议，也不是最后一次。

1998年11月，已经从深圳大学毕业几年的马化腾和另外四位同伴联合创办了腾讯，他在其中负责战略和产品。当时以色列的ICQ已经是世界上用户量

---

① 《腾讯启动战略升级：扎根消费互联网，拥抱产业互联网》，载央视财经网，https://baijiahao.baidu.com/s?id=1613007637699196559&wfr=spider&for=pc.

最大的即时通信软件，国内不乏模仿者，而广州电信想要购买一个类似的中文即时通信工具，马化腾等人想参加竞标，于是构思了 OICQ，中文名为"网络寻呼机"，也就是后来为人所熟知的 QQ。尽管没能中标，但他们还是决定做出这个产品，并将其改造得更适合中国用户的需求。

当腾讯遇到资金危机时，风险投资成为其救命稻草。香港盈科和进入中国市场不久的 IDG 决定冒险投资腾讯。这次融资帮助腾讯扛过了 2000 年互联网泡沫破裂的危机。更幸运的是，2001 年 1 月，南非 MIH 投资集团看到了腾讯在中国网络拥有众多用户以及由此带来的潜力，进而对腾讯估价 6000 万美元，并成为腾讯的第二大股东。

腾讯业务模式的重大转变来自 2003 年的 QQ 秀。这个功能的灵感来自韩国的一个社区网站，用户可以付费更换虚拟角色的造型。这种彰显个性的功能很快受到欢迎。2004 年 6 月，腾讯在香港正式挂牌上市，但收盘时跌破发行价。当时，许多人都没有预料到它将成长为港股市场的"股王"，更没有人想到日后还会有微信横空出世，并助力腾讯在 2016 年 9 月登顶成为亚洲市值最高的公司。

马化腾是改革开放之后的第三代创业者，与之前的农民办企业、"城市边缘人"经商以及官员下海不同，马化腾创办腾讯，更大的驱动力来自兴趣，他对信息技术拥有与生俱来的热情。深圳是中国第三个提供互联网接入服务的城市，而马化腾是全国最早的几百名网民中的一位，并且管理过一个名气不小的站点①。获得成功的马化腾和他的创业同伴都出生在城市中产阶级家庭，接受了良好的校园教育。在 2008 年，他公开说："我没觉得自己特别有钱，都是普通家庭出来的，这么多年我们家的生活习惯也没有大变化，顶多房子大一点儿。"这当然不完全是真的。2008 年，马化腾在"胡润百富榜"中排第 32 位，资产 124 亿元，家里拥有豪宅。马化腾之所以具有卓越的经商才能，与他的成长经历有

① 吴晓波：《腾讯传：1998—2016：中国互联网公司进化论》，浙江大学出版社 2017 年版。

关，其父马陈术担任过交通部海南八所港务局会计、统计员、计划科科长、副局长，深圳市航运总公司计财部经理、总经理。① 因此，人们将马化腾和其他企业家的公开发言编成顺口溜："不知妻美刘强东，普通家庭马化腾，悔创阿里杰克马，一无所有王健林。"

马化腾曾声称，对腾讯的每个新产品他都会体验并提出反馈意见，还要求"产品经理要把自己当成一个挑剔的用户"，以用户身份去体验公司产品。这使得产品经理在腾讯内部成为重要的角色。2009 年 10 月，有人问马化腾："外界最让你难以接受的误解是什么？"他考虑了良久后回答："要是产品出了什么问题，会有特别多的人骂你。"②

这些年让腾讯招致大量骂声的，并非马化腾注重的产品体验，而是其他问题。

早期腾讯被指责四处抄袭、拒绝开放、以大欺小。一些业内人士也指责腾讯抄袭成风、挤占同行的空间。例如，马云认为腾讯的拍拍网是抄袭淘宝网，李彦宏认为腾讯搜搜模仿了百度。2010 年 7 月，《计算机世界》刊登了一篇令人震惊的封面头条文章《"狗日的"腾讯》。"只要是一个领域前景看好，腾讯就肯定会伺机充当掠食者，它总是在默默地布局、悄无声息地出现在你的背后，它总是在最恰当的时候出来搅局，让同业者心神不宁。而一旦时机成熟，它就会毫不留情地划走自己的那块蛋糕，有时它甚至会成为终结者，霸占整个市场。"腾讯最后选择发表谴责声明，并指出该媒体没有对腾讯进行任何采访。

其实，关于这些负面报道，马化腾曾多次作出解释，但难以改变人们对腾讯的印象。2010 年，他说："只是说我们从事了别人做过的行业，并没有证据证明我们是抄袭。如果真的是抄袭的话，法律上我们早就已经被告倒了。"2015 年，

---

① 陈伊伦：《腾讯：一个科技帝国的崛起》，王文蒲译，浙江人民出版社 2023 年版。

② 林涛：《腾讯做互联网之水：从马化腾多元化遇挫说起》，载《中国企业家》，2009 年 10 月 12 日 。

他在香港大学"追梦者"论坛上再次回应抄袭美国的问题。他先承认美国在互联网领域的确是霸主，数据库系统、路由器芯片，整个 IT 的核心都是美国研发的，美国以外的国家都会向其学习。但是到了应用层面，由于文化、用户选择不同，中国互联网创造了很多，没有谁抄谁之说，要看谁能满足用户需求。

2010 年 9 月，腾讯和奇虎 360 展开了"3Q 大战"。QQ 电脑管家在关键功能上和 360 安全卫士几乎重合。360 称 QQ 侵犯用户隐私，并研发出一款针对 QQ 进行广告屏蔽、清除冗余的软件。11 月 3 日，腾讯宣布在所有安装 360 软件的电脑上停止运行 QQ 软件。两者不兼容，即逼迫用户做选择，更多人还是选择了 QQ。腾讯赢得了这场战争，却引来一片骂声，公众好感度迅速下降。

这场轰动业界的"3Q 大战"，被视为中国互联网 PC 时代末期的流量之争，对移动互联网时代的竞争几乎没有产生影响，但改变了腾讯的发展方向。2010 年末，马化腾向员工发出了邮件，"我是一个不善言辞的人，所以选择邮件方式与大家沟通""过去，我们总在思考什么是对的。但是现在，我们要更多地想一想什么是能被认同的"。他号召员工放下愤怒，保持敬畏，并提出"开放"的战略。2011 年春节过后，腾讯在多个城市组织了十场专家座谈会，主题是"诊断腾讯"。经过讨论，腾讯决定做开放平台。后来，马化腾还提出"连接一切"的战略新主张。

尽管有张小龙这样的产品经理帮助腾讯做出微信，搭上移动互联网的快船，但腾讯也出现了其他问题。比如，其游戏业务时不时因未成年人保护问题而被起诉。2021 年被认为是"中国平台经济反垄断元年"，国家市场监督管理总局依法对包括腾讯在内的许多企业作出行政处罚决定。随着监管和法治的完善，互联网巨头们的资本扩张逐渐有序。在这一年，腾讯进行了第四次战略升级，把"推动可持续社会价值创新"作为核心战略。

创始人的个性深刻影响了腾讯的风格和发展。一方面，潘乱在《腾讯没有梦想》提及马化腾倾向于渐进式改良，使得腾讯的个性如水。很多人认为马化腾是斯文、低调且温和的，完全不同于同行马云或是刘强东等人。但他在网络上的表现和现实中并不完全一样。有网友回忆早期的马化腾，"他在网上简直就是一个话痨"，热衷于讨论各种技术问题，还不厌其烦地回复每一个站点用户提出的意见。[①] 另一方面，马化腾就像商业大师吉姆·柯林斯所说的第五级经理人的典范——身上混合了极端谦逊的性格和强烈的专业意志这两种素质。[②] 他凝聚了一帮能人，带领腾讯穿过互联网 PC 时代、移动互联网时代和产业互联网时代，迎接来势更为迅猛的人工智能时代。

张一鸣：算法思维，全球跳动

在 2018 年春节期间，大量明星轮番出现在抖音，他们受邀给观众派发视频红包。只要用户在规定时间内打开抖音，再点几下手机屏幕，就能获得红包。此外，凭借疯狂买量、玩直播答题，抖音快速攻城略地。第三方机构 QuestMobile 的数据显示，春节后，抖音日活跃用户为 6200 万人，涨了 3000 万人，而同期快手的用户增长数是 1000 万人。2018 年 6 月，抖音的日活跃用户为 1.5 亿人，月活跃用户为 3 亿人，24—30 岁年龄段的用户占比超过 40%。越来越多的自媒体人开通抖音账号，并一跃成为百万粉丝的博主。业内流传着"两微一抖"的说法，指微信、微博和抖音这三大社交平台。至于腾讯的微视，只能对抖音望尘莫及。

2018 年上半年，微信对抖音、快手、火山小视频、西瓜视频、微博、秒拍等软件的短视频链接进行限制。5 月，抖音海外版 TikTok 在苹果商店第一季度的下载榜中排名第一。根据媒体报道，抖音创始人张一鸣和腾讯创始人马化腾发生了"斗嘴"。张一鸣在朋友圈发表动态庆祝，并称："微信的借口封禁，微视的抄袭搬运，挡不住抖音的步伐。"而马化腾留言回复："可以理解为诽谤。"

① 陈伊伦：《腾讯：一个科技帝国的崛起》，王文蒲译，浙江人民出版社 2023 年版。
② ［美］吉姆·柯林斯：《从优秀到卓越（珍藏版）》，俞利军译，中信出版社 2002 年版。

张一鸣则说："前者不适合讨论了，后者一直在公证，我没想有口水战，刚刚没忍住发了个牢骚，被我们 PR 批评了。材料我单独发你。"马化腾回应："要公证你们的太多了。"① 从创始人互呛到对簿公堂，"头腾大战"持续多年。

在经纬中国副总裁、投资人庄明浩看来，移动互联网和智能手机的普及率在 2013 年、2014 年接近完成，对于所有的互联网平台及公司而言，争夺的不再是用户数量，而是用户的时间，"这个争抢是一场零和博弈，用户每天在互联网花的时间就这么多，最后所有人都在抢一个市场"。

如果只看应用使用时长，从 2018 年至 2020 年，字节系应用在市场中的占比在不断上升，腾讯系应用的占比却明显下滑。人们可以直观地感受到抖音和今日头条的受欢迎程度，人们花在短视频和信息流资讯的时间不知不觉变长了。

张一鸣带领字节跳动走出了一条独特的发展道路。

张一鸣的母亲是一名护士，父亲曾是地方科学技术委员会的工作人员，后来开了一家电子工厂。2005 年，张一鸣从南开大学毕业后先自己创业，半年后就失败了。随后他大概一年多就换一次工作，职务飞快地晋升。他先后在在线旅游搜索引擎酷讯、微软（北京）工作，担任过饭否网的 CTO，房地产门户网站九九房的首席执行官。张一鸣经常关注、分析海外企业，在担任饭否网的 CTO 时，他就表示 Facebook 能超越 MySpace 的关键点：Facebook 更早地应用了信息流推送技术，让 SNS 的信息流转更有效率，使用户交互起来更方便。②

2012 年，张一鸣决定拉几个朋友一起创业。公司英文名为 Bytedance，中文名为"字节跳动"，从一开始就带着走向世界的抱负。此时的字节跳动和很多中国互联网企业一样，在寻找一个模仿的对象。社交新闻网站 Reddit 当时在美国很受欢迎，全球排名一度上升到 20 多名，其主要业务就是基于高热度内容进行推荐。当时轻娱乐产品在应用商店的排名靠前，因此字节跳动是从内涵段子、

---

① 林军、胡喆：《沸腾新十年：移动互联网丛林里的勇敢穿越者（上下）》，电子工业出版社 2021 年版。
② 林军、胡喆：《沸腾新十年：移动互联网丛林里的勇敢穿越者（上下）》，电子工业出版社 2021 年版。

搞笑图片等做起的。张一鸣还敏锐地感知到传统媒体走向衰落、智能手机不断普及，进而在 8 月推出今日头条。9 月，字节跳动的首个个性化推荐系统上线。成功来得很快，作为国内最早以算法推荐为核心的信息流聚合媒体平台之一，今日头条仅运营了 90 天，就收获了 1000 万个用户。

那个时候，国内对算法技术的重视程度不高，但其他国家走在了前面。2009 年，一项能将推荐页面准确度提高 10% 的算法获得了 Netflix 的百万美元奖金；2011 年，YouTube 推出机器学习算法引擎，效果立竿见影；2013 年 3 月，Facebook 将其新闻传送干路改为"个性定制新闻"。[1] 在今日头条的发展过程中，其背后的推荐算法有过多次革新。初代算法是张一鸣自己做的，后来杨震原的加入实现了一次技术升级，再后来陈雨强的加入将热度排序算法升级为大规模离散算法，又实现了一次技术升级。[2] 2017 年 11 月，张一鸣公开演讲时说道："从成立那天起，今日头条一直是智能推荐最早的、最积极的探索者，将'做最懂你的信息平台，连接人与信息'作为我们的使命。"

2013 年，只有几十万日活跃用户的今日头条被认为不过是一个移动版的网络门户，潜力有限。腾讯投资部在讨论今日头条时，用美国互联网巨头谷歌在简易信息聚合订阅业务上的滑铁卢作类比，该项目随之被搁置。等国内同行反应过来时，已经无法撼动今日头条的地位了。2014 年，搜狐网、大洋网、《新京报》及众多地方媒体与新闻网站纷纷要求今日头条停止侵权。张一鸣对这次版权危机的回应是：当时不太景气的传统媒体和门户网站都把今日头条当作竞争对手，当今日头条估值达到 5 亿美元的时候，自然会刺激到一些人。但是今日头条在 2014 年至 2016 年没有版权败诉的官司，所有人都可以在诉讼记录中查证。[3]

---

① [英] 马修·布伦南：《字节跳动：从 0 到 1 的秘密》，刘勇军译，湖南文艺出版社 2021 年版。
② 林军、林觉民：《张一鸣管理日志》，浙江大学出版社 2022 年版。
③ 林军、胡喆：《沸腾新十年：移动互联网丛林里的勇敢穿越者（上下）》，电子工业出版社 2021 年版。

抖音的崛起帮助字节跳动变为真正的"巨无霸"。字节跳动在 2016 年发布了"A.me"，而后改名为"抖音"。在此之前，国外有音乐短视频应用"Musical.ly"，国内有短视频应用"小咖秀"。2020 年 6 月，抖音电商成立。据久谦咨询中台的数据显示，截至 2021 年，抖音电商仅用不到 2 年的时间就实现商品交易总额超过 7300 亿元，而拼多多用时近 4 年。TikTok 在 2016 年上线时被定位为抖音国际版，这个起初让国人感到陌生且新奇的名字是形容时钟嘀嗒作响，代表着短和快的视频节奏。之后 TikTok 试水跨境电商，吸引了大量商家，再度推高字节跳动的收入。

字节跳动之所以能获得成功，除了张一鸣对算法技术的重视之外，也和时代的发展有关。当时，下沉市场的群体长期被精英们忽略，人们极度碎片化的娱乐需求没有得到充分满足。拼多多和字节跳动恰恰精准地找到了经济下行周期的两大增长方向：出海和下沉。在国内市场，它们的战略导向也类似——都在向类似的群体或需求方提供服务，这个群体的画像是这样的：极致追求性价比，有冲动的消费习惯但客单价往往很低，沉浸于快节奏的阅读和具有短暂冲击性的内容视觉体验。只不过，拼多多提供物质商品，字节跳动提供精神商品[1]。

张一鸣现在很少接受外界采访，但他在早期曾活跃地在网上发表自己的想法，人们也可以从中感受到他的个性和喜好。

在外界看来，张一鸣近乎机器人。他认为最好的状态是"在轻度喜悦和轻度沮丧之间"，不太激动，也不太郁闷。他精力充沛，善于学习，渴求信息，并且有强烈的目标导向，就连寻找恋爱对象也讲究高效和最优解，还认为睡觉是一件特别无聊的事情。

张一鸣在早期非常重视网罗人才，他会亲自面试，为了挖到心仪的人才，他甚至会长期与对方保持联系。在百度与 360 公司发生大战后，张一鸣趁机将

---

[1] 陈白：《拼多多和字节跳动赢在哪里》，载《经济观察报》，2023 年 12 月 1 日。

不甘寂寞、雄心勃勃的百度技术人员收入麾下。然而，字节跳动的工作强度也十分出名。日本实业家稻盛和夫认为努力工作、精进是一种修炼方式，张一鸣由衷地表示认同。

张一鸣强调"延迟满足"的自我约束，但他的产品却让人们得到"即时满足"，沉迷其中。对"微信之父"张小龙而言，一个好的软件、一个好的工具应该让用户用完即走，但是走了还会回来。双方的产品思维可见不同。张一鸣曾经回答过"算法应该引导人性还是迎合人性"的问题，他不觉得算法要和人性挂钩，"做技术的时候没有说要模拟人性，也没有说要引导人性"。

张一鸣学习外国企业的经营方式，包括引入谷歌的 OKR（目标与关键成果法）替代国内常见的 KPI（关键绩效指标）。他在微软（北京）时颇感无聊，觉得工作没有挑战性和创造性，进而读了很多书。他最喜欢的书包括史蒂芬·柯维的经典著作《高效能人士的七个习惯》和美国传奇 CEO 杰克·韦尔奇的《赢》。[①]

张一鸣实现了创业初始的全球市场梦。2019 年 4 月，字节跳动在全球 100 多个城市有 230 多处办公室，产品覆盖全球 150 多个国家和地区，业务团队遍布五大洲的 26 个国家。不过，国外政府并没有敞开大门欢迎 TikTok。全球数据保护监管趋严，欧洲调查 TikTok 在儿童隐私数据、国家数据安全和虚假信息等方面的问题；中美贸易摩擦时期，特朗普政府针对 TikTok 与 Musical.ly 的收购交易启动国家安全审查；TikTok 首席执行官周受资出席美国国会众议院能源和商务委员会听证会；印尼官员曾称 TikTok 大量出售中国商品，涉嫌掠夺性定价、阻碍当地中小企业发展，TikTok 电商因此经历了封杀和重启的波折……对当下的字节跳动而言，各地的监管压力正是其壮大之路上关键阻碍之一。

---

① [英]马修·布伦南：《字节跳动：从 0 到 1 的秘密》，刘勇军译，湖南文艺出版社 2021 年版。

雷军：连续创业者，为成就感而生

2020 年 4 月 6 日，小米迎来成立 10 周年纪念日。另一个好消息在 10 月传来：知名市场调研公司 IDC 和 Canalys 的数据显示，小米在 2020 年第三季度超越苹果，重返全球智能手机市场出货量前三名，实现逆市上扬。创始人雷军在个人微信公众号上发文，激动之情洋溢于字里行间："过去 10 年，从一碗小米粥到最年轻的世界 500 强，小米在极其激烈的竞争环境中逆流而上，取得了一系列骄人的成绩，为此我感到由衷的骄傲和自豪。"

这一年距离小米手机第一次进入"全球前三名"过去了 6 年，曾说"创业就是一个跳悬崖、粉身碎骨的过程"的雷军总算守得云开见月明。他在过去几十年几乎一直在创业：大学时尝试合伙创业，在金山期间开发办公软件、做电商、做游戏，后来研制智能手机、进入智能电动车行业……

1987 年，雷军跟好朋友选择了武汉大学的计算机系。大一时，他从图书馆借到一本名为《硅谷之火》的书，看到了乔布斯创办苹果公司的故事。他看得热血沸腾，激动得难以入睡，自此立志创办一家伟大的公司。他在校园里就展现了聪明过人的一面：大一时编写的程序被教授选入教材，只用两年时间就修完了大学四年的学分，做的第一款商业软件赚了不少钱……"写程序就像写诗一样，需要想象力，需要有简练的表达能力和构建世界观的能力。出色的程序，就像诗一样简洁优雅。我把所有的热情都投入到写程序上。"[①] 雷军本以为凭技术就能创业，但他和几个同伴在校的第一次创业失败了，这使他认识到要想创办一家伟大的公司，除了要有技术，还要懂很多知识。

大学毕业后，雷军接受金山软件创始人求伯君的热情邀请，成为第六号员工。他在金山时据说每天工作 16 个小时、每周工作 7 天，被称为"中关村劳模"。雷军起初以做出民族商业办公软件为目标。然而，微软的 Office 办公软件

---

① 雷军口述、徐洁云整理：《小米创业思考》，中信出版社 2022 年版。

进入中国，以及层出不穷的盗版软件使得一路高歌的金山 WPS 在 1996 年前后陷入困境。雷军带队费时三年打磨的办公套件，销量也远不及预期。

雷军接着在电商和游戏两条路线上进行探索。对互联网思考良多后，雷军看好美国公司亚马逊的模式，进而主导卓越网的业务。尽管卓越网很快在电商行业崭露头角，但淘宝和当当在激烈的竞争中风头颇盛，并拿到了融资。2004 年，经过董事会激烈争论，最终难以熬下去的卓越网被出售给亚马逊。这一次出售让雷军陷入反思和自我怀疑。在游戏方面，虽然金山很早就开发了商业游戏，但其在 2003 年才推出网络游戏，雷军亲自到珠海西山居"督战"。到了 2006 年，金山网络游戏的收入超过 2 亿元，助推金山软件在次年挂牌香港交易所。

好不容易迎来公司上市，身心俱疲的雷军却选择了离开。根据雷军后来的解释，他离开的原因可以总结为：金山作为老牌软件公司，在互联网时代跟不上转型节奏、变革成效不明显；对于公司长期发展的思路，雷军与董事会难以达成共识。后来在 2011 年，雷军又重回金山出任董事长，带领金山转型。2019 年11 月，金山办公在科创板上市。

雷军在业内人脉广，他在离开金山前后投资了一些公司。他特别关注网络游戏、移动互联网和电子商务等领域，投资过的项目包括李学凌的多玩游戏网、陈年的凡客诚品、UC 浏览器等。2011 年，雷军和曾供职于 GIC（新加坡政府直接投资基金）的许达来共同创办了顺为资本，这个科技创投基金的名称带有"顺势而为"的含义。从公开资料看，顺为资本多采取跟投、合投的策略，领投和独投的情况较少。尽管投资过爱奇艺、蔚来汽车和货拉拉等项目，但顺为资本也遭遇了所投企业小马过河破产、星空琴行倒闭等情况。这些年来，顺为资本广为人知的项目还是小米，后来它也投资了多家属于小米生态链的公司。

雷军在创业路上有一句经典名言："站在台风口，猪都能飞上天。"人们主要用这句话强调顺势而为，但后来他解释这句话的主语是猪，本意是说在进入新领域、寻找新机会时，要放低姿态、虚心学习，既要埋头苦干，也要把握时机。[①]

"时来天地皆同力"，手机行业的机会悄然来临。2007 年，苹果第一代 iPhone 手机发布，而后谷歌发布了安卓系统和第一款安卓手机 G1。雷军看好开源系统，于是想找人一起在安卓系统上做智能手机。至于手机名称，雷军一度想模仿黑水和黑石等世界顶级公司，取个带"黑"字的名称，但后来他又觉得手机名称要亲民、易读和好记。博览群书的雷军想到了他最喜欢的一句话："佛观一粒米，大如须弥山。"当有人提议把公司叫作"大米"时，投资人刘芹说："互联网天生回避大而全，我们不取大，取小，我们就叫小米吧。"[②]2010 年 4 月 6 日，这一群人喝下小米粥，正式走上了创业的道路。

雷军提出将软件、硬件和互联网结合在一起来做手机。"当时中国市场上有苹果、三星、诺基亚、摩托罗拉这样的国际品牌，还有中兴、华为、酷派、联想这样的本土巨头。一家像蚂蚁一样的小公司，怎么去挑战这些巨无霸呢？我们看到的第一个机会是，它们全部是硬件公司，假如我们利用互联网方式做手机，把软件、硬件、互联网融为一体，这样公司将具备颠覆行业的空前竞争力。"[③]雷军迅速从金山、微软、摩托罗拉、谷歌拉来合伙人和创业伙伴。

根据魅族创始人黄章的说法，他并不知道雷军要做手机，还经常和雷军探讨魅族的情况，雷军也多次在公开场合称赞魅族。小米创立后，黄章却在魅族论坛上称：雷军打着天使投资人的旗号，获取了诸多魅族的商业秘密——从生产研发、销售模式到公司的财务报表。此外，黄章认为 MIUI 系统盗用了魅族系统的部分精华，二人从此交恶[④]。不过，按照雷军的说法，他在创办小米之前，感觉创业就像跳悬崖一样，他太害怕失败后没面子了，以至于要隐姓埋名，

---

① 雷军口述、徐洁云整理：《小米创业思考》，中信出版社 2022 年版。

② 范海涛：《一往无前》，中信出版社 2020 年版。

③ 雷军口述、徐洁云整理：《小米创业思考》，中信出版社 2022 年版。

④ 《南方周末》：《雷军："从 1 到无穷多"的秘密》，中信出版社 2015 年版。

很多人起初并不知道小米是他创办的。

2010 年 10 月，一款叫"Kik"的免费短信聊天软件进入苹果商城并获得大量用户。当年 12 月，米聊发布，其用户也快速增长。然而到了第二年，国内即时通信市场很快就被腾讯推出的微信占领了，米聊而后变得黯淡。

雷军后来自我分析："我是一个成就驱动型的人，这样的人，他能够忍受各种痛苦，然后前行。前天有人采访我说，是不是因为你没有干成一个像马化腾那样的公司，你憋屈。我当时说是，但后来想了一下，其实不是，我就是想做一件伟大的事情，享受骄傲自豪的感觉。"[①]

2011 年 8 月，打扮如乔布斯般简单的雷军在发布会上推出小米的开山之作 M1。M1 主打性价比，定价只有 1999 元，而市场同等产品的定价大约为 4000 元。在 M1 诞生前，中国市场上的手机格局大致是：iPhone 是金字塔的塔尖，其次是各大知名厂商的安卓手机，底部则由 MTK 提供整体解决方案的各类小品牌和"山寨"手机组成，可以说是一个异常复杂的市场[②]。雷军后来回应外界经常认为小米复制苹果的看法："大家老说我们复制苹果，其实差异还是很大，很多地方是反着来的。苹果是内敛的，小米是开放的。苹果价格高，小米是中低价格。小米依靠电商，苹果不是。"[③]M1 很快就给小米赚得第一桶金。

最初小米手机的口号是"为发烧而生"，既然要为手机发烧友用户而生，自然要考虑用户的体验。小米创造性地借鉴互联网的开发模式，将听取的用户意见每周进行迭代，进而让用户成为忠实的"米粉"。小米后来专门出了一本书来讲"用户开发模式"。"我们把用户的参与感看成整个小米最核心的理念，通过参与感来完成我们的产品研发，来完成我们的产品营销和推广，来完成我们的用户服务，把小米打造成一个很酷的品牌，就是年轻人愿意聚在一起的品牌。"[④]

① 《南方周末》：《雷军："从 1 到无穷多"的秘密》，中信出版社 2015 年版。
② 林军、胡喆：《沸腾新十年：移动互联网丛林里的勇敢穿越者（上下）》，电子工业出版社 2021 年版。
③ 《南方周末》：《雷军："从 1 到无穷多"的秘密》，中信出版社 2015 年版。
④ 黎万强：《参与感：小米口碑营销内部手册》，中信出版社 2014 年版。

在早期的市场推广上，"饥饿营销"成了小米的双刃剑。供不应求使得小米声名大噪，但同时人们也看到了其供应链管理的短板。在 2016 年前后，小米还失去了三星 AMOLED 屏幕的供应，导致销量下滑。负责小米供应链的副总裁离职后，雷军接管，才发现小米成本高企，然后他通过严抓才将成本砍掉 50%。

2014 年，国内开始了 4G 普及大潮，基于移动端视频等需求的新一轮市场机会开始爆发，而小米在这一年的年底进行了一轮估值为 450 亿美元的融资，一下引爆了整个智能手机行业。其他很多手机品牌也先后拿到了巨额融资，大举投入，让竞争进入了白热化[1]。当智能手机市场走向饱和，渐渐进入寡头化时，昔日巨头诺基亚已经黯然退场，国产手机摆脱了"山寨机"这个代名词，然而老品牌金立、魅族风头不再，小米和苹果、三星、华为、OPPO 等知名品牌同台竞技。

2015 年，小米的出货量增长近乎停滞。一直在讲性价比的小米决定冲击高端市场。小米最初以为自家的手环就可以解决解锁问题，但现实告诉小米，用户更偏好华为的指纹识别。同年，小米出海印度，但团队过于乐观，小米手机大量积压，雷军不得不组织"救火队"满世界推销手机。无心插柳柳成荫，由此开辟的渠道为小米国际化铺好了路。这一年，雷军在小米印度发布会上的蹩脚英文火了。他的发言被做成"鬼畜视频"，充满魔性的"Are you OK"不仅霸榜哔哩哔哩等国内社交媒体，还被转发到国外的社交平台。小米官方媒体号也积极地与网友互动，让许多人再次感受到这个品牌的年轻化。

经过几年调整，到了 2017 年，小米 M6 发布，当年营收突破 1000 亿元。雷军兴奋地说："世界上没有任何一家手机公司销量下滑后，能够成功逆转的，除了小米。"2019 年，小米的营收突破 2000 亿元，成为当时最年轻的世界 500 强企业。然而，即使小米将面向低端市场的红米品牌剥离，但在高端市场上仍任重道远，其与苹果、三星和华为相比，还有距离。

---

① 雷军口述、徐洁云整理：《小米创业思考》，中信出版社 2022 年版。

　　小米在 2018 年赴港上市，首日的股价破发，雷军在庆功宴上自信地立下目标："让在上市首日买入小米公司股票的投资人赚一倍。"从 2018 年到 2019 年，小米股价的表现不尽如人意，提升竞争能力、寻找新的增长点势在必行。2020 年，小米在成立 10 周年时提出让生态链产品在内的 AIoT（人工智能物联网）设备和服务围绕手机构建智能生活，做手机的"护城河"和"价值放大器"。如果小米将智能生活作为方向，那么智能出行也不可或缺，小米的股价一度在造车的传闻中走高。2021 年 3 月，许多投资者听到了期盼已久的消息：雷军宣布小米正式进军智能汽车领域，预计 10 年投入 100 亿美元。"我决定亲自带队，这是我人生最后一次重大的创业项目。"雷军说，"我深知做出决定意味着什么，我愿意押上我人生所有积累的战绩和声誉，为小米汽车而战。"

　　在办公软件和智能手机上赢得一席之地的雷军，能否在智能汽车的风口起飞，这有待验证。

五、旧商业文明即将终结

旧商业文明的第四个阶段是中美博弈时期，中国已经成为世界上第二大经济体，与美国形成了强国之间的对峙。不论是经济上的激烈竞争，还是政治上的互相博弈，都影响着中国民营经济的走向。以华为为代表的中国民营企业，成为中国在全球范围内的名片。一些互联网大厂也走向全球最强企业的行列。与此同时，我国民营企业面临着许多巨大的挑战，变幻莫测的形势倒逼民营企业快速成长和发展。

2012 年至 2020 年，TMT 产业 ① 以人们意想不到的速度迅猛发展，中国的许多民营企业成为全球范围内的巨头，华为就是其中之一。华为在中美竞争中承受了巨大的压力，也凭借自身的顽强和格局闯出了一片天地，但是华为出圈的"狼性文化"却被广泛批评。华为还有许多民营企业都有的弊病：第一，过度依赖任正非这个"头狼"。华为的管理方式更多体现的是"人治"而非"法治"。由于员工对任正非绝对服从和敬畏，容易束缚自己的个性。《华为基本法》也主要体现了任正非的个人意志，这种任氏风格不是随便能被模仿或继承的，一旦任正非离开华为，谁来接班就成了难题。第二，高工资产生高压力，久而久之，使员工难以产生归属感。高强度的工作使华为的员工流动率很高，许多人留在华为仅仅是为了高收入，更有人把华为视为日后去其他企业的跳板。第三，"狼性文化"容易形成过度竞争的态势，员工之间、团队内部容易关系紧张甚至出现矛盾，不利于企业发展。此外，华为也出现了"公器私用"的情况，即用企业资源去为"二公主"姚安娜闯荡娱乐圈造势，为人诟病。华为是旧商业文明时代的典型企业，优缺点都非常明显，若想未来持续成为"民族骄傲"，需要改变企业的格局和理念，大力倡导并践行新商业文明理念。

---

① TMT（Technology，Media，Telecom）的含义是未来（互联网）科技、媒体和通信，包括信息技术这样一个融合趋势所产生的大背景。

　　曾经风光无限的乐视总裁贾跃亭，如今已经沦为笑谈。乐视的崛起充满着旧商业文明时代的显著特点：高度依赖人脉资源、股权质押、生造概念，企业处处面临风险。当贾跃亭因为在乐视汽车上过度烧钱而导致资金链断裂时，就为企业发展埋下了致命危机。随后，贾跃亭逃往美国，乐视的第二大股东孙宏斌也宣布辞职。直到证监会介入调查，揭露了乐视财务造假等一系列重大问题后，人们对乐视的美好幻想才被彻底打破。贾跃亭的失败也给中国民营经济敲响了警钟。

　　2023 年 9 月，涉嫌严重违法的恒大创始人许家印被调查，拉开了房地产行业"地震"的序幕。许家印的恒大曾经是市值最高的民营房企，许家印本人也曾成为中国首富。然而，无独有偶，许家印也发展多元化战略，花费几百亿元重金砸向造车事业，造成巨额亏损，资不抵债。当国家宏观调控房地产行业之时，资金链断裂的恒大成了众多爆雷房企中最具代表性和破坏力的一个。恒大的轰然倒塌，影响了其上下游的各个行业，更有多家银行因为违规放贷等原因而被处罚。恒大"跑马圈地"式的恣意扩张是典型的旧商业文明时代民营企业的缩影，其兴衰成败也给我们带来了深刻的启示。

　　王健林曾经是全球华人首富、亚洲首富，财富值一度超过了李嘉诚。他是非常有头脑、有智慧的实干家，带领万达集团在商业地产、文化娱乐、体育产业等领域大展拳脚。但成功的经历令他飘飘然，由于涉嫌"内贷外投"，王健林被重点监管，遭遇"股债双杀"。面对巨大的压力，王健林不得不从"买买买"变成"卖卖卖"，方得以保住亲手创立的企业。王思聪的不靠谱、不愿意接班，也令王健林感到头疼。这样一个拥有旧商业文明时代特点的民营企业未来能否守住阵地，仍是未知数。

　　马化腾的腾讯可以说是非常成功的一家企业，但其也因饱受"抄袭"的指责而口碑不佳，与 360 的"3Q 大战"更是掀起抵制腾讯的热潮。腾讯并不承认自己有抄袭的行为，但它的微信和各种游戏应用都能被人们找到对应的"原型"。这也是旧商业文明时代许多民营企业发展的一种情况，符合冯仑所说的"野蛮生长"的特征。腾讯若想持续保持互联网霸主的地位，未来需要将旧商业文明时代的企业信仰转变为新商业文明时代的企业信仰。

这一时期，中国民营经济经过了大浪淘沙般的洗礼，那些民营企业家中的领头羊，或多或少都带有旧商业文明的主要色彩。随着中国成为第二大经济体，民营企业在国际市场上占据了越来越重要的地位，但恶性竞争也带来了种种问题。民营企业家往往由于错判形势、高估自己而造成投资失败、资不抵债。改革开放几十年，民营经济逐渐成为主流，但民营企业仍难逃旧商业文明的种种问题，需要接受新商业文明的洗礼。

六、旧商业文明既是时代使然，也是认知局限

改革开放以来，我国处于旧商业文明时代的民营经济从开始发端到迅猛发展，从弱小到强大，从在国内占据一席之地到参与全球化的激烈竞争，风雨兼程，走过了非同寻常的坎坷旅程。在我国整体经济发展水平越来越高、全世界经济互通互联越来越频繁的环境中，部分先行一步的中国民营企业崭露头角，成为耀眼的星辰。但由于时代的局限性，绝大多数民营经济体仍活在旧商业文明的桎梏中，呈现出几种典型的特点。

（一）创业的初心与信仰不再

在旧商业文明时代，许多民营企业家创业只是为了牟取暴利，为了证明自己，为了满足物欲，为了获得更多的关注与赞叹。他们自身素质不高，缺乏正确的信仰，因此往往也缺乏对社会、对人类的责任感和使命感。他们在创业的过程中，会过度追求企业的规模、利润、市值等虚名虚利，而不懂得做企业应该以人为本，让产品和服务满足人的需求，让社会变得更加美好。从牟其中到唐万新，从贾跃亭到许家印，他们都是因为过分追逐名利而令企业陷入危机、让自己陷入困境。那些看起来运行平稳的知名企业，也存在缺乏信仰的问题。"996""007"等压榨员工的管理模式为人诟病；把裁员称为"毕业"，在组织管理中罔顾员工利益的情况也时有发生。这样的民营企业即使能够在短期内获利，也会因为没有找寻到正确的信仰、没有进入新商业文明时代而难以维持长远、健康的发展。

（二）格局不大，认知有局限性

在旧商业文明时代，许多民营企业家由于自身水平和环境的局限性，在经营企业的过程中格局不大，经营理念也存在许多错误。他们过分重视同行竞争，将对方视为敌人，在行业竞争中，毫不顾及整个社会与全人类的利益，而是采取抄袭、中伤对手等降低人格的恶意竞争行为。这就导致企业的发展战略出现偏差，忽略了企业生存发展的基本原则——为社会和人类提供优质的产品与服

务——从而导致企业发展动力不足，企业家本人也长期处于焦虑和痛苦之中。如果不改变格局和经营理念，不拥抱新商业文明，那么民营企业便无法赢得他人长期的尊重和长久的发展。

（三）过度依赖某种短期红利

许多民营企业过度依赖短期红利而非自身特有的优势，获得了爆发式增长，但由于自身羽翼不够丰满，所以难以维持长期稳定的发展态势。这样的例子数不胜数。例如，万科的王石和万通的冯仑是依靠政策红利获得第一桶金的。柳传志的联想是靠中国科学院带来的订单才得以生存并发展壮大的。百度之所以能够在与谷歌的竞争中获胜，也是因为依靠了政策红利。依赖短期红利起家的民营企业在旧商业文明时代获利，但这不符合新商业文明时代的要求。

（四）屡闯红线

旧商业文明时代的民营企业总是会面临法律风险和经营风险，有些违反法律的民营企业家也接受了法律的制裁，南德的牟其中和德隆的唐万新就是最典型的例子。此外，曾经风光的尹明善、贾跃亭等也被立案调查。一方面，旧商业文明时代有其局限性，对民营企业的发展造成了一定的阻碍；另一方面，部分民营企业家在旧商业文明时代缺少守法意识，结果酿成了悲剧。这些问题在新商业文明时代可以得以解决。

（五）过度依赖营销和炒作

在旧商业文明时代，许多敢于冒险、抓住机遇的民营企业家是依靠异于常人的营销手段才取得了巨大的成功。典型的例子有娃哈哈的宗庆后、巨人集团的史玉柱等。宗庆后先于竞争对手大做广告、请明星代言，使娃哈哈脱颖而出。史玉柱在还没有资金支付广告费的情况下就先刊登广告，靠回款支付广告费，从而获得第一桶金。令其赚得盆满钵满的脑白金广告，更是现代传播学的典型案例。然而，市场变幻莫测，新的营销手段和渠道层出不穷，曾经擅长营销的娃哈哈，在电商时代的势头落后于一些后起之秀；史玉柱的巨人集团也早已淡出大众视野。如果没有过硬的产品和服务，过度依赖营销手段，那么这样的民营企业仍然处于旧商业文明的桎梏中，难以取得长足发展。

（六）笃信运气，怀有侥幸心理

南德的牟其中靠"罐头换飞机"发家，德隆的唐万新靠认购原始股发家，万科的王石、万通的冯仑、恒大的许家印、万达的王健林靠房地产的红利期发家……在旧商业文明时代，许多民营企业的发家都存在巨大的偶然性，当政策、环境、时代发生改变时，它们就很难维持以往的成功了，甚至会"翻车"。企业若想持续发展、稳定经营，就必须进入新商业文明时代，这样自身的成功才能延续。

（七）自以为是、独断专行

在旧商业文明时代，绝大多数民营企业家都有个人主义、独断专行的特点。这既是他们成功的核心因素，也给他们带来了巨大风险。"联想教父"柳传志就是因为独断专行，才与倪光南产生了矛盾，从而丧失提前布局芯片技术的机会。巨人集团的史玉柱也是因为过度自信，才在后期投资了许多不赚钱的项目。力帆的尹明善、乐视的贾跃亭和恒大的许家印，都因独断专行、花重金豪赌造车而令企业走向末路。任正非虽然以"军队式"的管理方法带领华为走向成功，但其个人主义的作风也为企业埋下了隐患。

（八）盲目扩张、四处举债

在旧商业文明时代，民营企业家过度追求利益最大化，缺乏科学合理的规划，从而盲目扩张，最后造成资不抵债的局面。南德的牟其中、德隆的唐万新、万达的王健林、恒大的许家印……众多曾经的"天之骄子"、成功的民营企业家，都在成功之后无法正确估计自己与企业的实力，禁不住金钱和地位的诱惑，将企业置于豪赌之中。幸运如王健林还可以抛售资产，使企业勉强维持生存，更多的是像唐万新、黄光裕一样，以企业破产而收场的。

（九）野蛮生长，难逃"原罪"

在旧商业文明时代，许多中国的民营企业和民营企业家，都存在"原罪"。

中国民营企业家的"原罪"说，最早是冯仑提出的。冯仑用"原罪"强调中国民营企业在早期发展中存在的组织管理问题，以及当时制度环境的缺陷。在企业进行原始积累的过程中，最典型的"原罪"就是行贿、拿回扣等违法行为，房地产行业尤甚。锒铛入狱的民营企业家们在"野蛮生长"的过程中，因"原罪"而使企业发展受阻，曾经的知名企业家最终沦为反面教材。在新商业文明时代，"原罪"将不复存在，企业家知法、守法，企业在正确的轨道上运行，这才是我国民营经济该有的样子。

（十）家族企业，难以传承

在旧商业文明时代，大多数民营企业都带有家族企业的色彩。无论是平稳发展的娃哈哈、碧桂园，还是令人担忧的力帆、万达，这些民营企业的家族性质都令其成长发展的风险变大。家族企业缺乏科学的高层管理方法，也令高管的晋升通道被堵塞，拥有非良性的发展模式。尽管家族企业也有其客观优势，但更多的情况是企业继承人的能力与其所在位置的需求不能完全匹配，从而给企业的"基业长青"带来重大风险。

旧商业文明时代的民营企业，除了以上种种弊端外，还存在着缺乏核心竞争力、长远发展的眼光不足、过分逐利而缺少社会责任感、管理能力落后等诸多缺点。由于企业使命、愿景、价值观缺失，使得企业健康发展的驱动力不足，从而带来了一系列问题。长远来看，要想发展成真正优秀的企业，就必须在正确的轨道上运行，而不是贪图短期利益，也不能盲目扩张，更不能违法犯罪。进入新商业文明时代的企业，其信念、战略、组织管理、资本运作等方面的要求也会更高。

本书的上篇分析了我国民营经济发展的宏观环境、技术环境，并与发达国家的企业及企业家进行了对比，这些仅仅是关于旧商业文明时代的总结与思考。要了解何为新商业文明、为什么要进入新商业文明时代、有哪些正在践行新商业文明的企业，请看下篇。

下　篇

◇导　读

　　下篇系统阐述了新商业文明理念的落地方式，并以河南胖东来等企业为案例，从信仰、战略、组织、资本、人、货、场七个角度，详细阐述了其新商业文明实践，探讨了民营企业持续发展的价值观和方法论，相信会对当下中国的民营经济和创业者产生深远影响。

"风会熄灭蜡烛，却能使火越烧越旺。对随机性、不确定性和混沌也是一样：你要利用它们，而不是躲避它们。你要成为火，渴望得到风的吹拂。"

——纳西姆·尼古拉斯·塔勒布

2020 年成为全球经济和人们生产生活的分水岭，这也是我所划分的新、旧商业文明的分水岭。后疫情时代，世界各国的经济发展都进入调整期，甚至有经济学家指出，"2024 年就像 1929 年一样，全球即将迎来新的大萧条"。面对这样的随机性和不确定性，若想创立行稳致远的企业，就必须与旧商业文明告别。

旧商业文明的第一个问题是企业信仰的缺失。

纵观过去几十年的中国民营企业发展史，几乎看不到有信仰的企业。企业的追求和理念，不论是在诸多企业的经营实践中，还是在过去商学院的教材中，都是"企业的本质就是要追求利益最大化"。换句话说，旧商业文明时代企业的经营目标是追求企业利润最大化和股东利益最大化。虽然不少企业把自己的"愿景""使命""价值观"描绘得很动人、说得很好听，但那大多是企业品牌宣传的需要，而非企业家发自内心的想法，也不会被真正地落实到企业的经营管理中。如果企业的经营者将企业利润和股东利益作为最主要的经营目标，那么他的信仰就一定是赚快钱、扩大规模、为自己追求更多的财富和更高的社会地位等。这样的企业家并不会真正地关心消费者和合作伙伴的利益，更不会关心其所处的社会以及全人类的利益和福祉。

在旧商业文明时代，大量的企业依赖市场监管漏洞、人口红利等诸多偶然因素，但这些发展要素在今天已经不复存在。法律越来越健全、监管越来越有力、市场越来越透明、全球竞争越来越激烈、各行各业越来越"卷"……所有在旧商业文明时代成长起来的民营企业，其"野蛮生长"的土壤已不复存在。

以追求利润最大化和绝对股东利益为主要目标的企业，只想从消费者手中赚取金钱，却不关心消费者的利益与幸福；只想尽可能多地获取短期利润，却不理会合作伙伴的长期利益；只想快速发展，却很少关心环境保护；只想扩大规模或盲目多样化，却忽略自身能力的局限性；只考虑自身的生存，却不顾及社会的长治久安；只在意股东的利益，却不关心员工的幸福……这样的企业即使能够在短期内获利，也无法赢得尊重，更无法长期稳定地发展。

旧商业文明的第二个问题是企业和企业家的战略问题。

战略是什么？战略就是取舍，就是哪些该做、哪些不该做。中国的大多数民营企业在发展初期信奉"风口论"，它们笃信只要站在风口，猪都会飞；待发展到一定阶段，它们又开始笃信赢家通吃理论，认为在某一个行业干好了，在其他行业就都能成功。这么多年下来，能够坚持聚焦在一个赛道上做精做深的企业少之又少。

旧商业文明的第三个问题是企业管理方法的局限性。

中国的大多数民营企业存在管理过于粗放的问题，根本谈不上以人为本。

其一，以KPI（关键绩效指标）作为员工的业绩评判标准，会造成企业缺乏弹性、员工缺乏创造力和自主性、产品陈旧、服务呆板、企业发展落后等问题。许多企业都有"KPI依赖症"（尽管现在更多的提法是"OKR"，其实是换汤不换药），根本原因是缺乏信仰。企业家和员工都没有信仰，对工作就会缺乏热情，做事情只是为了"完成任务"。

其二，将企业利润中的大部分分配给企业经营者和股东，造成员工积极性不高、生产和服务质量难以提升、人员流动性大等问题。殊不知"企业成功的秘诀，就是把 60% 的钱分出去"（于东来）。

其三，将企业经营的利润目标定得过高、贪大求全，会造成企业商品和服务定价过高、缺乏市场竞争力；更有甚者，会造成企业资金链断裂、资不抵债的问题。阿里巴巴在创办初期，秉持着"让天下没有难做的生意"的口号，为成千上万的中小企业提供电子商务平台，但当其发展壮大之后，却过度追求经营利润，让平台上的中小企业没有能力付出高昂的营销成本，生意反而难做了。贾跃亭、牟其中、唐万新、黄光裕等旧商业文明时代的企业家，多数是因这样的问题而将企业带入深渊。

其四，企业为了节省成本，而使产品和服务的品质低下，无法令消费者满意，会造成企业品牌价值受损、顾客流失、市场占有率下降等问题。

旧商业文明的第四个问题是企业的外部关系。

其一，企业与上游供应商和下游分销商的合作伙伴关系。当旧商业文明时代的企业追逐利润最大化时，就一定会压低进货成本、抬高出货价格，但这样做的结果是使上下游合作伙伴的利益受损，无法实现互利共赢。长此以往，产品与服务的价值链一定会出现问题，或供应商为保护自身利益，将产品质量降低；或经销商为保护收益，将产品价格提高，最终的结果都是消费者以高价买到低质的商品，从而对品牌缺乏信任度，甚至会将该品牌"打入冷宫"。

其二，企业与消费者的关系。当旧商业文明时代的企业将消费者当作提供利益的"工具人"时，其种种行为就一定会伤害消费者的利益，消费者也不会从企业的商品和服务中获得幸福。胖东来之所以让消费者如此满意，就是因为它以让消费者获得有品质的、幸福的生活为经营目标。这样的企业欢迎消费者参与产品和服务的选择、优化，从而极大地提高了产品和服务的质量。

其三，企业与同行以及其他企业的关系。当企业将同行和其他企业视为"商战"中的竞争对手时，就一定会想方设法地打压对方，简单的手段如价格战、倾销，更有甚者会有以公关手段抹黑对方、向对方安插"卧底"盗取商业机密等违法行为。而胖东来将同行视为朋友，将其他企业视为一起让社会变得更美好的"同行者"，不仅倡导良性竞争，更是公开自己的经营理念、方法，供同行和其他企业免费学习。雷军就是去胖东来"取经"的企业家之一。

其四，企业与整个社会、全人类的关系。当企业只顾自身利益的时候，就不会顾及整个社会和全人类的利益。如果所有的企业都是这样的状态，那么当人类遭遇自然灾害时，当环境被污染时，当社会需要公益时，就无人伸出援手了。新商业文明时代的企业，在整个社会或全人类需要帮助的关键时刻，一定会将自身利益放在后面，将承担责任摆在第一位。

新商业文明就像一座灯塔，令海上的船只有了行进的方向。什么是新商业文明？首先，请思考一个问题：商业的本质是什么？我的答案：商业的本质是以人为中心。

无论是员工、客户、供应商，还是家人、朋友，他们的快乐、幸福才是我们努力的起点和归宿，而不是那些外在的名利、规模、利润、荣耀，一切以消费者为中心才是商业的本质所在。在新商业文明时代，我们的所有行动都将以人的满足为依归，不管是自己的，还是他人的。

面对一种产品或服务，我们与其讨论它背后的思想和逻辑，不如讨论用户的使用体验；面对一个企业，我们与其讨论它的规模和影响，不如讨论其成员的感受和梦想；面对消费者，我们与其讨论如何花样百出地营销，不如讨论究竟能为他们提供什么样的价值。

从人出发，并回归到人，这就是我们重塑自我的角度，也是我撰写这本书的初心。在我看来，信仰或正在践行新商业文明的企业，最关键的就是要为人带来幸福，要为社会的完善而努力。如何才能做到呢？

第一是依道而行。

河南省许昌市是个地级市，在这座小城里，有一家伟大的企业——胖东来。胖东来创业几十年来，一直践行"自由·爱"的信仰，永远把消费者放在第一位，坚守底线，苛求品质，精进服务，心中有大爱，不竞速、不跟风、不扩张、不自欺、不欺人，创造爱、传播爱、分享爱。胖东来的使命是传播先进的文化理念；愿景是培养健全的人格，成就阳光个性的生命；价值观是扬善、戒恶。

胖东来所践行的就是"依道而行"。领悟并践行新商业文明的企业家，是善良的、自由的、美好的人，他们真正热爱自己的工作，而不是为了赚更多的钱、开更好的车、住更大的房子、在富豪榜上有更好的名次……这些虚名浮利，在新商业文明中已经毫无意义。当企业家真正把注意力集中在为社会、为人类创造美好时，企业才能回到正确的轨道上，企业的每一项举措、每一个细节、每一位员工，才能真正"依道而行"。这样一来，企业才能够更加健康、良性地发展，企业家、企业的股东、企业的员工、企业的消费者、企业的合作伙伴甚至整个社会才能真正变得更美好、更幸福。

第二是依法精进。

这个"法"是指系统的方法论。我创立的"路人钱"方法论，是经过多年创业实践检验的："路"即正确的战略，"人"即科学的组织，"钱"即健康的资本管理模式。把战略、组织及资本研究明白，基本可以实现轻松创业，这一套体系是科学的、系统的、简洁的、高效的。无论是遇到瓶颈的创业者，还是谋求转型的创业者，依此方法论可收到事半功倍的效果。

也许你见过许多商学院总结的案例、读过许多关于经商的书籍、浏览过许多关于商业模式的网络文章，却依然感到无所适从，在战略的制定、组织的管理、资本的运营上，仍然有很多棘手的问题需要解决。请不要焦虑、不要着急，只要你真正领悟了新商业文明的经商之法，一定可以事半功倍。

胖东来的董事长于东来在经商之法上有许多独到的见解。在此我总结整理出一部分，供诸君参考。

1. 企业的经营方向，就是让更多的人活得有尊严，活出自己喜欢的样子，活出健康的、健全的生命。

2. 要有战略思维，不是随着感觉走。知道为了什么而做，知道未来1年、3年、5年甚至10年的个人、家庭、生活、企业是什么样。

3. 不要盲目做大，让企业健康地发展。

4. 不要为了上市而上市，这样会很累。

5. 一个企业，最重要的是老板。老板不改变，其他人再改变也没用。

6. 欲望大于能力，是一种灾难。当企业不成熟的时候，钱挣得越多，可能挖的陷阱就越大。

7. 企业规模一变大，就不如以前做得那么精细。这不仅不能让员工幸福地成长，也会让顾客失望。压缩规模，是一种主动选择。

8. 把顾客的需求满足了，有合理的利润，形成良性的循环。让顾客、自己、社会都受益。

9. 文化第一，经营第二。文化好，体制就好，财富分配也要让员工满意。

10. 让员工在企业工作时感觉有希望和信任——挣的钱够花，上班时间不过长，能得到尊重和关爱。员工心静下来了，执行力就上去了。

11. 公司的销售额、利润等财务情况要对所有管理人员透明化。

12. 出现任何问题，不要埋怨，而是寻找方法解决问题。

13. 放下竞争的心态，放下嫉妒心。做智者，学会爱自己，远离嫉妒、虚伪这些对自己造成伤害的东西。

14. 有成人之美的心。在跟对方竞争的时候，做好自己。做好了就去传递美好，做不好就把自己的店关了，让别人去干，不影响别人去创造美好。

15. 优化商品，产品的最低标准应该是国家质量标准。

16. 卖的商品自己要愿意买，抛弃搞差异化、多盈利的概念，产品卖得越好，顾客信任度就越高。

17. 不要把顾客当上帝，要把他们当家人。

18. 遇事抱吃亏态度，敢于承担责任后果，这是价值、信誉、品牌的意义所在。

19. 杜绝暴利商品，严格控制商品的毛利率，在保证质量的前提下制定合理的价格。

20. 让顾客买到货真价实的商品，培养顾客正确理性的消费理念，帮顾客正确理财，不消费无用商品。

21. 用"不满意就退货、退差价、顾客投诉奖、售后服务的跟踪与处理标准"等措施来保证消费者的利益。

22. 企业家是领袖，不是操作者，要适当放权，培养人才。

23. 制度是用来服务企业的，而不是用来控制员工的。

24. 不鼓励加班，上班时就专心工作，下班后可以把手机关掉，哪怕公司着火都不用管。

25. 员工流失率控制在 15% 以内是健康的，最差也要控制在 20% 以内。

第三是知行合一。

"知行合一"是明朝思想家王守仁提出来的，它强调理论和实践的统一，主张将思想与行动统一起来。"知"指内心的觉知，对事物的认识；"行"指人的实际行为。它是中国古代哲学中认识论和实践论的命题。中国古代哲学家认为，人的外在行为受内在意识支配，由衷向善（知）的人，才有外在自发的善行。知行合一，致良知，是阳明文化的核心。"知是行的主意，行是知的功夫；知是行之始，行是知之成。只说一个知，已自有行在；只说一个行，已自有知在"。

知中有行，行中有知，二者不能分离，也没有先后。与行相分离的知，不是真知，而是妄想；与知相分离的行，不是笃行，而是冥行。"知行合一"一方面强调道德意识的自觉性，要求人在内在精神上下功夫；另一方面也重视道德的实践性，指出人要言行一致，表里如一。

新商业文明不是口号，而是企业家应该拥有的信仰。创业多年，我始终相信"善"的力量。有"善心"还不够，一定要有"善行"。"为社会创造美好"的初心，要体现在经营管理企业的方方面面，要为员工、股东、顾客、合作伙伴、同行、社区甚至整个社会和全人类带来积极的影响。如果做到了这一点，你一定会感到无比幸福。

读到这里，想必诸君对旧商业文明所存在的问题以及新商业文明的本质有了一定的理解。如果想更加深入地领悟何为新商业文明，还需要结合企业的案例。接下来，我将用较长的篇幅详细介绍新商业文明的典型案例——胖东来是怎样炼成的，如果你耐心读完，一定会获益匪浅。此外，还有其他几个新商业文明的案例，也供诸君参考。下面，请跟我一起登上这趟"开往春天的列车"吧。

一、谁人不识胖东来

在旧商业文明时代，企业以追求利润最大化为主要目标。这种狭隘的目标，在新商业文明时代是无法立足的。我们正在经历百年未有之大变局，那些仅靠利润驱动的企业很容易会在高杠杆、高负债的状态下轰然倒塌。

也有极少数"天赋异禀"的企业，做到了"出淤泥而不染，濯清涟而不妖"，它们抛弃了以利润最大化为目标的经营方式，选择了更加长远、更加美好的价值观和经营理念，成为新商业文明时代的典范。有这样一家企业，仅在河南省许昌市这样一个四线小城就画出了自己独有的商业版图，但其却很肯定地说："我不是一家企业，而是一家学校。"

它就是火爆全网，因"让人感到幸福"而出圈的胖东来。它有一位信仰"自由·爱"的老板——于东来。媒体称他为"中国零售业之神"，让我们来看看他自己是怎么说的。

> 我，姓于，名东来。属马，狮子座，B型血，天性贪婪，嫉妒心强，
> 虚荣，自卑，心眼小……喜欢自由，勤奋，追求时尚与品位……因自己无

知，缺乏正确的信念，一生坎坷，走了太多弯路，付出了沉重代价，也积累了太多对人性的感悟……希望更多人少走痛苦的弯路……

我最大的优点：心软、善良、勤奋、大方……这些优点遮掩了我太多的不足，不过我非常感谢父母和上天给予我特别的个性，给予我宝贵的生命……我就像个追求信念的践行者、用心灵和肉体追求挣脱奴性文化枷锁的寻道夫，我希望自己和更多的人走出让我们痛苦不堪的劣根性、奴性文化的旋涡，学会乐观分享生命……

近几年来，人们激烈地讨论着胖东来，组团到胖东来参观——"因为一个店，爱上一座城"。2023 年国庆节假日期间，许昌市因为胖东来的火爆，文旅收入达 60 亿元，相较于 2019 年增长了 73.4%。人们只要来到胖东来，就有一种幸福的感觉。在胖东来的社交媒体账号上，收到最多的"投诉"就是"胖东来怎么不到我家这边开店"。胖东来不仅是一家零售企业，更是许昌市的城市名片、零售业的一个传奇。

我几乎每隔一段时间就会去胖东来逛逛，有时什么东西也不买，有时会到胖东来的时代广场 6 楼吃一碗米皮。

胖东来究竟是一家什么样的企业，它有什么与众不同之处？在网上公开的资料中，我们可以看到，胖东来的企业信仰是"自由·爱"；胖东来的企业目标是"传播先进文化理念，培养健全人格"；胖东来的企业准则是"扬善、戒恶"；胖东来的经营理念是"发自内心的喜欢高于一切"；胖东来的经营目标是"保障民生、提供时尚、创造品质和幸福商业模式"；胖东来的经营标准是"专业的能力、先进的技术、科学的方法、健康的运营"。董事长东来哥要求，胖东来的商品要"安全、实用、实在、时尚"；胖东来的人员要"真诚、热情、专业、净心"；胖东来的服务要"公平、个性、专业、主动"；胖东来的系统要"科学化、数字化、智能化、与时俱进"。

胖东来是怎样实践这样的企业信仰及经营理念的呢？接下来，我将从胖东来的信仰、胖东来的战略、胖东来的组织、胖东来的分钱术、胖东来怎样对待消费者、胖东来怎样将"货"做到极致、胖东来怎样营造天使城一样的"场"这几个角度，逐步揭晓。如果你读后照做，就一定能打造出下一个胖东来。因为东来哥说："胖东来人人学得会。"

二、"自由·爱"——信仰是胖东来的命根子

如果想要认识胖东来、理解胖东来，那么首先要了解胖东来坚守的信仰。信仰是指引胖东来做所有事情的基础，也是它最与众不同的地方。我们通过胖东来主动公开的资料、东来哥的讲话和随笔等，可以了解胖东来赖以生存的信仰，其中最核心的就是"自由·爱"。

在胖东来的企业文化手册中，这样写道：

> 胖东来的企业目标和价值不只是做商业，满足企业生存和发展的需求，而是通过商业的载体和平台，建设、践行和传播科学先进的文化理念，理性地研究和探寻有效的方法，改变奴性，实现个性！企业文化理念主要吸纳和借鉴世界先进的宗教文化和法律文化，让更多人懂得信仰的价值和做人做事的准则，培养健全的人格、成就阳光个性的生命状态！
>
> 同时，胖东来致力于建立和完成一个涵盖文化、体制、标准、系统的运营体系样板，为社会提供一种公平、真诚、健康的经营模式，启迪和带动更多企业走向更加健康、轻松、自由、幸福的企业状态与生命状态。我们共同用理性智慧的方法，为社会创造更加公平、民主、友善、和谐的人文环境。我们理解和辅助国家的进步与发展，以法律和不违背人道主义为底线，实现人身、言论和行动自由，使每个人享有平等的生命权、人格完整权以及追求幸福的权利，实现人民对美好生活的向往和憧憬，也为世界创造、贡献我们的价值，体现东方人的智慧和美丽——让企业更美好、让国家更美好、让世界更美好！

在胖东来的文化中，企业信仰是以平等为根基，坚定地追求和实现自由、博爱的生命状态与社会状态。人人生而平等和自由，拥有独立完整的生命、人

格及自由的意志和精神！在追求个人幸福的同时，也追求全人类的普遍幸福。

先进的文化理念能够影响和引导人们追求更好的思维方式、生命品质，让人们活出健康、轻松、自由、阳光的状态。胖东来的企业目标是传播先进文化理念，培养健全人格。它提倡用理性的方法改善落后的思想观念，让苦悲文化向自信文化转变，让惯性追求向享受生命转变。

对内，东来哥要求胖东来能创建公平、自由、尊重、信任、真诚的环境和体制，保障员工的生存需求，让每一个胖东来人能够体面、有尊严地生活。在此基础上，建设和践行先进的文化理念，指导具体的思维、工作等。胖东来让员工理解信仰的价值和力量，从生存阶段走到生活阶段，拥有健全健康、自信阳光的人格和个性。胖东来让员工拥有开放、科学、富有创造性的思维状态，以及乐在其中的做事状态。

对外，东来哥希望胖东来为行业、为社会提供一个真诚、科学、健康、有效的经营模式和运营样板，让更多的企业运用胖东来的理念实现稳健、良性的经营状态和轻松、幸福的团队状态。胖东来量力而行地促进社会环境向更加公平、自由、尊重、信任、友善的方向发展，理性积极地探索好的践行方法，提升更多人的生命品质和幸福度，让国家和世界更美好。

人活着的终极意义是自由和幸福

◥ 东来心语 ◤

自由就是在不违背善良、不伤害别人、不利用别人的基础上，去做自己喜欢的事。什么是成功？有钱的人会认为有钱是成功，有权的人会认为有权是成功，其实幸福就是成功。只要你感觉明天非常美好，心情非常好、很幸福，就是一种成功……

有人问过东来哥这样一个问题："人活着的终极意义到底是什么？"他的回答是："自由和幸福！"他眼中闪着智慧的光，说道："实现幸福就要自由、轻松、健康，我一生的追求就是自由和幸福，然后在这个基础上延伸。如何去实现自由和幸福？最起码要有做人的原则和做事的原则，要有公平、尊重、正义、勇敢、坦诚、友善……要在这个基础上来体现自由和幸福。如果你的内心非常自由和健康，自然就会很幸福，人活着就有热情。"

东来哥认为，真正的自由是灵魂的自由，不会利用他人、伤害他人、违背善良，这就是自由的最高境界。也许很多人认为这是"乌托邦"，认为它是实现不了的一个梦想，但东来哥相信所有的梦想都是能实现的，而不是空想和幻想。

东来哥对于自由有深刻的理解。他认为，人类的最终追求是快乐和幸福，但是在追求快乐、获得幸福的路上，总是会有许多障碍，使我们不容易或不能获得快乐和幸福，从而使我们想要得到快乐和幸福的心愿受到约束。自由就是人们想无约束地获得快乐、幸福的意识与行为。"自由"是一个"知行合一"的词，即自由包括自由意识和自由行为。自由意识就是自由思想；自由行为包括自由言行和自由体行：自由言行包括自由语言和自由文言，自由体行就是为获得自由的"身体力行"。

通过以上论述，至少可以得出"自由"有以下几层意思。

第一，追求自由的最终目的是获得幸福。因为人们的最终追求是幸福，所以人们追求自由的根本目的必然也是为了获得幸福。

第二，约束是自由之母。人们之所以会追求某种自由，就是因为人们感觉到某种不舒适的约束，但是如果你感觉不到这种约束，那么你也就不会由此而产生渴求自由的意识和行为。所以，感觉到约束是产生自由的前提。

第三，心态决定自由。感觉到约束是产生自由意识的前提，如果人们没有感觉到约束，那么就不会有渴求自由的意识，所以心态决定自由。比如，真正的出家人无欲无求，自然不会有渴求自由的意识和行为。但是真正的出家人凤毛麟角。

第四，自由思想人人有之。因为人的本性是不满足的，人的最终追求是幸福，不幸是幸福之母，想无约束地获取幸福只能是空中楼阁。人们获取幸福必然要经历"不幸"的约束。面临"不幸"的约束，人们必然会有自由的意识，所以从人的根本意识（本性）来讲，自由思想人人有之。

在东来哥看来，如果每一个人都能获得自由和幸福，那么团队就能自由和幸福。这要靠理念和信仰来实现。

比如，你是否认同要节制？节制就是不管做什么都要有度，包括做好事也要有度。做任何事情都不能违背法律，不能伤害他人，不能利用他人，不能违背善良、正义、公平等。

东来哥坚信，如果大家都认同这种理念，那么彼此就好沟通了。做事既要勤奋，又要真诚。不仅对人要真诚，对商品、对环境、对空气等也要真诚；不仅要对某一种生命真诚，对万事万物也要真诚。东来哥打了个比方："我种了一棵枣树，我很热爱它，我不用化肥，只要别人觉得枣甜，我心里就很幸福。"如果企业都能给用户带来好的商品，带来安全、保障，那么大家的生活就会更有品质，在这样的基础上结果一定会好。

东来哥非常在意"幸福指数"。他认为，只有保证了自己的幸福指数，才不会纠结，才会平淡地看待所有事情，不会极端和两极分化。只有越来越了解自己，才能知道自己应该往哪个方向走。胖东来要求员工合理规划自己的工作和生活，更清晰地了解自己的现状与未来。"让卖场变得整洁漂亮，员工上班也会有幸福的感觉，该坐就坐，哼着小曲，来顾客了又很认真地对待，达到了一种自然状态。员工一年比一年进步，专业能力越来越强，上班状态越来越幸福，嫉妒心、贪婪心越来越少，自卑心越来越弱，自信心越来越强。"

东来哥认为，在这个存在许多偶然性的社会中，人们更要清醒地知道自己应该怎样做，如果想坚持自己的信念，就要相信社会会越来越好。既要注重物质，又要注重精神。人身上既有善良的一面，也有邪恶的一面，不要认为邪恶的一面是不好的，要让邪恶的一面变成向好发展的动力，这才是有智慧的表现。心灵高贵的人，把钱看得很淡。公司发展的目的是希望员工能幸福、乐观、自信，有非常纯洁的心灵。

东来哥相信，我们只要明白了活着的价值和意义，就能对得起生命、对得起时光。如果自己活得灿烂，那么对未来的生命、对下一代的生命就会有帮助，这也是一种爱。在他看来，幸福不是心态，而是状态。当我们真正懂得爱的时候，就会拥有幸福的状态，无论做什么都会用心和投入，用坚定的信念做自己喜欢的事。"如果你内心强大，就会影响环境；如果你内心弱小，就会被环境影响。"东来哥对优秀的定义就是幸福，他希望员工每天都能活得灿烂如花，更希望胖东来的商场能给他人带去幸福与希望。

东来哥认为，大部分人所理解的道德，是一种概念化的道德，是一种强加于人的形式主义。通常大家所理解的道德就是"听话"，但是不仅要听别人的话，更要听自己的话，这种道德是公平和尊重，这才是更高层次的道德。

很多人把名利定位为最重要的事，这是不正确的，应该把生活定位为最重要的事，要懂得怎样对待生活，怎样跟动物、大自然相处等。在读书阶段，我们把知识当成最神圣、最高尚的价值，考试分数是成功的评价标准。比如，人们会为了那些考上清华、北大的学生敲锣打鼓地庆祝，那些没考上的学生会是什么感受？这是尊重吗？人们互相尊重的时候，你有你的快乐，我有我的快乐，每个人的人格都是平等的，机会也是平等的。考上大学是为了学知识、做研究等，并不是为了证明自己比别人优秀。快乐是多元的，不只在于分数，更不只在于名利。很多人还不明白生命的意义，社会的价值决定了他们的活法，这样活着是不幸福的。

东来哥一直强调，他作为老板，在企业中并不是最重要的，胖东来本身也不是最重要的，"最重要的是企业的信仰"。哪怕企业倒闭、高管离开了，哪怕离职员工在外面开了个小店，只要能把这种信仰传递下去就好了。他始终认为信仰的价值高于企业的价值。

有的企业家认为，领导力的大小在于有多少人追随你，而东来哥认为，这种想法比较功利，也不够自由。自由是"我喜欢就行"，这样才有热情。中国人喜欢证明自己优秀，但这很功利。东来哥说："我知道自己很优秀。我是因为喜欢才这样做的，而不是为了证明。"喜欢和证明是不一样的概念，就像巴菲特一样，他把工作当成一种游戏，当成生活的一部分，而不是为了赚多少钱。

对于先富起来的人，国家给予其好政策、好环境，他们才创造出来更好的结果。所以我们要懂得身上的责任，用高贵的品格带领团队，为国家、民族、后代奉献自己的美德、奉献自己的智慧。在东来哥的眼里，一个人能够得到别人的认可，并不是因为他的企业有多大，而是因为他有高贵的品格，知道尊重别人。

东来故事

1998 年的一场大火与企业文化

我的人生故事太多了，但 1998 年店里发生火灾确实是我人生的至暗时刻。当时，店里面烧得一塌糊涂，员工和朋友一直陪着我，社会上也有很多人来关心我。特别是有一个老大娘在后门等了两天非要见我不可，对我说："孩儿啊，你可不能不干呀，要是没钱了，你大伯和我还存了两万多元，我们都给你拿过来！"这些情分对我的触动才是最大的。

当时我没有消沉，只是很乐观地等待，等待政府下达重新开业的指令。后来我们重新开业了，我的改变就是：不再只是挣钱满足自己。钱好还，情难还。那时候我有了初期的理念：要对社会好。

1995 年，我的理念是"用真品换真心"，就是想把事业做好，多挣点钱，让自己和员工都过得好。1998 年大火以后，我对社会有爱了，因为我感受到了社会对我的爱，那时候的爱有点像雷锋或者焦裕禄的精神，可以牺牲自己造福社会，现在来看有一点儿悲壮，这也是企业文化经历的一个过程。

2003 年，我们的企业文化是"创造财富、播撒文明、分享快乐"，创造财富最重要的是创造精神财富，有真诚、关爱、信任，生存就不成问题了，企业经营好了，物质财富就有保障了。然后在此基础上体现出美好、善良的一面，再把这些美好的东西传递给顾客、员工和社会，分享生命的快乐！

2006 年，我的思想经历了转折，希望用理性的方法改变奴性、实现个性！那时候，朋友给我讲西方文化，讲个性、尊严、尊重，我意识到这些后就去落实，因为它们符合我自己所追求的自由、美好的愿望。可以这么说，从胖东来发展阶段上讲，这是一个很大的转变，我们从个体转向了集体。这一年，我们有了"公平、自由、快乐、博爱"的企业文化，也是受卢梭和启蒙运动的影响，我对民主、自由、公平、博爱有了一些认知。

一到有大灾大难的时候，我就非常勇敢，不站出来，自己心里这一关就过不去。就像新冠疫情发生的时候，我们驰援武汉，这种爱不是感性的冲动，而是思考应该怎样做才能带动这个社会变得更好。就像我说的，要做国家的好儿子，要理解国家、为国家分忧，让国家更健康地向前发展！

爱能让任何事物变美

◆◆ 东来心语 ◆◆

我最大的一个愿望就是：在做任何事情的时候，都要做到心胸开阔，用爱去做。

胖东来的信仰是"自由·爱"，在东来哥看来，爱能融化一切，爱能让任何事物变美。只要你心中有爱，就能收获更多的爱。他始终坚信爱可以支撑整个世界，而嫉妒、贪婪、阴暗则会让我们无比丑陋。明白了这些道理，当我们建立企业的时候，就会是光明的、幸福的，而且不会感觉到任何压力，做事情也会很轻松愉快。

东来哥这样评价自己的人生："我这一生都很自信。我释放的爱得到了相应个人价值的回报，我对未来充满了信心，充满了激情。但如果我失败了，也不会生气，我会找到生活中的不足，慢慢去调整它。我知道人的一生不会永远完美。我最大的优点是善良，而且喜欢自由，学习能力又强，还勤奋，在任何状态下都有梦想。我不希望去统治人，因为统治人是不公平的。我更希望大家平等地相处，相互理解，共同创造生活、创造未来。我不希望大家觉得是在跟着我干，我们是因为喜欢，因为共同的爱好、梦想，才走到了一起。"

明天是什么？东来哥认为，当你对明天感到很迷茫的时候，一定要为自己做一份人生规划。你到底是要快乐的人生还是悲观的人生？你选择了结果的同时，就应该知道需要用什么样的思想、什么样的行为去实现它。如果你连自己都不尊重，又能给别人带来什么呢？对自己的人生一定不要感到迷茫，要学会主宰自己的人生。不要违背善良，不要把自己的快乐建立在别人的痛苦之上。谁做得好，你就向谁学习；谁做得不好，你就鼓励谁；谁给你带来痛苦，你就远离谁。

东来哥经常强调的一点是，人要有关爱之心、慈悲之心、利他之心，这些爱一定要用行动体现出来，不能只是在心里想想就算了。要鞭策自己往这条路上走，要慢慢地去提炼——我们对物质的价值应该怎样去追求，对精神的价值应该怎样去追求。

关于胖东来的信仰，东来哥认为，有爱的时候，做任何事情都是主动的，而不是被动的、迷茫的。要学会换位思考，让顾客得到实惠。如果大家明白了这些，就不会迷茫。"一定不要让自己太辛苦，要轻松地生活，没有包袱地生活，做什么都是因为喜欢。"在他看来，工作的目的是获得公平的回报、成就幸福的人生、为社会的美好创造价值。

此外，东来哥在谈到失败的时候是这样说的："失败的时候不要气馁，要更加坚强。失败会考验我们的品质和境界，人生的坎坷时刻伴随着我们，要去战胜这些坎坷，要从逆境中挣脱出来。如果能做到这些，那么我们的幸福指数就会很高，就不会很消沉、很迷茫。"他衷心地希望胖东来的每个员工都能发挥自己的能力。他希望员工不要把自己看成一个非常完美的人，但是一定要追求完美，这样就会有一定的上升空间，会不停地奋斗、寻找人生的新追求，而不会成为功利的奴隶。要拿得起放得下，相信这次的失败是为了下次更好地成功。

东来哥要求胖东来的员工要把自己内在的美释放出来，把内心贪婪的、自私的东西合理地控制在一定限度内，不要影响自己的乐观精神。企业的最终目的是希望员工的人格是最美的，如果我们明白了这些道理，明白了什么是善与恶，明白了应该怎样做人、做事，就会知道只有心中有爱，爱自己、爱别人，才能有更好的结果。

东来哥一直秉持这样的理念：不要只对别人好一会儿，要坚持、坚持、再坚持，相信结果是好的。要用一颗善良的心去看待他人、尊重他人，要真心地爱自己的事业、家庭、孩子、朋友，这样你一定会得到快乐。

东来哥很赞同自己在杂志上看到的一段话："爱一个人可以组成一个家庭，爱几个人可以组成一个小的企业，爱一群人可以组成一个大的企业，爱所有人可以去当耶稣、释迦牟尼。"他并不盲信任何宗教，却结合中西方文化总结出自己的信念和原则——始终坚信爱可以支撑整个世界，嫉妒、贪婪、阴暗会让我们无比丑陋。

胖东来依靠这种利他之心，把别人的利益放在首位，以关爱之心、慈悲之心去做事，因此企业的发展越来越好。而且胖东来的员工做事的时候，能够放下更多的东西，特别是能够放下功利心。他们用自己的爱与真诚带动企业发展。

东来哥多次在公开场合强调，企业管理者要想让企业更有活力，首先要懂得爱自己和身边的每个人，要相信身边的每个人，要让下属释放自己的能力与魅力。"老是让自己扛着所有的责任，那样活着会感觉很累。"要向下属传递责任与使命，要相信他们的能力。胖东来的财富，不仅老板有份儿，下属也有份儿，因此员工会有更多的活力与激情。如果老板把功利心放下了，就没什么解决不了的问题。如果你遇到不幸和灾难，心里一定要想着"我比要饭的和死去的人强多了，毕竟我还有生命，毕竟我还有亲人和生存的能力"。如果你一直与比自己强的人作比较，就找不到幸福和归属感。不要把自己弄得这么累，可以与不如自己的人作比较，这样就会知足了。幸福和知足是相关的，有了好的心态，一生都是幸福的。遇到什么事情，一定要让自己轻松一点儿，不要那么纠结。每个人都有优秀的一面、善良的一面，肯定也有丑陋的一面，要想清楚怎样将善良的一面体现出来，怎样让自己更有魅力，怎样用自己的美去影响周边的人、造福更多的人。如果只是想表现自己，那你就只是功利的奴隶，根本不知道爱自己。

在东来哥看来，真正恒久的幸福和快乐是要用心去体验的。要做一个实实在在的人，做一个明明白白的人。不要把钱看得太重要，钱只是体现你的价值，不能成为你唯一的追求。他感慨地说："有时我看到保洁人员刷地板时十分专注，就觉得那也是一种文化，更体现了一种爱和执着的追求。我们要的是一种结果，而不是钱。"

东来哥非常坚定地践行"利他"理念："我没有真正的宗教理念，我暂时就相信善良。"他认为，我们要帮助别人，而不是利用别人。不管跟谁接触，都要让他在自己身上感受到温暖和阳光。遇到坎坷、委屈、困难的时候，不要让自己意志消沉，要坚信以后一定会越来越好。

2008 年汶川大地震的救援经历

汶川大地震发生后，我一开始想带 20 个复员军人去救援，结果公司内部一开会，所有的管理层都说自己一定要去。当时除了怀孕的、有病的员工，其他人都跟着我去汶川了。我们出了高速公路，看到马路两边都是打点滴的人，那里的环境就像战区一样，房子也塌了一半。我们把水和食物都给了有需要的人。到秀水镇以后，我们需要做收尾的工作。没过多久，附近的水库渗漏了，我当时带领着 140 多人，要保证他们的安全。所以我决定，留下 20 多个会游泳的人帮忙，其他人全部撤走。这是我第一次经历生死抉择。后来，我们到了小坝镇，那里和北川只隔着一座山，受灾比较严重。附近的路不通，余震还在继续，许多人都吓跑了。我虽然没当过兵，但是组织的队伍非常有序。我安排了三支队伍：第一支是抢险队，第二支是预备队，第三支是后勤队。附近没有路，我们就用之前准备好的工具劈出了一条路。当时，旁边的山一直在晃动，山坡出现了裂缝，但是我们没有退路，只能硬着头皮前进，这是我第二次经历生死抉择。

这些只是我人生故事的一部分。经历过这样的事情，还有什么是看不透的？在灾难面前，不能只靠勇气，还要靠智慧。如果我在部队，绝对是个好的指挥员。去灾区之前，我只是觉得"不去一定会后悔"，没有想到会面对那么多危险。

虽然我也会害怕，但是真到了危急时刻，就将生死置之度外了，这是本性。

后来，日本地震引发大海啸，我知道后想要给灾区捐款。当时，我联系了优衣库的一个总监咨询捐款的事情，并在捐款书上写了三点：1. 中国人民对日本人民的关心和问候；2.2008 年汶川大地震时，日本人民给予我们中国人民援助，这是回馈；3.希望两国人民更加幸福、团结，让世界更加美好！

我们做企业家的，应该有大爱，应该多为社会考虑。现在很多企业只追求局部利益，有正确价值观的企业太少了。优秀企业的价值观应该建立在为人类服务、推动人类文明进步的基础上。

造福身边的人就是造福社会，我一直抱有这种信念，就算别人不理解，我也要这样做！一个人哪怕身体或心灵处于坎坷的环境，但只要积极勇敢地面对，用智慧和行动拥抱光明，就一定会让自己屹立在梦想之上！无论生活在什么样的环境中，都要拥有乐观的生活态度，追求阳光的生活理念，与时俱进。

我们要懂得美好的生活理念，多感受阳光、多发现阳光、多分享阳光……让生命沐浴阳光！

没有文化的进步，就没有恒久的幸福成长

◆ **东来心语** ◆

我的梦想是让更多人的生活能好起来，让他们能感知到生活的幸福。

东来哥认为，如果想让自己的生命更加灿烂，就要让自己的精神升华，要培养自己的信仰。企业的文化和理念要简单纯粹，要让人可以坚定不移地跟随。就像胖东来的卖场一样，刚开始员工不理解其卫生要求，现在胖东来的卫生做到了极致。胖东来相信，只要自己将卫生做好，就能影响这个社会。慢慢地，我们生活的环境就会变得洁净。东来哥希望在他的带领下，每个人都会灿烂地活出自己的样子，并用双手和智慧去改变环境。

东来哥认为，企业做事情要围绕着为人服务，围绕着自然界的进化规律，

围绕着让人格和人权得到充分保障。如果大家能够团结起来为一个共同的目标而努力，就会有无穷的力量——这种文化，才能代表企业的未来。我们要适应周边的环境，让自己进步，因为社会在不断地发展，文化也在不断地发展。我们无法定义什么是绝对的好，怎样选择生命的方向，永远都要靠自己。

东来哥坦言，他希望自己会更加阳光、自由；希望自己从束缚中走出来，过一种更开心、浪漫、唯美的生活；希望胖东来的员工们带着激情和爱去做事，让生态环境更加美好。他对我说："胖东来就是一个实验室，它的理念，它的体制、政策、文化，都能让所有人看到，这是对的。"

胖东来一直在摸索好的企业理念，东来哥后来慢慢明白了，"让自己好、让自己快乐，才能带给别人更多的快乐"。他发现，我们的不快乐主要是社会人文环境造成的，环境放大了我们自私、贪婪、虚伪和功利的一面，让我们失去了自我。其实，每个人的人格、尊严和生命都是平等的，我们要尊重他人的思想、智慧、创造力，尊重他人的一切。15 年前，东来哥问过很多企业家："你做企业是为了什么？为了钱吗？你挣的钱也够花了，为什么还要去挣钱？"有的人说，不是为了钱，是为了社会，但是他们不舍得把自己的钱分享给社会；有的人说，是为了爱，但他们也不舍得与别人一起分享快乐。这个问题东来哥问了十几年，他发现大多数人的答案都很虚伪，因为他们不敢回答，回答就意味着责任，意味着对自己的颠覆。十几年前，东来哥问一个身家上百亿元的企业家："你的员工在一线城市拿着 900 元的月薪，你还觉得非常荣耀，你知道这会影响多少企业的发展方向吗？"但是对方不会考虑这些问题，他不会思考为什么自己的团队没有凝聚力——当然是因为没有公平、没有尊重、没有希望。随着企业和社会的发展与进步，东来哥慢慢懂得了更多，知道人与人之间相处要真诚，不管做什么都要用心。他还记得自己在 20 年前说过这样的话："我们改变不了这个社会，但可以改变自己。改变自己，就会影响我们的家庭、朋友、同事，就会影响我们的小环境，然后再慢慢影响大环境。"那时，他就思考，如果一个城市能有几个像胖东来这样的企业，那么这个城市是不是就会改变？河南是中原腹地，历来是兵家必争之地，如果河南有积极向上的文化，就会影响更多的地方。如果有合理的财富分配机制，那么人们就会展示自己的智慧和才华，从而使社会变得更美好。

东来哥觉得，作为企业管理层，最重要的是学会领导团队：要想明白企业应该有什么样的制度、什么样的政策、什么样的思想、什么样的技术，还要把答案渗透到各个部门。管理层要有管理能力，员工要有专业能力，两者相互依存。做企业不能只追求利益，更重要的是创造幸福、创造价值。对一家企业来说，其产品不一定要有最低的价格，但是一定要有最合理的价格，要做到问心无愧。

东来哥的目标非常清晰，从 1999 年开始，他就想做自信的、阳光的、伟大的、真实的人，并一直朝着这个方向发展。胖东来早期的企业文化是"真品换真心，满足工薪消费，提升大众生活品质"，到了 2003 年变为"创造财富，播撒文明，分享快乐"。2007 年，东来哥对西方文化有了一定的了解。他接触 IGA（国际独立零售商联盟）①以后，开始思考为什么西方人活得这么阳光；他读了卢梭的《忏悔录》，开始向往美好的东西，比如，法国的浪漫、德国的严谨、瑞士的忠实、意大利的自由唯美、英国的绅士、美国的自由等；他看了《世界通史》，知道了"宇宙"的概念，并知道了人类的进化过程等。当经历与知识结合在一起时，东来哥对一些核心问题就会理解得更深、看得更透。胖东来有今天的发展，就是因为东来哥懂得对员工好、对消费者好、对供应商和其他合作伙伴好。这种好不是奉献自己，而是体现公平。首先一定要让自己快乐，然后再一级一级地往下传递，分配制度很清晰，每个人都得到了应该得到的东西，他们自然会感恩、会幸福、会有热情。

① IGA 是 1926 年依美国特拉华法律成立的，是世界上最大、最早的一家自愿连锁体系。IGA 提供的是 IGA 标准的零售管理、技术、培训和 IGA 自有品牌，并根据不同区域的零售商特点来调整零售管理方案，使之适合维护成员特色的要求。IGA 总部在美国芝加哥。

胖东来文化是共享文化、大爱文化、幸福文化。在东来哥的眼中，胖东来文化可能是一种模式、一种思想的"微生物"，可能会影响后人的生活方向。东来哥要做的是坦坦荡荡地把最真实的状态分享给有需要的企业和人。他希望人们始终坚持正确的理念，有了精神寄托，未来的路也会非常清晰——怎样生活，跟钱的多少没关系。"年轻人看看电影、唱唱歌，有意思的事儿太多了。喝小酒、打球、跳广场舞，都不需要花多少钱。只要心里高兴，怎样生活都行。"他希望现在的年轻人要培养自己对待生活的态度，要让自己更关注内在的幸福。生活并不是为了表现自己，而是要学会享受。为了证明自己而拼命挣钱，这是无知的表现。

东来随笔

疫情期间的《倡议书》

倡议各地的企业和有爱心的人士，我们团结起来，为勇敢地战斗在一线的医护人员做一些事。虽然我们不能和他们一样冒着健康甚至生命危险战斗在一线，但是我们可以给他们送去更多的温暖、关心和无限的精神力量！首先在我们的城市——新乡和许昌，如有医护人员在抗击新冠疫情的过程中被感染，我希望和各界爱心人士一起，尽最大能力为他们每人提供20万元的健康补偿捐献；如果有人因抗击新冠疫情不幸牺牲，我们尽最大能力保证为他们每人提供60万元的直系家属补偿。希望更多有爱心的企业家和各界人士勇敢地站出来，参与这场伟大的战斗，做一个美丽的参与者，让最可爱的医护人员不再孤单地战斗，让这个城市因为每个人的爱心而变得更加美丽和美好！保护他人、保护国家，也是更好地保护自己，希望更多城市的商会、协会或经营组织积极地行动起来，我们一起成为值得社会赞美的可爱的人！

祖国和世界的明天一定更美好！

胖东来不是企业，而是传授生命之道的学校

◆ *东来心语* ◆

如果有一天你能明白为什么要传播善良，你就是一个非常伟大的人。只要拥有这种崇高的信念，你在人生的旅途中就永远不会迷失。

"胖东来不是企业，而是学校"，这句话有深刻的含义。胖东来通过不断努力建立了完整的企业运营系统，这种系统可以为更多的人提供服务。东来哥认为，企业发展不一定追求规模，关键要看其在发展过程中形成的文化、技术和体制能否给社会带来好的模式，能否为社会作出贡献。只有这样，企业才能真正提升品质，才能保证员工活得轻松、健康。企业传播的是善良与爱，回报企业的也一定是善良与爱。东来哥认为，任何一个优秀的企业，都要将促进人类进步作为做事的准则。胖东来文化是为更多的人服务，为更多的人创造幸福、快乐，这样的企业才是真正的企业。

东来哥经常说，要做有意义的事情，要做喜欢的事情，要让更多的人看到企业在踏踏实实地做事，这样结果才会越来越好。检验真理需要时间，只有坚持才有意义。怎样向美的方向发展，怎样将丑恶的东西转化成美好的东西？这需要真诚。现在很多企业觉得很痛苦，因为它们在没有赚到钱的时候就想开分店，开了分店后产品品质跟不上，但是钱已经投进去了，骑虎难下。所以一定要保证企业在财力、人力、技术等各个方面的状态正常，等有足够的能力时再开分店，不要为了证明自己而去开分店。

东来哥和一般的企业家讲这些道理的时候，他们或许听不懂；和非常优秀的企业家分享这些道理的时候，一点就通。因为优秀的企业家有共性，他们能在彼此身上看到追求美的影子，英雄惜英雄。当别人看到你的美时，你才能给对方和自己带来快乐。当我们由内到外地释放美时，就会像阳光一样不断地播

撒力量。东来哥希望真实的胖东来是一个"布道"的平台，而非一个经商的企业，它在传播一种乐观、自信的理念，希望更多的人参与和分享。一方面，在胖东来内部，学习是一项必须坚持的任务；另一方面，胖东来将自己的经营理念、制度手册等内部资料公之于世，并热情欢迎各地企业前来参观交流。

东来哥坚信，员工在胖东来学习的经历比学历更有用，他们在胖东来做自己喜欢的事情就是学习，也能提升自己的专业能力。东来哥希望员工在胖东来学一些实在的东西，"我们这里也有打扫厕所的本科生，打扫了十几年，你让他去做别的工作，他还不去"。这不是贬低学历，学历是让人有成就感的，但不要只是为了获得学历而去学习，学到知识最重要。人出于喜欢做事时，学东西是非常快的；能做自己喜欢的事，就会变得自信。

东来哥带团队时一直在考虑团队的感受，他一定要让团队有大家都喜欢的状态，每个人开心快乐是最重要的。东来哥在管理公司的时候，进行了许多调整，更多的是激励员工："只要表扬员工一句，对方就幸福得不得了。领导要信任员工，相信他会越来越好。"他经常讲，"我带出来的兵将来至少是一个'教父'，能给别人传播道理"。这个理想非常远大，他希望员工有高尚的品格，有智慧、信心、热情……只有这样，他们才能跟其他人分享人生的道理。自己不快乐，怎么去跟别人分享快乐呢？过好自己的人生，然后去影响别人，这也是在"传道"，就像一束光一样，不但温暖自己，还能照亮别人。

东来哥希望有相关学校成立专业的组织，这些组织可以从中国历史文化的进化过程这一角度来研究中国人所表现出来的个性、特点及大环境特征，并和世界其他优秀文化进行对比，从而提升东方文化的品位和价值，促进中华民族整体素质的提升。

在他看来，教师应该学一些哲学知识、看看《世界通史》，这样才能了解世界各地的变化历程、变化结果，然后从对比中感受文化的变化，以及所产生的社会环境的状态。如果你从中看到了产生这种差异的原因，那么你就找到了进步的方向。如果我们只进行局部研究，那看到的世界就太窄了，应该看得宽一点儿：从近代史到现代史，从工业革命到现在的社会，从西方文明到东方文明……这样我们就能更清晰地知道人类的概况，知道怎么将社会的发展与哲学、科学结合起来，方能教育学生懂得什么是生命，什么是生活，什么是知识，什么是爱情，什么是家庭……我们要让学生懂得知识在生命中处于什么样的位置，怎么去理解、学习、掌握、运用知识，不要学了一辈子知识，到最后却不懂知识的价值。知识辅助人们更清晰地观察社会和生命，辅助人们更清醒地对待生活，但是现在大部分人都把知识当成工具——证明自己优秀、证明自己学历高、证明自己比别人强，其实没有这个必要。要尊重知识、爱知识，感谢它给我们带来了这么多收获，让我们了解社会、世界，了解生命、未来……知识让我们更清晰地展开自己的规划，让我们生命的每一段时光变得更加美好。不亵渎知识、糟蹋知识，也是一件快乐的事情。

东来哥强调，要做有信念的人。如果从事教育行业，就要为学生带来最真实的东西，这是件很美好的事。"学生眼里生情，两只眼睛都不想离开你。"这是让东来哥印象深刻的瞬间。他说，自己讲的课不一定能让学生成为最完美的人，但能让他们越来越饱满、有所收获，而不是荒废了时光。

他认为，不管是什么，只要能对社会产生好的作用，就有价值。比如，真诚、友善、信任、博爱，这些都有价值。很多零售业的人都来胖东来学习，他们想怎么拍照、怎么学习都可以，"这是我的家，我很放心，胖东来就是想让我学这些东西，想让我把这些东西带回去"，他们感觉很幸福。全国各地的企业都来胖东来学习，广州的、泉州的、天津的……哪怕是一个小县城的企业，都会来学习，这样社会自然变得更好了。东来哥骄傲地认为，这是胖东来对社会的积极影响。

在他的理念中，经商必须守住底线。违背市场规律、违背人性，只会误入歧途。你做事情坦荡，你的精神就会坦然，你的身体相应地就会健康。没有好理念的人，一旦失去利益，精神寄托就崩塌了。如果找不到自我价值，那就如同行尸走肉一般，何谈幸福呢？想要迎接美好的未来，就要踏踏实实地往前走，不能有一点儿虚假的成分。不管是金山银山，还是更好的东西，不该要的坚决不能要，因为在贪婪的背后，一定隐藏着陷阱和灾难。

有时候，钱多并不一定是好事，反而是灾难。很多企业都有逐利倾向，所以才显得胖东来与众不同。这既是博弈，也是选择：你是选择做"人"，还是选择做"妖"？思考一件事情的时候，要先权衡善恶。明知道善良是最好的选择，但是人在利益面前很难不受影响。一旦选错了方向，就等于选择了黑暗，就与阳光、幸福、轻松、快乐背道而驰了。

当因为炒作而火爆的高附加值商品被打回原形时，它该有什么样的价值，就会体现出什么样的价值。在心灵和利益之间做决策，其实就是善良和邪恶在斗争。过分地自我包装和盲目地吹嘘，最终只能导致衰败。做企业，要坚定自己的初心，永远走在善良与充满阳光的道路上。

很多人都说胖东来是一个让人摸不透的企业，觉得无法效仿。但是东来哥高调地宣称："如果你连善良都学不会，那还要学什么？"企业家发展企业、壮大企业是为了什么？有太多的企业家没日没夜地工作、奔波，但是有几个人能停下来想一想，做这一切到底是为了什么，是不是要找到真实的自己？是不是在奔跑的途中失去了自己？

他问过很多企业家这个问题，但是没有得到一个明确的答案。有的人说是为了争气，为了证明自己。但是为了比别人优秀，我们就失去原本的自己，值得吗？挣的钱比别人多，就是对别人的尊重吗？其实这样的企业家在心里是鄙视别人的。自己都不尊重别人，又怎么能得到别人的尊重呢？自己都不懂得爱，又怎么懂得爱别人呢？

东来哥曾经写过一句话："中华民族是一个有智慧的民族，是能够为了人类的发展去奉献自己的智慧、去造福世界人民的民族。"怎么造福世界人民呢？只要我们有高贵的品格、讲诚信，就可以实现。现在我们连真话都不敢讲，还谈什么幸福？什么是幸福，相互阿谀奉承是幸福吗？其实，只有真诚才会让我们感觉到信任和踏实，感觉到希望和幸福。

东来哥与前来参观的企业家沟通时说道："希望我们每个人的生命像天使一样阳光、炽热、善良、唯美，要真正地让自己感到自豪、骄傲。希望我今天的分享能够帮你们解开困惑，请大家尽自己最大的努力去超越名利、超越金钱、超越情感、超越自由吧！我会尽情地和大家分享更多的东西，把我所有经历和感悟奉献给大家，真的希望大家越来越轻松、越来越幸福、越来越快乐、越来越美丽。我们是真正的心灵伴侣，是美丽的天使。让我们活得灿烂一点儿，让我们的企业更加美好，让社会因我们而更加美好。我们是受益者，我们的孩子是受益者，我们的父母也是受益者。最起码我们是有智慧的人，慢慢地让自己从奴性向个性转变，希望我们活得越来越简单、越来越灿烂。"

胖东来一直都在教育人们培养健全的人格，懂得尊重自己，懂得维护自己的权利。因为东来哥从小受尽了磨难，经历了太多的悲苦，他知道失去尊严和人格是多么的痛苦。他力所能及地去为一些企业做指导分享，更多的是告诉对方放下欲望，真正回归本性、回归初心，体现自己善良的一面，让团队、员工、顾客幸福，让企业写在墙上的口号和行为是一致的，也就是"知行合一"。但是很多企业都做不到，也不敢"知行合一"。这样的企业说的话和做的事不一样，必然出现问题。所以要找到一种方法，让更多的人敢于释放自己的美德、敢于信任别人。

他认为，如果经营企业太累，就要懂得取舍。不要总是害怕自己的市场被别人抢走，因为我们还有很多事情要做。如果我们都把社会当成自己的家，那么就不会自卑、迷茫和痛苦了。以前在许昌，有很多同行联合起来与东来哥竞争，东来哥没有畏惧。但是现在，他希望能将自己的理念、管理方法分享给全国各地的同行，让大家共同承担建设美好社会的责任。不仅是同行，对其他企业也一样，他都愿意分享自己的管理信念和方法。因为他觉得，如果各家店都很整洁、环境都很好、员工都很有激情，那么整个社会就会变得更加美丽。从 1999 年开始，东来哥经营企业首先想到的是社会价值，他希望大家学习胖东来好的地方。

可能 50 年、100 年之后，胖东来的文化才会有力量。因为任何好东西都需要时间的检验，自然规律如此，社会规律也是如此。当下的环境正是高速发展的时候，让其他企业都像胖东来一样慢下来是不现实的，只能等到社会和企业经历了快的阶段并步入慢的状态时，环境才会有所改变。东来哥坦言，自己也有不成熟的时候，会有所谓的竞争对手，但现在他与同行之间只有分享、帮助，大家见面后会觉得很亲切。用自己的成长带动大家的成长，这也是价值的体现。

胖东来的文化供所有人参考、学习，因为东来哥真心希望大家变好，希望这个社会更温暖。当然，不能盲目地学习，要找到金钥匙，一步到位。你只有真正地理解一种文化、坚持一种信念，才能更加开心幸福，才能给自己、身边的人和社会带来更多益处，创造更多的阳光和幸福。

"要把胖东来打造成世界零售业的圣地！"东来哥对此充满信心，"我们的标准是怎样制定的，商品是怎样采购的，价格是怎样制定的，食品是怎样加工的……都很透明、很清晰，在网上也能便捷地搜索到。胖东来的部门经营状况、毛利润、净利润等，也很透明，便于企业学习。我们的每一个员工都是老师，他们可以分享知识，分享胖东来的文化，把这里当作爱的摇篮。我们的企业也像学校一样，创造爱、分享爱、传播爱！"

东来随笔

如果我有十万元，该怎样开店

如果我有十万元，在保证正常生活的前提下，我拿五万元开个小饭店，50 平方米或 100 平方米都行，一半是工作间，一半是顾客吃饭的区域。我的期望值不高，一个月赚一千元就够了，甚至不赚钱也行。按照这样的理念，刚开始饭店的毛利率能达到 55%、60%，然后可以做打折活动，这样用不了多久，饭店的名声就有了。只要保证质量，不降低餐饮标准，饭店的规模很快就变大了。这样一步步来，做一碗是一碗，刚开始少备点货，因为卖不了那么多，要是没人吃就免费，甚至可以赔两三万元做推广，一直做到生意红火起来。等饭店步入正轨之后，我一天只营业几个小时：11：00—14：00，17：00—19：00，一个月休息 4 天。

饭店的操作间最好做成透明的，让顾客感觉吃你的东西很放心，干干净净的。室内不一定装修得很好，可以贴瓷片，用花和饰品点缀，就像胖东来时代广场六楼的设计一样。一天不需要卖很多碗饭，要是质量很好，顾客自然会宣传。胖东来时代广场五楼卖的烩面，如果在街上开一家，生存没有问题。这家烩面店很干净、很整洁，虽然空间小，只能坐得下 6—10 个人，但是环境很温馨，顾客吃烩面的时候心里很舒服。这家店的一碗烩面至少卖 20 元，中午的客流量可以翻三倍，也就是 30 个人，这样就能有600 元流水了；晚上客流量再翻两倍，一天就能收入 1000 元，毛利率是 60%。这样下去，一天能入账 600 元，一个月就能入账近两万元，扣除其他成本费用，还有几千元的利润。如果一天只做 50 碗烩面，坚持下去，那就会成为一个精品。说不定以后一碗烩面能卖 30 元，说不定一年后品牌就叫响全城了。我们昨天去"00 号餐厅"吃饭，如果这家店的环境再好一点儿，就算它的东西卖得比现在贵一倍，我们也愿意吃。所以，环境真的太重要了，如果细节做得不好，那么顾客来消费的时候也会失落，以后就不会再来了。

如果你开了一家饭店，就要坚定自己的信念，付出真心，从卫生、口感等角度不断地提升服务品质，这样坚持十年后，你就是大师级的企业家，是从哲学层面去创造作品的。你要把这些理念弄懂、学透，要坚定这种信念。假如你还没有想好要做什么，那就先休息一两个月，然后在这段时间内做选择。一旦确定了选择，就要拿出行动计划，这样既不会影响你的快乐，也不会让你的精神崩塌。一定要用心，但是也不能着急，如果急于求成，那就毁了。要知道，你是在创造作品，你的每碗饭都跟别人不一样。

活在当下，活出自己的个性

◆ 东来心语 ◆

希望更多的人明白，要真实地活着，要坦荡地活着，要幸福地活着，要有自信地活着。

东来哥在做企业文化的十几年中，看到一些人的心态很不成熟。受传统文化的影响，当我们遇到一些事情时，很容易没有自信心，会因为对生命、对失败的恐惧和错误理解而感到痛苦。东来哥希望大家明白，要充实幸福地活着。他一直在探索进步的文化，不管是什么样的信念、什么样的文化，都不能违背善良、不能违背大爱的原则。他相信只要坚持梦想，人就会一天比一天幸福。

如果我们不敢面对生死，不敢面对真实的自己，不愿意讲出自己内心的真实感受，不敢释放自己真实的本性，那么我们的人生就不会精彩。我们想得再多，都要回到真实的状态，不用把这个世界想象得很复杂，其实越简单、越真实、越纯朴，我们就会越快乐、与幸福越接近。就像做人一样，不管你怎样装扮自己，还是要回归到赤裸裸的本性。你是什么样的性格、心里是怎么想的，请真实地表现出来吧。人刚来到这个世界的时候是纯净的，从明白道理的那一刻起，就不断地修正自己、寻找自己，这不仅指的是身体，更重要的是心灵。人要是能明白这些，还有什么困难不能解决呢？我们应该像孩子一样，想说就说，真实简单地表达自己的内心感受，这就是纯真与幸福。

东来哥有一个简单的梦想：希望我们的思想和个性更加坦诚、简单、纯净。在他看来，文化发达地区的人们在自由地创造生活，感受生活的美好，他们不会把时间浪费在修正心态的无聊之事上，他们活在当下。但是还有很多人在顽强地修炼内心，这些人要摒弃苦悲的活法。对于一些很简单的道理，如果人们只是明白却不相信，心灵被功利、虚伪、嫉妒、贪婪等占得满满的；只追求成功，却忘了成功是由小事汇成的，那将多么痛苦。

我们不能把幸福寄托在未来，不能忘了时光是多么宝贵，如果不思考和珍惜，就会让贪婪、埋怨、纠结、无奈、痛苦充斥自己的思想和灵魂，从而使自己远离正常的人性。我们需要阳光的活法，不要为了所谓的面子而活，不要为了别人的看法和感受而活。应该学会爱惜自己的心灵，尊重自己的心灵，知道自己的心灵需要什么营养。只有心灵健康了，人才会快乐、幸福。我们要学会逐步把心灵中污浊的东西洗干净，让心灵更纯净、轻松和自由，这才是有智慧的人。

东来哥主张，要经常和自己的心灵对话、沟通，让心灵通畅。我们要回归自我，因为没有自我的生命只是依附在肉体上的"寄生虫"，只会给他人带去麻烦和痛苦，这不是我们的愿望。我们需要与自然、生活相融，与阳光同行……阳光能带给我们健康、生命、活力和激情。要尊重自己，做和阳光一样美丽的人。

我们的理念和观点可能与现实生活还存在一定距离，所以我们现在要用心练内功，不断寻找学习的目标和优秀的榜样，让自己的行为与爱能给更多的人带去幸福和浪漫。真正的成功是每一天都过得充实、有意义，没有白白浪费时间。我们是因为喜欢才去做事情的，而不是为了表现自己。

我们以前所走的弯路都会变成宝贵的财富，只有这种坎坷才能让自己感受到生命的精彩。人生的旅程就像爬山一样，越是坎坷，越是悬崖峭壁，跨越后就越觉得精彩。当你委屈的时候能包容他人，说明你已经变得很坚强了，这个坎儿就过去了。爱一个人，如果心灵解放了，你就知道如何真正地爱他，知道如何包容他、理解他。不管是朋友之爱、父母之爱、夫妻之爱，还是人与人之间的关爱，只要有爱，你的快乐和幸福就会越来越多。你走在路上帮助别人的时候，幸福感就会油然而生，哪怕别人只是给你一个微笑，你也会很有成就感。这就是需要我们持续去做的——将我们的爱坚持下去。

生而为人，不管处于什么样的环境，不管有没有钱、有没有权，最终的目的是要找到幸福，只有明白这个道理，我们才不会被功利所诱惑，才不会迷失自己。一定要坚持自己的梦想，无论遇到再大的坎坷和困难，都要用积极乐观的心态去面对，那是历练自己最好的机会，会让我们更加强壮和成熟。现在的社会充满迷茫，我们是社会的一分子，虽然改变不了别人，但是可以改变自己。我们能够找回一个健康的自我，让自己的物质和精神更加充实，这是我们最终想要的结果。

我们不容易快乐是因为缺乏自信、比较迷茫、内心空虚、精神空虚。如果我们没有坚实的精神寄托，就要变得自信，最起码要让自己过得问心无愧，过得少一些遗憾，过得充实。我们要相信身边的人，相信善良。不管是从行为上还是从心灵上，我们一定要控制自己，不能做利用他人的事情，不能做坑害他人的事情，要按照善良的原则做事情。只要朝着这个方向努力，你就会越来越自信，因为你对得起天，对得起地，对得起自己，对得起别人。

东来哥坚信，员工会因为兴趣而做好工作，这更符合公司的文化理念。员工需要沿着公司文化的方向走自己的路。例如，如果部门销售额能养活自己，那就不能把"增长"作为考核指标。一定要保证质量，保证效率，保证员工的幸福感，合理科学地规划他们的工作和生活。只有将公司管理层的理念往基层逐步落实和执行，企业才能向更健康的方向发展。你的财富与物质再多，也不一定幸福，如果只是一味地追求物质，时间会过得越来越快，快乐与幸福也会离你越来越远。不如我们寻找一种健康的体系与方法，上班是上班，下班是下班，有时间就去享受大自然，做一些自己喜欢的事情。更重要的是，我们感受着每一天，不管有什么样的结果，只要充实、有意义，就已经是进步了。如果不向往这些美好的东西，只想着挣钱，那么就脱离了正确的理念，违背了人类对文明追求的信念。经营策略可以有转变，但理念一定要坚持不懈地执行，不要只是为了功利而从事工作，要围绕着尊重自然、尊重快乐的理念去实现你的人生梦想。

人有思想、有梦想，才会有一个好结果。一个人如果连梦想都没有了，怎么会有激情？如果没有了梦想，每天如行尸走肉般生活，就毫无意义和价值。如果有一天，我们不虚伪、不在乎功利，就能彻底地放松了，不用再去疲惫地伪装自己。不要拿自己的人格取悦别人，这是自信的一个基础。如果不知道怎样爱自己，又怎么能爱别人呢？

东来哥希望每个人都能找到自己的兴趣，知道自己是谁，知道自己想要什么。我们要懂得怎样做人，怎样做事，怎样尊重自己。要学会体现个性，崇尚自由，懂得尊重，活出尊严。东来哥希望我们不再因死亡、感情、生存、亲人、家庭、婚姻、爱情、功利、愚昧纠结，没有了这么多的纠结，我们自然就会轻松自由。

做人做事要坦诚、乐观、勇敢、自由、节制、公平、博爱……这些是鞭策我们的信念和标准。大家因热爱而勤奋善良地做人做事、创造价值、创造快乐，持续提升生活的品质和生命的质量。要让工作和生活更有计划，让事业更清晰，要充分享受生命的美好。

最重要的是，人要懂得活出自己，懂得释放自己的潜能，而不是让自己的能量白白浪费。就像胖东来，追求和弘扬的是幸福，围绕着这种幸福就会知道什么是真理、什么样的思想是大家所依赖的精神寄托，然后懂得让自己坦荡、勇敢、自由、有爱地活着。能做到这些，我们的人生就是充实的，既可以在跌宕起伏中尽情释放自己的激情，也可以在宁静中分享浪漫舒心的生活气息。对珠宝部门而言，如果有顾客来买钻石，就需要从商品的内在质量到款式，从匹配的包装到售后服务等各方面去完善标准。在售卖过程中，还要根据顾客的年龄、肤色、购买意向和需求等，替顾客分析其适合什么样的产品，让顾客感受到温暖。如果我们对待每一个商品和顾客都是如此，那么我们就会很幸福，这就是爱的力量。一旦不懂爱，生活就会没有光彩。所以，一定要静下心来去做自己喜欢的事情，就像小野二郎做寿司一样。胖东来现在的水果、蛋糕等商品，品质比以前好多了，再看到这些的时候，作为胖东来人，心里也很甜。东来哥相信，只要胖东来人的内在是美好的，顾客就会相信胖东来。要和更多的顾客分享快乐，要把 80% 的精力用在商品细节上，其他的业绩都是辅助，是为了证明我们的做法是正确的。就像医院的化验单一样，如果身体的哪个指标不健康，我们就进行调整。如果我们天天化验，那还有什么意义？最重要的是我们要追求幸福，要有好心态，好心态是从奴性到理性的一种转变，最好的状态还是个性，要能理解自己身上的优点和缺点，展示自己本性中好的一面。

东来哥希望胖东来的员工能够知道自己的不足，最终的结果是懂得"用爱工作"，从而感受到真正的幸福，活出自己。我们可以从改变自己做起，逐步改变环境。在活出自己的时候，必须勤奋工作，因为行为劳动和思想劳动会不断地推动人们进化。要做一个有内在灵魂的人，真正地让自己从工作的细节中创造价值、分享生活。

不要让自己随着社会变得很复杂，要保持自己的内心，守好真诚与善良，让与自己相处的人都是这样的状态，慢慢地，自己的圈子就简单了、纯净了。不管与谁打交道，都要随性自然，不能过多地干涉和限制对方。没有心理上的自卑与迎合，没有负担和包袱，就是自然而然地交朋友。没有完美的人，大家要相互理解与包容。你要多看到对方的好处，多成就对方，这样对方就会给予你最温柔的一面。活出自己的人，不会因为辛苦而变得沧桑。

东来哥说，他非常不喜欢听到"这辈子我就跟着你干了"。可能在别人看来，这是一种忠诚，其实不对。东来哥认为，你有你的生命，我有我的生命，我们是因为共同的理想和信念走到一起的，这样心里才不会有委屈，不会有亏欠，这才是健康、自由、平等的关系。人们都是"共信念而并肩，同理想而相伴"的，在一起合作时要高兴，不高兴了就分开。大家相互祝福，没有承诺，也没有包袱。幸福的源泉不是感恩，而是实现自我。若人生是一场戏，那每个人都是自己生命的主角。

东来随笔

那些豁达的人怎样面对人生

这个世界永远是公平的，美好和痛苦都由自己去点缀。你感到幸福是因为内心平和，你感到痛苦是因为内心有欲望。在做生意的过程中，我想起了小时候的故事。记得在我 10 岁左右的时候，正值秋季收玉米，我在村子里干活，突然听到有人和一个老头说："你的玉米被人偷了！"我的印象非常深刻，那个老头说："碗里的米粒还会掉在地上呢，干吗那么较真！"我并没有看到他生气，一般人丢了东西，一定气得破口大骂，但是东西再也找不回来了。所以说，人遇到任何事情的时候，都要豁达一点儿！

还有一个故事，是我小时候从《故事会》上看到的。有一对夫妻在农村开了间小卖部，店门口有柜台，柜台上有个坛子，他们做了几十年的生意，那坛子里慢慢地装了满了欠条。后来，他老婆问他："为什么你不去要这些钱呢？"他说："你之所以借钱给别人，是因为你有这个能力。别人不还钱，可能是因为他的能力还不够，就算去要钱，他也还不了。"看到这个故事以后，我遇到借钱不还的情况就想开了。我不但想开了，还劝对方想开点，我和他说："你还不了钱，我又给你造成这么大的负担，我是有责任的。你不用还钱了，也别影响自己的健康，好好地照顾自己！"再到后来，春节的时候，我还会派下属去看望他，给他送钱。人生当中还有很多这样的故事，它们都让我学会更加豁达地面对人生。

不管有没有钱，我的生活都一样浪漫。刚开始我租房子住的时候，没窗帘了就学着做窗帘，用砖块砌床，把床单整整齐齐地铺在上面，给墙上贴满报纸，屋子被我收拾得干干净净。现在回想起来就觉得很浪漫，这就是生活，不在于花多少钱，而在于有没有向往美好的理念。就像给朋友送礼物一样，最好的礼物不是最贵重的，而是自己动手做的。我送给最心爱的人的礼物是为她做一顿饭，我觉得这比任何东西都珍贵，因为这代表了浪漫和美好的生活理念。

把企业当家，因为喜欢，所以舍得

> **◀ 东来心语 ▶**
>
> 爱是从细节中体现出来的关心和感动。永远让自己先付出，用自己的心换对方的心。

东来哥说，胖东来的体制是围绕着自由、幸福、公平、尊重和爱的理念展开的，它让创造财富的人分享财富，最底层的员工也能在企业中有平等的、安全的生活保障。东来哥希望大家活得透彻，把对生活的好理解留下来。东来哥始终用自己喜欢的理念做企业，他一直让员工把胖东来当成家一样。无论是卖场的设计装修，还是员工活动中心的布局，都投入了高品质的设备，因为这里是胖东来每一个员工的家，在这里看到的一切都很整洁、浪漫、有品位、幸福。胖东来的店面为什么这么整洁？因为舍得投入，其洗地的设备大多是德国制造的。只要能给卖场带来高品质的环境，能给顾客带去舒适的服务，东来哥乐于在自己的能力范围内增加投入。他希望顾客开心，努力把商品做好。

他坦言，胖东来现在对员工的管理方式和以前相比还是有差距的。1995 年，胖东来刚开业的时候，只有十几个员工，管吃管住，平时大家都不出去。过春节的时候，东来哥把鱼、肉、酒等年货买齐了，然后开车一家家地给员工送过去，他告诉大家什么都不用操心，静下心来做自己的事就行了。当时市场上的月薪是 300 元左右，但是胖东来的月薪已经达到了 1400 元。如果一年能赚 16800 元，就可以在农村盖四间房子、一个小院子。当时，东来哥计划让员工在三年内挣到 5 万元，要是员工以后不干了，可以用积蓄做小生意，也能过得很幸福。

胖东来成功的秘方是用心。不管企业有多大，只要商品质量好、服务态度好，那么生意就不难做。东来哥相信，按照这个理念在胖东来时代广场旁边摆一个小摊位，一个月最少能赚 1 万元。但是为什么有的企业做不好呢？因为其心里根本没有对顾客的爱。要永远让自己先付出，用自己的心换对方的心。

他反复强调，要追寻内心的愿望，做自己喜欢的事情。生活不在于等待，而在于行动。胖东来正在慢慢地教员工怎样懂得生活。不会生活的人，就不会创造很好的企业，可能只是金钱的工具。不要把自己当成工具，从现在开始，要做自己喜欢的事情。没必要在意别人怎么看待自己，尽量为自己内心的愿望而活，合理控制自己的欲望。无论是什么样的情况，只要我们用正确的方法对待生活就行了。他非常希望这种热爱生活的企业文化能被更多人了解和掌握，被更多人运用到生活当中。这种理念不只是对事业的驾驭，更多的是对生命的理解。如果我们把每一个对自己造成束缚和压力的烦恼都解决了，就会越来越轻松，过得更快乐了。

如果一个人是无知的，那么他便不懂得生命的意义，便是生活的傀儡。一个真正懂得珍惜自己的人，才能带给他人幸福与快乐。喜欢与爱不能只是说说而已，要学会勇敢地面对，勇敢地拿起，勇敢地放下，给自己的心灵以自由。遇到挫折时，要勇敢、善良、坦荡地面对。要控制自己内心的欲望，享受生活，而不是被生活牵着走。我们一定不能舍弃自己的尊严与人格，我们要尊重生命、尊重自己，要懂得怎样与自然相处。

如果人人都像天使一样懂得活出自己、释放温暖，那么我们周围的环境该变得多么美好，所以我们一定要懂得尊重、爱、善良、勤奋、自由，随心而行。纯洁不是一张白纸，而是真实。生活是否美好全靠自己把握，自己的生命谁也干预不了。不管面对什么样的生活状态，都不要失去自我、失去快乐。要对自己多一些理解，生命是自己的，自己何必为难自己。少一点儿纠结，多一点儿理解和包容，这样你就会有轻松自由、阳光美丽的状态，生命也会更浪漫、美好。不要只看到利益，要懂得喜欢、懂得爱、懂得生活，要与他人分享生活的美好。

东来哥觉得，人类的高贵就在于懂得驾驭自己，让自己活得更加幸福。不论在哪里，如果你对别人不好，就不要指望别人对你好。我们要追寻好的方向，慢慢培养自己了解生命的能力。只要不违背善良、不利用他人、不伤害他人、不伤害自己，就能过上好的生活。等你可以随心而行的时候，身上充满了阳光，就不需要精神寄托了——所有的精神寄托在自己身上就能找到，合理地支配自己就行了，要力所能及地去做好事。做好事是为了快乐，而不是为了奉献和创造价值。

东来哥变得越来越有个性。他越有个性，喜欢他的人就越多。即使你的身上有再多不足，也可以被善良、勤奋、勇敢、随性等特质抵消。人与人之间的交往是相互的，是因为快乐、因为尊重。你喜欢的人活得很灿烂，你才真正地爱他，这也是爱自己。很多人的爱都是狭隘的爱，是自私的爱。建立在自私基础上的爱总是那么悲苦，自私的爱根本不可能获得幸福。

他希望胖东来的员工不要给自己太大压力，能做到就做，做不到就不做。人最能够信任、依赖的就是自己。既要对别人真诚，也要对自己真诚。有些人不能正常释放自己的能量，就是因为心态不成熟。不管是发展企业，还是做任何事情，都是这样的情况——奴性制约着人的发展。要随心而行，把心交给自己掌控。

每个人都要懂得释放自己，成就自己的智慧，成就更多的人，这样才能让自己活得更加真实、更加幸福。在胖东来，东来哥希望员工尽量释放自己、成就自己，而他会尽力辅助大家。十几年过去了，东来哥高度认可胖东来同人们一起创造的成绩和价值，顾客对胖东来也非常信任。

作为企业家，东来哥总是强调，要学会爱自己的兵，造福自己的人。只要是跟在他身边的人，都会生活得无忧无虑。有的人跟着他不到一年，对他很好，他就会想办法让对方过得好。大家对工作付出了真心，虽然有时候也会挨批评，但确确实实成长了很多，尤其是在生活和工作理念方面。身上有能量的人一定能造福别人、影响别人，东来哥希望让更多的人释放无穷的能量、释放无穷的温暖，从而影响社会向更好的方向发展。

胖东来在用正确的方法做正确的事。对东来哥而言，解放思想、提升格局、辅助下属也享受自我的过程。现在，胖东来的工作方法有很多改变，会让员工轻松许多。以前是上级压着下级干活，现在就像教育孩子一样，管理层可以自己选择、做主，学会认可、辅助、成就员工变得更好。管理层不能被一堆事困住，要知道如何安排工作，把机会多分给下属，给他们空间，多培养他们，这样才会让下属在能力、阅历等方面快速成长。比如，组织员工轮值主持讨论会议，就是希望大家能够健康成长，释放自己身上的闪光点，对得起自己、对得起事业、对得起梦想，让自己活得精彩一点儿。如果方法不对，就算费再大的劲也没有用。要沉下心来彻底实践，只有这样，才会有好结果。各个部门应该挣多少钱、需要什么样的政策，大家可以一起讨论，最起码要让每个人有收获。痛苦源于欲望，懂得知足时，人就幸福了。

东来哥在创业过程中，经历了很多事，逐渐有了崇高的理想，决心要做一个伟大的人。以前，他也不懂得什么是真正的爱，简单地以为自己对员工好、员工对顾客好，社会就变得美好了。但是经过长期的文化沉积，他慢慢从体制上给员工更多的尊重。企业挣到的钱，他最开始给员工分 50%，后来提高到 90%，再后来达到了 95%。就这样，员工得到了尊重，也就对企业产生了信任。

在胖东来，员工的休假制度是每周二闭店休息 1 天、春节期间闭店休息 5 天、带薪休年假一个月（未来还要延长到两个月）。因为员工用心对待工作，所以在胖东来发生的感人故事很多。当胖东来遇到危机要关店的时候，顾客甚至想拿出自己的钱给胖东来作为运营资金。在他们心里，这个企业不光是胖东来人的，也是社会的。所以，东来哥必须把这个企业做好。作为企业管理者，东来哥把利润分给员工，也感受到了来自许多家庭的幸福。他犀利地说："钱够花就行了，一个人能花多少钱呢？我一年自驾游的平均时间是七八个月，有时候我和企业高管一个月都不联系，很正常。要学会放手、学会尊重他们，要让他们感受到信任、希望、幸福。我一直抱着这种真诚的态度努力地引导员工，让他们懂得什么是生活，在生活中如何看待爱情、如何对待父母等，围绕着这些方面，我们会讨论很多话题。"

每一种植物向着阳光的时候，就会很灿烂；向着黑暗的时候，就失去了原有的光泽。每个人身上都有正能量，问题是你能否发现这些正能量。就像星座一样，每一种星座都有与其相契合的星座。其实善与恶、好与坏是同时存在的，关键在于你想要往哪个方面发展，你心里的梦想和追求的方向是什么。更多人会受到群体环境的影响，但是有智慧的人要懂得往对的方向走。这需要大群体与更多人的智慧来支撑社会的框架和标准制度。

世界是一张白纸，痛苦和幸福取决于自己如何去描绘。菩提本无树，明镜亦非台；本来无一物，何处惹尘埃。重要的是看你的心境是怎样的，如果心里有欲望，那你就会往痛苦的方向走；如果你很善良、很有爱，那你就会往幸福的方向走。很多人就是因为早期的欲望才遇到了挫折，到后期他们终于明白了生命的真谛，开始沉静下来品味幸福。

我们为什么要当老板

其实胖东来这个企业的体制是很好的，我举个例子，如果一家超市把90%的利润都返还给员工，你要是员工，愿意不愿意干呢？

最公平的是各分一半，让所有人对未来都有希望，而不是让员工觉得自己得不到尊重。为什么国外的人不愿意当老板，因为他们能靠打工体面地生活。为什么今天中国有这么多老板，因为我们以前在别的地方打工时就得不到尊重和爱，感受不到关心和未来，所以才去创业。我们要明白，自己原来是员工时最渴望得到什么。可能以前我们就想过，如果自己是老板的话要怎么做。可是今天我们当了老板，却把自己的困难放在了第一位，把"怎样做"放在了后面。把自己的店做小一点儿、做精一点儿，让自己轻松一些，不要背负沉重的压力，要懂得驾驭自己的人生，懂得爱和喜欢，最终的结果就是选择了自己喜欢的生活和事业，这样才会与别人分享自己的快乐。有了喜欢，做事的时候就不会计较那么多了；有了喜欢，付出就是一个快乐的过程，但是很多人还没有进入这个状态。

我在培养胖东来这个企业懂得喜欢，这可能还需要10年甚至20年的时间，是个非常漫长的过程，急了不行。有这个状态的时候，员工就会很用心、轻松，员工做事是因为喜欢。比如，胖东来的周二休息制度坚持了两年多，如果让我们一年少发10%的工资，每个星期休息一天，员工愿意吗？在我们还不能保证生存的时候，可能是不愿意的；但是如果能保证生存，就一定愿意。所以，我会看每一个人的愿望，如果是员工愿意的，就一定要去做，这样才能让大家更快乐、更轻松。如果未来我们的生存情况更好，还可以考虑给员工更多的休假时间，这样做老板也会很有成就感。

> 我的理想不是要开多少家店，而是要让人们学习优秀的文化、先进的理念，因为好的理念可以让人活得阳光，那才是最重要的，不能因小失大。我写了很多随笔，如果你们只是看看，觉得这是我的心灵鸡汤，是别人的东西，而不是你们自己的东西，我就觉得太遗憾了。这些都是我掏心掏肺的东西，如果你们并没有感受到其中的价值，没有让自己学习到好的理念，那么等到后悔的时候就晚了。

既要有雄心壮志，又要脚踏实地

◆ *东来心语* ◆

> 我的愿望是在世界上（不仅仅是在中国）创办一家有意义的企业。只要我活着，20 年以后，胖东来这个企业绝对非常有影响力。它不一定很大，但一定能让人感到快乐，因为我们更多的是注重价值。

什么是最好的店？在东来哥心中，它应该是有思想、有文化的店，员工在这里很快乐，顾客在这里也很快乐，买东西很放心。不管是同行，还是供应商、合作伙伴，都能从中学到东西。管理层感到幸福、轻松，而不是每天考虑卖了多少货、每天只与钱打交道。如果你勤奋、善良，做生意想不快乐都不容易。如果为了钱连人格都不要了，去取悦别人，不仅是对自己的不尊重，也是对别人的不尊重。

在胖东来，一定要保证顾客有享受优质服务的权利。东来哥相信，只要心里装着顾客，就一定能做到这一点。东来哥和他的员工一直有一个梦想：要做一家世界上最好的店，他坚信只要活着，这个梦想就一定能实现。令东来哥印象最深刻的是一个美国老太太做了 5 年宠物店，虽然这家店只有 500 平方米，但却是世界上最好的宠物店。瑞士面积不大，但它的钟表业和酒店业都做得特别好，对世界的贡献是巨大的。如果企业家和管理者脑子里总想着业绩提升了多少，而不去找好产品，只知道做促销，经常为了做无用的促销活动找供应商提供活动商品，那么供应商怎么会乐意呢？这种关系是不能长久的。所以要为供应商及合作伙伴考虑。在中国市场，只有在有品德的基础上体现技术的强大，企业的各方面才会成熟与完善。

要让功利心变得淡一些，不是说一下子变淡，而是需要慢慢变淡。要对员工好一点儿、对顾客好一点儿，不管能不能挣钱，要让顾客幸福一点儿。做任何事情的时候，要换位思考，想想顾客需要什么、希望得到什么。要思考货品为什么卖不出去，是因为价格高、宣传没跟上、对员工的激励不够，还是因为货品款式不好。找到原因后，问题就能解决了。如果你感到纠结，很多时候是因为钱，当你把钱看淡了，就不会不快乐了。不懂经营之道也没有关系，只要用心，对员工好一点儿，卖东西实在一点儿就可以了。要实实在在地做事，保证一定的毛利率，利润不要定得太高，顾客就能放心地消费了。要走出自己的路，有自己的思想，对行业有清晰的理解，去引领行业。

关于为什么要发展企业，东来哥有自己的心路历程。他说，刚开始做企业只是为了生存，为了让自己过得更好。随着企业的发展，人与人之间彼此关爱，他觉得要对员工好、对顾客好。后来，员工对企业更投入，顾客对企业更认可、支持，人与人之间更真诚相待，大家的思想逐步升华、感情加深，人善良的一面得到了放大和体现，他内心自然产生了更好的愿望，也更明确为了实现这种愿望所必须承担的责任和使命。其愿望就是：希望大家过得幸福、快乐；希望企业的发展越来越健康；希望大家能有更好的寄托、有更合理的回报；希望大家学到更多的道理、能力和技术。

为了实现这个愿望，东来哥带领胖东来的管理层不断地寻找学习榜样，不断地总结自己的对错得失，也明白了以前做生意失败的原因是太贪婪、太急功近利、太自私，脑子里只想着挣钱，所以结果肯定是痛苦的。他觉得自己那个时候容易感情用事、心胸狭隘、爱计较，所以出现了很多矛盾和问题，给对方和自己造成了很多伤害。他认为那都是因为自己不够成熟，身上没有大爱之心、宽容之心，如果把对方的利益放在首位去处理问题，结果肯定会越来越好。1999 年 3 月，他把这些人生感悟进行总结整理，形成了企业的理念和准则。

现在胖东来的理念变得更清晰、更具体，员工更加严格地执行做人做事的准则：将心比心，遇事要抱吃亏态度；不是自己的坚决不要；不要急功近利，要从一点一滴的小事做起；坚信善良、乐观、正义、勇敢、节制、诚实、博爱等真理。这些准则使胖东来人的思想更开放、更高尚，他们的学习能力也变得更强。

胖东来的经营理念始终围绕着商品、价格、环境、服务而不断深化。随着年龄不断地增长，人生阅历不断地增加，东来哥对幸福、自由、快乐的向往越来越强烈。在企业发展的同时，他也领悟了很多以前不明白的道理，对生命、幸福、信念的理解逐步加深，明白了大爱与小爱的区别，也明白了人们不自信、过得很累的原因——对世理、真理缺乏必要的认识，被虚伪、自私、贪婪、嫉妒等理念束缚着，根本没有机会发挥创造力和想象力，没有体现自己的能力和智慧。他认为，人们普遍不知道自己是谁，不知道怎样尊重自己、爱自己，渴望得到别人的尊重和认可，却只知道为面子而活、为别人而活，没有为真理、正义和自己而活。我们连自己是谁都不知道，又怎么能爱别人、爱社会、爱国家呢？因为我们是虚伪的，不是完全真实的，所以我们就会不自信。明白了这些之后，就要寻求正确的道理。想让自己活得幸福、自由，就必须诚实，要让别人能看清你，要鞭策自己向好的方向成长。要让自己的心灵更高贵、更美丽、更纯洁，品德更高尚、更端正，行为更勤奋、更用心。要发现他人身上的优点和美丽，多赞美他人、鼓励他人、帮助他人，为他人的成功和喜悦而感到幸福，这样我们的心灵才会更高贵，面对生活的态度也会更积极、更有激情。我们要有梦想，更重要的是让生命的每一天过得更充实、更有意义，是自己喜欢的样子。

东来随笔

怎样把胖东来经营好

　　文化第一，经营第二。"文化第一"就是做自己喜欢的事情，在此基础上造福更多的人。不要因为害怕耽误自己手上的工作而怠慢顾客，这种怠慢顾客的行为是不允许的，发生后就严格按照公司的制度处理。我相信，大家通过努力会形成好习惯，大家回家后开心地生活、快乐地生活，轻轻松松地活出值得自己赞美的样子，无愧于自己的生命，无愧于自己宝贵的时光！

　　没有文化理念的事业没有任何价值和意义，懂得企业理念，就懂得了当下和未来！我们要专注于落实企业文化理念，围绕企业理念做人做事，活出阳光的生命，做有智慧的人，坚定地走在信仰的路上。要为国家和社会的美好贡献我们的力量，要坚定不移地使自己成为优秀的管理人才、成为爱的创造者和传播者！

　　我们的所有管理层都要努力成为精神的领袖，深入基层做榜样，推动工作有序有质地进行。要时刻关注我们的商品和服务是否值得顾客信任，团队和管理是否值得顾客信任，不要亵渎顾客对我们的爱。要用国际的眼光对待商品的品质和包装，静心做事、量化目标、稳步发展、提升能力，让自己和事业谈场"一生的恋爱"。

　　各部门一定要熟知数据和相关专业信息，做好各项规划，找出自己的优势、劣势，并结合自身能力从各个方面（商品、服务、员工状态等）制定量化的考核指标，找到提高能力的方法。

　　加大对业务团队的培养和支持，培养业务人员对内部经营和外部市场的分析能力。人力部门要从标准和政策上给予各部门引导，并给予一线员工有力的支持。

我希望你们每个人都有自由、阳光、热情的精神面貌，我希望接触阳光的、自然的、幸福的、自由的力量。经过这么多年的历练，我现在慢慢明白了生命的道理：活着就是为了开心，不一定要去追求什么，活在当下就已经很幸福了。

很多人可能没有经历过苦难、挫折，甚至根本不懂得什么是生活，只要过得好一点儿就会忘乎所以。希望你们懂得爱、懂得生活理念，要爱自己，不要让自己委屈，随心而行。只要不逾越自己的底线，做事情问心无愧就行。

我需要的是一个热情的团队，我需要的是喜欢这份工作、知足的人。希望更多的部门明白，要做好自己，不要找理由。要想办法造福顾客、创造幸福、创造快乐，只想着挣钱怎么会幸福？如果你释放的是幸福和爱，得到的回报就是快乐的；反之，就会招来"魔鬼"。

我试图总结胖东来的理念，想让大家懂得什么是生命，什么是生活，但是很困难。很多人还在为面子和责任而活，你们应该学会放下，平时合理地对待父母、兄弟姐妹、孩子就行了，他们有属于自己的生活。你们过好属于自己的生活，静心做好自己的事业，那该有多快乐。如果这样还感觉不到快乐，那就是自私和贪婪在作怪，这是一种奴性的习惯。人在违心的时候是最痛苦的，因为要不停地伪装自己。生活应该"往下看"，做事应该"往上走"。

我们的团队要加强企业文化的学习，如果你不了解这个公司，怎么会爱自己的工作，又怎么会幸福。我希望更多的人学会好的生活理念，学会在心里装着幸福——幸福和钱没有太大的关系，和精神世界有很大的关系。

一定要活在相对快乐的状态中，给予自己一个幸福的理由。胖东来走到今天，我还是要尽力地让每一个部门都健康地成长，这是公司的愿望。我只是把自己的经验分享给你们，你们有了这种智慧，就能随着公司的理念继续往前走，让自己幸福；你们没有这种智慧的时候，就只能接受现实。如果你们不想用心工作，那么对自己的要求低一点儿也可以，不去和别人比较，也会很幸福。如果你们想让自己过得好一点儿，就用心对待每一个人，心里要住着幸福。

你们要对工作充满热情、充满希望。公司也会加强员工对公司理念的学习，特别是学习公司的"随笔浏览"。如果管理人员连公司的理念都不了解、不理解，又怎么能带好团队、成就员工呢？这也是提醒大家，今后管理人员都要学习公司的文化理念，了解公司的发展方向。

胖东来人应该学会生活，学会让自己轻松，别去给自己增加负担，要照顾好自己的身体，心情舒畅也有利于健康。我的目标是：每一天都努力地活着，不做违心的事情。生活也让我明白了很多，让我更懂得爱自己，我现在觉得最幸福的事就是打牌、喝酒、打球、旅行。

希望咱们这个企业能为社会增添一些光彩，增添一些美丽。每一个胖东来人都要懂得尊重自己，不要认为自己不行，不管你是男是女，不管你年龄多大，都要相信自己一定会把这个事情做好，一定会让自己幸福。要让自己学会知足、学会感恩，因为懂得知足和感恩的人就会幸福。

三、胖东来的"路"——
一生只做好一件事，因热爱而创业的企业战略

为内心的热爱而创业

◆ 东来心语 ◆

再也不要让自己为责任而活，要为喜欢而活。坦坦荡荡地做自己力所能及的事情，不能为了利益失去自己的底线。

当大家都热衷于讨论风口、不停地追逐风口时，东来哥却放言："只有热爱才是永远的风口！"

东来哥认为，在中国最适合做小生意，因为政策好，容易切入，只要明白基本道理，勤奋、认真地去做，严把商品质量、卫生、服务，价格合理，对员工好，肯定能轻松地获得成功。东来哥对战略的理解也非常清晰：要建立一个大的框架，这个框架是自己喜欢和热爱的，因为喜欢所以幸福，因为热爱才去创业，不能做自己不喜欢的事。

他还认为，以努力和热爱这两种状态做事，可能会有同样的结果，但感受不一样。努力是悲壮的，而热爱会让自己做事的时候很高兴。如果只是为了名誉去做事，人就会很辛苦。

东来哥经常呼吁胖东来的管理层一定要学会在发展中积累经验，要围绕着公平来做事。要保证公平，做事问心无愧。比如，当顾客买到了自己喜欢的商品时，团队的内心也是甜的，甚至比顾客还幸福，要找到这种幸福的感觉。做生意一定要站在顾客的角度思考问题，在这种状态下，工作何尝不是一种快乐呢？比如，胖东来经常提醒顾客定期维修购买过的商品，很好地给予顾客售后保障，让顾客安心、放心。这样的胖东来怎么会没有生存空间，怎么会缺乏核心竞争力呢？

东来哥希望胖东来人明白，如果自己的专业能力非常强，购进的商品品质好，商品的价格非常合理，售后服务质量高，那么顾客一定会很幸福，胖东来人也就更有存在的价值。每个部门要做的是持续根据业态环境制定对应的标准，保证自己的能力不断提升，保障顾客的权益不受侵害，同时，要不断提升专业知识水平，真正地让顾客因为胖东来而受益。

当大家懂得这样工作的时候，就会慢慢变得有力量，从而值得顾客信任，值得自己信任。当我们走在共同的道路上时，我们的品格会越来越高尚、精神会越来越自由、生活会越来越浪漫。让我们的心越来越纯粹、简单、真实、真诚吧！

虽然我们不完美，但是我们已经尽力释放身上的美丽了。找到真正的自己，找回美丽的自己，为了社会的美好而释放身上的能量，让每个人的身上都有希望。只有这种尊重、温暖、爱、激励才能让我们成为有价值的人，才能让我们精神抖擞地迎接明天。管理者要用心做事、用心带团队，团队的素质、员工的状态也能代表企业的文化和形象。东来哥希望，在胖东来这个大家庭里都是有高尚情怀的人，大家想做伟大的事情，想为这个社会带来美好，把个人利益看得很淡。大家齐心协力把商品做好就是根本，不要看重其他的事，做经营的，商品才是主角。无论怎样都要保证顾客的消费安全，不能损害消费者的利益，要合理地释放自己的美好，给他人带来快乐，这样才能有合理的回报，这就是良性循环。

东来故事

给客户最好的消费体验

今天有顾客想买一个砚台，我直接告诉他，这个砚台不太好卖，而且包装盒也不是很好。但是顾客非要买这个砚台不可，我就在进货价的基础上又给他打了七折，给顾客省了 6000 元。我告诉顾客："如果你以后觉得用不上这个砚台了，可以来找我们退货。"

如果我们都是这样和顾客互动的，顾客怎么会不信任你？这样你和顾客就像一家人一样，没有距离。

你跟顾客说卖给他的价格是进货价，他不一定相信，但是总有一天会相信，因为我们的员工知道这是事实，总有一天顾客也会知道的。就像我们把商品的进货价格写在牌子上一样，估计有的顾客不会认为这是进货价，但是一年、三年、五年……总有一天顾客会明白，原来这是真的。就像一个厨师做好了一碗饭，不一定所有顾客都会立刻知道这碗饭好吃，这需要一个过程。

希望以后胖东来的任何一个部门做事情的时候都有与公司理念一致的思想和方法，希望大家提升自己的格局、提升自己的品格，成为一个美丽的人、高尚的人、有使命感的人、能为社会带来温暖和光的人。

高度聚焦，只做零售，一生只做好一件事

◆ **东来心语** ◆

我们的心一定要静下来，要专注地做自己喜欢的事情，就像小野二郎一样，几十年如一日地做寿司。

有人问东来哥："假设你没有任何做生意的经验，需要在金融、房地产、旅游、百货超市、教育、餐饮中选择自己的事业，你还会选择百货超市吗？"东来哥毫不犹豫地回答："我肯定选择其中的一样，不可能选择两样，因为人的能力是有限的。别的留给其他人去选吧，大家共同为社会的美好而努力。"又有人问他："如果你在做百货超市的过程中，发现老百姓买不起房子，会不会转向做

房地产，用自己的理念让老百姓住上好房子？"他回答："不会。"东来哥认为，商业可以影响房地产业，他要让房地产业吸收胖东来的文化，从而慢慢觉醒。

胖东来的电梯间里曾经播放过一部纪录片——《寿司之神》，片中年过八旬的主人公——被称为"寿司之神"的小野二郎，拥有职人精神、禅宗文化精神，以及追求极致的工匠精神。对于一辈子只做寿司，连睡觉都要戴着手套保护双手的小野二郎，东来哥充满崇敬之情。他想要模仿小野二郎的"数寄屋桥次郎"寿司店，在当今浮躁的商业社会中践行"小而美"的商业模式，穷极一生只做好一件事。

东来哥总是说，不要为了赚很多钱去做事，因为人的幸福其实与金钱的多少没有太大关系；他也总是强调，不要为了面子去做事，而是有什么能力就做什么事。如果企业做不擅长的事情，就会出问题。企业只要把单品研究好、保证产品质量，就能持续经营下去。企业只聚焦于一件事，虽然看起来过的是一扇"窄门"，但却能将路越走越宽。

凡是了解胖东来的人都会竖起大拇指赞叹："胖东来是中国零售业神一般的存在。"众多媒体报道也将胖东来奉为中国零售业的"天花板"。这样的成绩是东来哥一直坚持高度聚焦、除了零售业什么也不做的结果。东来哥曾在公开演讲时说道："我们做零售业，不只要推动中国零售业的发展，还要推动世界零售业往更加美好的方向发展。要有这种愿望、这种愿景、这种信念、这种坚强的意志！"

东来哥之所以选择深耕零售业，是因为他最初的事业就是从经营超市开始的——胖东来的前身是一家超市。东来哥认为，既然选择了这一行，就要干一行，爱一行。只有热爱，才能把事情做好，"要用一生的爱去做自己喜欢的事"。

要用心地对待自己的事业，如果不用心，怎么对得起自己所做的事？如果对自己所做的事情没有热情，何谈美好的品质？如果没有美好的品质，何谈成就感、幸福感？这样也不可能体现自己的创造力和智慧。

东来故事

人在专注的时候就有做不完的事

我觉得我不像是做企业的人，因为我总是思考怎样能活得更自由、更阳光，我一直在追求这种理念和文化。胖东来就是在学习欧洲主流文化后，才倡导公平、自由、阳光、乐观等理念的。如果我能了解更多的先进文化，我就会马上运用，而且乐在其中。人必须要有一个坚定的方向，而且这个方向一定是科学的，不能违背客观规律。

人类一直在进步，如果你不接受进步，那就说明你老了，你不能总是活在过去。

我现在喜欢的理念有意大利的元素、有法国的元素、有瑞士的真诚、有德国的严谨、有北欧的风情，不违背自然规律，直面人性。亚里士多德说过，人在最完美的时候是动物中的佼佼者，但是，当他与法律、正义和道德隔绝以后，便是动物中最坏的东西。什么是正义？什么是道德？什么是法律？它们的概念是不一样的。正义在每一种信仰当中的解释都是不一样的，因为任何一种信仰、任何一种区域文化的道德观念都完全不同。在此基础上，我们要把握好"度"。这个"度"不能太窄，也不能太宽。只有掌握好这个"度"，才能让自己活得轻松。这种道德标准需要我们慢慢去探索、去追求。胖东来人追求的道德标准不能违背人性，不能束缚人，要借鉴先进文化。

我们对待万事万物都要真诚，要有善良的心。万物都是向阳而生的，人也一样。别只是为了责任而活，一定要为了爱而活。自由和幸福是我们不变的信念，不管遇到再大的风浪，我们都要坚持走在这条路上，每一天都要活得快乐。

要活得潇洒一点儿，多关心身边的人，多成就身边的人；少一点儿对我的依附，多依附你们自己。要知道你们身上有无穷的力量，彼此这样鼓励吧！做自己喜欢的事，让自己多些自由、快乐！轻松一点儿，不能总是工作。我写随笔的目的并不只是让你们看看，我希望你们懂得分享。让自己过得阳光一点儿、洒脱一点儿。人在专注的时候就有做不完的事，思想也是运动的。生活和事业是两条线，要区分清楚。我希望你们快乐，也希望我能有这种同行者。请真诚地对待自己的工作，合理地安排自己的工作，有什么想法了，马上把它记录到制度标准里面，这样就会细化。你们控制好"度"，快快乐乐地随心而行吧。

不扩张不上市不求规模，把企业做小做精

◇ **东来心语** ◇

有什么样的格局，就会产生什么样的状态，如果格局改变了，那么看似复杂的问题也就变得很简单了。

有很多人问过东来哥这个问题："胖东来目前不对外扩张，是既定战略吗？还是想先打造一个地区级的样板，然后再慢慢往外走？"

他的回答是："胖东来肯定是不会走出去的。它就像一所学校，传播自己的理念就好了。现在许多企业总是想把竞争对手扳倒，如果每个人都想把对手扳倒，那这个社会还会有真诚、友善和美好吗？应该慢慢地去成就别人，引导更多的人走向成功，而不是自私、贪婪地消灭别人。"

还有许多人关心胖东来这样的优秀企业会不会上市，而东来哥的想法很坚定：他在任的时候，胖东来不会上市。因为他认为，西方一些上市公司的价值是造福社会，而中国的上市公司还处于为了套现、为了金钱、为了市值而运转

的时期，并不是为了热爱。胖东来希望将自己好的战略和理念传播出来，但并不需要以上市为手段。东来哥打了个比方："为了这个社会，我能把自己的经验、感悟都进行分享，不辜负自己的经历。你会游泳，但别人落水了你不救，你也会不快乐。所以，要做国家的好儿子，做一个善良的人，成为一个更美丽的生命。"

东来哥认为，做企业或做小生意时，一定要对自己的能力和经济水平作出评估，量力而行，千万不能急功近利、盲目求大，否则一定会让自己遇到无法跨越的坎坷，将会伤害更多的人，甚至会让自己走到无法挽回的地步。

在疫情期间，有人问东来哥，胖东来将何去何从，他的回答很简单："随着大环境走，制定预案，如果经济不景气，我们就过得简单一点儿，只要能生存就行。在此基础上，我们尽力把该做的事做好。就算环境有变化，人也要吃饭。我们尽力为老百姓、为社会提供物资保障。不一定非要做到什么程度，只要履行自己的责任就行，要是真的活不下去了，关门也无所谓。只要你用心去做，真心为社会好，就有价值。"

东来哥说，他一直想减少胖东来的门店数量，因为他想把企业做得完美、精致。2023 年春节期间，所有胖东来门店都关门休息三天。平时许昌市区内容易堵车，胖东来关门三天后，交通变得非常顺畅。但是等到胖东来营业后，其门前依然车水马龙、人流不息。胖东来经常为顾客着想，即使它暂停营业，顾客还是会想着它，商品销量一点儿也没变少。从 2022 年开始，胖东来扎扎实实地修炼内功，做好商品分类，完善商超功能，工作人员的情绪也不断高涨。胖东来越是为顾客着想，顾客越是支持它。

每周星期二是胖东来固定的休息日。胖东来人已经习惯了这样的生活，其结果是员工上班效率高、能力提升快，有更多的时间享受人生。胖东来人的明天会更加幸福美好，这也是东来哥一直努力的方向，是他最希望见到的结果。

东来哥规定，许昌胖东来超市 5 年内不允许超过 30 亿元的销售规模，

10 年内不允许超过 40 亿元的销售规模；新乡胖东来超市 10 年内不允许超过 20 亿元的销售规模。因为超市的主要作用是提供生活必需品，过快追求规模就会伤及民生，这是"经商不是为了赚钱"的具体体现。他还规定，胖东来其他部门和门店 5 年内不允许超过 20% 左右的销售水平，他希望员工与公司理念一致，能拥有轻松、阳光、健康的生活状态。东来哥认为，应该专注于商品质量、销售质量的提升，专注于企业环境、服务设施、硬件质量的进步，专注于专业能力、管理能力、员工能力的提升，他希望各部门都能轻松地享受事业和生活的美好。

东来随笔

信念大于一切

人一定要有自己的信念，有自己的准则。做人如果没有信念，那和行尸走肉有什么区别？如果你没有信念，等到老的时候就会发现自己没有价值，虽然忙活了一辈子，为家人付出很多，但是他们也不会很感激你。我们要活得有价值，让自己舒服一点儿。没有信仰的人，容易满足于现状，经常觉得自己很了不起了，很容易骄傲。而真正有信仰的人永远知道前方的路，知道还有许多事情需要自己做。

不要做金钱与责任的奴隶，要懂得好的生活理念，不要延续不好的习惯。我问过很多老板为什么要做企业，有人说是为了钱，但他挣的钱根本花不完，更何况做企业还会心累，要背负很多责任；有人说不是为了钱，但他不舍得给员工分钱，我真的搞不懂！可能这就是我们中国人的习惯，就像我们小时候总是害怕钱包里面的钱少了，其实这是因为我们对金钱没有支配的概念。我们要明白挣钱的目的是让自己快乐，要懂得尊重自己，懂得真诚地对别人好，有这种好的生活理念很重要。

总成本领先，价格透明，严格规定毛利标准

◆ **东来心语** ◆

尊重商品、尊重自己、尊重顾客、尊重万事万物……

令人意外的是，胖东来在每一件商品上都会标明产地与进货价，利润透明；它还在商场中设置专门的展示空间，公开全部的供应商名单和联系方式，做到信息透明。要知道，对零售商而言，进货价格、供应商名录是核心商业机密，胖东来却公开这些信息，以透明的方式让顾客感到放心，让顾客自行判断要不要买、买得值不值。东来哥要求，要让商品价格做到公平、合理，让企业经营更加透明、真诚。胖东来围绕着公平原则制定价格毛利标准，让商品回归到真实、理性的状态。

例如，胖东来自营服装部门有以下几条规定：

一、市场采购加价率在 20% 以内，业务费用在 2% 以内；

二、厂家直采和自有品牌加价率在 20% 以内，业务费用在 2% 以内；

三、联营厂家和商户的商场扣点在 10% 以内；

四、厂家和商户（含商场扣点）总加价率不能超过 30%。

东来哥还记得，20 世纪 90 年代，他去陕西潼关开矿。当时，很多人开矿都是靠运气，他看见有工程师用罗盘测量，就买了一个罗盘，然后参考图纸和相关专业数据，打的矿洞很直。所以他认为，人一定要善于学习，要科学、认真地做事。如果不用心做事，就不会有好的结果。必须以认真的态度对待自己的事业，要了解商品的价格、销量，要知道品牌的成本、毛利……没有这些，其他一切都是谎言。企业之所以感到迷茫，是因为没有跟上潮流，没有静下心

来，没有做好细节。更重要的是，很多企业在不成熟的时候就盲目扩张，根本提供不了优质的服务。经营企业首先要确定企业家本身是幸福的，员工是幸福的。

东来哥希望胖东来的管理层要对结果负责，出了问题就找原因，要想明白如何改进，不要去找理由，而是要保证品牌的价格信用。如果连价格信用、质量信用都保障不了，那么价值就无从体现了。一定要在公司理念的鞭策下制定标准、制定政策、制定工作的方法。

东来随笔

时刻紧跟、对标企业的高标准

我们要对国内 A 类品牌的前三名了如指掌，要定期去它们那里学习，这就是榜样的力量。我们争取提升自己的业绩，通过自己的能力实现预期目标。如果是这样的情况，我们就会很幸福。

作为课长，要了解品牌的价值和文化、品牌的相关信息。只有这样，才能真正地让消费者放心，才能保证消费者的利益。我们所做的一切都是为了让消费者得到更实惠的商品。想想我们处于哪个位置，我们属于几类门店，我们的目标是什么，然后一步步地往上走。每个品牌都有自己的销售政策，我们尽最大的努力去争取。这里面有太多方法了，如果我们这样去运营企业，心里就有底了。这不是靠经验，这是科学。

全面差异化，打造独一无二的胖东来品牌

东来心语

胖东来最核心的竞争力是什么？答案是"真诚"。

胖东来奉行差异化战略，使商品品质越来越好、价格越来越实惠，环境越

来越宜人，服务越来越贴心。它不只依赖员工的专业性，还加大研发投入力度，让产品有了很清晰的变化。比如，中央厨房做好之后，自营餐饮中的豆芽、豆腐、肉、面点、酒、水都要有很好的品质，再附带其他的食品，如炒货、粽子等日常消费品，也要有很好的品质。胖东来让每一个部门都做出了好商品，价格实在，只保留合理的利润。

在胖东来，顾客可以享受 100 多项免费服务。比如，停车场准备了免费修理汽车轮胎的工具。

胖东来的商品陈列架上有详尽的说明，还专门列出了海鲜等食物的各种吃法及个别食物的禁忌等。如果你不知道食物的做法，可以随意取用胖东来为顾客准备的烹饪指南。因为购物袋用手难以搓开，所以胖东来就配备了"湿手器"。需要特别注

图 2　胖东来时代广场地下车库为顾客准备的汽车工具服务站

意新鲜度的生鲜产品，胖东来会精准把控售卖时间：水果如果切开 4 小时以上，则 8 折出售；切开 6 小时以上，则 6 折出售；切开超过 8 小时就会下架处理。如果顾客想将水果切块，只需要告诉工作人员，20 分钟后就可以取到包装好的切块水果。胖东来规定，所有商品售卖之后都可以无理由退换，即使是吃过的生鲜食品。比如吃了一半的水果，如果顾客觉得不好吃、不满意，也能全额退款。顾客在胖东来影城看完电影后，如果对电影不满意，也可以在影片结束 20 分钟内去柜台处办理退款——电影票价的 50%。这 50% 是胖东来赚到的钱。如果你在胖东来影城购票准备看电影，开场前又不打算看了，也可以随时到柜台处全额退票。

图 3　胖东来影城的公告

胖东来内部经常讨论如何更科学地运营企业，提供差异化服务，解决社会对商品的需求问题。胖东来绝不允许拿老款商品当正常款商品销售，绝对禁止将其他商场的旧款商品或者卖不动的商品购入卖场进行处理。最好的商品和最时尚的商品是胖东来的进货方向，所以顾客一到胖东来就想消费。

胖东来一直都有自己的规划：销售的规模、销售的环境、商品的品类、员工的状态和专业能力……东来哥要求每家门店都必须有工作表，要用图表显示每个月的经营状况、品牌的相关信息等，就像财务报表一样，要有非常详细的分析。

东来哥要求，品牌管理要从零开始，要让所有的员工知道自己的能力处于哪个层面。整理的数据和图表既要有电子版的，也要有纸质版的。如果将来数据需要调整，要先根据实际情况修改，检查的时候也能一目了然，这样就能科学地管理每个门店了。

胖东来要求员工明白商品要全、价格要实在、环境要好、质量要高、服务要到位，针对这些要求，每个部门都要拿出一个标准，要做到问心无愧，让老百姓受益。要加强自采、自有品牌的开发，尤其是一些日常基本款的商品。要将业务和卖场联合在一起，让卖场的人也参与业务，大家共同制定相关的商品政策。员工的收入由市场的环境决定，而不是单一地靠公司决定。

同时，东来哥坚信，只靠经验发展企业，既不会长久，也不会有好的结果，更重要的是靠技术、科学的方法。这就包含了文化、体制、标准等，要通过总结、分析、对比找到企业发展的优势、存在的问题、经营的水平等，使企业处于健康的发展状态。

胖东来未来 5 年的商品规划方向：服务更加专业；有自己的商品品牌；自己制造的商品占比、自己贴牌的商品占比、供应商的供货占比，这几项数据都有合理的比例；能给社会带来更多的美好，做到良性循环。

东来故事

记得以前我去法国的时候，在一家餐厅吃饭，老板娘是一个老太太，餐厅里基本上是外国人在吃饭。我看不懂英文，不会点菜，也不知道哪道菜好吃、哪道菜不好吃。老板娘非常热情地帮我点菜，其实我只要说一次"谢谢"就好了，但可能因为我与外国人的思想状态不同，内心存在自卑感，所以我连续说了两三次"谢谢"。一说完我的感觉就好多了，但这样容易让自己疲惫。

这其实就是我们与外国人的不同之处。他们认为活着就要幸福，但是我们还在追求幸福，总是渴望别人认可自己。当你乞求别人认可你时，就会给对方带来负担。人本身是平等的，如果不平等，怎么会快乐呢？

企业健康发展离不开好的战略

◆ 东来心语 ◆

只靠经验是不能保证企业健康发展的，要靠战略和科学的方法。

在东来哥的认知里，人生战略与企业战略是一样的：首先，分析自我现状，总结整理出自己的优点和不足，弄清楚自己到底要什么；其次，选定正确的方向和目标；最后，寻找实现目标的有效途径，健康地成长。

胖东来就像一所学校，希望更多的人懂得用一定的方法让自己幸福，懂得用一定的方法把企业做好。从理念到技术，都是一样的。

胖东来所有的内容都要录入管理系统。比如，如果胖东来的东西不好吃，出现了投诉，就要录入系统。巡场中发现的任何问题都是靠系统记录下来的，谁发现、谁跟踪、谁解决，都要有计划，要保证解决每一个问题。胖东来人已经形成了习惯，不会觉得累，这就保证了整个卖场的品质，卖场的品质完全由这些细节支撑。胖东来的各种报表也要细致化，扫一下二维码就能知道系统里的商品是谁采购的、库存有多少、进价是多少，各个方面的信息都有。等到合适的时候就可以对外公布这些数据了，顾客也可以查询。对商品的周转率、滞销率等数据，要用科学的方法进行分析，这是胖东来发展的大方向。

现在胖东来的管理系统里有很多技术方面的内容。比如，设备管理系统里的设备包括胖东来每一个门店的每一盏灯、每一张桌子、每一个板凳，以及这些设备的详细数据，没有盲区。慢慢地，胖东来把这种信息化技术运用到卖场，使卖场的品质、安全指数不断地提升，而且这个系统还在持续发展。

有人问东来哥："如何看待线上企业布局实体商业，实体商业企业应该如何应对？"他大方地回答："合作就行了。可以学其他企业的优势，也可以和它们合作，大家一起让这个社会更美好。不要抵制，抵制是不成熟的心态。如果对方做得好，那我们就学习，我们要让胖东来的商品品质更好、服务更高效，让顾客更满意。"

现在的香江百货、盒马鲜生、永辉、雅斯、胖东来等企业为什么做得好，因为这些企业在修炼内功，在品质上下功夫。这种品质不单指商品的品质，而是涵盖了所有的品质，包括企业的运营系统、体制、战略等。将来一定是那些用心的、有工匠精神的企业才会生存得越来越好。那些只知道赚钱的、浮躁的企业，会慢慢退出历史舞台。就像我们去一家餐厅吃饭，如果这家餐厅的饭做得好，那么它的路才会越来越宽；如果饭做得不好，装修得再好也没用。做零售，有团队才会有商品，而且还要不断提升商品质量，这里的空间太大了。目前国内一线城市的超市，如华润万家的 Ole' 精品超市等，看着都不错，走的是精品路线。还有一些企业走大众消费路线，像胖东来、香江百货等，它们贴近三、四线城市，慢慢地往优质消费的方向发展。它们不是在培养顾客低价的消费习惯，而是在培养其有品质的消费观。

做零售要把心沉下来，要有强烈的创新意识，要让网络技术更好地提升实体店的效率和品质，这是线上店和实体店结合时要思考的问题。实实在在地提升商品品质、提高效率，让顾客更便捷地消费，这就是新零售。

对东来哥而言，精神财富就是让更多的人有更好的平台，让大家的精神充实一点儿、懂得生活。不只要对顾客、团队好，对社会也要好。他受到"为民族而做企业"的启发，并将这个范围扩大——不分种族、不分国家。企业是推动人类进步、为人类谋福利的，如果只是为自己的民族而做企业，那另外一个民族怎么生活呢？

东来哥也经常在胖东来内部分享他对管理者的要求。

例如，他要求各部门的税收情况不能出问题。公司希望社会更好，希望员工更好，不能违反法律。所以，要在税收方面加大规范力度，不能有问题。只要各部门严格遵守相关制度，就不会有什么问题。

又如，要提升思想格局、做喜欢的事，把企业当成一家拉面馆去做，别人做得好了我们就去吃、去玩、去祝福，我们要做好自己的事，不要过多关注竞争对手，而是要多成就他们。心宽一点儿，让自己的心静下来，让自己多一点儿幸福，尽量和社会多去分享快乐，这样既能给顾客带来快乐，也能满足自己的物质需求和精神需求。

东来的信

　　我总是强调，经济问题是非常严重的问题，是不能触碰的底线，不可以有例外。我总是向管理层强调，你们要经常教育员工，让他们不要触碰这些底线，不管是小问题还是大问题，都要严肃处理。出问题的人自己也会感到遗憾和后悔。

　　此外，要抵制暴利商品的消费，加大专业能力的培养，普及商品知识，培养理性的消费理念。也就是说，作为经商者，胖东来所承担的责任必须是保证顾客的利益，做一切事情都要考虑顾客的利益，要让顾客买到货真价实、满意的商品。商场消费的层次定位要清晰，社区店就是社区店，商场就是商场，胖东来经营的是生活而不是生存。

　　胖东来旨在培养员工对公平、正义、真理的认识，这是做企业的原则，也是底线。人与人的合作要志同道合，这才是合作的意义，朋友、家庭、事业都是如此。公司不管怎样发展，幸福是最重要的。随着胖东来的发展，幸福的定义一直被放大、丰富。在中国，对幸福有许多不同的理解：有人认为成功是幸福，有人认为有钱是幸福，有人认为有面子是幸福，有人认为得到是幸福，有人认为失去是幸福，所以幸福的定义不一样。不管怎样，我还是希望人们明白幸福有个前提——自由。我们不是为了证明自己而去工作的，人的精力都是有限的，每个部门用做好拉面馆的心态来做自己的工作就足够了，这样也一定会很幸福。竞争对手如何，不要太在意，不要影响自己的生活，面对同行的发展要有一个非常健康的心态。

　　在做企业、规划人生目标的时候要理性、科学。玩儿的时候可以感性、尽情地释放，但是做事、做抉择的时候，一定要保持理性。感性的时候不要做任何决策，因为那时的决策大多是错误的。

　　不谦虚地说，我是一个非常有脑子的人，最开始做企业是为了挣钱，现在是为了更多的人幸福，只有真诚对待顾客和社会，才能让自己过得更幸福、更踏实。我希望胖东来人的精神都是自由的，当人们懂得爱的时候，事业会很旺盛，精神也会很充实。当人们不懂得爱的时候，做事的目的只是挣钱，欲望得到满足后就转化为责任，遇到风浪时只会觉得委屈，到最后就会放弃。当你为了责任工作的时候，是背着包袱的，早晚会生病。以前，我也会在遇到风浪的时候觉得很悲伤，但现在我变得越来越豁达，相信风浪过后就会有绚丽的彩虹。

做快乐的企业，做快乐的企业家

授课时间：2021 年 3 月 27 日

授课地点：胖东来时代广场六楼会议室

听课人员：厚朴创学院（由李书文博士于 2015 年创办，是国内唯一一所专为创业者赋能的创新学院）的成员

图 4   东来哥在厚朴创学院三期开学典礼上演讲

因为大家都是企业家，我参加这种场合的次数也不多，可能分享的时候思维比较乱，希望大家谅解。今天我们就当是聊天，我希望能给大家带来一些思考。

胖东来这个企业确实有许多值得思考的内容，我最初创办它只是为了满足个人的生存需求，想挣钱让家里过得好一点儿。后来，我经历了风雨，得到了关心、得到

了帮助、得到了爱，就想着将心比心，也想对别人好、对社会好。1999年的时候，我是奉献自己、造福大家；到2005年左右，我接触了更多的优秀文化，才明白了什么是爱。

授人以鱼不如授人以渔。

2005年，我去印尼力宝集团学习，有一个叫阿敏的人是研究人力资源的，而当时胖东来没有人力资源。我和他说："我们的关系这么好，你教教我，把你的东西给我吧。"他说："我的东西是我的，你要学会创造自己的东西。"他的话对我有非常大的启发，从那时候开始，我们就成立了人力资源部，并开始一步步制定企业的标准和制度。

看得越来越广的时候，才发现世界的美都是很有特色的。

一步步走来，在明白世界上有更优秀的企业以后，我开始反思……我这个人天生要强，虚荣心、嫉妒心也比较强。随着思想的成熟，我不想让自己的心眼儿这么小，心眼儿小是很丑陋的，我想让自己变得很伟岸。到底怎么样才能让自己变得伟岸呢？为什么自己的心眼儿小呢？我以前总觉得是性格的原因，到后来才慢慢明白是文化造成的，环境造就人。

我想要改变。所以从1999年做超市的时候开始，我就只接触家乐福这样的优秀企业和门店。再到后来，我看了卢梭的《忏悔录》，特别喜欢法国的浪漫、英国的绅士、意大利的唯美、美国的自由、北欧的休闲……

我明白了要往哪个方向走，2006年的时候，我更坚定地追求公平、自由、快乐、博爱，越来越想活出真实的生命状态。

在这个过程当中，我经历了太多，更多的是让自己去思考。当我们学习了更好的文化之后，就能取长补短，我们要坚定地知道自己想要什么样的生活。比如，有些地区人们的休息时间是150—180天，我们的休息时间也可以往这个方向调整。我们看看他们是怎么对待自己的、怎么对待生活的、怎么对待工作的、怎么对待孩子的、怎么对待父母的、怎么对待休闲的、怎么对待婚姻的、怎么对待感情的、怎么对待朋友的……我们也往这些方向去努力，去制定相关标准，不知不觉我们的行为就进步了。

我们做企业到底是为了什么？企业家更多的是奋斗！

我们从小接受的教育就是要听爸妈的话、要听老师的话、要听领导的话……从来没有人告诉我们要听自己的话。如果我们连自己都不认识，总觉得自己的生命只属于别人，属于父母、国家、社会，那么我们怎么知道如何对待自己的生命呢？

这种教育让我们慢慢地失去了自我，即使说谎，我们也要让别人看到自己；付出再多的辛苦，即使付出自己的生命，我们也要让别人看到自己。我们逐渐变得虚伪，失去了自己。现在很多人习惯得到别人的认可，为了面子连失去自己的尊严都在所不惜。他们觉得只要能挣到钱，就是有面子的。

其实我们不知不觉地成了工具人，活成了奴隶的样子。本来我们应该很轻松地去做自己喜欢的事，过自己喜欢的生活，让自己更加从容、坦荡、美丽、真诚、真实。但是我们不知道自己是谁，没有认识自己，导致我们失去了自己，为了追求看不到的东西，我们无知地向前狂奔。不知不觉到了快退休的年龄，我们还要奋斗，还要成长，还要为了伟大的梦想去努力。

奋斗不是出于喜欢，这就是中国企业家跟世界上其他优秀企业家的差距，优秀的企业家是用自己的热情做喜欢的事情，创造美好的价值，为人类的进步奉献自己的能量，他们享受自己创造价值的过程。但是我们中的许多人却为了荣耀葬送了自己的一生。在生存阶段，我们为了荣耀、为了面子、为了责任、为了欲望去追求事业，挣钱觉得幸福，赔钱觉得痛苦，如果只是为了这样的结果，那人生还有什么意义呢？

胖东来的目的是希望成就更多人，就像学校一样，让更多人明白什么是生活，人应该怎样生活。

我们的学员今后想让自己的企业成为什么样的企业，是成为某区域最大的企业、全国最大的企业，还是成为世界上最大的企业、最幸福的企业？

图5　东来哥在厚朴创学院三期开学典礼上演讲

胖东来的选择是做幸福的企业，企业的大小无所谓，关键是要做喜欢的事，能为身边的人带来幸福。

要量力而行地做企业，让整个团队感受到企业的幸福，感受到做事的幸福。

胖东来的目的是像学校一样，用理性的方法改变奴性，实现个性。

奴性是什么？嫉妒、贪婪、自私、虚伪，过得像机器一样。

什么是个性？真实的、坦荡的、阳光的、健康的、自信的、勇敢的……人需要这样的生活状态。

什么是理性的方法？就是与时俱进。

根据企业和社会的现状，首先要制定有效的激励措施，让员工感受到公平、感受到尊重、感受到关心，然后再教大家怎么生活、怎么对待父母、怎么对待自己、怎么对待感情、怎么对待事业、怎么对待友情、怎么对待时间……慢慢地给大家灌输这些东西，一步一步地实现幸福。

我们要明白人活着的过程是最宝贵的，要思考我们应该怎么活。

胖东来现在每周二休息，为什么休息？就是为了让大家出去玩、放松自己。胖东来平均上班时间最久的是7个小时，有的部门是6个小时。我们其实是实行双休制度的，再加上春节假期、30天年假，以及前不久增加的10天假期，员工差不多一年能休息 145 天。

假如我们一年能挣 2 亿元，周二休息可能会让我们损失 8000 万元，但是幸福比钱更重要。现实中很多人说自己不能休息，害怕同行超过自己，害怕自己失去现有的地位，这其实是嫉妒、贪婪在作怪。

要有成人之美的心，别人超过我了，替我承担责任了，我感谢他，这样怎么会不快乐呢？总是害怕别人超过自己，这样会幸福吗？

我们要知道自己到底想做什么样的人，是做为了荣誉、面子而活的人，还是做内心美丽、充满爱的人？我们应该看到自己的美，看到别人的美，看到环境的美，看到生命的美，否则就太笨、太愚昧了。

很多人不懂胖东来，觉得学不会胖东来的模式，这就是习惯性拒绝。我和他们不一样，我觉得别人能做的我一定也能做。要相信自己，慢慢培养自己养成这个习惯。现在更多的人只想学有利于自己的东西，所以心不静，一眼就能看出来。大家来到厚朴就是想认识更多的人、接触更多的资源，这样有利于自己的事业发展，能帮助企业更好地成长……你只想着利益，怎么能做好呢？

真诚是最好的营销，但也要有技术。技术可以让产品做得更精致、更实在、更时尚，让顾客在买东西的时候少吃亏、少浪费。

胖东来一直沿着这条路走，我们不要想那些歪门邪道，用心做商品，制定好标准和规划，这样能够提高员工的期望值和工作动力。

关于竞聘：通过民主的体制信任员工、成就员工。

在胖东来，大家不会为了某个位置争得头破血流。我们的高层要成为伟大的人、造福社会的人，还要鞭策大家做自己喜欢的事情。基层的管理是竞聘制，这个竞聘制和大家想的不一样。比如，某个部门要竞聘主管，由参与者自己组织竞聘活动，没有其他员工参与，也没有领导参与。每个人拿着自己的竞聘稿轮流演讲，其他人投票，谁得票多，谁就竞聘成功。这就是透明化管理，增加了员工参与竞聘的热情。

以前有个案例，超市部开店要竞聘 20 个课长，有 200 多人报名。我当时准备带着管理层出去玩，但超市部说要举行竞聘活动，我们不能走。我说："你们要想办法，可以把 200 个人分成 10 个组，每组出 2 个人参加竞聘，管理层不参加竞聘，参加竞聘的人相互投票。"然后我们就走了。半个月之后，所有竞聘的人都上岗了，而且干得非常好。

我们每年有一个民主评议活动，要由员工给管理层打分，得票率低于 80% 的管理层会被淘汰。这样，管理层平时就不敢刁难员工，否则员工就会投诉他，或者不给他投票。管理层的能力不一定要有多强，但是如果他有坏心眼，肯定坐不了这个位置。员工对管理层投诉之后，公司会调查相关情况，甚至会组织几个部门对被投诉的管理层进行投票。如果有人觉得这个方法不合理，我们就会再讨论，这就是民主。

让每个人都有"走天涯"的习惯，看看这个世界有多么大。

在企业理念方面，我们保持积极向上的状态，每到周二休息日的时候，员工就会发出去玩的朋友圈。胖东来规定，管理层每年至少要有 20 天以上的西行之旅，去青海也可，去西藏也行……必须要出去，否则直接罢免。员工可以在离家近的地方休假，最少休 10 天，否则这 10 天假期作废。

越玩越上瘾，越上瘾就越知道工作该怎么做。胖东来要求每个人都养成"走天涯"的习惯，看看这个世界有多么大，不然整天除了吃就是睡，活得像机器一样，怎么能感知快乐？怎么会有创造力？不要只想着挣钱，你们挣的钱能花完吗？根本花不完。

各位企业家，我们要弄懂做企业的目的是什么。

在胖东来的理念中，好体制完全可以将一个企业救活。当老板的如果一年挣 1000 万元，把 500 万元分给员工，企业做不好都不可能。我做了六七家企业，没有一家不好的。

如果让我管理厚朴，我先弄清楚厚朴赚多少钱、这些钱怎么分，然后让学员明白在厚朴能得到什么。每个企业家、职业经理人想活出什么样的状态，感情是什么样的，家庭是什么样的，事业是什么样的，价值在哪里……要让大家看清楚这些，彼此尊重、信任。这样的话，每个人都会觉得生活越来越美好、生命越来越美好。

突然有一天你发现，为金钱打工、为面子打工、为荣耀打工、为责任打工……原来这些都是梦，现实竟然如此美好。

胖东来追求的就是这样的方向，想让大家活得纯粹。

胖东来这个牌子高于我的生命，我不允许任何部门、任何人践踏它。我宁可失去生命，也不能接受这个牌子被玷污。

因为胖东来代表着一种文化、一种方向。胖东来就是一所学校，不是企业，它在分享一种做事的文化、做事的理念，让更多人懂得怎么做事、怎么生活、怎么对待自己的生命、怎么对待时间，让更多人活出人的本色。

如果我们都不能活出真实的自己，何谈创造价值、创造财富、创造成功？

是不是每个人都能让自己觉醒，活出真实的自己？

我们思考一下，厚朴最大的特点是什么？就是会玩！每一个厚朴人都是阳光的人、真实的人，有善良的一面，有高尚的一面……怎样让厚朴的企业家知道如何带一家企业、如何做一家企业？

我们当中有做房地产的企业家，用什么样的钢筋、什么样的水泥、什么样的沙子、什么样的设计……我们要想办法让顾客觉得自己的钱没有白花，要确定合理的利润，不能贪多！

我们当中有做金融的企业家，我们要吸引更好的企业来投资，创造更好的产品，推动人类进步。做企业就是为了推动人类进步，而不是为了证明自己。我们应该知道做企业的底线，如果不知道这个底线，就会让自己迷失。如果想让企业健康成长，就要对企业进行分类：看看哪些是亏损的企业，思考该如何调整；看看哪些是发展中的企业，思考该怎么做；看看哪些是盈利的企业，确定发展方向，一定要让增幅控制在合理的范围内，太高了不行。

胖东来开店不是为了挣钱，而是想服务周围的居民，想让这个区域的老百姓生活得更方便，想让这个城市更美好。

优秀的企业家要为企业做榜样，把大家往好的方向指引，更应该让大家成为心中有爱的、勇敢的人。就像现在的我们一样，上课时很有激情，下课后玩得很开心。

胖东来有太多值得大家学习的东西，我们也学了很多、思考了很多，有哲学方面的，也有信仰方面的。

20 年多前，我说要做一个伟大的人，有人说我是个傻子，但是我就想这样做。我不想白走那些弯路，我想做一个争气的孩子。我想做一个能为父母分忧的孩子、做国家的好孩子，帮助我们的国家和社会向着更好的方向前进。20 多年过去了，我一直坚持走这样的路，虽然有很多波折，但是我的信念非常坚定。

希望厚朴今后能有自己的文化，厚朴是阳光的、纯粹的、自信的、真实的、快乐的、接地气的。我们的团队遍布祖国的天南地北，每个企业在自己的领域中都能创造一定的价值。让我们这些企业家为社会带来美好和能量，让社会更加和谐、友善、真诚、阳光、美丽！让我们一起感受人类的美好、生命的美好！

做快乐的企业、快乐的企业家，我们要懂爱、会生活，让自己的生活有情调、有浪漫的色彩，要有真有情有爱，如果连真都做不到，何谈情，何谈爱，何谈美好的生活？

东来的信

管理层要让自己像太阳一样照耀更多的人

真正的领导是爱员工、尊重员工的，而不是监视员工。把商品做好、把顾客照顾好，这样既轻松又快乐，还有意义。胖东来的理念是希望每一个人更轻松、更快乐地生活，做自己喜欢的事情。用标准弥补管理的短板，不只给大家提供了一个公平的环境，而且把人性美好的一面释放了出来。

有的人还是按照传统的习惯做事，这是一种非常悲苦的状态。主要原因是格局小，从而导致理念不成熟，很容易迷茫。喜欢做事的时候，人是不会迷茫的，但是为了利益做事的时候，人就会迷茫。就像我刚起步的时候，为了利益、为了面子很容易迷茫。现在很多人对名利感到迷茫，名利包括个人的面子、集体的荣誉等。作为管理层，不但要让自己幸福，也要让更多的人幸福。

大家在胖东来干了这么多年，都很忠诚，能力也不差，只是每一个人对理念的理解程度不一样。大部分人始终按照习惯做事，而不是按照理念做事，这样做的结果是：觉得自己非常忠诚，付出了很多心血，但是会感到委屈。大家太看重成绩了，虽然付出了很多，但是没有信念。

我在接触你们的时候，发现你们的工作方法很落后，跟我的工作方法完全是两个概念，你们总是在计算利益。我们应该享受工作，让自己像太阳一样照耀更多的人！近几年，我尽量把这种理念分享给你们，包括处理问题的方法等。今后我希望每一个部门都规范地发展，要阳光一些，要有格局，要知道自己肩负的社会责任。我们不仅要对自己的部门负责，还要对这个城市负责。大家相互激励，成就彼此，寻找、培养大爱的理念。

管理层要有责任心。如果你是部门的领导，没事的时候指导工作，有事的时候不见踪影，那你就该让出这个位置。领导要像家长一样，当风浪来的时候，应该保护自己的孩子。如果你没有这个信念，那就不适合待在这个位置。不要淡化了信念。怎么样带好员工、做好商品、服务好顾客，这些是管理层需要用心的地方。

　　我曾经和金三角店、北海店的员工分享企业理念，我告诉他们，既然选择了胖东来，就要爱这里，要让这里成为一个温暖的港湾。有不足的地方就慢慢调整，不要着急，要乐在其中。做事要有崇高的信念、科学的方法，等遇到风浪的时候就不会迷茫，更不会感到痛苦、自卑。

　　促销员不准在网上拉人气，否则就开除。你可以介绍产品的风格、价值、原料等，这是分享知识、分享理念，但不能吆喝"来找我买吧"，这是违背企业理念的！第一主管去巡场，要思考怎样让产品更好、服务更周到，而不是走一圈就完事了。管理层要对员工好，没事了可以给员工倒杯茶，帮他们梳理商品，要带领员工拿更高的工资，这样多有成就感啊！

　　只有高尚、高贵的人格才能培养出更多优秀的人才。我不仅要让大家学会生存，也要让大家拥有幸福的理念和状态。我给大家讲了这么多年的经营之道，从来没有讲过心计。从开始做生意到现在，我非常清楚心计没有一点儿好处，整天去斗肯定累啊，累是什么？累是心不通。如果彼此不能理解，那就散伙吧！

　　精神自由就是快乐，如果你们明白了这种理念，就会轻松开心。不要总想着和商户谈条件，要想着给商户创造更好的环境，提供更好、更方便的平台。

　　门店管理人员应该自己规定上班时间，可以一天只工作三四个小时，只要管理好团队就行了。举个例子，要是让我管理150个人的团队，怎么会做不好呢？只要管理好每个部门的商品、每个部门的人员就行了，如果做得不合理，可以让大家一起讨论。如果管理层出问题了，就让员工竞聘。在把自己的工作做好的前提下，想怎么"玩"都行。这样还会不幸福吗？

　　要赢得顾客的信任，信任的力量是无穷的。为什么疫情期间顾客总来我们这里？这就是信任的力量。要多为顾客考虑，一味地追求金钱会很累，我们要让顾客买得放心，要用心地做好自己。要将好的理念植入工作和团队中，要思考怎样把商品做得更好、怎样让卖场的服务更好，让顾客安心。

无论卖什么商品，都要让顾客信任我们，让他们感受到我们的专业性。要做一个用心的人。

要用科学的方法调动团队的积极性，把权力下放，把政策制定好，这样只会越来越轻松、越来越健康！举个例子，前几天我在体育馆分享管理团队的办法，比如，员工的基本工资是多少？顾客打一局球需要花多少钱？卫生不合格怎么办？这些标准、制度都是员工讨论的结果，增强了员工的主人翁意识。

幸福绝对不是算计利益，而是对温暖的回味。要把这种理念体现在生活中，好的理念更能成就美好的生活！

四、胖东来的"人"——一个真正以人为本的组织

在河南，能进入胖东来工作并不是件容易的事，因为这个组织能给员工带来幸福感和安全感。胖东来的组织管理，从理念到方法，从宏观到中观，从中观到微观，甚至包括每一个细节，都是值得众多企业在新商业文明时代效仿的绝佳案例。

◆ **东来心语** ◆

> 企业的最大价值在于员工。一个企业要先造福员工，然后再去造福社会，这才是合理和健康的。

胖东来有一个非常特别的制度——员工委屈奖，因一些原因感到委屈的员工，可以获得相应的现金奖励。这在全球范围内都很稀有。有人问东来哥："客户、员工、股东，谁最重要？"他毫不犹豫地回答："员工。因为股东投资是为了造福社会，如果股东投资只是为了逐利，那它对胖东来来说就没有什么价值。我做这份事业，是希望社会变得更好。员工得到了幸福，就会更真诚地为顾客着想。只要员工得到了尊重、关心、认可，他们就会认真地执行企业的理念。如果这三者之间发生了利益冲突，整体而言，我首先要保障员工的利益。当然，如果在日常工作中，员工和顾客发生了冲突，那肯定是顾客最重要。这是两个概念。"

东来哥认为，在胖东来的企业精神中，"诚心对员工"是精华所在，任何时候都不应当忘记，更不应当丢掉。要从生活上和思想上关心、爱护员工，就像父母对待自己的儿女一样，要用真心对待员工，让大家有安全感。各级管理人员都必须牢记，不准随意让员工"回家"。当员工有缺点、犯错误时，要给他们改正的机会；要经常与员工沟通；要经常对员工进行培训，让他们学习企业理

念、业务技能，与企业一起成长；要从员工中发现人才、培养人才，用竞争上岗等方式让优秀人才脱颖而出；同时，要严格遵守纪律，争取做到最好。这才是对员工真正负责的态度。

东来哥深知胖东来做大了，"小店式"的管理已经不能满足其发展需求，提高管理水平是当务之急。要加强对管理人员的培训，全面提高管理人员的素质，各级管理人员必须学会与员工沟通；要学会激励员工、学会培训员工；公司要对管理人员放权、授权，让他们有职有权，放手去干；要给管理人员减轻身体上和精神上的压力，让他们在安排好工作的前提下好好休息。管理人员应该让下属独立负责一些事情，这样既减轻了管理人员的压力，又培养了人才。"我们的企业发展到今天，我深深感到责任重大，不敢放松。我必须对我的兄弟姐妹负责，对我们的企业负责，对社会负责。责任也是一份沉甸甸的压力。"东来哥相信，只要他真心对待胖东来的兄弟姐妹，给大家创造一个舒适的环境，让大家快乐地工作，让大家的聪明才智得到充分发挥，那么胖东来的员工肯定会善待每一位顾客，满腔热情地为顾客服务，也会积极主动地为企业发展出谋划策。当胖东来上下齐心协力时，就会形成一种不可战胜的力量，"创世界名店"的目标就一定会实现。

很多企业都感到迷茫——为什么留不住人才？为什么招不到人才？为什么培养不出人才？东来哥认为，企业管理者要为员工提供一定的平台，让他们感受到希望。企业要有合理的利益分配制度，如果钱都装进了企业管理者的口袋，员工什么都没有，那一定是不公平的。这样的话，员工就不会用心地工作，团队的凝聚力也不会增强。当团队凝聚力不强的时候，企业管理者就得操心每一件事，那么他有再多的钱也不会幸福。如果企业管理者把钱分给员工，那么员工就会觉得自己是这个企业的主人，就会用心工作。当大家拧成一股绳的时候，执行力就强了。这个道理很简单，但是很多企业管理者害怕失去和付出，所以他们并不这样做。

胖东来在这一点上看得更远。东来哥认为，人力资源部门应该想办法激发员工的潜能，让员工更有激情、更有活力、更有效率。但是现在很多人力资源部门只是不停地统计、招聘、培训，违背了其最根本的责任。如果企业的每个部门、每个岗位都能让员工有幸福感和被尊重的感觉，那么大家就会用心工作，并会努力地提升技术水平、思想水平。

东来哥认为，要让员工爱自己、会生活。比如，骑摩托车时要戴安全帽，感冒了要戴口罩，不随地吐痰和乱扔垃圾，要保护自己和周边的人，要提升生活质量等。当员工把好习惯带到卖场后，就会在工作中尊重自己，慢慢地为大家着想。如果员工能用心地工作，那么其工作效率就会不断提升，企业效益也会越来越好。

当其他企业管理者向东来哥取经的时候，东来哥就会建议他们调整员工的工资待遇。因为他觉得这是一件好事，是让老板善待员工。这样做的话，老板就会轻松，员工也会感到很幸福，最终形成了一种良性循环。企业不应该把挣钱当成唯一的目的，更应该带领员工改善生活。就像胖东来时代广场的鲜花专厅，两年前那里的生意并不好，员工的工资也非常低，供应商基本挣不了钱。东来哥建议供应商先别急着挣钱，稳定住员工最重要，要是他有困难的话，胖东来可以减免其房租费。后来经过调整，供应商的生意逐渐红火，员工的工资也翻了几倍。如果将来这些员工每人开一家花店，每家花店都做得非常精致，那么对城市、对社会也是一种贡献。

东来哥始终坚信，老板应该激励员工，让员工感受到公司是他们喜欢的平台。之前，胖东来某个专厅的利润不高，给员工发不出工资，于是专厅的老板自己垫付钱给员工发工资，这样的老板，就算生意再难做，员工也愿意跟着他干。反面例子就是家乐福，它有那么漂亮的卖场、那么好的管理技术，为什么做不好呢？新乡的沃尔玛有非常漂亮的卖场，停车也很方便，但是顾客却寥寥无几，为什么呢？因为员工收入不是很高，其工作积极性也就不高。相反，如果老板对员工好，将心比心，员工也会死心塌地地工作，生意自然就会变好。

什么是成就员工的美好？在东来哥看来，就是让员工有阳光快乐、自信的状态。即使员工离开企业，也会和老板说："放心吧，我出去是不会给你丢人的，我要是干得不好了，就回来请你再多教教我。"企业家成就了员工，自然也成就了自己。

东来的信

在胖东来开心工作

胖东来商场的亮点是先把供员工玩的地方规划好。

时代广场六楼建的图书馆供员工汲取营养，那里有哲学、技术方面的书，没有功利的书，希望员工能接受心灵的启迪。员工健身区的一台跑步机将近10万元，运动自行车是3万元。胖东来给员工之家投资了将近3000万元。图书馆里的饮料、糖果都是免费的，员工可以带孩子去，很多孩子放学后就会去那里学习，这样员工怎么会不幸福呢？

图6　胖东来的员工图书馆（来源于官网）

"真心待上帝，诚心对员工"是胖东来企业理念的精髓，如果管理者忘

图7　胖东来的员工健身房（来源于官网）

记了这最根本的两点，从顾客身上"节约"，从员工身上"省钱"，那么就彻底违背了我们的初衷，最起码说明其人品不合格。

某一天，我看到有的门店在中午关了空调，掀开了门帘，据说是为了省电，给公司减少费用。我真的想问一句："是谁给你这个权力的？"

天热了，员工在岗位上辛勤劳动，为什么不给他们买个雪糕、买个西瓜，温暖一下他们的心，难道公司没有给店长这个权力？员工心情好了，自然就会对顾客好。只有员工在胖东来开心工作，顾客才能在胖东来开心购物。

任何时候都要牢牢记住：不要急功近利。从员工和顾客身上抠钱，看起来是挣得了一点儿眼前的利益，但是越抠效益越差。我们不仅仅是在经商，更是在做品牌，做人！我们共同搭造了一个舞台，让大家在这个舞台上展示自己的才华，感受工作的乐趣，体验生活的幸福，只有这样，才能形成"众人划桨开大船"的局面，大家齐心协力，就能实现我们"创中国名店"的目标。

标准在变化，但是不能违背善良，不能违背自然规律。社会在不断地进步，我们这个企业也要不断地进步。要将这些理念传递给胖东来人，使他们更有激情、更幸福。你的爱越多，那么你就会做更多的事情。在卖场，你就会为顾客提供更多服务。坚定这种信念，就能带动、影响更多的人。

好的制度是管理员工的关键

◆ *东来心语* ◆

胖东来最大的财富是体制，体制的核心是尊重——尊重每一个人，让大家能在这个平台上对未来的生活和幸福充满希望。

东来哥认为，其他企业如果想学胖东来，就要从体制方面入手。如果体制改变了，企业在一年内就可能有很大的变化，三年后就可能有翻天覆地的变化。很多企业说学不会胖东来的模式，其实这些跟胖东来接触的企业都有很大的跨越和进步。最关键的是让员工对自己的工作有热情，让员工对企业有信任感，然后慢慢地爱上企业。有爱的时候怎么会不幸福呢？

东来哥要求胖东来的管理人员提升专业能力，要求员工提升为顾客服务的能力、爱的能力、对未来充满信心和希望的能力。东来哥期待胖东来这个大家庭有一个健康的环境，而不是虚伪的环境。他希望每个人认真履行自己的职责，开心地上班。如果管理者能把一个地方管理得很好，那么他自然会开心、会有成就感。如果哪个部门因为犯错而被处罚，不要感到遗憾，争取今后做得更好。"希望胖东来的管理者是最有思想、最真实、最快乐的。"东来哥对此充满信心。

东来哥认为，好的环境需要好的制度保障，一定要让工作标准、商品标准、经营标准清晰化和专业化，企业的架构、运营系统也要非常清晰。管理者一定要按照企业的制度做事，当制度不完善的时候，要去补充和完善，前提是一定要执行制度，只有这样，企业才能健康地发展。管理者如果不执行制度，在其位不谋其政，那么企业也会按照相关规定对其进行处理，这些都是为了让企业的将来更美好。

在企业运作过程中，不管是工作标准、劳动纪律、经营标准，还是收入标准、升职标准等，都需要建立系统。系统建立以后，就要将制度落实下去，要有系统的考核标准和工作流程，要从员工的工作表现中体现出制度的作用，让制度服务于整个团队，使其不断向更好的方向努力。

不管企业发展得怎么样，最终的目的是培养员工拥有乐观向上的心态，充满自信。最好的状态是大家都把名利看得很淡，不做金钱的奴隶。有了这种心态，在任何行业都能够创造幸福，生命质量也会很高。

企业的管理体制需要量化。各个部门增加品牌时需要考核，最起码要知道这个品牌的收益能否保证员工的收入。假设企业的最低月薪是 3000 元，即使企业不赚钱，也要坚持这个最低工资标准；在此基础上赚钱了，就按照企业的相关制度进行分配。

现在胖东来各个方面都有了制度和标准，无论是在财务上，还是在日常工作中，都能做到"有法可依"。员工的工资待遇也有了一个很不错的标准，更重要的是在这个基础上，要让员工的生活品质更高一些、上班的时候更开心一些。例如，员工在不忙的时候，可以听听音乐、看看书，这就是人性化管理。管理者要给员工提供成长的空间。

真正的管理者就是为员工服务的，并在此基础上给员工带来更合理的回报。企业要制定管理者的工作标准，每一级管理者应该具备的能力、履行的义务、承担的责任，都要清晰地体现出来。

在胖东来，管理者给员工打分采用的是与其他企业完全不同的标准。胖东来要求员工对企业很有感情；对商品的相关信息有所了解；了解顾客群体的定位；对地方特产、季节性产品了如指掌；掌握商品的产地、保养方法、营养价值等知识。

如果一家企业拥有了工匠精神，即使尚未到营业时间，顾客也会排队等待购买商品。胖东来实实在在地为顾客、社会提供优质服务，这样员工也会很幸福。做到这一点后，就要争取达到另一种状态：出现问题能够立刻解决。企业的体制要不断地细化、完善。如果没有管理体制，只是一味地追求利润，那么企业无法长久、健康地经营下去。

企业发展初期，靠的是情怀、善良、经验，但最终要走向制度化。在胖东来的管理体制中，每年都要对管理者进行评议，每个月都要对员工、店长进行评议，如果评议结果不好，被评议的人就要离开相应的岗位。东来哥结合实际状况，让企业慢慢地走向民主评议和民主决策。民主评议的范围要合理，不能自己评议自己，大家要讨论怎样科学地评议，绝对不能产生无效评议。评议范围可以由部门内部讨论决定。如果某个部门的评议只是在走形式，一旦被核实就严肃处理。每个人针对评议的结果，要对自己进行总结。员工评议必须是真实的。假设一个店有 100 个员工评议店长，店长的得票率不可能是 100%，但至少要达到 80%。员工要认真地评议管理者，这样才能推动、促进团队往前走。

胖东来人每两天写一次日志，每篇日志大概 200 字，写日志的时间不能超过半小时，由上级审核下级的日志。要慢慢学会精练地、准确地表达，做到真诚且不敷衍，所有人每个月都要在一起讨论日志。员工要做好个人总结，不能只写一篇文章，要注重创新。比如，哪个员工对顾客的会员卡有了新的想法，大家就要一起讨论。员工要有创造力，学会把好想法写出来，要养成这种习惯。一年下来，员工就会有变化，思维和生活状态都会改变，再也不会觉得迷茫了。这种做法是在倒逼员工，让他们养成好习惯。多年之后，他们把这些材料整理出来，就会觉得很有价值、很有成就感。

在胖东来，每个部门都严格遵守企业制度，如果某个部门的制度建设走在了企业的前面，就可以在企业制度的基础上增加自己制定的制度，重点是要落实。只有完善的制度才能让员工更安全、更健康、更自由地生活，因为员工的权益能得到保证。

东来的信

他山之石，可以攻玉

十几年前，我去了香港，才知道在那里扔垃圾要罚几千元，这让我感到不可思议，但正是因为有了这种规定，香港的环境才被保护得那么好。我和香港企业家接触的时候，觉得他们很真诚，不那么功利。我在开会的时候，经常讲企业与企业之间的合作、文化与文化之间的合作，可能很多人都听不懂，觉得不重要。其实香港企业有很多值得我们学习的地方。他山之石，可以攻玉。我之前去过瑞士，那里的农村和天堂一样，每套房子过几年就要维修，政府会有相关的规定。好的环境需要好的制度来保障。如果一个国家没有法律，怎么能健康地发展？如果一个企业没有制度，怎么能长久地生存？所以企业一定要建立良好的制度。

财富的合理分配是组织管理的核心

◆ 东来心语 ◆

分钱要公平，每个人心里都有一杆秤。合理的分配体制是 50% 给管理层，50% 给员工。

利益的分配问题令很多企业家头疼。东来哥建议，在企业经营初期，如果团队很弱，应该将 80%—100% 的利润分给团队，从而让团队保持热情。三年后，企业的经营能力提升了，再拿出 50% 的利润分给团队，让大家有正常的收入。这样的分配机制对每个员工都好，对老板也好——团队健康了，老板就轻松、幸福了。员工也会把这种理念传递给顾客，顾客感到幸福后就会信任企业。这样就形成了一种良性经营状态

东来哥强调要保持绩效考核的公平性，不能只考虑工龄，也要结合实际贡献来考核，这样更合理。要根据公平合理的原则调整绩效考核制度。很多企业都没有公平的利益分配机制，其实企业应该确立完整的利益分配机制。不管是业务员，还是店长，要根据其能力、付出的劳动、创造的价值去分配财富，如果分配得不合理，就等于不尊重那些努力的人。

胖东来把大部分利润都分给了员工，早已平衡好了各方面的关系。胖东来人做事不是为了表现自己，而是想追求好的结果。东来哥相信，随着能力的提升，胖东来人会收获状态的改变、幸福值的改变，会有更加健康的生活状态。要想达到这种状态，就需要员工对企业的理念有所理解，然后再辅以完善的标准和制度。有了体制的保障，企业的发展就会越来越好。

东来随笔

先富起来的人应该做些什么

随着国家改革开放的推进，很多人通过自身的努力富了起来。改革开放的初衷是让更多的人摆脱贫困，过上好生活。我们的社会的确有了很大的进步，经济有了很大的发展，但很多人的高尚价值并没有真正体现出来。他们单一地崇拜物质，忘记了自己还有宝贵的精神财富，忘记了自己也是从贫穷一步步走过来的，忘记了自己贫穷的时候是多么需要得到尊重、得到鼓励、得到温暖、得到认可、得到帮助，完全沉迷于暂时的成功。为了功利，他们不得不拿着自己的人格去取悦别人，虚伪、痛苦地为面子而活，

也得不到人们发自内心的尊敬和认可。

每一个先富起来的企业家都应该让自己善良的一面得到体现，在爱自己、尊重自己的同时也爱员工、尊重员工，让大家都能过上轻松幸福的生活。企业家带着这种责任和使命去分享快乐，就能让员工感受到温暖、感受到尊重、感受到爱的力量、感受到幸福，就能让员工看到未来、看到希望，这样社会才会更加安定、和谐，国家才会更加强大、美好。如果你能够做到这些，就会得到更多人的爱戴和尊敬，也能与更多人分享自己的经验和智慧，你的生命将更有价值、更有意义。

我建议企业在保障员工基本工资的基础上，至少拿出 50% 的利润回馈给创造这些财富的员工，或者给他们发奖金，无论用哪种形式，只要能让员工得到这笔钱就行。这样你的团队才会更用心，更有凝聚力和执行力。如果你坚持这样做，就能为国家的发展和进步贡献自己的潜能与才华。胖东来从 1999 年开始按照这个理念分配企业财富，已经坚持了十几年。胖东来人感受到了爱与温暖、快乐与幸福。无论我们身上有多少不足，最起码我们是相对真实的，是不断进步的。

我曾经帮一家哈尔滨的企业调整政策，我建议它直接免除折旧费和房租，这样员工的工资就从原来的 1000 多元一下子涨到了 2400 元，管理层年底平均能拿到 40 万元，团队一下子热情高涨。现在这家企业在当地的效益是最好的。

胖东来周末的客流量很大，因为顾客觉得到胖东来购物是一种享受，能买到自己需要的生活用品。顾客来到胖东来的商场后，感觉员工状态很好，商品很好，环境氛围也很好，这些美好的东西会把顾客不好的情绪稀释了。我们的收银台从前几年开始增加人手，这样就不会让顾客在结账的时候等太久。胖东来的时代广场有 4000 多平方米，我们安排了 50 多个收银员。没有顾客结账的时候，收银员能坐下来休息，听歌、看书都可以，因为不忙的时候是最累的，让他们站着是最大的人力浪费。收银员两班轮值，工作时间不到 7 个小时，避免因上班时间太久而效率低下。我们现在不做低价商品，只做高品质的商品，如果员工对这些商品有兴趣，就能学到东西，销售额也能上去。现在顾客到我们的店里买商品，如果不满意，就能上门退货，这就要加强采购的业务能力，他们要用心采购，保证商品质量。

有共同的信念，才能有更多美好的创造

◆ **东来心语** ◆

人不能欺骗自己的心，所以我坚信随心而行。不能利用他人、不能伤害他人，要发自内心地做自己喜欢的事。

东来哥希望胖东来是一家承担社会责任的企业，让企业文化推动企业发展是每个员工的使命。现在很多企业都是被动地发展，需要化被动为主动。企业向顾客承诺的是优美的环境、完善的服务、优质的商品、实惠的价格，这些不是贴在墙上的标语，而是需要逐项落实的。

东来哥经常说，人只要记得初心就容易满足、感恩，有这种感恩之心，再把爱传递给别人，慢慢地，每个人就会更好，企业就会更好，社会就会更好。让自己保持一种幸福的状态，懂得爱的时候心就静了。

胖东来的员工都懂得珍惜，有些人之前在其他地方工作过，对比之下，即使是保洁员也会觉得在胖东来工作很幸福。东来哥多次慷慨地表示，如果员工觉得自己在胖东来没有机会了，就去外面发展，要把在胖东来学到的理念用到其他企业，帮助其他企业变得更好，从而创造出更多的价值。

管理层在培养下属时，要懂得尊重，不能过分依赖别人，因为依赖别人就等于利用别人，是对别人的一种不尊重。东来哥想塑造这样一种环境：能够体现尊重和公平，能够给更多人带来幸福。他希望人们彼此关爱，并在这种环境中自由地释放能量，从而让自己更加阳光、随性、有自信，而不是成为依附社会的没有能量的人。好的环境能培养优秀的、充满能量的人。每一个生命都是平等的，都有优势和特长，当我们能看到自己优秀的一面时，就不会感到无奈，仿佛有一股元气支撑着自己面对未来。

东来哥认为，人应该是追求快乐的，他希望整个组织是有活力的、有能量的，不需要盲目从众，好就是好，不好就是不好，要用事实说话。要把最美的东西展示给别人、和别人分享，而不是自我陶醉。如果沃尔玛做得好，我们就要向它学习，对于它做得不好的地方，我们可以与之交流，同行之间不要只打价格战，能帮就帮。只有这样的互动才能让自己朝着好的方向进步。大多数企业对内舍不得分钱，把利益看得太重，这样做是不对的，要让员工感觉到未来的希望。

东来的信

胖东来不怕员工离职

每个部门都要知道什么是幸福，对利益的要求低点儿、少挣点儿钱，你们就轻松了。现在员工的工资并不低，休息时间也很多。如果哪个员工觉得胖东来的工资太低了，那么就可以去外面发展，外面都是机会，你们努力去干吧。相信在胖东来干过的人，会对别的企业有帮助，能够尽情释放自己的能量。

管理层的工资也不低，我担心的是你们的心态，我不希望你们是为了责任而干活，否则就可以放弃了，因为早晚会生病。我说的病一定是大病，这就是背负太多责任的结果。所以，你们要自我调节，最好的方法是把利益看得淡点儿，少挣点儿钱，为了员工好，但是也不能牺牲自己。要把精力用到商品上，把精力用到促进员工的健康成长上。怎样更好地为他们指引方向？可以让他们讨论工作方法，相信他们能找到答案，要成就他们。我们的底线就是保证商品的品质不低于公司制定的标准。

公司希望你们能够安全、健康、快乐地退休。退休之后，我也希望你们来公司看看，最起码这里是你们曾经战斗过的地方。

养团队取决于领头人而非员工

◆ 东来心语 ◆

公司提供人性化的平台，培养员工养成良好的习惯，最终让他们收获丰富的精神食粮和生命的灯塔。

东来哥认为，管理要科学，要成就他人，懂得放手、尊重和信任，上一级不要决定下一级的工作怎么做，这样更能成就人，更能体现对人的尊重，大家也会觉得更轻松。

他认为最重要的是要改变方法，员工的工作由自己完成，管理层的命令由下级执行，这都是比较先进的管理方法。以前的企业出了问题后就批评员工，东来哥认为，员工第一次出现问题，不要骂、不要罚，让员工把原因写出来并拿出解决方案；员工第二次出现问题，就要严肃处理，如扣奖金等；员工第三次出现问题，管理层不用多说什么，因为说了也没有用。企业家要把管理层培养成将军、领袖，要把企业的问题检查出来，然后对症下药，这样企业就健康了。这种理念让员工少了压力、多了动力，应该让管理层也有这种感觉，大家都要成为这种理念的受益者。角色不同，沟通的方法也不同，但尊重是基础。要改变管理模式，培养员工的信念感。出现问题并不可怕，给员工机会比开除他们要好得多，只要员工之后能成长就好了。东来哥希望胖东来的管理层要成为爱的使者，创造美好、传播美好、享受美好，也让自己真正地轻松起来、开心起来、健康起来。

管理层要让团队重视企业的理念，要体现工作质量，让团队更健康地成长。管理层对新员工的要求应该低一点儿，要让他们逐步成长、进步。大家在一起工作，该认真的时候就认真，该放松的时候就放松，每个人都应该散发出无穷的魅力。这样的团队很好管理，大家就像好朋友一样彼此真诚相待，在未来的工作中能够开心地成长而不是努力地成长，因为努力太痛苦了，一定要轻轻松松地做自己喜欢的事。

作为领导，要信任基层，敢于让员工做决定，哪怕出了错也没有关系。在带领团队的时候，要更加生活化，不要太过于注重形式，要追求一种轻松的状态。要让大家感受到快乐，培养出更多阳光的、自信的、对这个社会有意义的人，这样企业就会发展得更好。人才流失率应该保持在正常范围内，不能超过10%。不管把管理层分配到哪个岗位，只要他们用心做事，就一定能幸福。

要注重各方面的安全，不能有丝毫差错。食品安全上，对原材料、加工食品的采购要非常严谨，绝对不能出现任何问题。消防安全上，绝对不允许火灾的发生。其他还有财务安全、人身安全……不管是哪个方面，都不能酿成大错。这就要求员工注重工作细节，让每一项工作都处于"层层保护"的状态，为了核心的主体"目标"而设置很多防护层，突破第一层还有第二层，突破第二层还有第三层……如果能达到这样的状态，那么就不容易出现问题。

东来哥希望管理层多出去看看外面的世界。胖东来有合理的分配机制，员工的工资也有了提升，东来哥希望大家不要只想着存钱，而是要多出去玩，多看看外面的世界，最好每年有一次长达20天的旅行。等到将来机会成熟了，每年至少可以有一次长达一个月的旅行。管理层只有享受生活、会生活，才能管理好员工。

东来的信

真正喜欢做事的人不会骄傲

我坚信，做企业要从零开始，而且永远不能骄傲。我从来没有骄傲过，因为我离好的结果还差得很远。画家、雕刻家一生不一定能完成一件让自己满意的作品，就像达·芬奇、梵高一样，他们生前未必对自己的作品感到满意。因此人类的净化、宇宙的净化是无限的，不是完美的。当画家、雕刻家的作品成为世界第一的时候，他们一定想把自己的智慧分享给更多的人，让大家懂得什么是艺术，而不是证明自己比别人强。他们在诠释一种爱，希望人间更美好。

所以，真正喜欢做事的人是不会骄傲的，因为他是做给自己看的。如果只是为了某种目的做事，可以衡量一下是否值得。如果觉得不值得，就应该选择离开，这样我们才能找到真正的快乐。

我在和卖场里的员工沟通的时候，感到十分亲切。一天早上，我看见收银员们在开会，我走过去一看，女员工都坐在地上。我说："你们买一些垫子，开会的时候坐在垫子上。地板太凉了，对女性的身体不好。"然后我又说："在收银台工作要放轻松，别那么紧张。别觉得数钱快就等于干得好，数得快了是挺好的，但数得慢了也稳妥，在稳妥、安全的基础上提升速度，轻轻松松地工作多好啊！"

做管理工作也是一样的，要知道怎样帮助员工，怎样指导他们过得幸福。很多员工是新来的，虽然刚开始我们的交流只有短短的十几分钟，但是他们的思想已经有了转变。因为我能让他们看到快乐、看到自己，能让他们找到幸福。有人说："东来哥，你比女人都细心。"这句话代表着温暖，代表着他们心中的感受。我整天跟员工开玩笑,大家聚在一起,其乐融融。我们有真情、有真诚。

这样做是很幸福的。要是你能这样工作,就不会觉得枯燥。忘记利益吧!只为了幸福而奋斗,不要考虑能挣多少钱,多考虑自己的感受。如果一个人的心被名利所控制,那么他的思想就被封锁了,因为他会有很多顾忌。善良的人在任何地方都能散发温暖。一个人是否高尚,并不取决于他的职业,而是取决于他的心灵。我做任何事情的时候都容易沉浸其中,因为我觉得不论从事哪个行业,都要尊重这个行业,从这个行业中找到乐趣、找到自己的价值。但是更多的人都是俗人,他们不愿意吃亏,总是标榜自己很善良。我希望胖东来人在工作的时候是快乐、幸福的,我希望自己在工作的时候也是快乐、幸福的。干了这么多年,我从不委屈自己,我非常希望与你们分享快乐。

管理层带团队,不要考虑员工素质的高低,如果你们真正地想成就他们,还会做不好吗?你们必须尽力带好团队。一定要用正确的方法,让企业文化融入员工生活,还要让员工做好职业生涯规划。胖东来人要懂得好的理念、好的方法,空间是无限的,你们可以规划自己的人生,一步一步往前走。任何一份工作,只要你能做好,就可以站在顶峰。比如,播音室的工作人员需要通过各种各样的形式宣传企业文化,从而影响更多的人,让更多的人受益。时间久了,其工作能力自然而然就提升了。所以,要好好规划自己的未来。

"胖东来圣经"工程进行中

◆ **东来心语** ◆

员工的幸福要靠科学来支撑，只想不做是没有用的。

东来哥一直有一个目标，那就是用三年时间总结胖东来的信仰、理念、战略、方法，内部称之为"胖东来圣经"工程，也叫"336"工程。东来哥要求负责"胖东来圣经"工程的工作人员要做好分工，比如两人一组，让一个人负责研究薪酬工资，让另一个人负责研究生活标准，这样专业性就会更强，人们也会更感兴趣。要确立完整的标准体系与考核体系，并将它们深化，这样员工就会知道自己要做什么了，这就是"圣经"。东来哥认为，它的价值无法衡量。

"胖东来圣经"不是宏观的，而是由很细致的内容构成的。东来哥要求把这些内容做好分类，把世界上各种先进的标准罗列出来。比如，有些内容涉及员工的居家生活，居家生活包括住房规划，住房规划又涉及员工的月薪，而员工的月薪在 3000 元至 10000 元不等，这些都要进一步细分。即使某个员工在胖东来只干了一个月，他的生活也是很阳光、幸福的。比如，他一个月收入 3000 元，其中 1000 元用来交房租，1000 元用来吃饭，1000 元用来置办物资，这样干几个月，最起码他会把家里收拾得很整洁。等他的月薪涨到 5000 元后应该怎样进行消费规划，如果租房的话，家具是什么样的、房间是什么样的，还有其他消费，都要量化细分。月薪 8000 元、10000 元的员工应该怎样进行消费规划，包括居家、饮食、衣着……要对每个方面都进行深入的研究，标准要清晰。

"胖东来圣经"还包括工作中的晋升路径：从普通员工晋升到管理层有哪些方法，这些方法都要写得很清楚。管理层不仅要有专业能力，还要有成就团队的能力。制定出每一项详细的标准后，要有注解，要讲清楚这么做的原因，让员工明白这些指引给他们的生命带来的好处，包括对他们的子女有什么好处、对社会有什么好处。

每个员工不论学识如何，在看到"胖东来圣经"后，都要认为"我能做到"。东来哥希望大家把思维打开，不要只是考虑私利，而是要考虑如何创造幸福，这样每个人就会变得越来越优秀，不会觉得累，都会拥有幸福的状态。

公司里的"老人"带动"新人"，让团队慢慢往前走。这个团队里的"大家长"东来哥会给员工提供一种思维模式、一个道理，让大家的行为标准和思想标准都具体化、量化，就像分解组织架构一样，慢慢地从宏观向微观分解；就像法律条文一样，每一点都讲得很清楚。

胖东来的文化跟中国的传统文化有很多不同之处，胖东来的文化强调人格高于一切，每一个人首先要知道自己是谁，要认同自己的内心、尊重自己的内心，在这个基础上再展开自己的生活、工作。因此，生活在这种环境中的人会变得非常真诚。东来哥强调："文化决定环境，环境决定状态，状态决定幸福，幸福体现文化品位。"这里的"文化"不是指知识，"文化"和"知识"是两个完全不同的概念。文化是一种状态，个人状态是个人文化、家庭状态是家庭文化、企业状态是企业文化、社会状态是社会文化；知识只是文化的一小部分。好的文化会塑造好的环境，就像胖东来，人们来到这里会觉得干净、安全，这就是文化。

胖东来的相关工作人员将慢慢整理这些"文化"，东来哥希望更多人对生命的真谛有所领悟，能找到思考和行为的依据。当大家懂得了这种文化的时候，就会用它去鞭策自己，让自己以真诚、纯粹、乐观的眼光看待问题。"胖东来圣经"要细化分工，谁负责什么模块，谁就出台相应的标准。工作标准涉及很多内容，包括商品标准、行为标准等。此外，还要考虑怎样考核才能让标准更有效果。考核标准要人性化、落实到位，要把标准制定得更完善、更细致，甚至要对未来可能发生的事情做好预案，并制定相应的标准。

东来哥认为，在做管理的时候，如果把员工想象成自己的孩子，那么所有的问题就都解决了。他要求所有部门对员工的工作和生活情况进行书面总结，要有准确的数据、量化的标准。东来哥倡导大家慢慢学习这种好的理念，静下心来做事。人只要不急躁，状态就会很好。东来哥鼓励员工稳步前进，引导他们慢慢做事，稳稳当当地提升企业的商品质量和专业能力。

"胖东来圣经"不只涉及文化信念，还涉及生活标准。关于文化信念，以"乐观"为例，假如"乐观"由公平、阳光、正义、信念、节制、勇敢、希望等要素构成，"胖东来圣经"会把这些词语整理好之后，用文字、图片、视频等形式呈现出来，告诉大家"乐观"的概念，让大家一看就懂。关于生活标准，就是将安全、健康、饮食、爱情、婚姻、休假、教育、养老等逐一细化。比如，年收入在 5 万元至 20 万元不等的员工，其居住环境大概是什么样子的，包括厨房、床的品牌与价格等，全部都要罗列出来。假如员工入职胖东来一个月，刚开始月薪只有 3000 元，除去 1000 元的房租，可以用剩余的钱吃、玩。三年后，员工通过努力使自己的月薪能达到五六千元的水平，其生活品质也就提高了。拥有这种好心态的员工会生活得非常幸福。因此，在整体规划"胖东来圣经"的时候，涉及的范畴是非常广的，一定要有很详细的标准。

东来的信

让胖东来成为一个充满爱的摇篮

我们要学会爱自己，把好东西和大家分享。大家想想自己多年前的计划与梦想，看看现在有没有实现。由于这几年胖东来的发展速度过快，导致企业理念的灌输未达到我想要的结果。虽然《企业文化指导手册》已经制定了好几年，但至今还未真正地投入使用。虽然它只是一个草案，但却是企业的灵魂。大家都能理解胖东来的理念，却没有真正地执行，接下来最重要的就是传达和执行胖东来的理念。胖东来的理念其实很简单，那就是追求幸福：商场整洁、商品丰富、层次功能清晰、专业性强、员工快乐、顾客满意。无论做什么都能做出特色，产品非常专业、非常有竞争力、时尚、价格合理，员工能为顾客提供更好的服务和引导。上班时，我们的员工可以在不影响服务顾客的前提下上网、听歌、聊天，享受工作的过程，这就是我们倡导的幸福！目前我要引导员工带着爱、带着幸福、带着快乐上班，享受工作的过程，而不是在痛苦中度过每分每秒。要站在顾客的角度为他们提供服务，认真地为顾客介绍产品，把顾客当成自己的家人，不要有功利心。如果你能够做到这些，就可以成为一个伟大的人，可以成就一个伟大的品牌。

希望每个部门都能把这种理念传递给员工。胖东来是一个充满爱的摇篮，我们要往这个方向努力，用10年的时间实现我们的梦想！所有门店每周六、周日闭店休息，要朝着这个目标规划。店长级别的人，一周只允许用6个小时的时间指导卖场工作，其余时间就用来制定规划、战略，这时的你就不仅仅是一个店长了，而是大家的精神寄托、精神领袖，你要给大家指明战略方向，而不是在卖场巡场。从现在开始，门店每周二休息，三年后改为每周六休息，这样一步一步地调整，这种调整需要你的能力来支撑。将来员工每周有两天的休息时间、每年额外有一个月的假期，而且收入要比现在高，我们必须朝着这个方向去努力、去提升自己的能力。如果这样做，你还会不幸福吗？在理财方面，以后在胖东来工作，假如你的收入没有达到规定的限度，是不允许买房的。假如你才干了两三年就买房，会被直接开除，因为这种理念不符合企业理念，这样做会影响你的幸福与快乐。在休闲方面，你怎么安排一周的生活？挖红薯、放风筝、打麻将都可以。在健康方面，不要乱吃东西，你要对胃、肝脏负责，要对身体机能负责。如果不考虑这些，万一生病了怎么办？关于这些规划，公司会陆续出台相关标准，引领大家走向正确的道路。大家的消费观念、理财观念、休闲观念、健康观念等，都要符合标准。比如健康方面，如果你连自己都不爱，怎么爱别人、工作？我们要把规划做得简单易懂、易执行，这样大家才会接受和执行。如果把北欧地区的标准拿过来，咱们目前也接受不了，因为他们的各种标准都是用数据来标识的。

从现在开始，我们的管理规划也将逐步开始和执行，从商品到环境、从服务到管理都要进行合理的规划和布局，要执行好每一项标准、做好每一处细节，让我们的员工都能清晰地看到未来的方向，让我们的顾客都能感受到亲切、真诚、幸福。

与国内同行相比，我们管理层的收入是比较高的，但这不能代表你的实际能力，如果将来你的能力是这样的水平，生活状态也很好，那就无法用钱来衡量。幸福要靠自己规划，公司也会慢慢给大家指引方向，希望大家越来越会生活。不管做什么，只要往专业的方向努力，就一定能看到希望。前不久，所有部门不做特价活动了，把全部的精力用于提升自己的专业能力，这是对的。不能为了拉人气、追求利润而减弱了我们的专业能力，因为它的价值不能用金钱来衡量，就像传道院一样，那种爱与价值是伟大和神圣的。身心舒畅，思想才不会纠结。你要给自己设置一个能实现的目标，然后逐步地向善良和快乐的方向发展。

很多企业为留不住员工或人才流失率过高而感到苦恼，这样的企业应该根据部门经营现状合理调整薪酬制度或分配体制，让员工对工作有信心、有动力，有了这样的基础，企业的管理效率和团队能力才能更有效地提高。要把物质激励与精神激励相结合，这样企业的状态才会有所改变，而且会变得越来越好。

谈谈我和胖东来——2003 年写给员工的一封信 ①

说句心里话，我一直想跟大家沟通、交流，但是我的文化水平太低，不知道用什么语言把心里所想的东西表达出来。我想和大家谈谈自己这些年走过的路，还有对胖东来发展历程的感悟，不妥之处敬请谅解，我先说声"对不起"。

其实，我从小就是一个很淘气且不懂事的孩子。记得上学的时候，我不用心学习，经常逃学，挨打也是家常便饭。我有时候甚至会偷拿父母养家的钱去买东西。在几年的学习时光中，我没有得过一张奖状，更可惜的是，那一段美好的少年时光没有在我身上体现出价值，而是被浪费了。我过早地辍学，踏入了社会，没有想到后来会经历那么多坎坷、挫折。

离开学校后，我卖过冰棍、花生、甘蔗、瓜子、西瓜，倒卖过电影票，也被抓住过几次，挨过打，受了不少罪。

我当时年龄小，只有十四五岁，爱面子、自卑。做小生意的时候，我害怕见到同学，怕被人瞧不起，就专门去偏僻的地方。记得我卖冰糕的时候，每天骑着自行车从许昌市到临颖县，来回最少要六七十公里。你说苦吗、累吗？有苦也有甜吧。当我晚上回到家，数着挣来的几元钱时，就会高兴得忘掉一天的疲惫。

除此之外，我也当过小工，干过很多杂活。记得 1981 年，我去西安做建筑临时工，为了多挣几个钱，我白天干活，晚上加班。但两个多月后，老板跑了，我两手空空，当时心里那个恨呀！就这样，时间到了 1984 年，我进入梦寐以求的第二橡胶厂工作，那种高兴的心情无法形容。因为有了工作就等于有了依靠、有了面子、有了希望，赚钱、找对象就好办了，我不再是待业青年了。

---

① 这是非常重要的一封信，是了解东来哥最重要的资料之一。这封信记录了东来哥的心路历程，写得非常坦诚，我读了几遍，每次都深受感动。信仰、爱是胖东来文化的核心和支柱，爱是如何形成的？为什么东来哥对爱的理解与实践是渐进式的？东来哥原来的爱是小爱，是对个人的爱、对员工的爱、对客户的爱，到后来是对民族的爱、对国家的爱，真正的大爱是什么？如果你没有一颗柔软的心，可能就不会明白。

我在工作上非常努力，但也有很多年轻人的共性——贪玩、虚荣、浮躁、要面子。不管怎样，我很快熟悉了自己的工作，技术也进步、提高了，先后被选为班长、工段长。我始终要求自己要做到最好，不能落后于人，这可能是因为我有不服输的天性。后来我负责抓车间的生产，那时我只有21岁，要负责130多人的生产工作，虽然我在工作上有许多失误、不足，但是一直都在抓重点。我们工厂是一家甲级防火单位，平时小火不断，大火年年有。我就抓安全、搞好卫生，使车间卫生整洁、远离火源，然后再抓生产，奖优罚劣。那时候，我在心里树立了理想：要努力工作，争取将来能坐上生产副厂长的位子；要把工厂建设得整洁、漂亮，让工人觉得工作也是一种美的享受！

后来，厂领导工作有调动，我也被调离管理岗位。但这对我来说是一段非常宝贵的经历，因为我积累了管理经验：要给员工平等的环境，奖惩分明，让他们公平竞争——人与人竞争、班与班竞争、工段与工段竞争，这样他们才会努力工作，就算再苦再累，心里也是甜的。谁不想让自己过得好一点儿，谁不想让自己的付出得到回报，你说是吗？

从管理岗位下来以后，因为我当时爱面子，所以就不努力了，开始打麻将、喝酒、借钱，一时没了方向，得过且过。当时我不知道孝敬父母，从十几岁到二十几岁，我贪图个人享乐，就算挣了钱也很少给父母买东西。也许是性格原因，那时候我一直跟父亲作对，因为我们平时缺少沟通，我就产生了逆反心理。他不让我穿喇叭裤，我就把自己的所有裤子都撕了，然后待在屋里半个月不出门；他说我头发长，像个小流氓，我就马上去理发店剃了个光头；他说往东，我就往西……

我长大了，站起来比父亲还高，他想打我，却打不着；想和我讲道理，我又不听，真把他气得够呛。现在回想起来，当时我简直是混蛋！我不知道父母的难处，不理解他们是害怕我学坏呀！

现在父亲走了，我非常后悔，但是已经晚了，我再也没有机会改正自己的错误，弥补给他造成的伤害。可怜天下父母心，我是个罪人，请父亲原谅我这个不孝之子！

在恋爱方面，我也经历了不少挫折。我的家庭条件不好，人也长得不怎么样，又不懂事，父母为我操碎了心。其实，我是一个感情非常丰富的人，为了爱什么都做得出来。当时我太年轻了，只考虑自己受了委屈、付出的感情多，却不考虑对方的难处，再加上我心胸狭窄，曾因为感情问题自杀过两次，幸运的是没死成。后来我想，如果真的发生了悲剧，父母怎么办，兄弟姐妹怎么办，他们能承受得了吗？我真是太自私了！不管怎样，为爱付出一切，我觉得值得，也不后悔，因为当时年轻嘛！

再谈谈我做生意的经历吧。1989年，我的哥哥和嫂子开了家烟酒店，他们每天骑着三轮车往店里送货，春节时就出摊卖糖，后来这家店发展成了人民路的"胖子店"。到了1990年，我跟哥哥商量后，决定在西关开一家店，也批发烟酒。说是批发烟酒，其实就是从哥哥那里拉货卖。在我们家属院门口一个不足6平方米的临时大棚内，我开始经商了。当时我最大的心愿就是能存500元。那时，我一分一毛地挣钱，然后记在账本上。我骑着三轮车从西关到东关拉货，冬天的时候手都冻裂了、麻木了，但一想到能挣钱，我就开心了，什么苦呀、累呀，全都忘了。凭着服务好、嘴巴甜、东西便宜，不知不觉一个多月过去了，我挣了3000多元，那股高兴劲儿，别提了！我用自己挣来的钱买了地毯、桌子……大年三十的时候别人都在看春节联欢晚会，而我却在打扫屋子，一直干到晚上11点多。心里甜，真甜！

正月十六我正式开业，当时有人要给我联系许昌烟，说有调拨价，每条比正常价格便宜2元，共10件（500条）。平时一条烟最多挣5分，我当时就同意接货，然后去找哥哥借钱。到了晚上，我跟表弟谈起这笔生意，我俩有点担心，万一烟是偷来的怎么办？但我又转念一想，能挣1000多元呀，值得一试。后来，对方拉着架子车把烟送过来了，然后我给他付了钱。第二天，我很快把烟批发给别人了，算下来确实挣了 1000 多元，真高兴呀！可是，我刚走到店门口，一辆警车就开到了我跟前，问我刚才是不是卖了 10 件许昌烟，我说"是"，他们便给我戴上手铐，把我带走了。

我这才知道这些烟真的是偷来的。我在拘留所想了很多，哪有这么好的事，天上是不会掉馅饼的，要不怎么会有如此不正常的利润？我心想，只要能出去，当牛做马都行。失去过自由的人才能感受到自由比什么都重要。

后来我被取保候审，放了出来。哥哥看我难受，让我到他的店里干，而且让我管理，店里的生意也挺好的。3 个月后，不争气的我又惹了麻烦：我让别人骑着哥哥的摩托车出去，但他撞了人并打了被撞的人。结果我又被警察带走了，后来，我第二次被取保候审。

我不知道自己为什么总是这样不走运。这件事过后，我继续跟着哥哥干。

转眼到了 1991 年，我想单独干，哥哥同意了，并支持我在西大街开了一家店，取名"瘦子店"。刚开业的时候，我想先把人气提上来。凭着实干、灵活、服务好，店里的生意特别好。那时店里只有六七个人，虽然很累，但是很开心。

我不懂什么是管理。那时我还出去进烟，半年后又被骗了一次，对方给了我 10 件红塔山，谁知这批货被做了手脚，是假的，我赔了 3 万多元。我不明白，为什么自己总是这么倒霉，我总是抱怨自己的运气不好，却没有总结教训。1992 年，我已经负债近 30 万元，没办法，只能回到许昌。

时间到了 1995 年，刚好望月楼有一个门面房转让，在哥哥的帮助下，3 月 12 日，望月楼胖子店开业了。

从这时起，我开始回顾过去所走的路程，为什么会有那么多挫折、坎坷？不是因为我的命运不好，而是因为我太想发财、太急功近利了。有了这种思想，只要别人说哪里的钱好挣，我就会马上过去。可想而知，哪有那么好的事，天上是不会掉馅饼的！

我逐步悟出了一个道理：无论干什么，都应当脚踏实地、一点一点地去做，不要急功近利，不是自己的东西坚决不能要。从那以后，不管是谁告诉我某个地方可以挣大钱，我都坚决不去，只是实实在在地经营自己的小店。

当时我也没有特别多的想法，只是总结了以前所走弯路的经验和教训，真诚地对待顾客，灵活地经营，保证商品质量，不欺骗顾客。不知不觉，店里的生意就红火起来了。

那时员工都很忙，大家就像一家人一样，吃在一起，住在一起。我用人不疑，会放心地让他们大胆去干，用心关爱他们。如果哪天店里的生意特别好，我们就会聚餐庆祝，大家在一起喝酒、开玩笑，很开心。

因为店里年轻人较多，我的要求很严格，平时不让他们出门。有几个女孩过节时想回家看看，我就带着她们回去，把钱和福利品交给她们的家人。我也不让她们在家里过夜，直接把她们带回店里了。男孩必须经过我的允许才能出去，一是我害怕他们惹事、学坏，没办法向他们的家人交代，毕竟他们把孩子交给了我，我要对他们负责；二是我想让他们好好干，多挣点钱，为家人分担压力。那时员工都上整班，店里包吃包住，所以到年底每个人能往家里寄一万多元。这对父母来说是多么大的安慰呀，他们肯定高兴极了，觉得自己的孩子长大了、能争气。

在待遇方面，我从来没有认真地算过应该给员工发多少工资，而是考虑他们一年能挣多少钱、办多少事，看看他们能干几年、挣几万元，能不能解决盖房子、结婚的问题。我平时不让他们随便花钱，因为我知道钱来之不易，我知道没有钱的滋味。

你心我心，将心比心。我们在工作中又积累了更多的经验。虽然我们18个人每天要工作十几个小时，但大家就像一家人一样，累并快乐着。那时真的很忙，但有那么多顾客支持我们，我们没有理由不好好干，所以我们始终坚持不卖假货，推出更多的服务项目，千方百计地让顾客满意。记得那时，我们只卖糖、烟、酒，但是顾客非要把钱交给我们，让我们去给他们买电器、家具等商品，因为他们对我们很放心。

顾客越是这样信任我们，我们就越是要好好干，回报他们。我们的商品不加一分钱利润，甚至会赔钱卖给顾客。转眼到了1998年初，胖东来在许昌已经小有名气，但一次突如其来的事件使我们跌入低谷。有人调戏并打骂我们店里的员工，为了争这口气，我们报了案，但这导致对方凶残地放火，让我们的店化为灰烬，8条无辜的生命成了冤魂。

不值呀不值，忍一时风平浪静，退一步海阔天空，你是做生意的，和气生财，何必斗气呢？这下几年的心血又没了。

在那段时间，员工都没有回家，他们怕我心情不好，天天陪着我。还有很多朋友会来店里看我，甚至有很多素不相识的人也前来慰问我，给我送钱、送东西。其中，一个大娘找到我，她拉着我的手说："孩儿啊，你可不能不干呀，要是没钱了，你大伯和我还存了两万多元，我们都给你拿过来。"我掉着泪说："大娘，您放心，我不会趴下的，我会好好干，您放心吧！"

有这么多人关心、支持我，如果我不好好干，真的对不起大家。那时候，我对员工讲，胖东来不只是我们的，还是大家的、社会的。我们只能把它做好，绝不能随意往它脸上抹黑。我们已经知道胖东来这个品牌的分量了，只有做好它，我们才对得起这么多关心、支持我们的人，对得起对我们寄予厚望的人。

遇到困难、挫折时，我曾经想过放弃，但我无法放弃、不能放弃，那是一份沉甸甸的责任啊！是对员工的责任、对顾客的责任、对社会的责任，更是对自己的责任。不经历风雨，怎能见彩虹？要放平心态，总结不足，逐步提高。

由于自己的幼稚和不成熟，我也做过错事。现在想想，真的不应该。后来，我又开了几家店，生意越做越大，员工的收入也增加了。那时，大家都上整班，一天工作十几个小时，有的员工提出想上半班，说句心里话，当时我非常生气。在我看来，他们通过熟人介绍来到胖东来工作，就应该趁着店里生意好，多多努力挣钱，孝敬父母。可是还没受苦受累，他们就怕了，不受苦中苦，难为人上人。再说了，如果上半班，工资也就少了一半，一年下来也存不了几个钱，万一遇到需要花钱的事情怎么办？

对此我想不通，认为这些人连一点儿吃苦的精神都没有，连一点儿孝心都没有，必须把他们"清理"了。所以，我让他们自愿报名上半班，等他们报名之后，我就把他们全部辞退了。我光想着让他们多挣钱，却没有考虑到他们还很年轻，需要谈恋爱、需要学习、需要玩……我是不是太固执、思想太落后了（我当时的确想让他们多挣点钱，多为父母分忧）？之后我也进行了反思、调整。后来公司逐步调整为上半班，但员工确实存不了多少钱，我也很着急。怎样让员工更加富裕呢？给年轻人发再多的工资，他们也会花完的（我也是从那个年龄段过来的）。所以我想把公司的股份发给员工，这样也等于替他们存钱了，大家共同富裕吧！我根据员工的工龄、职位等对公司股份做了分配，该照顾的朋友、亲人我也照顾了，毕竟他们为我操了太多的心。这样大家会更用心地工作，因为企业不是我于东来一个人的，每个人都是企业的主人。看着员工努力工作而且那么能干，我的心里也特别甜。我希望他们在胖东来有更好的发展、更好的回报，一步一步地实现自己的理想。

胖东来从一个只有20平方米的糖烟酒小店，发展到今天已有20个连锁店。在企业发展的过程，随着时间的流逝和阅历的增加，我也不断悟出了更多的道理：要想经好商，必须先做好人。我们的准则是："你心我心，将心比心，不是自己的坚决不要，遇事要抱吃亏态度，不要急功近利，要从一点一滴的小事做起，创造优良环境，净化人的心灵。"

我们的准则不是随便想想就写出来的，而是总结了过去走过的许多弯路，从许多次教训中悟出来的、积累起来的。这些既是我们经商的准则，更是我们做人的准则。每一个来胖东来的人，必须品质好、心态好，要在各方面严格要求自己，不管做任何事情，都要把企业理念体现出来，体现在自己的工作和生活中。

现在胖东来已经不是一家小店了，作为胖东来的领头人，我深知肩上的责任重大。我经常问自己："让每一位顾客满意"，我们真的做到了吗？回答是：没有。仔细想一想，胖东来现在的环境离顾客的要求还相差很远；胖东来的理念还没有真正地从每一个员工身上体现出来；胖东来的承诺还没有不折不扣地兑现。我们应当不断总结自己的不足。如果我们真正给顾客提供了优美的购物环境、琳琅满目的商品、实实在在的服务项目，那么他们就会更愿意来我们这里消费。不要只是喊口号，要拿出具体的行动，保证让每一位顾客感到满意。只要我们更好地为顾客着想，让他们"放心购物胖东来"，那我们的业绩就会越来越好，因为这是顾客对我们最好的回报，最终我们会一步一步地实现理想。我们的管理规范了吗？回答是：差得太远了。我们的经营、管理和服务还很不规范，经常出现各种各样的问题，熟悉、关注我们的顾客都能感觉到这些。也有不少热心的朋友经常给我们提出建议，帮助我们改正缺点。胖东来现在已经有2000多名员工，也算是大型商业企业了，但是我们的管理并没有跟上，服务水平也不高，与世界零售业巨头沃尔玛、家乐福相比，简直差远了。我们有信心向这些企业学习，尽快地完善自己的管理和服务，缩短与它们的差距。企业要想长久地发展，应当打破家族式的管理模式，要有科学、民主、公平的环境，让大家在这个平台上平等地竞争。要由专业的董事会来运作企业、来科学地制定企业的发展战略，如果不这样做，企业成功发展的概率可能不是很大。众人的智慧要比一个人的智慧强得多，而且最重要的是要有监督机制，使企业少走弯路。一个人做决策，只要做错一次，这个企业可能就完蛋了。这是责任，既是对企业的责任，也是对自己的责任。

我们把员工培养成才了吗？他们走上致富之路了吗？这也是我经常考虑的问题。我想打造一个快乐的团队，我想给员工创造一个健康成长的舞台，让他们在这个舞台上相互学习，不断发挥自己的潜能，最后成为品质优秀的商业技术人员。在企业发展的同时，我想给更多的人创造机会，使他们在更广阔的舞台上发挥、展示个人才华。

谁不想变得优秀? 谁不想创造更大的价值、得到更好的回报? 既然如此,那就必须要求自己努力做事,不要遇到一点儿困难、挫折后就觉得很委屈。因为公司正在规范化运营,员工的收入、福利标准也在不断提高,而且每位员工都能拥有自己的股份,所以平时我经常要求大家把心胸放宽。

每个人、每个企业都有自己的理想,但理想不是只靠想象就能实现的,而是要靠一个有凝聚力、战斗力的强大团队共同努力才能逐步实现。人不可能只走顺路,不跌入逆境,只有在逆境中才能体现出我们的品质、能力、意志。怎样努力地用智慧战胜困难? 要相信自己的能力,要把自己的价值体现出来,这样在更好的环境中,你才能变得更优秀! 胖东来这几年发展得越来越成熟了,只要有进步就有希望,所以要有一个宽大的胸怀、一种好心态,不要一受到委屈就想不开,何必呢! 让自己快乐一点儿不好吗? 哪有一帆风顺的事业,不经历风雨,怎能见彩虹?

虽然我的文化基础不好,但阅历使我提高了自己的悟性,弥补了某些方面的不足。我学会了感恩,能够调整自己的心态,毕竟拥有生命比什么都重要。想一想那些即将失去生命的人,他们对人生多么留恋,对生命多么渴望,人世间的悲喜、痛苦、挫折对他们来说都是美好的。珍惜吧! 人生只有短短几十年,一瞬间就过去了,看透人生并不复杂。不管你遇到什么事,都要想开一点儿,要实实在在地过完一生,等别人提起你的时候,都觉得你这个人还不错,很实在,能交朋友。只有让自己变得更好,才能更快乐、更充实。要把复杂的东西简单化,这样心态就轻松了,而且容易解决问题;也要把简单的东西复杂化,有些事情看似简单,但也要认真对待,努力做精、做好,这样就能办大事。

胖东来是一个正在发展中的企业,与先进企业相比还有很大的差距。但我们一直在努力,一直在总结自己的不足、学习别人的长处。我们在逐步完善管理制度,缩小与先进企业的差距,努力给大家创造一个更好的平台,让大家在这个舞台上相互关爱、相互学习，发挥个人的潜能，展示自己的才华。胖东来为什么严格要求大家遵守制度？因为只有铁的纪律才能保证企业健康发展，才能培养出更多的优秀人才，使大家少走弯路。

每个人都要展现自己的优点，教育、影响整个团队。我希望胖东来人能够相互帮助、不断提高，建立良好的心态，跟上公司的发展步伐，少走弯路。只要我们努力学习、不断进取，就一定会一天比一天好，从而得到更多人的认可。每当我回顾这些年走过的路时，就充满了感恩之心：感谢国家改革开放的好政策为我们提供了干事创业的舞台；感谢各级党政领导给我们创造了这么好的环境和条件，如果我们遇到了困难，他们就帮我们解决，并给予我们莫大的支持与鼓励。

感谢父老乡亲的支持和厚爱，胖东来能有今天，离不开大家的关爱和支持！在我患病的时候，许昌市委、市政府的领导亲自到我家中问候，他们希望胖东来争口气，越办越好，给大家多办好事、实事，培养更多品德高尚的商业人才，提供更多实惠的产品、优质的服务，把大家的生活装扮得更加美丽、丰富多彩！在胖东来最困难的时候，他们给了我们信心和力量；在胖东来顺利发展的时候，他们帮助我们正视自己的缺点和不足，促使我们不断进步。

感谢胖东来全体员工的辛勤工作、无私奉献；感谢胖东来人家属默默无闻的支持、帮助。因为你们，胖东来才有了今天的发展。

感谢开端、一峰、志德、九弟等同行们。可能在大多数人眼里我们是竞争对手，是对立关系。其实，我真的对你们充满感激之情。我经常在公司的中层会议上讲，应当感谢同行，如果没有他们、没有竞争，我们也不可能有今天的发展。在竞争中我们一起成长，在竞争中我们相互学习，在竞争中我们共同提高。慢慢地，商品价格降下来了，商品质量提高了，生活环境更加优美了，许昌的商业水平也在竞争中提升了，甚至走在了全省的前面。消费者得到了实惠、得到了享受、得到了尊重，许昌的经济逐渐发展，这一切，都离不开大家的努力和贡献！随着企业越做越大，我们也逐渐成熟，懂得了更多的道理，心胸更加开阔了。我总是在想，等到将来我们都老了，可以坐在一起喝一杯小酒，大家共同追忆过去，该多么有意思！因为我们曾经一起奋斗过、竞争过、合作过……

我必须把企业做稳、做强、做大，多为国家上缴税收，多安排人员就业，多为老百姓提供方便，多为许昌的经济发展做贡献，这样才不辜负所有关爱我们的人的一片苦心和期望。

每一个胖东来人都要有一颗感恩的心，感恩社会、感恩政府、感恩父母、感恩朋友、感恩顾客、感恩同事、感恩企业……还是那句老话：用自己的真心对待别人，才能得到同样的回报。只想让别人对你好，但你却不付出，这是空想。要把困难和挫折当成机遇，当成展示自己的最好机会，这样多好啊！

于是，我和同伴们经过反复思考，确立了企业愿景：创造财富，播撒文明，分享快乐。这是 2003 年的企业愿景，当时我们就把"快乐"提炼出来了，非常了不起。

企业愿景是通过多次感悟得出的。最初我开店只是为了挣钱还债，让自己过上好日子；后来我想让跟自己一起工作的人有几万元积蓄，过上好生活；再后来我想回报社会、感恩社会，让更多的人富裕起来。

仔细想想，钱财乃身外之物，生不带来，死不带去。我深深地明白了"财聚人散，财散人聚"的道理。财富是大家共同创造的，让大家在创造更大的财富的同时，成为企业真正的主人，拥有财富、享用财富，体验人生的意义，这是我多年追求的境界，我也正在努力这样做。

既然我们创造了财富，就要让其发挥应有的价值，使自己的生活越来越好。同时，我们要做财富的主人，不做财富的奴隶；不仅要创造财富，而且要合理地支配财富。

仅仅创造物质财富是不够的。有一段时间，我只想让大家多多挣钱，只想尽快把事业做好，却忽略了最重要的财富是健康。记得在装修生活广场时，公司上下都累得筋疲力尽，甚至很多人还生病住院了。本来员工工作的目的就是让自己过得好一点儿，结果连健康都保证不了，我怎么对得起大家？所以公司调整了休息制度，逐步增加休息时间，让大家既有工作时间，又有休闲玩乐的时间。这样做可以让员工的工作更高效、生活更丰富。大家用辛勤的汗水创造财富，这里面既有物质财富，又有精神财富，应该追求这种"双丰收"。和一群志同道合的伙伴一起打造快乐的团队，用自己辛勤的劳动和聪明才智去开创事业、发展事业、创造财富，是一件充满激情的事情。我们的事业也许不是最大的，但我们一定尽力把它做成最好的、最快乐的。在干事创业的过程中，我们为自己设定了一个个小目标，然后通过努力逐个实现这些目标。在为目标奋斗的过程中，我们也不会忽视路上的好景色，我们会尽情地体会过程、享受过程、品味过程。就像爬山一样，有的人沿着大道前进，有的人沿着崎岖的小路边玩边走，最后大家都能登顶。人生本来就是一趟旅行，值得我们好好珍惜！

当企业理念能在每一个胖东来人身上完全体现出来的时候，我才会为自己的付出和奉献感到荣幸。我们在提高自己生活质量的基础上，在力所能及的情况下，要关爱别人，传播文明和美好。与此同时，我们不仅得到了物质财富的回报，还得到了精神财富的回报。父母、朋友、顾客都会与我们共同分享快乐，这让我们的人生更有意义、更有价值！我们树立了自己的理想，树立了团队的理想，只要努力学习进取，逐步完善自己，使自己保持良好的心态，就一定能实现这些理想。企业在今后的发展中还会遇到更大的困难与挑战，要将它们当成展示自己能力的机会，用智慧克服它们、战胜它们。我经常对妻子和管理层说，有这么多人跟着我们干，我们一定要对他们负责、要带好他们，就像对自己的亲人一样，让他们时刻感受到温暖。只要用真心对待他们，帮他们把困难、后顾之忧解决了，他们就会用心做好自己的工作。

胖东来在发展过程中的确存在很多不足，我们的管理队伍（包括我）还很不成熟，让很多员工受过委屈，甚至让一些员工离开了胖东来。没有带领好大家，让大家失望了，这是我的责任。企业在发展的过程中肯定会有不足，只要我们不断地总结经验教训，听取意见并纠正错误，逐个解决遇到的问题，胖东来就会越来越进步。无论遇到再大的困难，我希望大家不要轻言放弃，要努力做得更好。

我希望胖东来的兄弟姐妹努力成为优秀的人，希望大家把工作做得更好，真正为公司的发展奉献个人的才华。要开阔自己的胸怀，不要总是觉得自己受了很多委屈，付出是应该的。你们要做得更好，起表率作用，最终的回报也是超值的，不单是物质、技术方面的回报，还有精神财富的回报。希望你们调整心态，继续努力，去创造更大的价值！

胖东来希望各级管理人员严格要求自己，在各方面起表率作用，以身作则，让下属看到成长的希望。在生活上要关爱员工，了解员工的思想、困难；要经常与员工沟通，和大家打成一片。管理人员不要觉得自己比普通员工高一等，切记：所有管理人员都是为基层服务、为员工解决问题的，要给员工创造更好的工作环境，让他们轻装上阵，开心工作。要把员工培养成技术过硬的高素质人才。企业的发展需要更多的人才，只有培养更多的人才，企业才能健康发展，大家的理想才能更快地实现。在做人方面，无论你有钱无钱、有权无权，都要尊重别人的人格，因为每个人的人格都是平等的。永远不要骄傲，不要觉得自己了不起。如果你做得好，就多多帮助别人；如果你做得不好，就努力学习，追赶他人，不要辜负父母和兄弟姐妹的期望。要相信自己的能力，努力认真地做事，你会做得更好！

机遇要靠自己创造、把握，去创造更大的财富，让自己的人生更有意义、更有价值吧！

大家都知道，我的文化水平有限，不能条理清晰地解释这些道理，相信你们能理解。既然我们在胖东来走到了一起，这是缘分，我们要用心珍惜它、呵护它。无论胖东来将来成功与否，我都希望大家把我们企业的好东西学到手，包括经营和做人，那是胖东来人积累的优秀成果。不好的东西千万别学，那对你没什么好处。

我知道，我身上还有许多不足，但我会不断改进。就像我经常和广大员工所讲的，我在你们身上看到了企业的希望，同时，我也会让你们在我身上看到企业的希望。无论企业将来成功与否，我们都不能放弃，只要曾经付出、曾经拥有，我们就不后悔！因为我们曾经共同创造财富，播撒文明，分享快乐！让我们的生命更有意义，让我们的人生更有价值吧！

希望我们的胖东来一路走好，让更多人的生活好起来！愿胖东来给我们每一个人带来更多的快乐！

我有太多的经历和思想，包括对企业过去的发展经历和将来发展方向的看法等，由于时间关系，我不能在这里详细说明，之后会逐步和大家讨论。我需要让大家了解我的思想，更需要让自己了解大家的想法。我们相互沟通、相互理解，使彼此的心靠得越来越近，使我们的理想一步一步地实现。

经常有不少朋友给我提出建议，认为胖东来应该向外或者向其他领域发展，每当看到这些的时候，我总是感到温暖和激动。借此机会，我想和关心、支持胖东来的朋友们谈谈我对胖东来发展的一些想法和看法。

哪个企业不想做大做强，成为百年老店？企业都想健康长久地发展，希望培养更多优秀的人才，让更多的人富起来。但这不是简单的问题，一个老板有一个老板的性格，一个企业有一个企业的文化。由于各自的经历不同、感悟不同，所以形成了文化差异。我个人认为，企业文化代表企业的性格，应该把企业中每一个人优秀、善良的一面和企业过去的经验教训汇集起来，经过整理、提炼形成特殊的文化，引领大家往好的方向发展。比如，有实实在在做人的良好品质，有宽广的胸怀，有积极向上、不断开拓进取的精神，有永不言败的坚强意志，有专业的经营管理技术，有不骄不躁的心态、健康快乐的心情。其实这种文化也会随着企业的发展而不断优化。如果一个企业所做的事情代表全体员工的切身利益，它能把最新的科学技术运用到管理经营中，大大提高工作效率；能形成独具特色的文化，引领行业向更好的方向发展，那么是不是这个企业就有更大的希望？

企业文化应该能让大家理解，而且是实实在在的，这些理念要经得起实践的检验。不能欺骗员工，要让他们感受到工作环境正在逐步改善，生活正在一天天地变好，理想正在一步步地实现。注意把握好尺度和节奏，让员工不要急于求成，要细细地品味人生，辛苦并快乐着，这多么有意义！要让员工感受到企业带来的希望，让他们学到更多的道理和技能，让他们发挥自己的特长、提高自己的生活质量、实现自己的理想。

每个人都有自己的特长和不足，希望大家能在企业的发展过程中弥补不足、发挥特长，使自己的能力逐步增强，使自己的才华不断提升。企业要通过管理、教育、培训、引导，把员工培养成各方面都非常优秀的高素质人才，这样的话，企业还有什么困难不能克服，还有什么挫折不能战胜？

一个人在某些方面能做到最优秀，但不可能在各个方面都做到最优秀。一个企业也是如此，只有把自己的优势内容做精做细、做出特色，然后扎稳根基，才能健康发展。企业不能盲目扩张，不顾自己的实际情况去推行多元化战略，这方面的教训太多，太深刻了！这不只关系到企业的得失，还关系到全体员工、许多家庭的切身利益。企业可以有小失误，但绝对不能有重大的决策失误。

企业要打破家族式的管理模式，学习一些西方的管理模式，成立一个成熟的董事会。既要有开放式的发展环境，又要有完善的监督体制，避免"一言堂"，众人拾柴火焰高。只要按照企业理念去做事，这个企业就能持续发展。

企业在发展过程中形成了自己的特色，形成了自己的文化；在内部形成了凝聚力，在广大消费者心中有一定的亲和力，能得到更多人的理解、支持和关心。企业必须做得更好，要让员工和顾客开心，让社会放心，你心我心，将心比心，形成良性循环。如果人们相互尊重、真诚相待，我们的生活环境不就变得越来越文明了吗？

企业和个人都要有序地发展，不能为了发展而不顾一切。健康是最宝贵的财富，用多少钱也买不来，这一点我深有感触。在这方面，西方的一些企业是我们学习的榜样。有了这些榜样，我们就不用自己摸索，可以走捷径，学习别人成功的经验和科学的模式，然后再结合自己的特点和长处，将学来的东西体现到工作和生活中，这才是聪明的做法。

生命的长度是有限的，生命的质量是不同的。这些理念如果能在我们的团队和发展环境中体现出来，我想我们的生活质量肯定会越来越高，这样才能让更多人实实在在地感受到人生的美好。

胖东来不可能做到沃尔玛、家乐福等大型商业企业那样的规模，但我们有信心向它们学习，使自己不断进步，逐步缩小与它们的差距，实现健康成长。

慢慢沟通吧，努力就有回报！

于东来

2003 年 12 月 28 日

东来的信

假如我是一名新员工

假如我是一名新员工，我的生活质量会是什么样的？我这样的生活质量会让父母操心吗？如果我工作的地方安全、干净，我住的地方也很安全，设施齐备，那么我的父母就会放心。在这样的环境中，我会更阳光、更富有热情，也会更健康。

上班的时候我很专注，我对自己负责的商品非常用心，一个人用心的时候，工作效率是很高的。时间久了我的能力也会有所提升，这是我以前根本不敢想象的。我学会了一定的专业知识，最起码知道了商品的质量如何、怎么向顾客提供商品和服务、怎么去验货和收货、怎么与业务部门进行沟通，我要保证自己负责区域的商品品质、新鲜程度，我呈现给顾客的不单是新鲜的商品，还有关于商品的知识，包括高品质商品体现出来的美，这样坚持了一年，我的成就会是怎样的？

如果我把一个区域的商品都做得这么好，那我何止是一个优秀员工？三年后，我都能当老师了，能带很多徒弟。如果胖东来的每个区域都这样做，别说做 50 个单品了，就是做 100 个单品，效果也是非常好的。

我的工作做得这么出色，业绩就更好了。再干一两年，我就可以竞聘班长了，班长的收入高多了。可能过几年我又能竞聘课长了，课长会有多少收入？在胖东来，课长的年薪应该有 15 万元，有了这种薪资待遇，我肯定不会再租 1500 元 / 月的房子了，最起码租 3000 元 / 月的房子。现在还没到买房的时候，我的能力还在不断地提升，以后的成长空间也会越来越大。

五、胖东来的"钱"——一种把分钱当成法宝的激励体制

胖东来并不是中国市值最高或营收最多的零售企业，却吸引了众多知名企业家和全国各地创业者的目光，人们纷纷来到胖东来"取经"，坊间不少培训机构组团到胖东来参观学习，这俨然成为一种新的商业模式，而东来哥也开通了个人抖音账号来"布道"。东来哥反复强调，胖东来之所以成功，靠的是独特的、难以复制的利润分享机制——让利给员工，老板不追求个人利益最大化。这是许多企业难以做到的，也是胖东来的"制胜法宝"。

成功的秘诀，就是把钱分出去

东来哥认为，以前做企业是市场推动企业发展，而现在要靠团队推动企业发展。在市场不断下行的情况下，很多企业没有能力摆脱这个困局。如果初创企业能够拿出 90% 以上的利润去激励团队，处于发展成熟期的企业能够拿出 50%—60% 的利润去激励团队，那么就能培养出一些相对健康的企业，也能使企业摆脱当下经济下行、市场不振之窘境。激励团队要做到全覆盖——只要是这个企业的员工，即便是保洁员，也要做到一视同仁。如果做不到这一点，那么企业通常会产生问题。目前很多企业已经"生病"了，但它们自己还意识不到，认为是社会造成的问题，从来没有想过改变自己，只是无奈地面对现状，到最后只能加重"病情"。

迷茫的企业如果能够理解这种财富机制，并立即着手进行调整，企业就会发生转变。思想变了，一切就都变了。如果企业不盈利，就要给员工提供更好的政策。从现在开始，在保证企业基本开支的基础上，把 90% 的利润都分给员工，这样员工一定会更加努力。即使是盈利的企业，也必须做这样的事情，如果不关注员工的收入，不关注团队的整体收入水平，还谈什么管理企业？要成就团队，而不是取悦谁。要发自内心地希望大家好，把企业经营者的能力和信

念结合起来。

胖东来为什么做得那么好？就是因为其利润高度透明化，它每年给予员工的比员工想象的还要多。只要观察胖东来的做法，就能分辨出企业的正确走向，就能领悟企业经营的深层次含义。如果一个企业家能够领悟这些道理，那么他就能合理地对企业进行指导，挖掘企业的每一个进步之处，决定企业的每一次转变，让员工明白正确的方向。这样的企业家才能经营好自己的企业。

要学会科学地分配企业的经营成果，多关注基层员工，这样企业就会向好发展。很多企业失败了，就是因为企业管理者忘了初心。一个有作为的企业管理者的初心应该是让员工幸福，让员工有尊严地活着，如果他最后为了名利、为了欲望失去了初心，就一定会失去自己和企业。

有了初心，也要有正确的方法。中国人与西方人对善良的看法是不一样的，因为不同的文化对一些事情的解释是不一样的，很多东西都需要我们去对比、寻找，然后再进行学习。学习不是盲目的，比如，不能学习糟粕。

不管怎样，做企业要有标准——造福社会、成就团队，只要这样做就不会出错，大家就会变得越来越好。就像东来哥写的随笔、给员工写的信，流露的都是真情，而不是说好听的话去取悦别人。如果一个人能发自内心地善待别人，那么他身边的人也一定会被影响。谁不愿意被关怀？谁不愿意被尊重？谁不愿意生活在充满真诚和阳光的环境中？

遇到问题的时候，要成熟、懂事，这样才能活得健康。东来哥坦言，不管现在胖东来的员工是否成熟，公司都力争让他们幸福。即便他们以后会离开，公司也要尽量让他们过得幸福。

财富分配是企业生存、发展的关键。每一个员工都希望得到企业的认可，得到合理公平的回报。胖东来争取让员工得到满意的工资，让管理层得到应有的股份。如果胖东来的财富增多了，它就要争取让员工获得股份。如果胖东来没有那么多的财富，它就要保证员工及管理层的收入处于合理水平——能让自己在这个城市过得体面和幸福。

东来的信

我是怎样给员工分钱的 [1]

我是从 1990 年开始做生意的，1995 年的时候回到了许昌，当时负债 30 万元。我想用五六年的时间还清这笔账，感觉自由比什么都重要。我用心进货，用心卖东西，对员工也特别好。那时候，当地的平均月薪可能是 300 元，但是我给员工的最低月薪是 1000 元，而且包吃包住。

开店的第一年，我没想着给员工分钱，而是在年底给员工发工资，当时员工的月薪是 1000 元。第二年，我给员工涨工资了，他们的月薪是 1200 元。说句实话，当时一年能拿一万多元，可以在农村盖几间房子，可以帮家庭解决很多问题。第三年，员工的月薪涨到了 1400 元，一年可以拿到 16800 元。

当时店里的生意特别好，第一年挣了 50 万元，第二年挣了 120 万元，第三年挣了 180 万元，除去成本，三年共盈利 300 多万元。

但是到了第四年，店里发生了一场火灾，损失了 300 多万元，基本上把挣的钱都赔光了。而且那时候我哥的情况也不是很好，他的门店赔了 100 多万元。

1998 年，我负债 100 多万元，那时候我感觉挣钱不是很困难的事，就没太在意。到了 1998 年底，我又开了两三家店，生意都做得特别好，大概盈利 600 万元。1999 年，我开了一家量贩（捆绑式销售）店，到年底有将近 1700 万元的总资产。

开量贩店以后，员工就开始上半班。以前员工从早到晚都在店里，不

---

[1]　参考微信视频号"于东来分享"发布的内容。

能回家。我的思想比较保守，觉得员工应该珍惜机会，多挣点钱替家里分忧，所以后来出了点事情：我让员工自愿报名上半班，等他们报名之后，我就把他们全部辞退了。后来我想了想，觉得自己没有站在他们的角度考虑问题，很多年轻人还需要谈恋爱，所以我又让一部分人回来了。

员工上半班后，等于把以前的整班一分为二，所以我需要增加人员。同时，员工的工资也降低了。到了年底，我把1700万元折合成1000万元，然后给员工分了47%。

我计划用三年的时间赚5000万元，然后给员工分50%，这样最起码能让他们有一定的积蓄。同时，我也能分到2500万元，足够了。从2002年开始，我每年给员工分80%的利润，剩余的20%归我。后来我给员工分配的利润越来越多，这种分配制度让大家都非常真诚地工作，所以胖东来走到了今天。

其实在1995年的时候，我就制定了类似的分配制度。当时我们每个月都要进行盘存。如果某个月挣了10万元，那就直接拿出1万元的奖金分给大家。我记得店长占33.3%，能得到3000多元；班长占16.7%，能得到1600多元，再加上工资，一个月可以挣3000多元；员工占50%，总共有10个员工，每个人能分到500元。当时我没想到分红这个办法，不然胖东来的发展会更好。

1995年，我给员工发奖金。到了1999年，我给员工分股份，也就是分红。我没有划分具体的股份，而是把利润分给员工。如果店里没钱了就先打个"欠条"，等有钱了再给员工兑现。我们就这样一步一步地走过来，一直到现在。

1999年以后，我没想着自己能挣多少钱，已经没有这个愿望了，觉得钱够花就行。我想造福大家，想让这个社会更好一点儿。后来，我相继帮几个朋友的企业调整分钱的策略。当时，这些企业的员工流失率比较高，一般每个月的员工流失率能达到8%—10%，这样企业还这么发展？但是按照我的分配标准，企业可能会产生亏损。我知道这个结果，所以我说："如果你们在年底核算的时候还是亏损，那就由我来承担亏损的部分。"但到了年底，结果比我想象的好多了。

现在很多企业不会带团队，不知道怎样让自己的团队有凝聚力。在企业生存阶段，最起码要让员工感觉到未来有希望，这样他们才会觉得有奔头。

我和大家分享一个案例。有一个零售行业的企业，刚开始的时候生意做得不是很好，但是也没有亏损。这个企业有20多家门店，都没有亏损，但是员工流失率比较高，老板也很烦恼。每家店可能只有五六个员工，店长一个月的薪资是900元，员工一个月的薪资是500元。我问老板："门店的员工流失率这么高，销售情况怎么样？"他说："有的店一年可以挣10多万元。"我建议他先培养团队。我问他有多少资产，他说有1000多万元。我说："你有1000多万元资产还苦恼什么？你有1000多万元都不开心，员工一个月才拿500元，他们怎么开心、怎么活？"要想做好企业，首先要成就团队。我跟老板说："假如一家店一年能挣10万元，一个月就能挣8000多元，如果拿出50%给员工是什么概念呢？按照原来的工资水平，店长的月薪是900元，5个员工的月薪共2500元，他们总共能拿到3400元月薪。如果每个月给他们奖励50%的利润，也就是4000多元，那他们的工资就要比现在高一倍，每个员工至少能拿到1000多元，店长至少能拿到2000元，这样大家就都有奔头了。如果你的员工拿到的工资比社会平均工资要高，那他们就会更用心地工作，结果不是越来越好吗？"

后来我没有跟进这个企业的调整方案，听说老板并没有完全按照我的建议去做，但是我相信他一定给员工分钱了。前几年我开会的时候，听说老板的女儿接班了，企业经营得还不错。

企业文化里唯一与钱有关的，就是教员工如何正确"理财"

◆ **东来心语** ◆

任何财富都是服务于人的，不能让它成为表现自己、证明自己的工具，不能让自己成为财富的奴隶。

胖东来的企业文化里唯一跟金钱相关的就是员工生活准则里有关理财的内容，胖东来内部一直有关于理财的课程和指导。

东来哥认为，人要懂得正确对待财富，尤其是年轻人，一定要学会理财。要根据自己的爱好、能力、价值和现状，有计划地支配收入，不能好高骛远，不能与人攀比，要过适合自己、自己喜欢的生活。一定要根据自己的性格和能力追求不同品质的生活，让自己轻松地实现生活目标，并逐渐提升生活品质。不要让自己成为功利的奴隶，要懂得尊重自己，学会欣赏和分享当下的美好。

干事业、赚钱并不是坏事，要用自己的创造力和热情去造福更多的人、服务社会，要在健康、自由、快乐的基础上去做自己热爱的事，这样对待财富是让人喜悦的。

我们应该靠勤奋和善良养活自己。如果想让自己的事业和生活更上一层楼，就要制定合理的体制、尊重下属，等赚钱后要让下属对未来同样抱有希望。比如，胖东来的茶叶、珠宝、眼镜、电器等部门会将财富分配给员工。要靠自身能力逐步提升生活质量，慢慢地让自己的状态从"生存"转向"追求一种精神"，然后再去影响周围的人，将好的生活理念和价值观传播出去。我们不仅要爱自己，也要爱社会、爱自然，这种大爱要上升到全人类、全宇宙的高度。

希望我们都能明白这个浅显的道理，也一定要往这个方向走，真正地用爱去完成自己的事业，把精力用在完善工作细节上，把热情用在制定商品策略上，多思考如何能让自己奋斗的平台越来越健康。东来哥经常举的例子是日本纪录片《寿司之神》的主人公小野二郎。小野二郎的店铺面积很小，但他却对自己的事业无比喜欢，这是一种精神。

东来哥认为，现在很多人扭曲了"理财"的本意，一般人理解的理财就是用自己的薪水给父母买东西，但每个人应该先照顾好自己。东来哥希望员工在上班的第一个月可以告诉父母："我去上班了，你们不要操心了。如果一年以后我的手里有钱了，就能孝敬你们了。现在我要照顾好自己，让自己安全，让你们放心，这是对你们最大的孝敬。"

具体到如何分配员工的收入，胖东来也有明确的准则。比如，胖东来某个员工的月薪是4000元，他在许昌可以租1500元/月的房子，这种价位的房子已经很漂亮了，还可能配齐了家电、家具。此外，员工可以自己买菜做饭，这样生活就会很有品质，闲暇时还可以听听音乐、看看电影……东来哥拿自己住的房子举例，他住的地方很干净，是极简风格，只放了床垫、地毯。但是在他心中，这样的房子不见得比那些豪华的房子差，甚至住起来更舒心。

东来哥还建议刚入职的新员工不要着急谈恋爱，等懂得胖东来生活和工作的理念后再去谈恋爱，感觉就会好很多，"当你什么都不懂的时候，要知道先做什么"。一个普通员工心里要清楚自己应该怎么做，要给自己树立目标，明确自己想成为什么样的人、收入要达到多少，要清晰地规划自己的人生——在胖东来工作一年是什么样的状态，在胖东来工作两年、三年、四年甚至五年是什么样的状态。东来哥希望胖东来人要非常清楚自己在人生不同阶段的状态和生活质量应该是什么样的，这样才不会迷茫。现在很多大学生刚毕业的时候不知道该怎样生活，他们更多的是被面子左右。他们可能会用自己的第一笔工资买昂贵的手机，这是不可取的。应该让自己放松下来，这样才能开启有质量的人生。

东来哥认为，好的理财方法会让人们感到轻松、愉悦。如果员工有了这样的生活状态，就很容易交到朋友。如果一个员工得不到别人的信任，就很难处理好社交关系。如果这个员工学会了胖东来的理念、懂得生活，那么大家就会很信任他，并能在他身上看到希望。当一个人懂得理财的时候，就会有一个很清晰的规划。理财是什么？如果你的答案是"想办法让钱生钱"，那就错了。这不是理财，而是投机。在东来哥的理念中，"理财"这个词应该与生活紧密关联，可以指导人们过上轻松、幸福的生活。

东来标准

店长、店助的思想行为培训标准（含员工理财标准）

必须坚持胖东来的店长、店助思想行为培训标准。经过一年的学习和实践，如果达不到此标准，就要被免职。建议处长、处助层学习该标准，未来也必须要做到。

店助／店长定位：先进文化理念的传播者、践行者；

生命状态：思维习惯、做事习惯和生活习惯与企业文化理念一致；拥有自由、阳光、个性、博爱、幸福的生活状态；明世理、活自己、心灵高贵、思想自由、活在当下！

第一部分：思想格局

发自内心地喜欢和热爱自己的事业，坚定"自由·爱"的信仰，成为先进文化理念的传播者和践行者。

一、生命的意义：对生与死、生命的价值（我是谁？我从哪里来？我要到哪里去）有深层次的思考和清晰的理解。

二、企业是道场，自己是传道者：深刻地理解和践行胖东来的愿景、信仰、使命、价值观，懂得企业存在的价值和意义，与企业目标一致。

三、为喜欢做，为自己做：因为喜欢和愿望而选择事业与生活——自己热爱、自己想做、自己享受，产生内在力量的创造和进步，不依赖外在驱动，不为面子、责任和荣耀做，真正地为自己做、乐在其中，成就自己也造福社会。

四、理性科学的思维习惯：不用习惯和经验做事，善于思考、善于分析，用理性科学的思维方式和方法做事。

五、理解人性：人性有善恶，专注于释放人性中美好的一面，同时理解接受人性中不成熟的一面（对自己的弱点有所节制，对他人的不成熟有所引导），成就彼此，活出阳光和美丽的生命品质。

六、改变奴性，实现个性：不断地认知自己身上的奴性思想和奴性习惯，用理性的方法去弱化和改变奴性，培养健全的人格，实现自由、自信、个性、阳光的生命状态。

七、公平的底线：以公平为基本原则和做事的基本标准，保障员工和顾客的利益。失去公平，就不会产生健康的美好。

八、自由的底线：保持精神自由，不做违背自由的事，不束缚自己，不束缚他人。

九、真实的底线：

（一）做人：不虚伪、真实地对人对事对己，内心充满阳光，从容坦荡；

（二）说话：（除不可抗拒的隐私或因素外）说真话，不违背内心；

（三）做事：放不到台面上的事坚决不做。

十、知行合一：说你所做，做你所说，知行合一，拒绝停留在意识层面。

十一、关于喜欢和骄傲：真正地喜欢就会知道有做不完的事，有释放不完的热情，总是享受创造的美好，自信但不会骄傲。

十二、追求精神价值：精神价值成就生命品质、物质价值，走在创造精神价值的路上，成为有思想、有创造力、品格高尚的人。

十三、永远不失去自由和快乐：无论任何时候、任何情况，都不失去自由和快乐，自由和快乐是生命的首要条件和必须条件。

第二部分：经营状态

我们不要做目光短浅、贪图功利的生意人，而要做具有高尚情操和社会责任感的优秀快乐的智者、创造和传播先进文化与先进生活方法的学校。

一、经营理念：发自内心的喜欢高于一切。

二、经营标准：品质好、功能强、时尚、科技。

三、运营系统：科学、健康。

四、企业价值：

（一）对社会：心怀大爱地经营企业，创造爱、分享爱、传播爱。

（二）对员工：坚定地培养员工形成健全的人格，使员工学会科学的生活方式。

五、专业价值：坚定不移地做好品质。

六、思想价值：为社会提供一种健康、公平、真诚的经营模式——文化、体制、标准、系统。

第三部分：工作状态

组织能力、指挥能力强。

一、成就团队：专注地培养团队对企业文化理念的理解和运用。

（一）成人之美，必须放权成就下属，不剥夺下属的创造力。

（二）培养专注、自信、热情、能干会玩的团队，享受工作的价值和美好。

（三）科学、民主、公平的竞聘体制。

二、能够制定本店的战略目标，有较强的决策和调控能力。

三、能够为下属提供公平公正的平台，制定有效的激励政策。

四、具备科学地协调、解决问题的能力。

第四部分：生活状态

懂得科学的文化理念、生活理念，懂得创造和享受时光、生命的美好，并分享、带动自己的团队。

一、摒弃不好的奴性习惯，践行和运用先进的理念与方法，逐步解决生活中关于感情、父母、孩子等各个方面的问题，以及科学合理地规划财产、休假、居家、健康、安全等，改变固有的落后观念，从生存阶段走向生活阶段，脱离物质需求，用心地创造和享受生活的美好。

二、提升个人品位和由内而外的气质，成为一个自带光芒的人。

三、不被情绪左右，遇到任何问题时能够理性、从容地接受和面对，用积极乐观的心态解决。

四、懂得理解和享受风雨，去体验和感受，勇敢承担、阳光面对。

五、享受自己的兴趣爱好，多感受大自然，找回纯净的心灵、有品质的生活和精神富足的世界。

（一）居家：基本干净整洁、温馨舒适，提升生活品质，享受生活的美。

1. 住房：建议住 150 平方米左右的房子，根据自己的喜好设计房间风格，突出欧式、日式、田园、现代等元素。

2. 装修：（1）选用品质好、健康安全的装修材料；（2）配置舒适、时尚、简约的沙发、床等家具，注意柜子、桌子、椅子的尖角、棱角处，避免对人体造成伤害；（3）房间设计突出功能性和实用性，有两间卧室最佳；（4）配备各类电器设备，投影仪或家庭影院不可缺少，可以和家人一起享受看电影的快乐；（5）装修时设计家庭电卡，可以做到家里无人时抽出电卡仅留冰箱通电，其他电源全部闭合。

3.居家环境干净整洁、温馨舒适：（1）日常维护好家庭卫生环境，做好整理、清洁、消毒；（2）私家车辆内外保持干净整洁、无杂物，内部配置脚垫，建议不加坐垫套，懂得欣赏和品味车本身的质感；（3）一个人的居家状态是生命状态的体现，要让家庭氛围温馨、舒适。幸福的家庭氛围可以让身心休憩，能够培养和孕育爱。

4.居家安全：详见家访标准。

（二）感情：爱情是热情、甜蜜、温暖的，需要平等、尊重和自由，是一种创造和分享。

1.培养自己成为真正的男人、真正的女人。（男人：勇敢、有担当、洒脱、自由、值得信赖；女人：单纯、善良、独立、温暖）

2.不束缚对方的自由，在此基础上培养健康、幸福的感情。

3.让对方因自己而轻松、快乐、热情、幸福。

4.主动地创造浪漫或温暖的细节，形成属于彼此的习惯。

5.保持健康的性爱，让感情更甜蜜。

6.保持真诚的沟通，避免误解。

7.在感情的磨合过程中，要有意识地提升管控情绪的能力，吵架的时候不要轻易说"离婚"，失去理性时要避免说一些不可挽回的话语。

8.避免冷暴力，拒绝积累不快乐的情绪，不要浪费甜蜜和美好的时光。

9.懂得肯定伴侣的价值，不要只看到自己的价值而忽略对方的付出，要懂得肯定和赞美对方。

10.夫妻关系应该是家庭关系中的第一位。

（三）孩子：培养孩子形成健全的人格，成就阳光个性的生命。

1.因为喜欢而要孩子，尊重孩子独立的生命。

2.建议孩子在两岁前由夫妻双方中的一人专职照顾或聘请专业育儿师

照顾，拒绝要求让自己的父母带孩子。

3. 父母与孩子保持平等的朋友关系。

4. 降低对孩子的要求，不让孩子背负家长的意愿、压力，让孩子有愉快的童年。

5. 拒绝强行要求孩子上兴趣班。

6. 不以成绩为导向评价和教育孩子，孩子的分数不理想时，不能批评、否定、打骂孩子。

7. 多鼓励和引导孩子发挥特长、做喜欢的事，培养其想象力和创造力。

8. 不溺爱孩子，给孩子创造锻炼的机会。

9. 让孩子形成正确的价值观、养成良好的思维习惯、懂得好的生活理念。

10. 培养孩子的独立生存能力。孩子满 18 岁以后与家长分开居住，尊重彼此的自由，各自好好生活。

（四）父母：彼此尊重，各自享受人生，活出属于自己的精彩。

1. 每月固定用 10%—20% 的收入合理安排父母的生活，给予其经济上和生活上的照顾。

2. 不允许与父母同住，各自独立自由地生活；根据父母年龄和身体状况，可安排保姆照料他们的生活起居。

3. 尊重父母，懂得倾听与沟通。

4. 每年至少为父母安排一次全面体检，关注父母的身心健康。

5. 根据父母的身体状态，可以安排他们旅行，引导他们做自己喜欢的事，享受属于自己的生活。

6. 如果父母有重大疾病，要力所能及地照顾父母，用理性、坦然的心态面对，一方面让父母保持乐观心态；另一方面不过分影响自己正常的生活状态：（1）专业护工比子女更会照顾父母，可以多给他们一些报酬，这也是他们价值的体现；（2）给予父母和家人精神上的支持，让他们乐观地面对现状。

（五）健康：践行先进的生活理念，成就健康、阳光的生命状态。

1.生命健康状态：（1）平衡工作与生活，享受工作的价值，也享受休闲的快乐时光；（2）每天的工作时间不超过 5 个小时，要合理安排休息时间，享受生活和自然的美好。

2.身体健康：（1）懂得健康的原理，不要因为过度纠结和痛苦而影响身体健康，培养主动调整的能力；（2）每年定期体检，根据体检结果及医生建议合理安排膳食，要定期复查；（3）至少喜欢一种体育运动，并保持每周 3—5 次的运动频率；（4）体重指数要在合理的范围内，根据自身情况制订减重计划或增肥计划（身体条件不允许的特殊情况除外）；（5）有预防传染性疾病的意识，及时接种疫苗，养成良好的卫生习惯，做好自我防护；（6）购买适合自己的商业保险，如大病险、重疾险、癌症险等。

3.心理健康：（1）真正地了解自己，知道自己的长处和短板，生命在于释放而非修行，要成就最美的自己；（2）能够把坏事变成好事；（3）不为名利、面子、荣耀所左右，守护好自己的真诚、纯粹、自由；（4）不嫉妒他人，懂得欣赏、赞美和成就他人；（5）能够主动勇敢地承担责任、解决问题；（6）保持对人的信任、对人的真爱，对万事万物有敬畏之心；（7）对美有深刻的感知。

（六）安全：安全是一切的前提，没有安全一切都是零。

1.思想安全：（1）思想层面有强烈的安全意识，对安全问题很敏锐、有远见，有防患于未然的能力（至少要做三级防护预案）；（2）懂得先进的文化理念，懂得扬善、戒恶的价值观，明白公平、正义、勇敢、节制的重要性，在思想层面对安全有深刻的思考和认识；（3）精神生命安全。爱自己是爱一切的前提，懂得自爱，不做伤害自己的事，不委屈自己、不为难自己，让自己的精神健康。

2.消防用电安全：（1）熟悉地掌握相关的消防、用电知识；（2）日常工作中严格落实各项安全操作标准和规范，确保万无一失；（3）出现违规操作后，要严肃处理；（4）一定要由专业人员装修和整改电路，同时要做好消防预案。

3.除了遵循各项交通安全条例及胖东来的各项管理制度外，还要加强自我保护意识和能力，特别补充几条：（1）步行穿越人行道须走斑马线；（2）开车须礼让行人；（3）驶出高速公路时提前2公里换道；（4）弯道不允许超车。

4.健康安全：感冒时必须戴口罩，必须回家休息。

5.孩子安全教育：（1）培养孩子面对危险事件时的应变能力（火灾发生时如何逃生、遇到人贩子时如何辨别和自救等）；（2）对孩子进行性教育和安全教育。

6.食品安全：（1）全面了解食品安全方面的法律法规；（2）严格落实与食品安全有关的规章制度；（3）达到现代化食品加工企业的先进管理水平，确保现场制售环境、设备设施、人员管理、卫生标准等规范化；（4）在自有品牌和加工商品的质量管理方面，要建立安全完善的标准和流程，严把质量关，确保商品质量高、价格实在。

7.具备全面的安全常识，如出行安全、休假安全、居家安全、信息安全、财务安全、施工安全等。

8.面对安全事故等纠纷问题，在遵循法律法规的基础上，用理性智慧的态度去解决。要更加豁达、善良，抱吃亏态度，主动承担责任，多为他人着想。

（七）休假：从生存走向生活，活在当下。

1.每年至少有一次长达20天的旅行计划，懂得生活才能创造和享受生活，才能更好地为团队指明工作方向、生活方向。

2. 每个月有一次为期 5 天的短途旅行，选择合适的旅行方式，与自己喜欢的人一起去。

3. 在不影响别人的基础上，让自己感受到轻松、愉悦、舒服。

4. 去欧洲旅行，感受不同的人文环境和生活状态。

5. 至少培养一种爱好，让自己乐在其中。

6. 尝试不同的体验，感受新鲜、快乐的活法。

7. 休假时要全身心投入，不要接打工作电话，要信任并锻炼下属。

8. 休假时要注意交通、餐饮、住宿、露营、健康等各方面的安全事宜。

（八）理财：让财富带来快乐和幸福。

1. 对企业财富的认知：（1）获得财富的方式方法不能违背法律和道德的底线；（2）因为热情和喜欢而创造出来的财富，是能够轻松驾驭和支配的；（3）财富是为自己和社会服务的，财富的价值是美好的，能够给更多人带来幸福；（4）让能力大于欲望，要做财富的主人，而不是做财富的奴隶。

2. 有房、有车、有 50 万元存款，在保证一定的物质基础后，享受轻松、自由的时光。

3. 科学合理地支配收入，提升生活品质；合理安排父母的生活；规划定量存款应急。

4. 不要让亲戚养成依赖习惯，这其实是对他人能力的伤害，要量力而行地给予其帮助（财产的 10% 以内）。

5. 不允许出现炒股、高风险投资等理财行为。

6. 借款不允许超过 5 万元（有特殊情况须向公司申请）。

六、胖东来的"客"——顾客至上的"宠粉"大学校

无论是传统零售或是新零售，都离不开三个字——"客、货、场"，即怎样对待顾客和利益相关者，怎样优化商品与服务，怎样营造良好的消费场景。为什么不追求规模的胖东来营收却能轻松过百亿？为什么胖东来对消费者有巨大的吸引力？这与它独特的"客、货、场"理念密切相关。

善待顾客，从每一个细节做起

> **东来心语**
>
> 无论是优质的商品，还是合理实在的价格；无论是温馨干净的环境，还是亲切细致的服务，这些都是我们的责任所在。

胖东来永远善待顾客，为了让顾客满意，胖东来付出了很多努力。例如，在胖东来影城，如果顾客对所看的电影不满意，就可以在电影结束后的 20 分钟内办理退票手续并获得 50% 的退款。由于电影票的收入只有一半归胖东来影城，另一半要上交院线，因此退半价相当于胖东来影城不赚一分钱。

在胖东来购物，不仅能看到详细的"售后须知"，还能看到预防诈骗的温馨提示，避免顾客被来路不明的人骗了钱。对于因供货商产能不足而导致顾客购买商品时需要等待的情况，胖东来也在显眼的位置进行了详细说明。例如，华为某个型号的手机货源不足，胖东来就会对此进行解释说明，让顾客能够了解具体情况，避免出现不必要的麻烦和误会。

为了方便顾客，胖东来在地下停车场配备了免费的自助宠物寄存处；如果顾客的车出现了小问题需要维修，地下停车场也提供免费的汽车修理工具。

在胖东来，购物篮和购物车有七种，包括手提购物篮、婴儿手推车、儿童购物车、老年购物车、双层购物车、小号购物车、大号购物车，顾客可以根据自己的需求取用，并且胖东来也在显眼处进行了提示，方便顾客尽快找到它们。

图 8　胖东来超市的七种购物车图示

胖东来还为顾客免费提供冰块，以保证一些生鲜商品的质量。胖东来在收银台出口设置了"顾客取冰处"，并在显眼的位置提示顾客。

图 9　胖东来超市的"顾客取冰"提示

为了保证货品充足，让顾客快捷方便地买到自己想要的商品，胖东来设有专人负责随时记录货架上每一件商品的数量，因此在胖东来购物时，顾客会发现想买的东西永远都有。

图 10   胖东来超市的工作人员在记录各个商品的数量

在食物购买区，胖东来为顾客免费提供各种食材的烹饪方法。这些精美的烹饪小卡片，顾客可以随意取用。

图 11   胖东来超市供顾客免费取用的做菜指南

顾客还可以在购买海鲜产品之后请胖东来的员工帮忙加工，这里有专业的加工间和专门负责加工海鲜产品的员工，并且卫生标准很高，可以为顾客免去诸多不便。

图 12　胖东来超市的水产加工间

胖东来让顾客感到非常满意的一点，就是它的售后服务。只要是在胖东来购买的商品，如果顾客不满意，胖东来就可以免费为其办理上门退换货手续。一位顾客和我讲了他的故事。他在胖东来购买了一把勺子，用了一段时间之后，勺子坏了，他打电话给胖东来说明情况，胖东来立即帮他办理了退换货手续。因此，在购买家电的时候，他依然坚定地选择了胖东来，就是因为胖东来的服务令他放心。

东来随笔

绝对不能让顾客失望

既然我们选择了这个行业，就一定要对得起顾客。既然我们是经营商品的，就一定要对得起商品。我们不要把商品当作可以利用的工具，而是要把它当作有生命的个体。我们要尊重顾客、尊重员工、尊重商品。

在经商的过程中，我们首先要把自己当作顾客。我们能不能接受某个商品的价格？如果不能接受，那就不要这样定价，要让价格便宜一点儿。不要活在过去的辉煌里，不要背这种包袱，而是要思考顾客能接受多少毛利率，还要保证进货不能有失误。要想办法给品牌增加价值，而不是消耗品牌的价值——顾客的不满意就是对品牌价值的消耗。要让顾客感到满意、快乐，这样才能为品牌增加价值。所以我们在经营企业的时候，一定要有这种魄力，一定要自强。

顾客来到胖东来购买商品，如果没有找到自己想要的商品，怎么能满意呢？如果对商品的价格不放心，怎么能幸福呢？所以我们要围绕着顾客去开展自己的工作，这也是我们的价值所在。如果我们体现出了这种价值，那我们的未来就是阳光的、坦荡的。我们要具备这样的能力，要清楚地知道自己所处行业的相关信息。比如，做服装生意的人应该知道棉花、丝绸的价格，要对做衣服的原材料了如指掌。在胖东来，每个人都要对自己所卖的商品了如指掌，如果暂时做不了单品，那就做分类。

我之前在卖场看见有些员工的状态不是很好，明明是二十几岁的年轻人，可精神状态和老人一样。我会给予这样的员工一两次机会，如果他们的工作状态依然没有改变，那么我就果断地放弃他们。因为我们绝对不能让顾客失望，如果我们以这样的状态服务顾客，就会让他们失望。以这样的状态工作，还想要不错的薪资和休假福利，哪里会有这样的好事？天上不会掉馅饼，好的结果是创造出来的！

善待顾客，从管理者的理念抓起

◆ **东来心语** ◆

"让每位顾客满意"不是挂在嘴边的一句话，而是我们经商人的责任和使命，更是我们崇高的精神价值和自我价值的体现。

东来哥一直强调，要从商品质量与价格、环境、服务等方面制定相关标准。商品要质量好、价格合理，环境要优美，服务要周到，只有这样，企业才会有好的发展结果，要朝着这种方向和目标去努力。如果一味地靠低价劣质的商品冲销量，那就不是在推动商业的发展，而是在损害商业的本质。如果是进货困难的商品，可以在全国甚至全球范围内单独采购，用成本价出售。进口食品的保质期很短，很多都卖不掉，但是胖东来就算赔钱也要进这些货，这样做是为了让胖东来所在城市的老百姓能看到、能享受到这些高品质的商品，能亲身感受到高品质商品带给他们生活的改变。这样做不仅能强化整个商场的功能，还能增强顾客的体验感，让顾客觉得胖东来的商品齐全、价格实在、质量好、时尚。要让顾客了解胖东来的售前、售中、售后服务标准，让顾客知道如何使用、保养商品，让顾客觉得自己的钱花得值，没有浪费。帮助顾客买到合适的东西，不让他们盲目消费，这等于在帮他们理财。只有真正为顾客着想，才会得到顾客的信任与支持。胖东来绝对不允许出现欺骗顾客、强行销售商品的情况，一旦发现就严肃处理。企业要切切实实地站在顾客的角度考虑问题，把顾客的利益放在首位。"就像稻盛和夫讲的利他之心、关爱之心、慈悲之心，只要有爱心，一个人的魅力能够支撑起一片天。"

要让员工有动力，别一心只想着赚钱，有了这样的想法，你会不"舍得"。遇到问题的时候不要总觉得是顾客的原因，要想办法解决问题，只有"舍得"了，才能赢得顾客的心，结果自然就会越来越好。让商品丰富一点儿、质量有保证，价格实在一点儿、合理一点儿，但不能刻意赔钱。看到别人比自己做得好，就要想办法提升专业技能。比如，一些好品牌的纸，其加工费、包装费就很高，这些东西的专业性都是很强的。只有用专业的技术才能把产品做得更具吸引力，才能让顾客享受到更多的实惠。

东来哥认为，有智慧的人就是能把坏事变成好事的人。越是遇见不好的事情，他们就越能证明自己。胖东来遇到客户投诉时，会非常智慧地处理，最后甚至会让顾客反过来感激胖东来，这种例子太多了。要把客户当成亲人，让他们感受到温暖，而这种温暖能化解一切。每个人都改变不了别人，唯一能改变的就是自己。改变自己就能影响对方，解决所有问题的关键在于"舍得"。在处理问题时一定要冷静，不能与顾客争吵，否则不但解决不了问题，还会让自己生气，最后只会人财两空。要将心态摆正，不要怕吃亏，没有什么问题是解决不了的。

东来哥认为，企业管理者只有内心充实，生活才会幸福。如果只是追求功利，就永远不会幸福。每个人都要把自己的时间安排得很合理，这样才会明白生活的真谛，从而坚定地走自己的路。坚决不能拿自己的尊严去取悦别人，要依靠自己的能力，让自己往好的方向发展。不要为了销售商品而去做无用的特卖活动和促销活动，不要用功利的心态面对商品。例如，东来哥要求餐饮部门销售商品时不能超出经营能力和质量保障范围；服装部门不能为了拉人气而去采购特价产品，否则就违背了胖东来的经营理念。只有沿着正确的方向发展，企业才会越来越成熟。

东来哥要求所有的销售活动一定要在商品质量有保证的前提下开展，不做大型的夜场促销活动，所有活动都要在员工的上班时间开展，不要让员工加班做无用的促销活动，如打折、买赠等活动以后都不能再做，要把相关的广告费用转移到商品价格上让利于顾客，把实惠送给顾客。

一定要围绕企业的理念做规划，把经营范围浓缩成企业的梦想、追求和现状，让企业明白想要什么、将来的发展方向是什么。做宣传页和画册时，一定要把企业的文化阐述清楚，放下功利之心，让消费者知道企业的爱与真诚。

东来的信

管理者怎样使员工善待顾客

　　每个部门必须重视管理系统，要投入大量资金，使其达到一种非常好的状态。每个部门对服务的调查、对商品的分析、对顾客信息的分析都要到位。比如，我是卖服装的，我在将服装卖给顾客之前要进行详细的说明，让顾客明白服装的品质及售后服务等。如果顾客对服装不满意，只要不影响销售，可以在一定时间内找我退货。如果服装的价格调整了，我也要把这个信息传递给顾客。这样坚持下去，顾客会信任我，还可能会把我介绍给其他顾客。等我不忙的时候，可以整理顾客的信息，然后根据他们的信息去寻找适合他们的服装。这样我就成了顾客的服装设计师，为顾客免除了不少麻烦，他们就会感到很轻松。所以企业不能以利益为主导，而要以顾客的幸福为主导。

　　电器部门也一样，假如顾客买了电器产品后报修，相关工作人员就要保证可以在几个小时内提供上门服务，这个时间不能太久，越短越好。如果你们能做到这些，那顾客对你们的信任度肯定很高，用心和不用心的结果是不一样的。要不断细化自己的工作，让顾客更幸福、社会更美好，这样你们的路就无限宽广。

　　各部门要安排专员跟资讯部对接，要通过制度、标准来提升顾客的满意度，而不是靠经验。比如，对电器产品至少追踪15年，要提醒顾客按期报废，不然会有安全隐患。关于二手电器的交易，只要产品在使用期内，就可以收购。可以在电器城设置一个二手电器交易平台，想办法让市场转动起来。电器部门要帮顾客做好规划，这样就会发展得越来越好。

　　每个部门都要把自己的问题细化，不能只追求利润，还要不断提升自己的经营水平、管理水平等。目前我认为需要调整的地方是：

1. 顾客快捷购物的内容，收银方式、送货方式，购物的保障；

2. 加强售前、售中服务，要把商品注意事项和使用方法明确地告诉顾客；

3. 有些品牌的价格不能动，要在会员卡上想办法，比如，可以把会员卡直接兑换成钱。怎么简单怎么来，怎么实在怎么来。

我希望胖东来这个品牌是真诚的代表，每当顾客提起这个品牌时就会感到幸福，他们知道和胖东来打交道不会吃亏、不会被骗。如果员工在为顾客提供服务时不主动热情，就要及时处理。

我希望能在主管身上看到真诚的一面、好的一面。主管要抛弃杂念，严格管理自己的部门。主管要有魄力、品行正直。不认真、不真诚、不热情的人请离开，我们需要保证团队的质量。

希望每个胖东来人都能有很大的改变，胖东来的口碑靠你们来打造。最起码要保证商品、服务的质量，这是硬性要求，必须做到，做不到就会被淘汰。只要足够真诚，这些事情做起来就很简单，否则再努力也没有用。要求越严格，管理越轻松；要求越宽松，管理就越累。

善待顾客，发自内心地为顾客考虑

> 永远不要缺乏善良。

东来哥认为，如果企业员工是善良的，会为顾客的幸福和温暖考虑，那就不用在意和害怕生存问题，不用害怕没有顾客。经营一家企业，想让它有什么样的结果，不是由顾客决定的，而是由经营者自己决定的，由商品的品种、品质、价格决定的。如果顾客少了，那就让商品价格低一点儿、质量好一点儿，问题就解决了。如果顾客太多，供求失衡，那就合理调整。如果顾客还是很多，那就再开个店。方法有很多种，只要心中有爱，始终怀有善意，就会很自信。

经营企业不能只是看报表，要在卖场多看看，对商品应该非常敏感。一种商品不动销，要么是质量问题，要么是价格问题，一定要进行推广，最起码要把商品的销量激活。

比如，胖东来人民店刚开业的时候，熟食货量很大，一天根本卖不完。因为刚开业不久，东西做得再好吃别人也不知道，所以要全力推广，让大家知道我们的商品很好。可以打折销售，等到大家都认可商品时，再恢复原价，这样商品的销量就激活了。如果等到晚上再推销商品，顾客会觉得这是卖剩下的，就不想要了。

部门内部要经常讨论商品经营情况，要舍弃利益，不要总是背负着员工的工资、股份等东西。每个员工都要多一些热情、责任感、斗志和爱，要真心地为顾客着想，而不是只想着一天能赚多少钱。要静下心来看看商品好不好、价格是否实在、给顾客提供的服务是否周到、顾客是否开心……一定要善良、懂得关爱别人。

东来的信

做一个成熟的榜样

"做一个成熟的榜样"是我们做超市的目标和愿望，有了这个基础，企业就能健康地运营，每一个人就会有健全的人格、科学的思维、健康的生命状态。

我发现整天只喊口号是不行的，得量化。我们做超市的目标是想成为同行的榜样，我们的物流中心是什么样的，门店、人员的规模是多少，商品是怎样销售的，整个运营系统是怎么规划的……我们要做一个成熟的榜样，让全国的同行都来学习，甚至其他国家的企业也可以来学习。

不是只有高科技才能体现价值，工匠精神也可以。我们要努力靠近最优秀的文化，让每个人都能活得真实、真诚、坦然。任何工作的最高境界都有艺术和哲学的影子，要平静地对待工作，呈现出自己觉得最美好的东西，这样就能创造出无限的价值。

就像瑞士一样，不一定要有最高的科技水平，但要有非常专注的工匠精神。员工的生活、家庭应该是什么样的，要设置一个目标，然后向这个目标慢慢靠近。每个人都要活得真实、不说假话，还要懂得做人做事的原则，不做伤害别人的事情，这样就可以活得很坦然了。

对品质要有追求，这样在任何一个岗位都能创造无穷的价值。当你拥有这种状态的时候，就会觉得生活中处处是美好。我们要活得真实和真诚。

我们的超市要做到国家标准以上，不能做到国家标准以下，不能让老百姓多花钱。我们卖的东西是时尚的，不能让老百姓买过时的产品，要提高他们的生活品质，让他们因为我们的事业而感觉到幸福、温暖、甜蜜，感觉到生活的美好。

如果我们这样去做，人的素质会不会更高？如果我们没有这种信念，怎么能有大爱，怎么能保证自己的生命充满力量？要发自内心地把我们身上的善良和热情释放出来，做事情的时候要充满热情，这样才能感到幸福。

当你有信仰、信念的时候，就有做不完的事，因为你想让更多人过得好，而不是只想着自己、家人、朋友。当你身上的能量越来越大的时候，就想惠及所有人，这是本能。

提倡投诉，让每位顾客满意

在胖东来，顾客投诉可以获得 500 元现金奖励。这一做法令人们对胖东来的服务刮目相看。

东来哥坦言，胖东来所做的一切都是为了让顾客的消费权益得到保障，因此胖东来出台了一些标准与制度，如"500 元投诉奖"等。同时，这些标准与制度也能督促胖东来加强自身管理，不断地提升商品品质，让每个商品都能体现出它的价值，让这个社会更美好。东来哥说："可能在大家眼里，胖东来已经做得很好了，但我觉得胖东来只做到了 5 分，因为它还不懂得'喜欢'。不过胖东来也在不断地进步，未来可能会做到 10 分、20 分……那就太美好了！"

关于客户投诉，胖东来有三个主要原则：

一、客户投诉流程要简洁明了，让顾客一目了然，知道出现问题后该去找谁。员工要主动协调、第一时间解决问题，而不是推脱责任。

二、按照"专人专项、一站式服务"标准处理客户投诉：超市的问题找服务台解决，衣服的问题找服装厅的人解决，从头到尾要按照标准为顾客解决问题。对于超标准的问题，要向顾客解释清楚，让顾客清楚自己应承担的责任，这样也是培养顾客对商品尊重。

三、将责任划分清楚，比如，品牌方应承担多少责任、公司应承担多少责任。进一步完善标准，创造的价值是无限的。

最重要的是让员工帮助顾客协调，而不是让顾客想方设法地找负责人。如果出现问题后员工向上一级部门反映，那就会增加时间成本，代价会变大。如果员工能第一时间解决问题，那就不会让顾客生气。反之，如果问题没有被解决，那顾客心里就会不舒服，而且去找上一级部门的负责人也需要花时间，这样顾客就会更生气，可能本来他只是想换货，到后面就变成了投诉。

所以，如果员工解决不了问题，就要把公司的标准拿给顾客看。比如，顾客想退货，员工应该先查看公司的相关标准，看看是不是符合退货要求。如果不能退货，员工可以向顾客解释："您的这件衣服已经穿了很久了，超出了公司的退货标准，我没有办法给您退货。"这样也可以得到顾客的体谅与理解。如果顾客依旧不满意，员工就可以上报主管。如果还是不行，那就只能通过法律途径解决。

要用科学的方法处理客户投诉。举个例子，一件价值 700 元的衣服，顾客洗过之后缩水了，觉得质量不好，要求退货，怎么办？下面是东来哥的答案。

> 如果我是员工，我会这样和顾客说："你买衣服的时候我向你介绍了这件衣服要干洗，我这里留了单子，上面有你的签字。既然出了这样的事情，可能是我讲得不够详细，我给你办理退货，但是你下次买衣服的时候一定要细心。"这样和顾客沟通，比直接给顾客办理退货要更好，要让顾客知道这是他的责任，这时候他对你的感觉就不一样了。如果你直接给顾客办理了退货，就没有机会和顾客培养感情了。通过这样的沟通，可以让顾客认识到购买东西的时候一定要了解商品的相关常识。处理客户投诉时，不能让顾客苦等，要尽快解决问题，要形成这种习惯。如果你是员工，权限不够，不能很好地解决问题，那么就要委托专人来解决问题，绝对不能让顾客再跑一次，也可以提供上门服务，总之要让顾客满意。顾客的问题能被更好、更快地解决，企业的信誉度就会越高。顾客越信任我们，我们的生意就会越好。

胖东来提供"无理由退换货"服务，退换货的风险主要由供应商承担，更多的情况是胖东来和供应商各承担一部分风险。具体要看是谁的责任，如果是商品的质量问题，那就由供应商承担风险；如果是顾客的问题，那就由胖东来承担风险。将责任明确地划分，就不会出现问题。东来哥认为，顾客退货可能是因为胖东来的专业能力不够强，也可能是因为员工没有做好售前、售中服务。比如，有些顾客买了衣服以后，因为不清楚洗涤方法而把衣服洗坏了，这说明胖东来的售货员没有做好解释说明工作，这就是胖东来的问题，而不是顾客的问题。

有一次，东来哥去郑州买车。因为他经常买车，所以销售员都认识他。当时，有一个销售员向他介绍车的功能，东来哥说："你不用介绍了，我直接开走就行。"销售员说："这可不行。你要是了解这款车，就当着我的面操作，要是操作不当，我就不卖给你，这是对你负责。"虽然东来哥有些不情愿，但他还是认真地听这位销售员讲解了一个多小时汽车的知识。后来在回顾这件事时，东来哥感慨道："这个小孩非常优秀，工作态度很严谨，很快就被提拔为部门负责人了。这说明只要一个人真诚，主动把责任揽到自己身上，专业地对待顾客，顾客就不会不理解他。这样做会避免很多失误，减少很多麻烦。"

现在胖东来的服装区都会提供一张卡片，卡片上详细说明了衣服的洗涤方法，并提醒顾客如果商品因使用不当而产生问题，胖东来是不负责退货的。但其实胖东来还是会给顾客退货的，只是提前提醒顾客就会大大降低退货的概率。

要从根本上解决问题，不能一有问题就退货，否则会造成资源的浪费。以胖东来的"500元投诉奖"为例，其实胖东来一年有近百亿元的营收，投诉奖才支出20多万元，占比非常小。有一年，胖东来的投诉奖才支出7万多元，东来哥认为这样不行，金额太少了，就加大了奖励力度，但有时候顾客甚至会主动放弃投诉奖。对胖东来而言，投诉奖会让各个部门自我施压，员工在进货、专业方面会不断提升自己。大家都知道胖东来的水果很好吃，这是为什么呢？

因为如果顾客觉得胖东来的水果不好吃，即使已经吃了一半，也可以退货。胖东来不但会提供上门服务，还要给顾客赠送礼物，成本更高。这倒逼胖东来的采购人员进货时非常严格。有人觉得胖东来的东西很贵，但它们都是经过筛选的优质商品，而且退货成本也很低。

东来随笔

为更多人带来幸福和快乐

企业发展的目的就是为更多人带来幸福和快乐。虽然胖东来在发展过程中存在很多不足和问题，但我相信胖东来人都会健康成长，都能更好地体现自身的价值和能力。胖东来的服务内容很广、很深，涉及商品、价格、环境、售前、售中、售后等各个方面，只要我们坚持正确的发展方向，围绕着顾客利益、社会利益、员工利益不断努力地展开工作，处理好每一件事，就不怕出现问题。我们要有魄力，勇于承担责任，用一颗充满智慧、宽容的心去处理问题，把坏的事情变成好的事情，让顾客由生气变为感动。如果我们能把每一件事情都处理成这样，那我们身边将充满大爱的力量。每一个胖东来人对待企业品牌和事业就像对待自己的生命一样，如果每一个企业都能这样做，我们的社会就会更美好！

用文化引导体制，用体制落实文化。重新梳理一切后，我们才发现做专业的事情如此有意义。我们的卖场越来越漂亮了，员工的状态越来越平稳了，消费者也越来越信任我们了。因为我们的专业能力提升了，进货的失误率、损耗率变低了，能让消费者买到更优质的商品。

商品也是有生命的，一定要尊重它。如果大家都能这样想，那么和商品打交道的时候就会轻松许多。我现在不允许员工选择某种商品做促销活动，因为这是对商品的不尊重。我们要让商品的价值体现出来，一定要达到这个目标。要轻轻松松地经营企业，每一个人都不能让自己膨胀，要履行自己的职责和使命，用积极的态度认认真真地去做每一件事。

优化会员卡管理，给顾客更好的体验

> ◆**东来心语**◆
>
> 用利他之心去对待别人，结果一定会更好。

关于胖东来的会员卡管理制度，东来哥有自己独到的见解：会员卡不仅是用来积分的，更是对消费者的一种保护。比如，顾客买 500 元、1000 元、10 万元的东西，概念是不同的。不能等到顾客提出要求时才给出优惠政策，而是要主动与品牌方合作，提前制定优惠政策。当顾客的消费水平达到一定程度时，就可以享受相应的优惠政策。消费满 1 万元时是什么样的政策，消费满 5 万元时是什么样的政策，都要一级一级地体现出来。要不断地研究合理的政策，推动工作提质增效。

以前胖东来并没有考虑顾客的消费情况，给出的优惠政策是一样的。这是不合理的，说明制定政策的人没有用心，只是在做表面工作，其能力也不会提高。如果顾客来胖东来购物，不管买多少钱的东西都只能得到同样的优惠，那还不如把商品的价格降低。要让顾客非常清楚自己的积分情况，就算他们把积分兑换成钱也可以，不一定非得兑换东西，要尽量满足顾客的要求。设置会员卡的目的就是让顾客受益，要讨论出合理的制度，可以根据毛利率制定相关制度。对顾客有好处的工作很有意义，要让顾客满意、开心，让顾客明明白白地消费，让顾客觉得消费是值得的。

不少企业在会员卡管理方面已经做得非常好了，东来哥认为，胖东来也可以跟这些企业学习，然后再进行创新，这样就能为顾客带来更多有价值的东西。

这种结果是胖东来用真诚、努力创造出来的，是物有所值的、幸福的。员工也会觉得自己很有智慧，从而可以更好地开展工作。管理层要成就下属，员工要成就顾客，这样大家才会乐在其中。

当商品又便宜又优质时，会员卡才能真正地维护顾客的利益，而不仅仅是为了增加企业的利润，这样我们的企业才会越来越好。

东来的信

让顾客感到满意，你才会快乐

近期，公司加强了与服务相关的制度的执行力度，可能有些人会有一些不适应，但是我想说，胖东来能有今天，离不开顾客和社会的帮助。大家在胖东来工作、生活的最终目的不是提升物质生活水平，而是在这个平台学会快乐地对待自己、爱自己，把自身最美的东西奉献出来，与更多的人分享。要学会做一个有智慧、勇敢、乐观、品德高尚的人，让生命更有意义、更真实、更精彩。要想实现这些愿望，就要保证我们的平台是健康的，我们要言行一致地塑造我们的平台，保证履行自己的使命和责任，保证让顾客满意。

举个例子，如果你是顾客，当你到胖东来购物时，有一个员工怠慢你，出现问题后把责任推到你身上，不为你着想，让你不开心，你还会相信胖东来吗？你还会再来胖东来购物吗？你还会再给胖东来机会吗？大家想一想，你们为顾客提供服务时做到主动、热情、专业了吗？你们对待顾客像对待家人一样吗？很显然，许多人没有做到这些。

在工作的时候要忘记不开心的事情，不想、不做任何与工作无关的事情，认真、虔诚地对待工作，接待、服务好每一位顾客，做到百问不烦，让顾客享受到优质服务。我们的员工要做有礼貌、有品位的人，见到顾客必须主动示好、主动让路，你要是顾客，面对这样的服务能不开心吗？

大家必须严格执行公司的理念、制度、标准，不要怀疑公司有其他企图，公司只是想把大家培养得更好，让大家过上快乐的生活，难道你们不愿意吗？我相信你们一定能做到。

我们和顾客都是一家人，只是分工不同，大家必须理解这一点。要让顾客开心，一定要把责任揽到自己身上，要抱着吃亏的态度去解决问题，而不是抱怨、生气，我相信大家会不断地弥补自身不足，使自己更有爱心、更专业、更高尚、更美丽！要乐观、自信地主宰自己的未来，让自己有更多的感人故事可以编入《胖东来服务手册》，这是对社会的贡献，也是自身价值的体现。我相信胖东来会成为一个有魅力的、独特的、快乐的品牌！胖东来的服务是热情的、温馨的、优秀的，它就像修道院一样，向社会传播更多的爱，并且一天比一天成功。如果你们遇到了问题，就提出来，只要是合理的，公司都会帮忙解决，没有解决不了的问题，请你们相信公司。让我们互帮互助，共同谱写美好的明天！原来生命这么美丽！

不只要对顾客好，还要对合作方和社会好

◈ 东来心语 ◈

我们应该认真思考，当一个企业用心做事的时候，它能为这个社会带来什么？

有人问东来哥："胖东来如何处理与供应商的关系，这在企业文化上有什么体现？"他回答，胖东来与供应商合作时，会从理念方面讲自己的合作意向，讲企业理念的优点、缺点。除了生存，胖东来更注重自身的社会价值，想让社会变得更美好。它将供应商往这个方向引导，在合作过程中制定了很多标准，

包括商品标准、生产标准、配送标准……这些标准都符合国家的相关要求。

在这样的情况下，胖东来希望企业与企业可以形成双赢的局面，如果大家都能朝这个方向一步一步地发展，那对顾客、供应商来说也是好事。

要培养自己的好品质，并把好的东西向外传播，和别人一起分享。等有这样一个平台的时候，企业之间就可以共享很多资源，可以相互学习理念、相互学习技术，然后通过沟通不断地提升自身发展水平，最终和供应商、品牌商一起为顾客带来更多时尚、健康的产品，提升顾客的生活品质，真正体现商业的责任和使命。名利永远不可能让人们长久地走下去，当大家拥有共同的思想、共同的追求、共同的信念时，彼此的心才会融合。

东来哥希望让更多的企业明白胖东来是怎样做事的，以及想长久发展的企业需要具备什么条件。现在很多企业都想成为百年老店，都想做大做强，但是它们还不愿意释放自己的内心。这不是因为它们没有耐心，而是因为没有这种环境。胖东来要一步一步地提升自己，然后朝着自己的理想和目标去努力。东来哥说："当我们有进步的时候就会更开心。比如，我们看到现在卖场的环境这么好，才知道原来自己能做到这些。这样我们就更有信心把商品做好、把服务做好。我们不但要在某个方面向前推进，还要更全面地向更好的方面前进，包括员工的工作时间、福利、健康、人生规划、专业能力、思想层次、幸福指数等，都是我们努力的方向。"

当一个人内心纯粹、没有杂念的时候，就能沉下心来审视所有的细节，他的状态肯定与之前完全不一样。如果胖东来负责相关业务的员工在跟每一个厂家谈判的时候，总是会留意很多细节、提出有价值的建议，那么他就会更轻松、快乐。这样一来，厂家不但能为胖东来提供好的产品、好的合作，而且也会感谢胖东来。

我们与别的企业合作，永远要想着对方的利益，这样才能长久，才能幸福。要用利他之心去开发商品、去跟厂家合作，要向合作方提出更多的好建议，而不是只谈条件，这样才更有利于合作。总是和对方讨价还价、提各种要求，就等于拿着自己的优势向对方施压，这样永远也不会快乐。可以告诉对方自己的优势，用事实说话。如果自己没有足够的能力，那对方开出再好的条件也没有用。不要总是觉得自己有话语权，不要坑害对方，不然就体会不到快乐了。

做人要有利他之心，要让别人信任、认可自己，同时也要懂得专业知识，比如商品对顾客的影响等。如果你能告诉顾客他们不知道的知识，那他们怎么会不受益呢？

不管从事什么行业，都要有好的理念，道理是相通的。东来哥说，如果他经营房地产企业，就会制定合理的房价，不会牟取暴利，也不会让顾客上当。假如顾客觉得买亏了，可以在一定时间内申请退款。他认为每个小区都要追求品质，不一定很奢华，但是质量一定要好，环境要干净整洁，这样住进来的人就会觉得幸福。

对于承担社会责任，东来哥更是义不容辞。2008年，汶川发生大地震，东来哥第一时间捐款、捐物750万元，同时带领100多名员工奔赴现场参与救援；2020年初，武汉成为新冠疫情的重灾区，东来哥当即捐款5000万元；2021年，郑州遭遇特大暴雨，东来哥不但捐款1000万元，而且还亲自组织队伍前往灾区支援。

此外，东来哥在20多年前的一次义举也经常让人们津津乐道。1996年，东来哥拿着2万元现金风尘仆仆地从许昌来到北京中国航天基金会。而基金会的工作人员看到眼前这个"地地道道农民模样的人"，则是一脸疑惑。直到东来哥开口，他们才知道，这个人是来捐款

图13　胖东来被授予"支持国防先进单位"的牌匾

支援祖国制造航空母舰的……

东来哥认为，现在的胖东来还很弱，如果满分有 10 分，他只能打 5 分。但是因为具有真诚的品质，胖东来慢慢地有了影响力。胖东来努力地将系统做得更完善、将商品做得更好，希望顾客购物时根本不需要仔细查看商品信息，想要什么就拿什么，因为胖东来的商品质量没问题、价格没问题，顾客不用考虑消费后会出现什么问题，或是出了问题该怎么解决。东来哥认为，日本的伊藤洋华堂、美国的开市客和山姆会员店都是胖东来学习的榜样，但是胖东来在文化理念和体制方面比它们更优秀，所以大家应该相互学习、相互帮助、共同成长，从而让社会变得更美好。

东来故事

做生意，交朋友

我记得以前与新乡一家波司登厂商的合作不太好谈，于是我就亲自去了新乡，想和对方当面谈谈。当时，老板与老板娘接待了我。在交谈的过程中，我和他们分享了一些胖东来的理念，他们听完后特别高兴，希望我也能和他们的员工讲讲这些理念。这种思想的受益，一定会在合作伙伴的生命中留下深刻的记忆。

我跑业务的时候，要去郑州进货，凌晨四五点就动身出发了。我一次看三个市场，要来回跑好几趟，主要是对比几个市场货品的价格和品质，然后选定自己看好的货。虽然市场很大，但其实好货源并不多，80% 的商户都不会经商，因为他们一心只想着挣钱，从来没想过把自己的店经营得更好，而真正的"好"一定是建立在真诚用心的基础上的。

我和姚花春酒厂谈合作的时候，会分析每个细节。比如，普通白酒的成本是多少，用来做酒的粮食成本是多少，一斤粮食能酿多少酒，一斤原液需要发酵多久，酒瓶和酒盖值多少钱，总成本是多少……我一步一步地积累经验，去了温州、山西等地，也考察过茅台、五粮液、郎酒等品牌，想找到适合做酒瓶的材质，给顾客最好的体验。如果我能坚持到今天，那结果真是不敢想象。

为什么我以前跑业务的时候可以一次性拉四车货？因为我对每个司机都很好，他们装货后可以直接拉走，根本不需要我去审核，我们一合作就是十几年。后来我不干了，但只要有需要，他们都会来帮忙。我和他们说："如果你们需要帮忙就直说，咱们相互帮助。"我们已经把利益上升为感情了，这是一种创造价值的美好，这样的生活怎么能不让人幸福呢？任何时候都要心中有爱。

七、胖东来的"货"——永远把品质放在第一位，
产品自己会说话

胖东来之所以能成为消费者的"心头好"，与其精心挑选、用心陈列、真诚销售的"货"有着很大的关系。东来哥一直强调，要提升消费者的生活品质，消费者因为有了胖东来而过得更加幸福，因为他们总能在胖东来买到货真价实甚至是物超所值的好东西。

在胖东来，让你买到最对的

◆ **东来心语** ◆

一心一意地为顾客的健康和生活着想。

在胖东来，顾客不用担心买不到自己喜欢的商品，因为胖东来总能想在顾客前面，会把各种生活必需品引进商场和超市，让顾客任意挑选。有些商品可能是顾客之前没见过的，在胖东来上架之后，他们才发现拥有这件商品能更好地提升生活的幸福感。

图 14　胖东来商场电器区的商品指南　　　　图 15　胖东来商场的电器

胖东来不仅在进货时精挑细选，还会将商品的详细信息展示在显眼处，为顾客购物提供便利。别小看这个细节，胖东来的商品种类繁多，详细描述商品信息其实需要付出巨大的精力。

东来哥要求，胖东来要提升商品的品质，可以加大资金投入力度，让顾客有东西可看、有东西可买。东来哥强调，要注重培养有亮点、有特

图 16　胖东来超市的水果商品说明

色、能够代表胖东来品质的商品，每个部门要一步一步地规划，慢慢提升商品品质。商场和超市有时候需要配合厂家做促销活动，商品一定要实惠，业务人员的能力也一定要提升。如果商场和超市的商品品质提升了、工作人员的能力提升了，那么员工的收入也就提升了。要把好的商品提供给顾客，自营的商场要提高自身经营能力，联营的商场要提高自身服务能力，不要总是想着挣钱，而是要尽力提升自己的品质。

为了提升商品的品质，员工要信奉公司的理念，不竞争、不嫉妒。当员工感到幸福时，就会很坦然。员工要根据自己的能力做事，不能让自己委屈，也不能让别人委屈。不管是什么样的服务、制度，都要人性化，东来哥说，他希望员工活得开心一点儿。

东来哥要求超市的员工要做好商品分类工作，注重单品的品质，造福自己、造福社会。胖东来既是一个店，也是一个家，东来哥自信地认为，像胖东来这样的企业，在国内算是好的，因为卖场很整洁、商品很新鲜。胖东来的商品不能像华润的 Ole' 精品超市一样过于高端，但同时，作为一家零售企业，它不仅要满足工薪阶层的消费需求，还要满足经济条件好的家庭的消费需求，让高

收入人群也能买到自己需要的商品，这样顾客的忠诚度才会提高，生活也会更便利。

胖东来不卖杂牌的商品，虽然卖杂牌的商品利润更高，但是不利于培养客户忠诚度。东来哥认为要换位思考，把自己当成顾客，这样也就懂得了顾客的需求。

商品的定价策略很重要。比如，一种商品的成本价是 10 元，卖 10.5 元就行了。不要总想着挣钱，首先应该打造口碑。东来哥认为，有的同行在这一点上做得非常好，比他想象的要好，如香江百货、雅思等，都是进步比较快的企业，东来哥希望胖东来也能达到这种水平，能引领顾客的生活。

让顾客有丰富的选择是很关键的。以香蕉为例，在胖东来，有非洲的香蕉、东南亚的香蕉、国内的香蕉……至少有五六种，而且要保证不能断货，这样胖东来的特色就体现出来了。

商品的细节也很重要。比如西瓜，生了不好吃，熟透了也不好吃，如何保证西瓜的口感是需要花心思的。采购水果时，要征求不同年龄阶段的人的想法，从而获得综合的信息，据此来优化商品品质。当采购人员用心地学习商品知识后，就能让顾客更了解商品，从而提升了胖东来的用户黏性。

怎样把商品更好地展现出来，这件事情其实很有意思，要观察商品、学习商品的相关知识，例如，某种植物自然的状态是什么样的，结的果实是什么样的，它们之间有什么不同……这样专业地做事，既有趣，又有意义。一般的企业只想挣钱，做的是表面工作，没有真正地把商品的附加值体现出来，所以不会长久发展。

商品的包装、设计能体现其文化特点或功能，可以满足人们送礼的需求。消费者选购礼物的时候很有讲究，不见得贵的东西就是有价值的，有时候送别人当地特产反而效果更好。以辣椒为例，胖东来会将辣椒的配料配齐，不论是四川的麻辣，还是陕西的香辣，所有配料都很完整。胖东来甚至将每一种辣椒的特点都整理出来了，因为用不同辣椒做出来的食物味道是不一样的，这样做能够方便顾客了解辣椒的烹饪方法、搭配的食材，从而推动商品的销售。胖东来对每种商品都是如此，是真心地为顾客着想。当顾客来到胖东来选择商品的时候，思路会非常清晰，效率也会很高，可以享受整个购物过程。

东来的信

要么不做，要做就做到最好

对于商场来说，商品要好，员工状态要好，政策要好，细节要完善。要维护好硬件，保证品质。

作为管理层，要经常到超市里看一看，每个部门都应该在商品上下功夫，所谓"经商"，就是指经营商品，其他都是次要的。既然走上了经营超市这条路，就要一直往前走。刚开始的时候你的成长速度会很快，到后来就越来越慢了，可能10年后才会有很大的成就。

走得慢一点儿，不要着急，把一些细节问题都解决后，再深入推进工作。你开的店不一定要有很高的档次，能为普通老百姓提供服务就可以了。但一定要有吸引顾客的地方，可以推出一些相关的售后服务，这样就能解决民生问题，也能成就自己的事业。

城市不一样，顾客也不一样，有些细节是需要注意的。比如，不能让顾客直接用手拿熟食，要慢慢地引导他们。现在生活条件变好了，这些细节就更重要了，一定要让顾客购物时觉得商品很全、环境很好、商品品质有保障。

折旧会导致企业的经营压力变大，有的商场就在这方面吃过亏，为什么不把折旧往后推呢？现金流有了保证，商场的状态就会变好，员工的收入也会慢慢提高，这样大家就能顺利地进入自己的角色，工作效率也会提升得非常快。

对于来胖东来参观、学习的人，我表示欢迎。想学就学吧，这也能促进我们成长。让心胸宽广一些，这样可以造福更多的人。我们不仅要做好自己的事情，也要让社会变得更好，这样我们就更开心、更轻松了，工作的结果也会更好。

一定要做好食材加工工作，尤其是海鲜加工，其口感一定要达到三亚的水平。员工多劳多得，尽量让他们多得，可以把加工费用计入他们的工资。一定要提升海鲜的口感，这是非常重要的，要么不做，要做就做到最好。做不好的话，情况就会越来越差，损耗也会越来越大。海鲜只是我们超市的辅助商品，现在很多连锁店把海鲜做成主要品类，这是不合理的，早晚有一天要回归到顾客的日常生活所需，要符合当地的风俗习惯。超市里卖海鲜属于锦上添花，我们要有锦上添花的能力，没有这种能力就会很吃亏，心里要想，"我要让顾客在这里吃到比三亚还便宜、口感还好的海鲜"。

合理的价格是商品的关键

◆ **东来心语** ◆

对得起顾客，对得起商品，对得起员工。

东来哥认为，他刚经商时走了很多弯路，为了平衡低毛利商品的利润损失，他把部分商品的毛利定得太高，虽然短期内为门店带来了人气，使买低毛利商品的顾客得到了满足，但却伤害了买高毛利商品的顾客的利益。后来，通过不断学习国际先进经营理念，胖东来从2007年开始对经营思路进行了及时有效的调整——杜绝暴利商品，严格控制商品的毛利率，在保证商品质量的前提下制定合理的价格，靠商品的质量、种类来提升经营水平，让顾客买到货真价实的商品，培养顾客形成正确的消费理念，帮助顾客正确理财，使其不消费无用商品。

　　胖东来将"合理的价格"这一理念逐步延伸到每一类商品、每一个单品，并朝着这个方向不断努力。我国的消费环境比较复杂，生产厂家向每个城市提供不同的供货政策，胖东来一直致力于向厂方争取最优惠的政策，确保让顾客买到物有所值的商品。虽然胖东来不能保证自己出售的商品都是最低价格，但为了让消费者放心，胖东来推出了"不满意就退货""退差价""顾客投诉奖""售后服务的跟踪与处理标准"等多项措施，维护了消费者的利益。胖东来担心自身专业能力不足，保证不了顾客的利益，所以才想出了这些办法。东来哥认为，一定要提高自身的专业能力，不让顾客为退货浪费时间，这样才能真正地让顾客满意。只有让顾客感到满意，胖东来的企业理念才会得到更多人的理解与支持，大家的生活环境才会更温暖、幸福。

　　在胖东来，所有商品定价都要有专业的依据。各部门要从横向和纵向两个维度对商品进行分析，业务人员要用敏锐的眼光去观察市场，了解顾客的需求。只要打开了思路，就有做不完的事情，要让商品有特色、有品质、有优势。如果顾客在胖东来没有买到自己想要的商品，那就是胖东来员工的失职。胖东来要求以"课"为单位做好商品规划和分类，在进行包装设计的时候要有国际视野，引领潮流。无论是行为服务、商品服务，还是环境服务，胖东来都站在顾客的角度思考问题、制定标准，出现任何问题都在第一时间及时解决，同时不断地进行自我完善。胖东来的采购清晰、方向清晰、定价清晰、利润组成清晰……所有工作都有据可依。

　　东来哥认为，中国几乎没有追求幸福的企业，包括胖东来。它虽然懂得这个道理，但是做得不够好。东来哥希望胖东来的利润不要太高，他要求医药部门的毛利率不能超过3%，并免除所有的折旧费、利息、管理费。百货、电器部门的净利率不能超过3%。

　　东来哥认为，所有问题都有其对应的解决方法，遇到任何困难都不能退缩。从事商业的人要有善良的心态，做任何事情都要对得起顾客，要尽力满足顾客的需求，而不是整天只想着赚钱，否则就不会幸福。

对于胖东来的超市部门而言，要采购好的商品，而且价格不能超过大城市的，要让每个部门的员工都用心工作，每个月都要进行商品分析、价格分析、口碑分析，因为这些工作都是有关联的。

对于胖东来的服装部门而言，要在商品稳定的基础上把服务质量提上去。如果服务跟不上，那就不是商品没有市场，而是糟糕的服务把顾客推走了。要让顾客买到合适的商品，不合适的商品坚决不能卖给顾客。如果顾客的退货要求合理，就要尽快为其办理退货手续。

对于胖东来的电器部门而言，要做好售后服务并下调利润。电器的利润不能太高，否则不利于长久经营。要想办法培养品牌、成就品牌，为品牌增加口碑，而不是消耗品牌。可以让顾客提意见，并把服务水平提升到顾客满意的程度，这就是在培养品牌。

对于胖东来的医药部门而言，进货、调货更为重要。员工对药品要有充分的了解，只有知道最前沿的药品信息，才能为顾客提供更好的选择。医药部门员工的专业程度要达到二级甲等医院医生的水平，要了解各类病理知识，这样不仅能换来顾客的信任，更能造福社会。如果能把医药销售做到这种程度，就会很有意思。医药部门的员工要对整个医疗体系有一定的研究，及时获取重要的信息。要完善服务功能，比如，顾客生病了，需要医药部门的员工为其推荐医院，哪家医院擅长治疗肠胃病，哪家医院擅长治疗心脏病，哪家医院擅长做内窥镜手术……医药部门的员工要为顾客提供相关信息。如果能做到这种程度，就会有更多的人信任胖东来、选择胖东来。如果有这样的善良之心，就可以给很多人带来幸福。

东来哥之前听过"胖东来的东西贵"的说法，对于毛利率，他一直非常关注，特别是生鲜的毛利率。东来哥要求员工提高商品的品质，但胖东来在追求品质的时候，可能没有真正地贴近老百姓的生活。

有一次，东来哥在巡场的时候，看到菠菜的价格是每斤 2.29 元，而其他超市菠菜的价格是每斤 0.4 元。因为胖东来的菠菜是从山东采购的，成本比较高，所以价格偏贵。东来哥想起自己曾经说过"要努力为顾客节约每一分钱"，但看到这种情况，他担心胖东来越来越脱离顾客的生活，于是要求整改。东来哥还看到红薯每斤 1.39 元，但是质量并不好，而红薯在产地的收购价是 0.4 元。东来哥想，如果自己是种红薯的农民，一对比发现红薯价格相差这么多，怎么会信任胖东来呢？因此，一定要围绕老百姓的生活展开工作，这是很关键的一点。

很多顾客都在一点一点地积累财富，非常节省。因此胖东来在定价的时候，要考虑他们的感受，用心地为顾客节约每一分钱，永远不能脱离顾客，永远不能脱离基层的生活状态。

胖东来的商品价格不一定是最低的，只要合理就行。比如，如何确定红薯的价格？应该去田间地头了解，商品源头的价格决定其最终出售的价格，要了解全国的市场，这样路就会越走越宽。要对工作充满热情，这样才能让顾客感到幸福。

不要为了经营而经营，脑子里只想着销量、毛利，这是一个误区。应该创造爱、分享爱，要以顾客的生活为中心，不能走偏。

胖东来不能消耗自己的品牌口碑，不能让顾客伤心，要鼓励顾客多提意见。如果顾客一如既往地信任胖东来，那么胖东来就会越来越好。

有的商品可以贵一点儿，有的商品可以便宜一点儿，但是价格不能不合理。对于同一种商品，胖东来的定价不能比同行高。东来哥认为，商品价格比别人高就是胖东来的耻辱。他要求员工从各方面核算商品价格，再加工、精加工的商品，也不能盲目定价。商品要怎样加工、由谁来加工，这些都要有标准。不能只考虑员工的收入有多少，首先要保证企业的生命力。如果企业"死"了，员工的收入再高也没有意义。东来哥认为，现在顾客相信胖东来这个品牌，如果只是利用它获取收益、获取回报，最终不但会伤害这个品牌，也会伤害自己。因此，经营企业一定要贴近顾客的生活，真正地为顾客考虑，而不是只想着赚钱。

企业的效益好了，员工的收入自然也就增加了，可以过得更好。如果员工为顾客提供质优价廉的商品的热情在退却，那么他们就会变得越来越糟糕。要坚守胖东来的理念：心里面装着爱，善良地去做事。每当看到顾客开心的时候，企业经营者就会非常幸福；每当看到顾客失落的时候，企业经营者就会很痛苦。东来哥希望大家能够用心地做喜欢的事，有热情和善意，把更多的快乐分享给别人。

东来的信

好的商品不是想出来的，而是做出来的

前几天我去了上海，看到别的商场巧克力柜台的产品非常丰富，最贵的几百元，最便宜的几十元。咱们的巧克力产品还不够丰富，价格跨度非常大，一看就不实用，而且低端产品也比较少。如果在上海了解了很多信息，却没有合理利用，这是在浪费机会。你们要把别人的商品信息带回来，要学会利用这些信息。比如巧克力产品，别人能挣30%的利润，我们最多和他们相差10%。而且我们的价格不会比上海的高，少挣一点儿就行了。因为我们的定价低，挣得少也是合理的，否则对卖得多的人来说并不公平。

幸福并不是因为事业有多成功，而是因为付出了真诚。我们要多思考，懂得生命的真谛。如果没有足够的实力，那就少赚点钱，只要能保证生存，就已经很快乐了。一个月拿2000元工资的人会觉得幸福吗？很多人都不懂得什么是幸福。

好的商品不是想出来的，而是做出来的。我希望带领大家往更好的方向发展，胖东来这个平台积淀了几十年的信任，有些不该挣的钱就不能挣，这是我们的底线。如果只考虑利益，早晚是死路一条。如果凡事都以利益为导向，那一定是病态的。

为提升商品质量而制定严格的标准

◆ *东来心语* ◆

只有好的东西才会让人念念不忘。

为了提升商品品质，胖东来制定了相关的标准、制度、政策，要求员工提高专业能力，不断学习商品知识，包括原材料、设计、加工、定价、利润等。胖东来制定了有效的商品流程和工作流程，制定了相关的奖惩制度及处理问题的方案，使所经营的商品朝着更丰富、更安全、更健康、更精细的方向发展。胖东来旨在根据现实的消费环境，在商品生产领域使用最前沿的技术，不断强化商品质量，为老百姓提供时尚、实惠的商品，为老百姓提供一个更加健康、安全、温馨的消费平台。

践行商品的高质量标准，一直是胖东来长期坚持的重要方向，如果没有清晰的商品质量标准，就会出问题。顾客投诉也是商品质量问题造成的，一个重点是商品质量认证，另一个重点是服务质量认证。当顾客投诉的时候，如果员工擅长沟通，那么顾客就会觉得很幸福。不能用强硬的态度对待顾客，否则顾客就会不开心。公司传达信息的时候，如果管理层不能理解，工作的时候就会有偏差。所以要制定商品质量和服务质量的标准，做事就要清清楚楚、明明白白，稀里糊涂肯定是不行的。比如，眼镜部门容易丢失眼镜，只要发生一次这样的事情，就要引起大家的重视。如果没有清晰的方向，只想着赚钱，那么就不能沉下心来做事，早晚要出大问题。

东来哥希望胖东来的员工都有积极正向的价值观，做事的方向要非常明确。各部门应该看看哪些商品是有标准的，哪些商品是没有标准的，特别是超市部门，更要重视标准问题。对于没有标准的商品，要思考如何制定标准。加工类的商品也必须有标准。只有成熟的标准才能上架，如果没有标准，只是随意地按个人的想法去决定，不管好不好都上架，那给别人带来的直观印象就不好。比如，炸鱼的标准是什么？鱼的长度是多少？油的热度是多少？添加什么原料？有了这些标准，商品才能上架。

东来哥要求，每个部门都要对商品进行筛选，不合格的商品一定要下架。每个部门的主管都要重视商品质量，推动商品质量的提升，必须保证上架的商品是合格的。如果连合格都做不到，就必须撤掉，不能等公司去整顿。所有部门都要共同努力，公司也会配合各个部门去推进这些工作，这样逐渐会形成一种制度。

每上架一种新商品，都要有非常详细的质量标准，一定要形成这种习惯，不能盲目地去做，不能随便上架商品。所有上架的商品必须通过大家的认证，而且相关标准要形成书面材料。加工类商品要这样做，生鲜水果也要这样做。比如，采购苹果的标准是什么？苹果是几月摘的，储存了多长时间？它的糖分含量是多少，糖分的稀释量是多少？如果苹果贮藏久了，内部的细胞组织就会发生变化。要慢慢地把工作做细、做深，分配到每个业务员身上，这种工作就会很简单。管理层要有这种意识，这样下面的员工才会形成习惯。在整个商品质量标准体系的建设上，要坚持自查——有质量标准的商品有多少？没有质量标准的商品有多少？要拿出解决方案，保证商品质量不会有大的浮动，要保持稳定。

就像瑞士、日本、德国等国家，它们会认真地制定商品质量标准，其商品质量就会更上一层楼。有了质量标准，员工也会觉得非常完美，他们不只靠经验工作，更重要的是学会了利用技术。做任何事情，只要能静下心来、能坚守，七八年之后，基本上就能拥有一定的话语权，是高水平的专家了。人生大概分为十几个阶段，如果在任何一个阶段都能沉下心来奋斗七八年，就会创造很大的成就。要完善商品质量、服务质量，让员工重视公司制定的所有标准，不能只是纸上谈兵。

东来哥还要求管理层必须不断地提升自己，使企业保持青春的状态。人一旦失去了学习的热情，缺乏对生活的热情，就开始变老了，企业也就随之退化了。不能以个人的主观意识去发展企业，应该用企业的发展标准去发展企业。今后的企业，不能只是依赖部门主管的主观意愿，要有各种运营标准，该遵守的制度必须遵守，这样才能提升整个企业的质量。如果企业管理者很浮躁，静不下心来，别说坚持七八年了，就算坚持一两年都很困难，因为他觉得上班很麻烦，做任何事情都不会专注，改变这个习惯的过程可能会非常痛苦。

不能给顾客提供贵的商品，而是要给顾客提供对的商品。要把商品的质量提上去、价格降下来，要让顾客花得少、买得多，无论如何，都要让顾客感到舒服。员工在工作时要有热情，最起码要让顾客开心，这样自己也会感到幸福。

东来哥对于商品有一段浪漫的形容："商品就像自己的爱人一样，让人觉得甜蜜。怎么能允许自己的爱人被随便践踏呢？怎么能允许自己的爱人被任何一个人毫不关心地随手一扔呢？如果能把商品视为爱人，怎么会不幸福呢？你也可以把商品看作自己的朋友，这样你就会懂得尊重它们，路过它们的时候就会多看几眼。你会把它们整理得生动又整齐，会不自觉地对着它们微笑、和它们说话聊天，就像对待知己一样。你还可以把商品看作自己的孩子，这样你对它们的爱就会非常纯净、无私……就像是对待自己的宝贝一样，根本不会毛手毛脚地对待它们。当你看到它们在角落里无人问津的时候，会感同身受地替它们想办法，想让大家认同它们的价值。"东来哥讲出了珍视商品的意义："如果过去你只关心卖出了多少商品，那么商品就会知道你只想利用它赚钱，肯定会骂你的。虽然它不能说话，但它也是有生命的，包括空气也是有生命的、水也是有生命的，世间万物都有生命，你对它们好，它们也会对你好。所以，当我们真正懂得这些理念的时候，就会彼此尊重、彼此信任、彼此真诚以待，生命就会舒展，身上的枷锁也会越来越少。"

如果我是卖红薯的或是乞丐

有了好的理念之后，无论做什么，都会创造幸福。一个人活得怎么样，跟拥有多少财富没关系。如果我去卖红薯，当我看见有小女孩过来了，我会把红薯清理干净，然后用纸一层层地将它包好，再小心翼翼地递给小女孩。她心里是不是会想："这个人真细心。"我会告诉小女孩，要是哪天你想吃红薯了，就提前跟我说，我会给你烤好。这样我们不就建立信任感了吗？生意没有大小，也没有难易，想要什么就努力争取，依靠自己的勤劳和善良，慢慢地就会有收获。

如果我是乞丐，当别人施舍给我2元的时候，我再还给对方1元，是不是等于把幸福传递给对方了？有了钱以后，我可以买个蒸馍。路上我遇到了饿肚子的人，就把蒸馍送给了他。他很开心，对我说："哥，我以后跟着你吧！"过了两天，信任我的人越来越多，"丐帮"的队伍也越来越壮大了。一个人只要有善良的心、有思想，就会获得快乐。希望大家能够理解这些道理，不管怎样，要有一颗善良的心，不能让自己感到心累，这才叫爱自己。爱自己就是让自己很轻松、从容，当你爱自己的时候，走路的时候会忍不住蹦蹦跳跳，睡觉的时候甚至会开心地笑出声来，这是掩饰不住的幸福！

物超所值的胖东来自营商品

东来心语

用匠心对待每一个单品，甚至可以做成一个行业。

东来哥坚持，一定要卖品质好的商品。他认为将来零售企业有两个发展方向：一个是卖好品牌的商品；另一个是卖自营的商品，包括自己加工的商品，质量要好、价格要实在，这样，企业未来的路才能越走越宽。

在卖自营商品的时候，比如食品，怎么搭配食材、比例是多少，都非常重要，并不是食材越多越好，搭配比例一定要合理，不然口感不好。有些八宝粥的配料是好东西，但是太难吃了，就是因为食材的比例不合理。

在东来哥看来，经营超市肯定要让自主品牌占主导地位，因为自主品牌可以减少中间环节，让商品更实惠，这是未来零售业的发展趋势。以巴马水为例，胖东来开发了这种商品后只卖 1.8 元，但是别的品牌的巴马水可能要四五元一瓶，自营商品便宜多了。由于胖东来具有规模优势，它自营的饮用水比其他品牌同等质量的饮用水能节省百分之几十的成本。

东来哥总是强调，干事业最重要的是让老百姓得到实惠，这样的企业就一定能长久发展。比如，优衣库、雀巢等好的品牌都很实在，能让社会受益。一些品质好的服装，其面料的舒适度会让顾客很满意，而且穿上还能凸显个人气质，让顾客爱不释手，这说明服装设计师非常有生活经验与品位。这些企业既秉持着真诚的原则来做产品，同时又注重时尚。

胖东来超市用的购物袋是多年以前在上海订购的，虽然略贵，但是质量非常好。东来哥认为，从胖东来出去的东西最起码要对得起顾客，就算是购物袋也要讲究质量，要能重复使用。同样的道理，在做笔记本的时候，要达到能够存放几十年的品质，而不是还没有用完就出现裂缝了。要实实在在地把东西做好，很多东西其实并不难做，难的是企业没有那种想法与思路。

东来哥认为，要用心经营胖东来的品牌，犹如对待自己的生命一样，只要带上"DL"标识，就代表着品质与信任。比如笔记本，一旦出现质量问题，就不只是退换货那么简单，胖东来可能会退给顾客 100 个笔记本，因为胖东来对待自己的品牌就像对待生命一样。卖的东西进价是多少，也要坦坦荡荡地写出来，这样顾客一定会受益。当学生拿到品质好的本子时，就会对商品形成一种概念，将来也能分辨出什么是好品质的东西。胖东来的笔记本用户数量庞大，从儿童到老年人，都有相关需求。胖东来把笔记本做成各种各样的单品，品质好、价格实在，能保证满足所有年龄段用户的需求，其市场空间是相当大的。

在胖东来，东来哥要求大家不要只把自己想象成一个业务员，要把自己视为商品分类的精神领袖，要让自己的思想跟得上企业的文化，把自己培养成会生活的人。当达到这种水平的时候，业绩自然就上去了，不能只想着能拿多少工资，要想想自己能够创造多大的价值。要有这样的概念——让人类因文具而幸福，而不是整天绞尽脑汁地去和别人谈能省多少钱。要了解商品的相关信息，比如纸是多少钱一吨、工费成本是多少、留多少的利润……这样才能科学地、具有依据地跟别人谈合作，也会对制造商起到很好的帮助作用。对待供应商，不能光考虑自己的利益，如果你看不到供应商的优缺点、不考虑供应商的利益，一旦供应商出现失误，那么顾客就会受到伤害。

任何一个品牌都有自己的文化，就像胖东来设计的每一种产品，体现的都是自由、温暖、阳光。商品从外观到内在都要提升质量，它再时尚也不会失去本质、不会失去自己的理念，这就叫品牌文化。很多企业设计自营商品的时候，只是随便看看、随便画画，没有自己独创的东西，那是没有价值的。只有体现自己的元素，商品的价值才会被放大。要想办法体现幸福的价值并合理地定价，既不能亏待自己，也要保证让顾客得到实惠。

东来哥认为，目前国内消费市场的品质不是很高，比如，奢侈品品牌与普通品牌的价格差距太大，这是一种不合理的状态。所以在经营企业的时候，要想办法让顾客得到实惠。要往自主品牌的方向去规划商品，寻找好的合作单位，真正地让顾客感到物有所值、实实在在。没有创造出足够的利润空间，只能说明没有用心，否则就会特别轻松地实现目标。

所有的商品开发都要向细致、有品质的方向努力。跟厂方合作时，一定要替对方着想，找到共赢的方向，既不要给别人提太高的要求，也不要难为别人。要持续地为顾客带来好商品，这样的路完全是依靠自己走出来的，如果有了这种能力，就能多赚点钱；能力不足的时候就少赚点钱，一样可以很快乐。

产品设计方面，如果创造能力跟不上了，就先好好学习。可以学习德国、瑞士的工匠精神，也可以学习意大利、法国的奢侈品品牌理念，以它们的工艺水平为参照标准。比如，品质好的衣服可能从表面上看不出特殊之处，但是穿上就会有体会，其舒适度、与身体的贴合度等各个方面都与普通衣服有很大差异，即使完全按照相同的尺寸去做，效果也不一样，因为面料不同、弹性不同。

特别是自有品牌的商品，永远要保证其内在质量比外在形象还要好、比宣传的还要好。不要夸大自己的商品，要让顾客在看到实物的时候，觉得超出了自己的预期。就像生活一样，让能力大于欲望，这时候才会是轻松的状态。如果能做到这一点，那生命就太美好了，人的面容会越来越舒展，精神也会越来越好。

东来哥认为，当一个人真正懂得应该做什么、找到自己做事情的价值时，就不会浪费自己的生命了。比如，当胖东来负责自营酒品的员工老了以后，看到酒架上摆着自己开发的酒，心里一定美滋滋的，如果再喝上两口，一定会更满足。在胖东来，更重要的是精神价值，因为胖东来的员工已经过上了丰衣足食的生活——住房有了，吃饭问题解决了，私家车也买了，没事的时候可以去农村散散心，浪漫得很。东来哥说："生活就是一种感觉，在于你怎么对待它，得学会自己创造美好。"

图 17 胖东来电器的服务指南

图 18 胖东来超市的自有品牌

东来故事

用真品换真心

十几岁的时候，我和我哥卖贺年片。我哥拿的贺年片上写了一句"用我心换你心，情意似海深"，意思是如果你想得到别人的心，就要先将自己的心给别人，只有这样，你才会得到自己想要的结果。如果你能这样做，就会感到很轻松。我从十几岁时做生意，一直到现在，都没有把钱看得很重。人应该非常清晰地知道自己的责任，要知足，有钱后该享受就享受，那是自己用能力换来的。与伴侣、孩子、朋友相处时，都要掌握合理的度，建立良性关系。但现在很多人只想着挣钱，满脑子都是私利，没有考虑自己的责任，没有考虑别人的利益，最终会很累。我做了很多年的生意，如果顾客因为买了我的东西而感到失望，我就会很惭愧。就是因为有这种责任感，我的企业才会有今天的这种结果。你要是没有责任心，就挣不了多少钱，就算是挣了钱，也只能成为钱的奴隶，没有意义，因为你已经迷失了自我。我不希望培养出这样的人。

八、胖东来的"场"——即便不买东西也要来
逛逛天堂一般的商场

　　有一种说法是："只要你到了胖东来，就有买东西的冲动。"胖东来为消费者营造了舒适、时尚、有品位、有美感的"场"——购物环境。胖东来的商场不仅让人流连忘返，还会让人有非常强烈的消费欲望。东来哥对于胖东来的环境有着极其严格甚至"苛刻"的标准。胖东来从外部环境的设计到室内的每一处细节，都体现了独特的审美以及以人为本的商业信仰。

进入胖东来，就是进入购物天堂

> ◆ **东来心语** ◆
>
> 　　做企业，最重要的就是对得起自己。无论是做卖场、带团队，还是做商品，一定要追求品质。

　　胖东来的环境整洁、宽敞、明亮、舒适、时尚，当你走进胖东来，仿佛置身于一线城市的高端商场。"DL"的标识就是胖东来最亮眼的名片。柔和的灯光、洁净得发亮的商场和超市，无不让人们感到幸福、舒服，甚至顾客来了就不想离开，总是想多待一会儿。

图 19　胖东来天使城商场的礼品中心

胖东来每周二都会休息，周一、周三的销售额会翻倍，这也是胖东来独特的魅

图 20　胖东来商场电梯中的椅子

图 21　胖东来影城门口

图 22　胖东来商场电梯前"禁止推车"的指示牌

力所在。

为了让顾客更舒适地购物，胖东来在商场的电梯里设置了座椅，令人印象非常深刻。经常到胖东来购物的消费者显然对此习以为常。如果他们不去其他地方购物，也许还不知道自己有多幸福。

胖东来影城的设计也在向国际大都市的风格靠近，在河南许昌这样一个四线城市，时尚、美观的影城环境吸引了非常多的顾客前来观影。等候区有舒适的真皮沙发，而不是简陋的座椅。胖东来影城优美的环境可以满足不同人群的需求，再加上"对电影不满意就退款 50%"的政策，使得胖东来影城更加受到欢迎。

根据心理学中的"破窗理论"，假如有一面窗户破了，人们就更容易将其他的窗户也砸碎。因此，要想拥有好的环境，就要保证环境中每一部分都是美好的。胖东来非常重视商场的整体环境，不仅对员工的行为有很多严格的要求，也会对前来消费的顾客提一些其他商场没有的要求。胖东来这样做并不是为了为难顾客，而是为了商场和超市的秩序井然，想方设法地让所有人一起来维持良好的购物环境。例如，胖东来禁止顾客携带购物车乘坐滚梯，以免秩序混乱。

在超市，胖东来也将"文明、礼让、注意卫生"等标语挂在显眼处，以此来柔和地规范顾客的行为。整体而言，如果每个人都自觉地维持商场和超市的秩序，那么环境就会变得更好，而好的环境也会让人更加文明，最终形成了良性循环。

每逢下雨天，胖东来为了维持整洁的购物环境，会在商场门口放置塑料伞套，工作人员会提醒每个顾客将自己的伞装进塑料伞套中，以免进入商场后到处留下水滴。胖东来甚至会为短伞和长伞提供不同的塑料伞套，由不同的工作人员提醒顾客装伞，顾客也都非常配合。有的时候虽然胖东来还没到营业时间，但门口

图 23　胖东来商场门口为顾客准备的雨伞套

已经排起了长队。完美的环境促使人们规范自己的行为，虽然胖东来的顾客众多，却没有任何推搡、拥挤的情况出现，大家都自觉地遵守秩序。这也是胖东来一贯对环境要求严格并为顾客创造了优美环境所带来的结果。即使是日常生活中不太讲究细节的人，来到胖东来也会按照相应的高标准来要求自己，形成了"良币驱逐劣币"的局面，也让人们对胖东来的整体印象更深刻、更好，今后还想再来胖东来购物。在细节处做到完美，是胖东来这个"场"能做到的提升品牌形象的最佳方法，这些细节看似简单，实则需要经营者花费不少心思。

熟悉胖东来的人都知道，在东来哥的带领下，胖东来将传播企业文化和理念视作非常重要的事情。在胖东来的商场里，随处可见对企业文化的诠释。在

其他商场，会看到很多促销、优惠活动，包括各种品牌的广告及商场本身的推广图文。但是在胖东来，这种活动的广告标语是禁止出现的。东来哥认为，打广告会破坏环境的和谐与优美。顾客能在胖东来看见许多让人感到开心、幸福的词汇，它们潜移默化地让顾客在胖东来待得更加舒适。胖东来将"自由""爱"等企业理念直截了当地印在商场的墙壁上，这不仅是对员工的激励和约束，更能让来到胖东来的顾客、同行、参观者对胖东来的理念感同身受。胖东来一直希望能给社会大众带来幸福，因此，它不只是一家企业，还是一个为善的场域、一所育人的学校。

胖东来的书店同样让人印象深刻。图书品类繁多，书店里随处可见拿着书认真阅读的人，无论是大人还是小孩，显然已经因为胖东来书店的优美环境而爱上了在这里阅读好书。与其说它是书店，不如说它是图书馆，因为人人都可以免费拿起书来阅读。博尔赫斯说过，天堂就是图书馆的模样。在胖东来这样一个购物天堂，不仅能看到品种繁多的商品，还能感受到让人精神愉悦的阅读氛围。

胖东来时代广场地下一层的书店旁边，有一个非常大的眼镜店。这里的眼镜框就摆在柜台里，供顾客随意挑选，谁都可以拿起几款心仪的眼镜框进行比

图 24　胖东来书店坐满了看书的顾客

较，然后选出令自己最满意的一款眼镜框，最后再去验光、配镜片。而一般的眼镜店只能由店员陪同顾客去挑选眼镜框。有一次，我和同事尝试在这家眼镜店配眼镜，验光结束之后，需要戴上度数合适的眼镜试架感受 20 分钟，于是我们便拿着选好的眼镜框去了隔壁的书店，竟然没有店员来制止我们。也就是说，胖东来充分相信自己的顾客，没有建立防范眼镜框丢失的机制，顾客甚至可以在尚未结账的状态下戴着眼镜框离开柜台。同时，胖东来的眼镜店产品丰富，价格从百元到千元不等，品牌多、种类多，无论是成人还是儿童，都能选到适合自己的眼镜框。验光处也很专业，有叫号机制，验光师也非常有耐心。当我的同事选择了一款自己满意的眼镜框之后，营业员还会根据她的度数需求提供专业的意见，甚至带她来到了配镜师傅的工作室，询问这款眼镜框是否适合她、戴上后会不会出现不舒服的情况。这家眼镜店有质量最好的眼镜片，眼镜片的价格也因为有折扣而显得更加亲民。此外，胖东来的眼镜店还专门为老年人准备了老花镜，提供的服务既周到又专业，满足了老年人的配镜需求。胖东来的眼镜店一站式地满足了顾客对于眼镜的需求，所以客流量很大，但是秩序井然。

图 25　胖东来眼镜店挤满了顾客

　　胖东来自营的珠宝店装修得很华丽，让人感觉其商品的品质也一定很好，加上胖东来有极高的品牌美誉度，使得顾客对其自营珠宝品牌有很强的购买欲。与此同时，胖东来自营珠宝店的售后服务也非常好，顾客可以在柜台附近看到售后服务指引。

图26　顾客在胖东来珠宝店挑选商品　　　图27　胖东来珠宝店的售后指示牌

　　东来哥要求胖东来的员工尊重胖东来的商品、胖东来的环境、胖东来的顾客。如果一个人是美丽的，那么他可以用自己的美丽照耀、温暖更多的人。能做到这一点，每个人都会乐在其中；相反，如果脑子里只有利益，那就不会快乐。

东来随笔

让环境更好、人们更幸福

　　随着社会环境的不断发展，以及老百姓生活品质的提升，人们对健康的要求也越来越高，每个人都希望生活在非常整洁、温馨、美丽、健康的环境里。很多人并没有养成良好的习惯，也不爱护身边的环境，胖东来希望他们能够认识到环境对每个人的重要性，这样社会环境将会变得非常美好。为此胖东来制定了很多标准、制度和政策，激励大家向更好的方向发展，与此同时，胖东来的门店也越来越整洁、漂亮。胖东来最大的收获是让员工养成了这种好习惯，并把这种好习惯带到自己生活的每一个地方，既提升了自己，也影响着身边的每一个人。如果城市里每一个饭店的老板都对员工、顾客很好，那么员工就会很努力，饭店也会非常整洁，碗、筷子、餐巾纸都能让顾客完全放心。我心中理想的家园是这样的：街道是整洁的，没有白色垃圾；河流和水塘很清澈，里面有活泼的鱼、虾；田野中到处花团锦簇、绿树成荫；空气是清新的，天空是湛蓝的；大地上的每一个人是善良的、幸福的。这样的画面多么美好！只要我们行动起来，我们的家园一定会越来越美好。我相信胖东来人和更多有爱心的人会成为好榜样，这是多么有价值、有意义的事情啊！

再豪华的硬件，如果你不维护、爱惜，它就不会永远完美。我们卖场整洁的环境和细节服务能体现出团队的魅力，有些卖场做得不好——环境不好、服务不好、达不到考核指标，如果这样的卖场继续开门营业，就一定会影响企业的品牌形象，所以必须关掉。如果对卖场的环境质量有要求，那么企业的经营结果也会越来越好。要求越高，员工的效率就会越高，同时，员工的工资、幸福指数也会提高。但有些卖场不这样做，所以员工越来越没有激情，最后影响了企业的品牌形象。如果企业管理不了那么多卖场的话，就精简一些。

如果文峰广场、六一路被堵住了，那胖东来时代广场可能就是一个世外桃源。我们依然会把环境营造得很整洁、很舒服，依然会有很多顾客光顾。我们的内在是非常强大的，虽然客观环境会影响我们的销售成绩，但幸福的感觉是无法代替的，"好酒不怕巷子深"，这是一种好心态。不要产生消极情绪，有了好心态，面对任何结果都会感到高兴和幸福。我们在一生中会遇到很多事情，它们为我们增添了能量、智慧。再大的事，只要想开了，自然也就没有苦恼与痛苦了，要用自己的智慧把坏事变成好事。如果我们用这种心态去工作、生活，结果一定会很好！

胖东来商场最美丽的时候是开业前的五分钟，因为当时它没有处于挣钱的状态了，而是一件杰出的作品。这就是我们深化细节、深化商品分类和质量才得到的结果。我们要懂得完善细节，只有这样，我们的状态才会发生变化，所以一定要持续地培养员工注意细节的专业能力，让企业稳健地前行。

要做中国甚至是全球第一的商场

有人问东来哥："你想把胖东来做成什么样的商场？"他说："作为商场，胖东来也许不是世界第一，但一定要成为中国第一。"东来哥认为，目前形象最好的电器卖场是南京苏宁电器总店，他去看过。他觉得只要胖东来用心，肯定会做得更好。胖东来现在的观念就是主抓商品的时尚度、科技感、品质、价格、品类。

东来哥希望胖东来的卖场将来变得非常漂亮，所以胖东来跟供应商谈业务的时候，永远都是想着哪一种商品对顾客来说是最实在的，而不是哪一种商品扣点最多、赚得最多。东来哥要求电器部门在采购时一定要选择最实在的机型，产品要高质量、耐用、安全、实惠……还要增加电器品类，让顾客想买什么就能买到什么。胖东来的卖场面积有20000多平方米，东来哥认为最起码要有员工休息室，争取打造出世界上最好的电器城。

如果有好的设计理念，那么永远是企业在推着市场往前走。企业不是在寻找客户，而是在成就客户，让这个社会更美好。东来哥希望能把这种理念传递给更多的同行，让他们也拥有这样的前瞻性，使自己的工作处于主动状态，而不是被动状态。这个时候，企业输出的就不只是利益，还有精神的分享，包括对生命和生活的理解。

很多企业创办的初衷是证明自己、追求品牌价值。其实品牌价值最终是通过团队实现的，企业要有好的生活状态、生命状态，然后再去支撑品牌的技术状态。因为如果企业对生命和生活有好的理解，就会把相应的概念植入技术，然后通过技术让生活变得更加阳光、轻松、健康。这样的企业不仅追求利益，还追求一种精神价值。当企业用精神价值践行工作的时候，是非常轻松的，结果也是非常好的。

例如，胖东来的物流园既是员工的工作中心，也是员工的生活中心。东来哥希望物流园的负责人多想想什么东西可以给胖东来的员工带来快乐，要把物流园的基础打好，即使不完善，也可以在后期慢慢改进，要根据实际情况合理地完善细节。比如，要有会议厅、办公室，而且房间里都要有卫生间等配套设施。此外，还要有休闲的空间，员工不想回家的时候就可以住在这里。要让每个员工都能感觉到这不只是一份工作，更是生活的一部分；要让员工感觉到公司对他们的尊重。

在东来哥的心中，成立新的物流中心既能保证这个城市的食品安全，又能引导更多的企业关注商品品质，从而使社会更和谐、更文明。

胖东来的设计理念很清楚，先重视实用的部分，再加入科技元素，是围绕着"实用"和"科技"展开的。社会发展变化的速度很快，我们的科技意识一定要非常强，因为机器的工作效率确实很高，所以一定要有前瞻性眼光，先打好基础，再结合实际情况增加人性化的内容。

仓储需要具备哪些实用功能？一是工作规划方面，如食品加工、配送、分拣、科研等，需要一栋科研大楼；二是生活规划方面，如休闲、运动、养生，以及花园、菜园、健身房、电影院等，当确定了模块之后，再根据场地情况进行细致的划分，前提是建筑物要非常牢固。

场地的面积是多少、设计内容是什么，这些都要综合考虑。要保证设计出来的作品是实用的，就像装修我们自己的家一样。大部分设计师是为了设计而设计，但真正的好作品是为了生活而设计，中国人缺乏这方面的意识，设计的眼光还不够长远。

东来哥坦言，他见过很多设计人员，但是真正懂设计的人并不多。不懂生活的人一定是不懂设计的，只有真正懂生活的人才懂设计。现在中国的很多设计都在学习西方，西方的很多设计确实很好，但不符合我们的生活习惯，所以只有把中西方的设计结合起来才更实用。比如，我们的餐桌和西方人的餐桌是不同的，西方人喜欢用长方形餐桌，但这不符合我们的习惯，我们更喜欢圆形餐桌。所以，设计师应该多想想怎样让设计与生活的联系更紧密。设计窗户的时候不能只考虑便捷性，也要兼顾实用性，防止苍蝇、蚊子和其他昆虫随意飞入。

当这些好的理念被运用到设计中时，无论是哪一个作品，只要是用心设计出来的，都会让人感觉到幸福。设计师要有灵魂，建筑师也要有灵魂，就像做艺术品一样，不能只有十年、几十年的标准，而是要有百年的标准。如果作品能达到百年、千年的标准，那它就成为艺术品了，价值不可估量。一切美好都在于有一颗勇于创造和感受的心，梦想由行为来成就。

此外，要结合技术来提升工作的效率。在医院，给患者送药不是靠工作人员拿过去，而是通过轨道输送。体检时，如 B 超、核磁共振、CT 检查等，医生通过电脑就能看到检查结果，这是非常高效和科学的。要把能利用的科学技术都规划到商场的系统里。

在胖东来的卖场里，每个货架的商品分析都通过系统有效地衔接起来，提升了工作效率，推动企业健康、幸福地发展。胖东来希望能给之前没有合作过的伙伴提供帮助，让它们有所进步，彼此可以共享更多关于时尚、科技、生活理念的内容。在胖东来看来，跟任何企业合作都不能只图眼前的回报，更重要的是成就对方，让大家都能更长久、更健康地发展，使社会变得更加美好。

要明确企业服务的消费群体，社区店有社区店的服务定位，大卖场有大卖场的服务定位。在制定岗位标准的时候，商品的品类分析、组合和规划都要与市场接轨，不能脱离这个环节。大卖场和社区店的标准是不一样的，所以在工作中要制定相对详细的标准，培养员工的执行能力。按照固定流程工作，最终的结果是通过巡场考核保证工作的品质，如果出现问题了，就按照制度进行处理。当然，最重要的还是解决问题。

书店的环境要怎么设计？真正的好图书可以引导人们更轻松、自由、幸福地生活。对于书店未来的发展，胖东来的员工要很清楚。有一次，东来哥去新加坡的图书馆看书，发现里面有几十种《圣经》。他在法国一个小镇的图书馆里，发现了很多精致的书，这些书让人很有购买欲。东来哥认为，要想让书店有内涵，就要体现出思想。现在的胖东来书店在东来哥眼里就是"批发市场"，还处于生存阶段。东来哥认为，胖东来书店应该研究图书分类，看看什么样的图书会对顾客的学习、生活、工作、思想有引导作用，因为书籍是能够影响人类灵魂的东西。东来哥本人就特别喜欢买书，他想找一些有思想的书，以及真正对别人有帮助的作者，但他发现这并不好找。东来哥认为，现在很多书都很功利化，不能发挥真正的作用。

只有明白了这些，才知道应该把顾客往什么方向引导。就像学生一样，每个阶段学校给学生提供的参考书是不一样的，最终的目的是让学生朝着更简单、更轻松、更幸福的方向前进，让学生知道用书本上的知识提高自己，让知识辅助自己健康地成长。经营一家书店，要思考怎样能在保证品质的基础上让图书价格越来越实惠。其实经营企业就像做人一样，应该简单、真实、真诚，只要不脱离这个方向，路就会越走越宽。

作为经营者，东来哥心里有明确的方向，他想慢慢地把胖东来书店做成一家有思想的书店，真正地把图书品类做得很清晰、完善，这需要时间。

现在很多人读书都是"速读"，很多书店并没有营造好阅读的环境和氛围，不能有效地引导顾客静下心来读完一本好书。据我所知，当前国内最好的书店当属上海钟书阁、成都方所书店、苏州诚品书店，东来哥认为，这些都是胖东来学习的榜样。虽然东来哥承认胖东来书店与这些书店的差距很大，但是他相信在公司理念的指引下，通过全体员工的努力，胖东来书店是可以进步的。要改变"为了卖书而卖书"的心态，从一点一滴的小事做起，努力为顾客提供更舒适、更优质的阅读环境。每一本书都是作者心灵最美的沉淀，要用心去感悟，把书籍最美丽的一面展现出来，真正地让顾客找到精神家园。

东来哥认为，胖东来的医药部门应该让顾客感到幸福。他的观点是，顾客买药品是为了治病，所以要把好关，加快专业学习的步伐，让医药部门提升品质，做到100%的安全。员工遇到问题要抱着吃亏的态度，出了问题要勇于承担责任，要严格要求自己。每一个小区域，如中药柜、西药柜、抗生素药柜，都需要管理人员、负责人，要严格把控药品质量、保证安全。此外，还要培养优秀的员工，保证提升员工的素质，使其更专业化。药品的采购也要专业化，相关员工要掌握药品采购的渠道、专业知识，了解医疗行业的信息；要了解这个行业，将全面、准确的信息呈现给顾客。如果顾客需要治疗皮肤病，那么员工一定要知道哪些医院擅长治疗哪一类皮肤病，还要把这些知识输入医药部门的系统，推动工作往更深的方向发展。

胖东来的员工必须理解公司的理念、跟上公司的步伐，在保证不出问题的基础上，把自己的工作做得更好，不要把眼光只停留在某个区域，要做就做到最好。关于药品的分类，员工要掌握相关的专业信息。如果员工是销售胃药的，就要对各类胃药的疗效有所了解，要告诉顾客哪家医院擅长治疗胃病。治疗胃病，有药物治疗、手术治疗，要把这些区分开来。对中国内科前十名的教授，员工也要有所了解，这样就会知道他们的研究方向和擅长领域，有助于辅助顾客做决策。销售胃药的员工要对胃病有所了解，销售皮肤药的员工要对皮肤病有所了解……每一类医学知识，相关的药品负责人都要非常了解，这样就能准确地引导顾客，为他们提供有用的信息，从而让顾客更加信任胖东来。明白了这个道理之后，就能更好地展开工作了。比如，治疗咳嗽的药无非就是那几种，要将中成药、抗生素区分清楚，因为有些人的病是轻度的，有些人的病是中度的，还有些人的病是比较顽固的，工作人员要做好药品分类，让顾客在选择的时候有非常明确的方向。如果能做到这种程度，可能医生都会来向我们学习。做这个行业要用心，一定要全身心投入，除此之外，还要真诚、善良、有责任心，这样才会有好的结果。药店不只是卖药的地方，也是文化集散地，能够影响整个行业的发展方向。

要有先进的生活理念、先进的经营信念。好的环境能让坏人变成好人，坏的环境能让好人变成坏人。顾客在胖东来购物的时候是不会随地吐痰的，也不会随便扔东西，因为这里的环境让人不忍心破坏，大家不想失去这么美好的感受。顾客很爱胖东来、很尊重胖东来，即使它有很多不足，也能包容。现在胖东来的门店装修品质都非常高，这也是为了配合胖东来的文化。

东来的信

在细节处将卖场做得更好

时代广场的卫生间装了小水管以后，让人觉得很温馨。以前有些顾客上完厕所冲不干净，觉得很尴尬，现在他们拿水管一喷就好了，这就是细节的重要性。这个细节代表着胖东来对顾客的尊重、对工作的尊重。

刚才我看到门口排了很长的队，其实胖东来附近不方便停车，也容易拥堵。按道理来说，顾客应该不愿意来我们这里买东西，因为时间成本太高了。但他们还是愿意来，说明在胖东来购物让他们觉得温馨、温暖，越是这样，我们越是应该往更深层次的方向努力：环境质量、服务质量、商品质量、价格质量……涉及质量的，都应该从标准上进行完善，每个部门的负责人都要重视，把自己的部门打造得更加有品质。前几天，我看到人力资源部提交的《关于顾客的退换货和服务指南》，大家都参与制定了，内容非常详细、人性化，我看到后觉得很幸福。等这些标准落实以后，就会为顾客提供更多方便。如果出现问题了，我们就去讨论，畅所欲言，然后拿出解决方案。每个人都要问问自己：问题出在哪里，应该怎么解决？要一步一步地做。

我们的超市在端午节时会推出"五月端午陈列"，虽然我们不是最专业的，但我们的陈列方案在同类方案中还是脱颖而出，最重要的一个原因是思想自由。公司一直希望员工有更好的创意，在资金、设计方面给员工的压力并不大。有些作品和公司的实际理念差距太大，有些作品勉强说得过去，但是公司都会予以支持。因为公司尊重员工的自由，希望员工能够自由地发挥想象，这样才会发现更多的细节。

我们要做一个成熟的榜样，让全国的同行都来学习，甚至其他国家的企业也可以来学习。这是我们做超市的一个目标，也是一种愿望。我们要在这个基础上健康地运营企业，使自己拥有健全的人格、健康的思维、科学的生活状态。

现在很多企业模仿胖东来的模式，除了商标不一样，它们都喊着"爱在×××"的口号，这样真美好！因为社会上有更多的人在传播美好，我们应该感到开心。在有信仰的情况下，我们这个企业的价值是集合型的；在没有信仰的情况下，我们这个企业的价值是叠加的，就像"1+1=2"一样。

九、李书文面对面采访东来哥实录

时　　间：2020 年 8 月 18 日（星期二）

地　　点：河南省许昌市胖东来时代广场

参与人员：

厚朴创学院创办院长李书文博士，以及吴瑞兵博士、王丹博士、刘晓丽博士、王昭博士、吴文静博士、刘雪瑞等

胖东来集团董事长于东来，以及牛亚丹、黄晓波等

李书文博士团与胖东来集团董事长于东来进行深入交流，访谈内容围绕生命、生意和生活三个维度展开。

（一）生命

问：人活着的终极意义到底是什么？

答：自由和幸福。想实现幸福，就要达到自由、轻松、健康的状态，我一生的追求就是自由和幸福，然后在这个基础上延伸。如何实现自由和幸福？最起码要有正常的做人原则和做事原则，要懂得公平、尊重、正义、勇敢、坦诚、友善……这样才能体现出自由和幸福。如果你的内心非常自由和健康，自然就会很幸福，活着就会有热情。

问：那你现在幸福吗？

答：一半一半吧，毕竟大环境不能很好地保证你的权益，主要还是靠心态的调整。在明白这种道理的时候，我们还要理解社会环境不够成熟、需要进步，所以我们要用 50% 的心态理解、包容环境，用另外 50% 的心态实现自己的理想，走自己的路。

问：也就是说你现在实现了一半？

答：不是实现了一半，而是必须"一半一半"。如果你在与自己的文化不一

样的环境中生活，而别人也不接受这种文化，那就会形成对立。

打个比方，我们都说要尊重自己、爱自己，要听从自己内心的愿望，但是我们还要听爸爸、妈妈的话。可能别人会说要孝敬父母，但是我会说要尊重父母，让父母过自己喜欢的生活，让孩子也过自己喜欢的生活。父母不需要过多地干扰孩子，大家彼此保持尊重，就会轻松快乐很多。

可是大多数人会觉得这样的想法不够孝顺、对父母不好。现实往往是我们太在意表面的文化，不在意文化的本质。比如，大多数人觉得抽空回家看看父母就是一种爱，是对父母养育之恩的回馈。

我的理念是人首先要活好自己。每个人对待父母的方式不同，让我天天守着父母不符合我的性格，但是我会尽量安排好他们的生活，要有方法，比如，给他们提供生活费用。如果他们对一些家庭问题有顾虑、不放心，那我就帮他们解决这些问题，让他们没有后顾之忧，这不就是最大的孝顺吗？父母的精神轻轻松松的，每天让司机、保姆带着他们天南海北地玩，坐车去三亚，然后再回来……

有这种理念我就不用操心了，即便父母在路上病了或是出现意外了，最起码他们走在自己喜欢的路上。每个人的生命最终都是要结束的，从生到死，这样彼此都不操心。我母亲这一生就住过一次院，我去看她的时候对她说："谁不住院啊，如果真的治不了就算了，想想这一生也值了，既没有吃亏，也没有委屈自己，要是能治疗就更好了，你还要开心地活着、阳光地活着！"又几年过去了，她85岁了，身体还是很好。

我的母亲是一个很单纯的人，也没有学问，70多岁时才开始学认字，现在已经会发短视频了。她和朋友一起聚会的时候说："我们几个努力再聚20年！"80多岁的老人能有这样的心态多好啊！她能够做到这样，我想很多人也能做到。有这样的生命状态最起码没有浪费宝贵的时光。

偶尔陪陪父母也很好，但是如果只是为了证明自己而去陪父母，那就有点太悲壮了！现在不光是子女不理解，有的父母也不理解，总想让孩子来看自己……如果他们懂得自由的道理，就会和孩子说："活好你自己，我们挺开心的，每年偶尔有几次相聚就可以了！"不管是哪个阶段的人，都要有自己的能力，要学会尽量不去麻烦别人。

问：前面说到人活着的终极意义是追求自由和幸福，这是个体的行为。在组织当中，比如在胖东来，每个人对自由和幸福的理解不一样，你如何带着上万人去追求自由和幸福？

答：如果每一个人都能获得自由和幸福，那么我们的团队不就能自由和幸福了吗？这就要靠理念和信仰来实现。

你是否认同人要追求自由、幸福、公平、尊重、正义、善良、勇敢、节制？节制是指不管做什么都要有度，包括做好事也要有度。做任何事情都不能违背法律，不能伤害他人、利用他人，不能违背善良、正义、公平、法治……在这个基础上，你想怎么自由都行。

如果我们都能认同这种理念，在一起就好沟通了，在一起做事时就会勤奋、真诚。不仅对人要真诚，对商品、环境、空气也要真诚，对万事万物都要尊重、真诚。比如，我种了一棵枣树，我很热爱它。我不用化肥，而是研究农家肥怎么用，只要把枣树种好，别人觉得枣很甜，我的心里就很幸福。你想想，如果我能给别人带来好的商品，带来安全、质量、保障，那大家的生活就会更有品质，结果怎么会不好呢？

就像瑞士一样，虽然这个国家不大，但是它对世界的贡献很大。无论是制造行业、服务行业，还是金融行业，都有瑞士的贡献，这就体现了其文化的先进性。

不管怎么样，都要体现出社会对生命的尊重。我们在努力打造这样一种让生命更加美好的标准，为此去创造、去研究、去付出。

问：也就是说，你认为人们对自由和幸福的理解是有趋同性的，基于这个理念，你会带领一个组织由个体幸福向集体幸福转变。是这个意思吗？

答：对。这跟信仰不是一样吗？

问：你有信仰吗，信仰是什么？比如，更信奉哪种宗教？

答：自由和幸福就是我的信仰，不管是哪一种宗教，都有对自由和幸福的总结，都希望人类更美好。所以说后人应该更智慧地从它们身上获取长处，把好的东西使用起来，让自己的生命更真实、更健康、更有质量，从而为这个社会带来一种能量。

要科学地看问题，坚信科学和法律。法律也是围绕科学展开的，在科学的基础上体现出相应的思想。我们追求自由和幸福，让阳光、信任、真诚、正义、博爱、节制等体现在自己的工作和生活中，让自己很真实、很勇敢、很友善，有了这样的状态，生活怎么会不美好、不健康呢？如果你的身上充满了贪婪、嫉妒、自卑、压力，那你是不是很苦悲？把自己美好的一面体现出来，生命就会阳光很多。不高兴的时候，稍微调整一下心态就行了。

我也有缺点，每个人的身上既有美的地方，也有丑的地方，有正面肯定就有反面，有缺点很正常，要学会释怀，多释放美丽。你要做自己喜欢的事情，不喜欢的拒绝就行了，因为生命太短暂、太宝贵了，不能浪费时间。

问：胖东来的企业文化中有一个很重要的词语是"快乐"，普通人如何获得快乐？

答：轻松了不就快乐了？自由了不就快乐了？其实我们的词语还是有点复杂，应该把"快乐"和"幸福"合并成一个词语，让一切回归到简单。要让文化越来越实用、越来越简单，因为文化太复杂就会对人们的生活造成影响。我们深入研究文化的目的是让其更清晰、更科学，而不是更复杂。只要活得轻松简单，就不可能不快乐。

问：东来哥是否相信轮回？对生死怎么理解？

答：你来到了人世间，过好自己的一生就行了。不管你是生是死，都会有新的生命出现，宇宙太深奥了！万事万物在整个宇宙当中都是微不足道的，有的东西我们现在还解析不了。

我们只要明白活着的价值和意义，对得起自己的生命、对得起时光就行了。当你活得灿烂时，对下一代的生命、对未来的生命也会有帮助，这也是一种爱。如果你过得很苦悲，那生命还有什么意义呢？所以我们不只要让自己活得快乐，也要用阳光的生活状态影响那些比较脆弱的生命。

问：现在有一个假设，如果让你回到 10 岁，重新规划一次自己的人生，你会怎么选择？

答：10 岁时我还没成年呢，肯定受社会环境、学校、家庭的影响比较大，还考虑不了那么多。

问：如果又过了 10 年，你 20 岁了，会如何选择？

答：还是要看社会带给自己什么样的影响、什么样的文化，那我就会活成什么样。

问：如果你带着现在的经验、智慧重新回到 20 岁，会如何选择？

答：如果我带着现在的理念、文化回到过去，就会让当时的社会接受这样的理念、文化，我可以活得开心一点儿、快乐一点儿，做自己喜欢的事，坚决不做违背自己内心的事。

做事也是一样的，我要工作，要体现自己的价值。比如，我是卖香蕉的，就会慢慢了解香蕉的品类、营养元素，以及它对人体健康的作用、在大自然中的作用……不能只想着赚多少钱，而是要深入地了解香蕉、让香蕉的价值体现出来。香蕉有什么好处、坏处，都要让大家知道，要让人们在对的时间消费它，让它对人们的健康、生活的美好起到辅助作用。

我开一家香蕉店，5 年是什么样？10 年是什么样？我要把世界各地的香蕉都汇聚在一起，打造一个"香蕉天堂"，把香蕉的价值释放出来。

如果每个人都能这样专注地做事，怎么可能不快乐呢？

问：关于信仰你还得做一个选择题，虽然你并不从属于哪个体系，但还是必须选择一项，你的答案是？

1. 儒家：精进、早起、干活、立德、立功、立言、修身、治国、齐家、平天下

2. 佛家：积德行善、因果轮回

3. 道家：道法自然、轻松愉快

答：我都不选。对我们来说，应该博众家之长，把好的东西用起来，让自己的生活更健康、更有质量，让社会更美好。

目前我最大的信仰就是科学和法律，要在科学和法律的基础上体现自己的思想。

问：1998 年的大火对你的影响是什么，这是不是一个很重要的转折？

答：我的人生故事太多了，每个故事都能写成一本书。1998 年的大火只是我生命当中一个比较重要的故事，但对我的影响并不是最大的，最起码没让我想过自杀。更早的时候，我因为赔钱想过死，后来又觉得这样不值，我死了以后家人怎么办，欠别人的钱怎么办？所以我只能继续干！要相信自己，只要努力，没有什么是做不到的。

当时，店外面烧得一塌糊涂，员工和朋友一直在店里陪着我，社会上也有很多人关心我。特别是有一位老大娘在后门等了两天非要见我不可，她对我说："孩儿啊，你可不能不干呀，要是没钱了，你大伯和我还存了两万多元，我们都给你拿过来。"这些情分对我的触动才是最大的！

当时我没有消沉，而是很乐观地等待政府下达重新开业的指令。

后来，我们重新开业了。我的改变是不再只挣钱满足自己，钱好还，情难还。那时候我初步形成了一个理念：要对社会好。

1995 年的时候我的理念是"用真品换真心"，想把事业做好，想多挣点钱，让自己和员工都过得好。

1998 年的大火以后，我就对社会有爱了，因为我感受到了社会对我的爱。那时候的爱有点像雷锋精神或者焦裕禄精神，可以牺牲自己、造福社会，现在来看有一点儿悲壮。

这也是企业文化经历的一个过程。

2006 年，我希望用理性的方法改变奴性、实现个性。那时候，国贤、叶毓政给我讲西方文化。国贤讲个性、尊严、尊重等，而叶毓政则是活出了这种状态，他们一个从思想上进行诠释，一个从现实中体现出来，我意识到这些后就去落实，因为这符合我心里面所追求的自由、美好的愿望。

可以这么说，在胖东来的发展过程中，1998 年的大火是一个转折点。2003 年胖东来是"创造财富、播撒文明、分享快乐"，创造财富最重要的是创造精神财富，有了真诚、关爱，信任、生存就不成问题了，然后在此基础上体现出美好、善良的一面，再把这些美好的东西传递给顾客、员工和社会，分享生命的快乐。到了 2006 年，胖东来有了"公平、自由、快乐、博爱"的理念，这是受卢梭和法国启蒙运动的影响，让我对民主、自由、公平、博爱有了一些认知，可能这就是从民族文化向世界文化的一种转变。还有后来的汶川地震、日本海啸等，我身上有很多这样的故事……

我的性格就是这样，一遇到这种大灾大难就会非常勇敢，如果我不站出来，自己心里的这一关就过不去，因为我的理念中善良是最重要的，这也能体现出对社会的爱。这种爱不是感性的冲动，而是思考应该怎么做才能带动这个社会变得更好。

就像我说的一样，要做国家的好儿子，要理解国家、为国家分担，真正地帮助父母，释放出更多的智慧，寻找更好的方法让国家更健康地向前发展！

问： 2006 年有什么大的事件吗？让你的思想有这样一个转变？

答： 2006 年的时候，我看了卢梭的《忏悔录》，看了《世界通史》，还对哲学产生了兴趣，而且我还与国贤、叶毓政交流了很多。受多方因素的影响，那时候我的心静下来了，就决定要这么走。

叶毓政分享了他们的文化和技术，胖东来和他们一比，就像小孩子一样。那时候我们还没有人力资源部，但是因为不懂，所以就容易骄傲。我当时反思胖东来是不是走得太快了，什么都不懂，出了问题了怎么办？这对我来说是一个警钟。在这个过程中，我发现了中西方教育孩子的区别：他们的孩子到我们家来就像主人一样，一点儿也不客气，老大带老二、老二带老三，一个人带三个孩子也很轻松。如果我们带三个孩子，那姥爷、姥姥、爷爷、奶奶就会齐上阵。他们的孩子非常有个性、很勇敢，活得阳光灿烂。虽然他们也有苦恼，但是相对要好一些。他们在生活中拒绝束缚，生命质量比较高。

我们中国人经常说"要追求幸福、要努力地生活"，而欧洲人的思维是"我为什么不幸福地生活，人生下来不就应该幸福地生活吗，为什么要不幸福呢"，这是思维的差异。他们骨子里就认为应该真实、阳光、幸福地生活，没有太多的想法，更多的是考虑活在当下，怎么舒服就怎么过，有追求、有梦想，无论做什么都是出于内心的喜欢。有的人喜欢挣钱，就像巴菲特一样，但他挣钱不是为了炫耀，那是他的乐趣，而不是使命，如果是使命就有些悲惨了……就是这样的概念。

问：公司的行为准则中没有提到道德，如何理解大家口中的传统道德观念？

答：大部分人认识的道德是一种概念化的道德，是一种强加于人的形式主义。其实很多词汇就代表了道德，通常大家认为道德就是听话，但是不应该只听别人的话，更要听自己的话，这种道德是公平和尊重，是更高层次的道德。

把道德解读成阳光、自由、尊重、信任，这些词汇是培养人的标准，是目标。

就算别人不理解，我也坚持我的原则。如果你还是不理解，解释三次之后我就会远离你。

问："人之初，性本善"还是"人之初，性本恶"？

答：既善又恶，有阴有阳，这才是完整的。不可能只有单一的善良或邪恶，其实是并存的，都有正面和反面。

问：有的时候，我们做老师的非常用心地想把学生教好，把好的思想和价值观传递给他们。但是我们往往会发现，年轻人很独立、有个性，甚至不怎么尊重老师、尊重知识，如何去教育学生呢？

答：作为老师，只要能做自己喜欢的事情就会很快乐。虽然你们赚的钱不多，但生存是没有问题的，买不起房子可以租房子，要知道自己想培育出什么样的人、要教会学生什么。最起码要活得精彩一些，去感受生命的美好，不要让自己纠结和痛苦。既不能欺骗自己，也不能欺骗学生，尽量和学生分享自己的经验、知识，让他们在人生路上活得更真实、勇敢！

我知道许昌学院有一位很好的老师，因为胖东来一个员工的孩子在跟他学画画。这个老师一个月能赚一万多元，他会把这些钱都用在学生身上，活得很轻松、洒脱。他对物质没有什么要求，天天领着学生画画、玩儿，觉得这样很开心。他对画画很痴迷，常常一画就是一整天。他教出来的孩子画的画是有灵魂的，能把自己的内心世界呈现出来。

老师最起码要懂得生存涵盖哪些内容、生活涵盖哪些内容，更多的是让学生看到真实的东西，不能空洞。要对比好的理念和不好的理念下的生活状态、工作状态，这样大家肯定会选择好的理念。

我们从小缺少哲学、历史、自然科学方面的教育，把名利定位为最重要的东西，这是不正确的，生活的基本知识才是最重要的，比如安全、健康……要知道怎么样对待生活，怎么样跟动物、大自然相处，知识只是辅助生活的一种工具。

但是我们的教育认为知识是最神圣、最高尚的，考试分数是最重要的。如果学生考上了清华、北大，就会敲锣打鼓地庆祝，那没考上的学生会是什么感受？这是尊重吗？人与人之间相互尊重的时候，你有你的快乐，我有我的快乐，每个人的人格都是平等的，机会也是平等的，并不是考上大学的人就更优秀，因为上大学是为了学知识、做研究，并不是为了证明自己比别人优秀。

快乐是多元的，不只是分数，不只是名利。我们现在追求的东西还不够成熟，遇到风浪时就不知道该怎么办了。我们还不明白生命的意义，不明白自己为什么而活。

（二）生意

问：现在很多企业家都说"企业是我的全部，企业是我的生命"，胖东来对你来说意味着什么？

答：就像娶了个老婆，有一半是自己喜欢的，有一半是自己不喜欢的，这是环境的因素。商品越来越好，就能让很多员工过得更好，这也是我的成就，我也很幸福。不幸福是因为我的能力还不够，不能让企业很健康地发展，不能让团队、员工达到一致的生命状态，如果能达到60%—70%也行，但是目前只能达到10%—20%，事实上，如果企业小一点儿可能会更好。

但我骨子里还是放不下，放下了会很痛苦，放不下也会很痛苦，所以只能两弊相衡取其轻，两利相权取其重。

在我的生命中，企业是次要的，并不是我最爱的事业。我更想为社会做点事情。

问：昨天我们探讨了胖东来的使命、愿景、价值观，你能清晰地勾勒出来吗？这些东西是很坚定的吗，还是会发生变化？

答：使命、愿景、价值观是非常坚定的，可以放到生命的层面。

因为我的个性是自由的，就算开车出去玩，最起码我也要尊重自己。在事业方面，我没有其他选择，必须坚定地走下去。这就是我的信念，当面临死亡的时候，我才发现它比生命还重要。

所以说，我在理念方面可能比较固执。在这个基础上，我们怎么谈都可以；如果离开了这个基础，我们就没办法谈了。所以要真诚、真实、友善、博爱、勇敢……

问：如果不做生意，你会选择做什么？

答：不做生意就上班，因为人还是要生存的。我可能会去工厂或者去学校当老师……要不然怎么生存？

所以，做生意不是唯一的选择，我要挣钱保障基本生活，总归有很多条路可以选择。

问：你思考过接班人这个问题吗？在现有高管和子女之间，你会怎么选？

答：人的生命都是自己的，我有什么资格决定别人的生活？

子女有子女的选择，我得尊重他们的选择。这个企业不是他们创造的，他们有什么理由坐在这个位置上？胖东来现在的体制谁带领都可以，自由去做就行了。

比如，我退休了或者去世了，那就顺其自然，谁有能力谁就继续带领团队，要让企业继续经营下去。胖东来有股东、有体制、有分配标准，继续往前走就行了。如果领头人不行，那就换人，要按照这个理念、标准来做。实在没人了，就只能倒闭了。

我很认真、真诚地做企业，心态很健康，为什么一定要考虑接班人的事情呢？你看发达国家有多少企业是真正在乎接班人的？

问：通用电气公司的韦尔奇挑选一个接班人要用十几年时间，欧洲的企业基本是家族传承，这是一件非常重要的事情。

答：我不想传承，我就是这样的性格。不管传承与否，只要真诚、热情地去做事，任何人都能做好。

我一直在分享胖东来的理念，希望这个社会不只是胖东来优秀，每个企业都很优秀。只要用对方法，把好的理念体现出来，每个人都很优秀。

问：胖东来目前不对外扩张是既定战略吗？还是想先打造一个地区级样板，然后再慢慢往外走？

答：我希望把胖东来的理念分享给更多的人，让大家都能活得阳光、活得真诚、活得随性、活出自己喜欢的样子。我想让更多的人成为健全的人。什么是健全的人？最起码他活出了健康的生命、真实的生命、阳光的生命、热情的生命，而不是活出了虚伪的生命、自卑的生命、苦悲的生命、辛苦的生命。

依靠努力和热情做出来的东西是一样的，但感受不一样。努力是悲壮的，而热情是出于喜欢。就像喝酒一样，喜欢了才会喝得开心。如果你努力是为了拿第一，为了名誉，那就十分辛苦。我希望这种理念可以影响更多的企业，让它们更真实、更稳健、更健康、更乐观、更善良。

你看现在的企业更多的是自卑，总是想把对手逼死。如果每个企业都这样做，那这个社会还有真诚吗？还有友善吗？所以说，我们应该慢慢地成就别人，也要引导更多的人慢慢地成就别人、赞美别人。如果只想着"消灭"别人，那你的心就是狭隘的、自私的、贪婪的。

所以胖东来肯定是不会走出去的，它就像一所学校，不停地传播着自己的理念，我会尽力做好这件事情。

问：胖东来是否会考虑上市？

答：不会考虑。因为胖东来不是一个企业，而是一所研究文化的学校。

问：但是上市成为公众公司是西方文明中最重要的企业经营理念之一。

答：这需要社会的发展环境、各种文化的协助。

问：你认为西方企业的发展与我们不一样是因为对方是透明的公众公司，所以会选择在资本市场亮相？

答：西方上市公司的价值是造福社会。中国的上市公司为了责任、使命而发展，并不是为了爱好而发展，所以还有一段漫长的路要走。我们的理念还需要上升到更高的层面。

问：你的意思是如果外部环境达到了一定的条件，不排除胖东来有上市的可能性？

答：胖东来不会上市。当然，等我死了以后，胖东来是否上市都与我无关。

最重要的是我要做自己，为了社会，我要把身上的经验、感悟都释放出来，不辜负自己的经历。如果你会游泳，但你看见别人落水却不救，你自己也不会快乐。所以说，我要做国家的好儿子，做一个善良的人！

问：有一个假设，前提是你没有任何做生意的经验，让你在金融、地产、百货超市里面选择，你还会选择百货超市吗？

答：我肯定选择其中任何一样，不可能选择两样，人的能力是有限的，剩下的让别人去选，让大家一起为社会的美好而努力吧。但人性是贪婪的，随性吧。

问：在经营百货超市的过程中，如果你发现老百姓买不起房子，会不会从事房地产业，用你的理念让老百姓住上好房子？

答：不会。商业一定要影响房地产业，让房地产业慢慢往文化的方向靠拢，慢慢觉醒。现在大环境是这样的，所以我们要做文化，争取让孩子能为父母提供一种模式。这种模式不会被父母一眼看到，需要经过时间和岁月的洗礼。

问：关键是孩子太多了，父母也管不过来啊。

答：中国已经走过了 5000 年文明历程，我们何必在乎这几十年、几百年呢？你现在做的事情都是为了 500 年以后的世界。我讲的这些道理，现在的人听不懂，500 年以后的人能听懂，1000 年以后的人也能听懂。当然，如果真的没有人能听懂，那也无所谓，毕竟世界是多元的，不可能是单一的。

就像"二八原则"一样，世界上优秀的人的比例可能很小。我们理解这个宇宙，改变是不能强求的，非要把贫穷改变成富有，这是不可能的。

问：还有一个假设，如果胖东来倒闭了，除去不可抗力因素，只能选择一个原因，你估计是什么？

答：我死了或者我膨胀了，我的信仰变了。如果信仰动摇了，之前谈的那些理念就都变了。

问：如果过度传达自己的理念，对员工是否形成心智控制？

答：慢慢引导员工，不要求、不控制他们。其实这一切还是在国家的法治和道德范畴之内。伤害别人、危害社会的行为不能做。

问：你觉得什么是管理？

答：用有效的方法让你的团队更有热情。

问：有效的方法是什么？

答：不违背科学的方法。就像上班一样，本来用不了两个人，但你非要用两个人，那就是浪费。最起码要让人觉得上班不难受，不能让人觉得不舒服、憋屈，是不是？员工在不忙的时候可以玩玩电脑、听听音乐，有顾客了就去忙。上班也是生活，不要一上班就想着下班，不能让大家窝工，能做的事情非常多……

我们禹州店开业的那天很热，我要求员工站一个小时必须休息，后勤有 6 个人，如果全部都站几个小时，没人轮换，那他们会快乐吗？不可能的。安排 3 个人站、3 个人休息，问题不就解决了？一定要用有效的方法，让大家觉得舒服。人在开心的时候，做什么都觉得舒服；不开心的时候，做什么都觉得痛苦，最好的管理就是让团队不失去热情。你要是不知道该怎么管理，就和大家一起讨论嘛！

好的管理要有文化，因为文化会让我们知道管理的方向是什么。要有体制，体制会让大家感觉到尊重、公平、正义、希望。除此之外，还要有方法和标准，它们让我们的行为有依据，让我们知道应该怎么做，让我们的工作在有效的范围内展开，不浪费人力资源。

问：我注意到胖东来的管理非常扁平化，没有明显的"金字塔"。

答：都有，但更多的是上级为下级服务，上级要引导下级，而不是主宰下级。如果上级想完成某种任务，就让下级去想办法，把任务交给他们，让他们讨论工作应该怎么做，然后围绕着文化展开体制建设、工作标准建设、工作方法建设……

问：组织架构应该类似于矩阵式或者网状，因为"金字塔"的机制传导较慢。

答：其实还是金字塔的形状，因为必须要有一个核心的方向，大家的方向要一致，不能分散。方法是扁平化的，可以让大家去想，由下级制定，而不是由上级制定，上级可以引导下级。做事要往上走，思想要往下传递，形成民主、公平的氛围，这样就会产生信任感。

在这样的情况下，员工的参与感会更强烈。比如，公司要安排一个职位，过去这种事都是由上级直接决定的，所以大家会努力地讨好上级，赢得上级的喜欢，这样的氛围肯定是不公平的。现在职位的安排由下级来决定，比如，从10个人中选一个领导，上级不参与，只有这10个人参与竞聘，这样不管谁入选，都不会让人觉得有"黑暗"的成分，因为管理层没有参与。

问： 一般公司都有董事长、副董事长、总经理、办公室主任等，胖东来有没有？

答： 我们也想这样做啊，但是现在还没有。现在我们的理念是每个部门都是有联系的，但是具体事情由各个部门分别去做。

问： 这就是所谓的矩阵式。

答： 其实每个部门都是单一的公司，各部门做得好不好跟我没有太大的关系，那是各部门自己的事情。我肯定希望各部门都能做好，做不好也没关系，关店就行了，随缘。但至少要有一个公司干得好，我不能放弃。

我分享自己的经验、智慧，并和员工一起进行探讨，创造更多好的管理方法，然后辅助员工更加健康地向前发展，更有韧性地向前发展。

问： 这取决于企业是否有一个坚定的执行者。你让这些"非常理念"落地的时候，会不会发生偏差？

答： 我认为企业不是最重要的，而理念才是最重要的。哪怕企业倒闭、高管离开了，哪怕员工离开企业之后开了个小店，只要能把这种理念传递出去，只要能过得很阳光就行了。我觉得这种价值高于企业的价值。理念的传播非常重要，比如，我们有一位高管的母亲走了，她父亲想出去旅行，但她的兄弟姐妹都不想让父亲出去，觉得待在家里比较安全。但她想明白了，就和父亲说："爸，您想干什么就干什么，想去哪儿玩就去哪儿玩。"在她看来，在这个过程中，只要父亲快乐了就好，这是他想做的事。最起码在他生命的最后阶段，能活得开心，还不用麻烦别人，多好啊！

问：胖东来现在的组织结构是人员还没到位、亟待完善的吗？

答：是这样的，因为现在所有的工作都有相关的人员来安排，所以暂时还没有完善。

问：在整个集团，什么事情必须由你说了算？

答：理念，除非你推翻了我的理念。

问：现在授权到什么程度了？是不是除了理念都授权了？

答：基本上都授权了。按照公司的体制，大家都能这么做。因为我们已经坚持了这么多年了，形成了成熟的制度和方法。像何雨这个岗位（副总经理）都没有人愿意做，太累了！主要靠的是奉献精神，我给他们做思想工作：我们要做国家的好儿女，要为国家做贡献。

问：你有很强的人格魅力，大家对你的感情都是发自肺腑的，你觉得领导力是什么？

答：善良，心中有爱。

问：只有善良就够了吗？我们身边有好多善良的人，但是他们能带领团队吗？

答：要善待世间万物，心底无私天地宽，这并不复杂。

问：以前我的老板宁高宁说"有多少人追随你，你就有多大的领导力"，你认同这个概念吗？

答：认同，但是这种说法比较功利，不是自由的，自由就是做自己喜欢的事情，喜欢了就有热情了。其实这还是两种思维的问题，中国人喜欢证明自己优秀，但我觉得这个很功利。我知道自己很优秀是因为我喜欢这样做，而不是为了证明自己。

喜欢和证明是不一样的概念，就像巴菲特一样，他是因为喜欢才做自己的事业，并不是为了赚多少钱。我们做事情是为了让社会和人类更美好。

问：现在社会消费水平降低了，对零售行业有很大的冲击。面对未来的很多不确定性，胖东来作为一家商超企业，有没有相应的预案或战略？

答：随着大环境走，也要制定预案。如果经济不景气了，我们就过得简单一点儿，只要能生存就行，在此基础上尽力地把该做的事情做好。

尽量做好自己的事情，为老百姓、为这个社会提供物资保障。不要觉得我们的企业一定要怎样，只要履行自己的职责就行，要是真的活不成了，关门也无所谓。但是只要踏踏实实地做事，应该还是很有价值的，就像疫情刚发生的时候我们做的一些事情，就是对国家有价值的。

问：外界认为胖东来成功的诀窍是对员工的公平，包括完美的制度设计，让员工自己选择上级，你是否认同这个观点？

答：不完全是这样吧，因为企业文化是企业各个方面的集合。老板可能坐的位置比较高，但是他也要吸收整个团队的思想。我们提炼出了更加有效的理念和方法，然后制定成标准来促进企业的运营。如果我们围绕着真诚展开工作，那企业的品质就会越来越高，顾客也会更加认可企业。有了顾客的认可、信任，企业的发展就会越来越健康，这是一个良性循环。

我回答的是"道理"，除此之外还有"术"。我认为"术"是指技术，而不是心术。技术是围绕着道理展开的，道理是路，只有路的方向对了，我们才能用方法、技术实现它。

问：胖东来的企业文化里唯一跟金钱相关的就是"理财"，胖东来内部有没有理财方面的课程或者指导？

答：我们一直在建设这些东西，因为理财是很重要的。现在很多人把"理财"这个词扭曲了，一般人理解的理财就是用自己第一个月的工资给父母买东西，但是应该怎么做呢？首先要照顾好自己，上班的第一个月要告诉爸爸、妈妈："我去上班了，你们不要操心了。如果一年以后我的手里有钱了，就能孝敬你们了。现在我要照顾好自己，让自己安全，让你们放心，这是对你们最大的孝敬。"

我举个例子，假如你是胖东来的员工，一个月领 4000 元工资，在当地可以租到非常漂亮的房子，然后你再给家里买些电器、正常的生活用品，生活就很有品质了，没事的时候还可以听听音乐、看看电影……你们可以去体育馆看看我住的地方，很干净，只放了一个床垫，铺了地毯，墙是白色的，但是也不见得比那些豪华的房子差，我住得很舒心。员工刚开始工作的时候不要谈恋爱，半年以后懂得企业理念了再去谈恋爱。当你什么都不懂的时候，要知道先做什么。

一年以后你要成为什么样的人、收入要达到多少……要清晰地规划自己的人生，对于不同人生阶段的状态和质量要很清楚，不要像现在的一些大学生一样，毕业后就不知道该怎么过了，很悲苦，更多的是被面子左右——用第一个月的工资买苹果手机、平板电脑，这是不可取的，应该让自己轻松下来。

健康的理财观念会让你的生活非常轻松愉悦，如果你有这样的生活状态，还怕找不到朋友吗？就是因为你不成熟，别人才不相信你。如果你懂得生活，那别人跟你在一起时就会很放心，感到有希望。当你懂得理财的时候，就会有一个很清晰的规划。很多人认为理财就是想办法让钱生钱，那不是理财，而是投资、经营金融。"理财"这个词应该与生活关联起来。

问：胖东来的商场有很多自主品牌，还有联营品牌，是自主品牌的利润率高，还是联营品牌的利润率高？

答：未来的零售业，做超市的肯定要靠自主品牌，因为自主品牌可以减少环节，让商品更实在。比如巴马水，我们开发了以后卖 1.8 元，口感很绵软，但是其他品牌的巴马水可能要四五元一瓶。我们做的那些自主品牌比其他同等质量的品牌可能要节省百分之几十的毛利率。

问：胖东来的企业文化是如何体现在与供应商的关系上的？

答：我们跟供应商合作，也会从理念方面讲我们的合作意向，讲我们理念的优点是什么、缺点是什么。我们经营企业不只是为了挣钱，还想让社会变得更美好。所以，我们要合理地看待利益，供应商做的商品一定要实在。就像我们的营销一样，也要往这个方向努力，在合作过程中会制定很多标准，如商品标准、生产标准、配送标准……一定要符合国家的质量标准规定。

在这样的情况下，企业与企业之间就会形成多赢的局面，对社会好、对顾客好、对企业好、对供应商好，我们要按照这个方向去做，一步一步地向前发展。

问： 胖东来有无理由退换货的服务，退换货的风险是由供应商承担还是由胖东来自己承担？

答： 双方都会承担。如果风险比较大，可能是我们承担一部分，供应商承担一部分。要看是谁的责任，如果是商品质量的问题，那就由供应商承担；如果是顾客的问题，那就由我们承担。要按照这种标准把责任区分开来。

顾客为什么退货？要么是商品质量的问题，要么是我们售前、售中服务的问题。总体来说，我们的专业能力有待提高。比如，有些顾客买了衣服以后，因为不知道洗涤方法而把衣服洗坏了，这说明我们没有做好解释工作，这是我们的问题，不是顾客的问题。

我们现在卖衣服会制作一张卡片，然后在卡片上写清楚衣服的洗涤方式。如果衣服因使用不当而出现了问题，我们是不退货的。当然，万一衣服真的损坏了，顾客来找我们，我们还是会退货的，但这样的概率小了很多。

我们要从根本上解决问题，不能造成资源的浪费。就像我们的"500元投诉奖"一样，其实我们公司一年的销售额是50多亿元，投诉奖一年才花20多万元，损失非常小。之前公司一年的投诉奖只花7万多元，我觉得太少了，就加大了奖励力度，这才提高到了二三十万元。

有了这样的措施之后，员工在进货方面、专业方面就会不断地提升自己。你觉得我们的水果好吃，为什么？因为如果我们卖的水果不好吃，顾客就会退货，除此之外，我们还要赔偿人家，还要送礼。所以，我们进货的时候会很严格。大家都说胖东来的东西贵，因为都是筛选出来的。

问：现在的很多年轻人都很懒，平时也很忙，所以非常需要线上服务，胖东来会有规划吗？

答：现在还不成熟，我们也要考虑线上服务的成本和品质，要看条件是否允许。包括商品品质、服务质量，这些都是我们要考虑的事情，等将来条件成熟了，我们才会这样做。我们要保证商品的品质，不能因为你不想跑腿，我们就要盲目地满足你。

问：三个利益主体——客户、员工、股东，谁最重要呢？

答：肯定是员工啊，如果股东投资只是为了逐利，对我们来说也没有什么价值。我选择这份事业肯定是希望社会变得更好，如果感受不到幸福，那还怎么干呢？只有让员工感到幸福，他们才会更真诚地为顾客考虑。只要他们得到尊重、得到关心、得到认可、得到希望，就会认真地执行公司的理念。

问：三者发生利益冲突的时候怎么办？

答：肯定先保障员工的利益。如果在日常工作中员工和顾客发生了冲突，顾客肯定是最重要的。这是两个概念。

企业要先造福员工，再造福社会。很多企业挣钱后，就会捐款献爱心，大家都认为这种行为值得赞扬，但我认为这种行为是不合理的，因为企业忽略了自己的员工是否幸福。说得直白一些，这样的企业其实是拿员工的价值、顾客的价值来满足自己对名利的欲望。如果你觉得挣的钱太多了，那就少挣一些，更多地惠及客户。如果你觉得钱花不完，那就分给团队，增强团队的凝聚力，让员工得到尊重。

国家希望老百姓幸福，我们做企业的难道不应该考虑员工的幸福吗？把员工安排好了再去捐钱才是合理的，不然员工的心里会舒服吗？

问：你现在把谁当作竞争对手？

答：世俗。胖东来的理念是希望世界更美好，所以我把世俗当作竞争对手，包括那些自私自利、贪婪的行为。

问：企业里面各个年龄段的人都有，每个年龄段的人的需求是什么，你思考过吗？

答：就是开心啊。20 岁的员工需要希望，如果没有希望，那他们就没有热情了。要让他们觉得有奔头，能实现美好的生活。30 岁的员工可能要养孩子了，最起码要让他们开心地养孩子、快乐地养孩子。等员工到了 40 岁，孩子也长大了，要让员工快乐地享受当下的美好，尽量不要让他们有那种非常苦悲的、压力很大的状态。

因为不懂好的理念，所以才会有压力，如果你掌握了好的理念，那还有什么压力呢？家庭中夫妻关系和睦，对孩子的要求不高，这样就会很轻松、很舒服，也不会得抑郁症了。这样的人生很美好。

问：关于社会价值，我提出了一个和胖东来企业有关的"东来概念"。比如，胖东来的员工去了其他企业，别人会非常喜欢这样的员工，因为他们是经过专业训练的，而且各个方面的业务标准肯定是非常高的；给胖东来供货的供应商可能还会给其他企业供货，顾客会认为这个供应商提供的货肯定是好的，因为胖东来的商品品质是大家有目共睹的；只要是胖东来周边的房子，价格就会上涨……我把这些统称为"东来概念"，你觉得这样概括企业的社会价值是否合适？

答：合适吧。不管怎样，只要可以为这个社会带来美好，那就有价值。比如真诚、友善、信任、博爱，这些都有价值。很多零售业的人来胖东来学习，心里是很幸福的，因为来到这里，他们觉得像是回家了一样，想怎么学就怎么学，心里不会觉得不舒服，这就是很大的幸福。

每天来我们这里学习的企业人员太多了，前天我在禹州店就碰到了广州、福建、天津、黑龙江、辽宁的企业人员。一个小县城的超市开业，为什么能让这么多企业人员从那么远的地方赶过来？因为他们觉得这是有价值的。胖东来的咖啡色调是我确定的，七八年前，我在新疆、西藏找到了胖东来的影子，那些地方的货架、柜台都是咖啡色调。有很多西藏的企业人员也坐飞机赶过来学习，我觉得这就是胖东来的社会价值，是胖东来对社会的影响。

现在的胖东来还很弱，但凭借着真诚慢慢地有了影响力。非专业人士觉得胖东来挺好的，但专业人士能看到我们的弱点。我们在努力地为这个社会带来美好，等将来我们的系统更完善、商品更好的时候，就像开市客一样，顾客买东西的时候根本不用看，想要什么就搬什么，因为我们的商品质量没问题、价格没问题、服务没问题。顾客也不用考虑商品以后会出现什么问题，或是出了问题后该怎样解决，只管放心买就行。日本的伊藤洋华堂，以及美国的开市客、山姆会员店都是优秀的企业，胖东来在文化理念和体制方面比它们优秀，不过在技术方面和它们相比还有很大的差别，所以大家应该相互学习、相互帮助，让社会更美好！

问：胖东来有没有制订员工学历提升计划，或者鼓励员工利用业余时间提升学历？

答：我觉得在胖东来学习的经历比学历更有用。员工在这里做自己喜欢的事一样是学习，可以提升自己的专业能力。如果外面的企业有学历要求，员工不去不就行了？只要员工在胖东来干得好，到外边很容易找到工作，除非他没有创造力。我觉得学些实在的东西比较好，我们这里也有本科生在打扫厕所，已经打扫了十几年，你让他去别的地方，他还不乐意。我不是在贬低学历，学历是让人幸福的，但不要只是为了获得学历而去学习。

如果你喜欢研究香蕉，那就去对口的专业学习，学历不重要，学到知识才最重要。当你喜欢一样东西的时候，你的学习速度就会提高。只要能选择做自己喜欢的事情，就会很有自信。

胖东来不是高科技企业，对学历的要求没有那么高，更看重的是专业。比如，招聘会计时，我们会从财会专业的应聘者里挑选，哪怕你是名牌大学毕业的，只要专业不对口，来了也没用。

要让自己快乐一点儿。我带团队时，一直在考虑团队的感受，让大家开心、快乐是最重要的。我在管理公司的时候，调整了一些策略，让自己有效地激励团队。我表扬员工一句，他们就幸福得不得了，我要信任他们，相信他们会越来越好。

我经常和团队说，我带出来的兵将来可能是"教父"，能给别人传播道理，他们要有高尚的品格，还要有智慧、有信心、有热情。只有快乐、健康、轻松、豁达、阳光、从容的人才能和其他人分享人生的道理，如果自己整天都不快乐，怎么和别人分享快乐？

知识可以辅助我们更清晰地认识社会、生命，辅助我们更科学地对待生活，让生活更加美好、生命更加健康。但是现在大部分人都把知识当成了工具，证明自己优秀、证明自己学历高、证明自己比别人强，没有这个必要。要尊重知识、爱知识，而不是利用它，感谢它让我们了解了社会、了解了世界、了解了生命、了解了未来……它让我们的生命变得更加美好。我们没有利用它、没有亵渎它、没有糟蹋它，这就是快乐的事情。

我们要做有信念的人，力所能及地去做自己喜欢的事情。如果选择了教育行业，就要为学生展示最真实的东西，这样自己的事业才会美好，当学生看到你的时候，眼里生情，两只眼睛都不想离开你。你讲的课不一定让学生成为最完美的人，但会让他们越来越饱满，而不是荒废了自己的美好时光。

（三）生活

问：你培养子女有什么方法论？

答：我尊重他们，他们也尊重我。在他们 18 岁之前，我承担养育他们的义务。关于这个理念，我和家人达成了一致。现在孩子们也算是公众人物，会失去自由，要考虑安全问题。

小儿子三四岁的时候，我打过他一次。因为别人逗他玩儿，他不高兴了，所以就发脾气了。我让他去道歉，他偏不，我就狠狠地揍了他。后来，我和他妈抱着他大哭，我说："孩子，以后爸爸再也不打你了。"

我女儿上学有保镖看着，为了安全嘛。她整天跟我要自由。我跟她说："你喜欢做什么就去做，学习喜欢的东西就行，不喜欢了，考零分也无所谓。"

我不干涉子女的生活，包括谈恋爱，他们找什么样的伴侣我都不会反对，只要他们喜欢就可以，我尊重他们的选择。每个人的人格都是自己的，我一直对孩子灌输这个理念。

问：孝敬老人呢？

答：要尊重他们的自由，不是每天守着他们、陪着他们才是最好的。子女有时间了就陪陪他们，但还是要活自己，不能为了别人牺牲自己啊。父母可以种种花、养养宠物……有好多事情可以做，不要让自己成为别人的负担。在发达国家，父母和子女都是相对独立的个体，不会成为彼此的负担。

问：夫妻之间呢？

答：尊重和自由。如果爱一个人，就真诚地去爱；如果不爱了，就放手祝福对方，不要闹得不愉快。每个人都希望自己付出的真诚不被辜负，两个人在一起的时光是甜蜜的、快乐的，如果真的爱对方，就给对方自由、理解、祝福。

问："忠诚"这个词你好像不太喜欢？

答：忠诚是一种束缚，爱需要自由。我这么优秀，肯定有很多人爱我，那我老婆就要接受、释怀，这样她才能快乐。

问：一个人获取快乐的方式有很多，你觉得有没有高低之分？比如听歌剧、阅读、打坐之类，或者喝酒、打牌等，有没有区别？

答：开心、随性就是最高级的快乐，方式没有区别。虚伪的高级不是真的高级，而是扭曲的高级。只要觉得很开心，不管选择哪种娱乐方式都是高级的。

问：你对自己的日常生活有规划吗？

答：没有，我在这方面做得不好。我是个随性的人，性格使然，我就想这么过。

问：从1995年开始，你就想做一个伟大的人，你觉得怎么样才能成为一个伟大的人？

答：最起码要为社会带来价值，但是也要活自己。因为自己有这种能力，所以就要扮演这个角色，这也是生命当中的一部分选择。做伟大的人可以让你放下很多东西，如感情、挫折、困难、误解……你会更加坚强、勇敢，生命力也会更旺盛。

问：假如赋予你一项特异功能，可以让你去掉一个最大的毛病，你希望去掉什么？

答：心眼小，比如我的女人，别人绝对不能动。

问：假如赋予你一项特异功能，可以让你实现一个愿望，你希望实现什么？

答：我想让我们的国家有更好的文化，让人民更幸福、更智慧，品格更高尚。我希望能为人类的进步做贡献，让社会更美好！

东来思想

凡事都有因果，付出什么就会得到什么

我们每个人都要想办法解决问题，要动脑子。如果一个人想不出办法，那就让大家一起来想。我们要静下心来，在上班的时候要做好自己的工作，踏踏实实地为顾客服务，卖给他们有用的东西，这样怎么能不快乐呢？

我在卖场的时候，有很多顾客看见我就会很激动，他们很感激我，这是为什么？就像我说的，种什么因，得什么果，我这么多年的真诚付出肯定会结出善良的果。即便我有不足、有做得不好的地方，或是走了弯路，都无所谓，因为我的大方向始终没有改变，所以才有这善果。1998年店里失火后，许多老百姓来看望我，甚至有人要把自己的存折给我。钱好还，情不好还啊！那时候我就知道，胖东来再也不是我一个人的企业了。望月

楼胖子店开业的时候，牌子上写着："感谢大家的支持。"我心想，一定要把这个企业做好，去造福社会，去回馈社会对我的关心和爱。另外，我也不能为了别人而失去自己，因为我是一个非常有个性的人。

人的心里有什么样的想法，就会呈现出什么样的状态，只是现在胖东来的规模变大了，很难再把这些美好的东西往下面传递。不管怎样，希望你们能够感受到这份真诚、理解这份真诚，让自己的生活充满热情、充满爱、充满善良、充满阳光。如果有这样的状态，生活怎么会不美好呢？何必让自己累呢！

十、胖东来发展大事记（1995—2021）

◆ 1995 年

1. 3 月 12 日，胖东来的前身"望月楼胖子店"开业，40 平方米，4 人（下岗职工于东来和 3 名同伴）。

2. 12 月，推出"用真品换真心"的承诺。望月楼胖子店独特的承诺和实实在在的服务赢得了消费者的信任。

◆ 1996 年

3 月，于东来等人赴北京向中国航天基金会捐款 2 万元。此事后来被央视拍成专题片《三兄弟的故事》，在社会上引起了强烈反响。胖东来被评为"支援国防先进单位"。

◆ 1997 年

1. 8 月，提出"创中国名店，做许昌典范"的目标。

2. 9 月 18 日，"望月楼胖子店"正式更名为"胖东来烟酒有限公司"，200 平方米，15 人。

3. 10 月 1 日，"五一路胖东来烟酒中心"（第一个分店）成立，200 平方米，20 人。

◆ 1998 年

1. 3 月 15 日，胖东来遭遇火灾，直接经济损失达 200 多万元。危难之时见真情，许昌的父老乡亲给予胖东来无尽的关怀与爱，胖东来的兄弟姐妹与企业共渡难关。此后，胖东来决心回报社会、回报父老乡亲。

2. 5 月 1 日，胖东来重新开业。

3. 6 月 26 日，人民店开业，100 平方米，12 人。

4. 9 月 1 日，许扶店开业，120 平方米，15 人。

◆ 1999 年

1. 5 月 1 日，胖东来综合量贩开业，营业面积为 1600 多平方米，许昌第一次出现了"量贩"这种经营业态。这是胖东来发展史上的一次飞跃，它第一次明确了经营理念"贴近普通百姓，满足工薪消费"，第一次提出了企业精神"真心待上帝，诚心对员工，爱心献社会，信心求发展"，第一次明确了胖东来人的行为准则。

胖东来综合量贩的特点：品种全，有一万多种商品；价格低，让顾客得到实惠；环境好，满足人们的个性化需求；提出了崭新的购物理念，让顾客可以一站式购物，满足了顾客快节奏的生活需求；设立缺货登记台，满足顾客需求。

2. 8 月 25 日，《胖东来员工手册》(第一版) 发布。

3. 9 月 19 日，胖东来第一个专业量贩 ——名牌服饰量贩开业，推出"免费干洗、熨烫、缝边"等超值服务项目。广告语："买到名牌心欢畅，东来帮您送回家。"(2002 年 9 月搬迁至百货大楼与鞋业量贩合并)

4. 10 月 1 日，新兴店开业。

5. 11 月 13 日，《胖东来之歌》制作完成。

6. 11 月 24 日，胖东来的 7 家连锁店同时提出"不满意就退货"的全新经营理念。

7. 12 月 7 日，专题片《历经风雨见彩虹》开播。

8. 12 月 13 日，公司设置"东来信箱"，接受顾客投诉，倾听员工心声。

9. 12 月 25 日，鞋业量贩开业（胖东来的第二个专业量贩，地址在春秋广场）。广告语："品牌荟萃，足下生辉；千里之行，始于足下。"并提供超值服务：终身保修，代取代送。

◈ **2000 年**

1. 1 月 12 日，健康店开业。

2. 1 月 26 日，面包房开业（这是胖东来第一次自主研发产品）。

3. 1 月 29 日，毓秀店开业。

4. 2 月 1 日，德克士餐厅开业（2001 年 8 月 16 日拆除）。

5. 3 月 12 日，新许店开业。

6. 4 月 18 日，胖东来电器量贩开业，营业面积为 1800 平方米，是当时豫南地区最大的电器商场（2002 年 8 月 3 日搬迁至百货大楼）。特色：名牌荟萃，应有尽有；阳光服务，地久天长（售前设计、现场演示、送货上门、免费安装调试、免费上门保养、100% 电话回访、24 小时热线畅通、终身免费维修）。

7. 5 月 23 日，公司网站开通。

8. 5 月 30 日，《胖东来员工手册》(第二版) 发布。

9. 7 月 1 日，设立"服务投诉奖"。

10. 7 月 19 日，为襄县范湖灾区捐款 38000 元。

11. 9 月 1 日，胖东来五一量贩开业，营业面积为 1400 平方米。广告语："您生活中的好伴侣——五一量贩。"

12. 11 月 25 日，率先使用可降解塑料袋，提出"保护环境，从我做起"。

◈ **2001 年**

1. 4 月 12 日，正式创办内部报纸《胖东来人》。

2. 5 月 1 日，胖东来举行首届集体婚礼（15 对新人）。

3. 8 月 26 日，劳动店开业（胖东来的第 15 个分店，2003 年 7 月 26 日搬迁新址）。

4. 11 月 3 日，建安店开业。

◆ **2002 年**

1. 1 月 1 日，胖东来第一家旗舰店"胖东来生活广场"开业，营业面积为 23000 平方米，集购物、休闲、餐饮、娱乐于一体，是许昌最大的综合超市。

2. 1 月 18 日，光明店开业。

3. 1 月 28 日，望田店开业。

4. 5 月，《胖东来员工手册》(第三版) 发布。

5. 6 月 1 日，古槐店开业。

6. 7 月，配送中心由豫冠楼面包房搬迁至惠丽达。

7. 8 月 3 日，电器量贩由百货大楼搬迁至原火车站量贩。

8. 9 月 18 日，时任河南省省长的李克强视察胖东来生活广场，对胖东来安置下岗职工再就业给予高度评价。

9. 9 月 19 日，胖东来服饰鞋业大楼开业，营业面积为 8000 平方米，是许昌最大的服饰鞋类专业商场。

10. 11 月 19 日，胖东来客诉服务中心成立。

11. 12 月 6 日，胖东来通讯城开业。

12. 12 月 11 日，胖东来商贸集团有限公司成立。

◆ **2003 年**

1. 1 月 3 日，胖东来提出发展目标："世界的品牌，文明的使者。"提出企业愿景："创造财富，播撒文明，分享快乐。"

2. 5 月 16 日，东关店开业。

3. 11 月 29 日，广场医药部开业（现在的许昌市胖东来药业连锁有限公司）。

4. 12 月 19 日，胖东来高档服饰开业。

◆ **2004 年**

1.7 月 3 日，禹州电器开业（后成立华强电器有限公司）。

2.9 月 10 日，营运部成立。

3.12 月 22 日，胖东来员工诊所开业。

◆ **2005 年**

1.2 月 26 日，召开员工大会，宣布员工每年有 12 天带薪年休假。

2.3 月 18 日，设立"100 元顾客（服务）投诉奖"。

3.5 月，《胖东来员工手册》(第四版)发布。

4.8 月 20 日，西大街便利 01 店开业。

5.9 月 9 日，胖东来珠宝城开业，主要经营各大品牌名钻珠宝、黄金玉器，营销理念是"让珠宝走进寻常百姓家"。

6. 12 月 26 日，胖东来的第一家形象旗舰店"新乡胖东来百货"开业，营业面积为 4 万多平方米，是新乡最大的综合百货商场。

◆ **2006 年**

1.4 月 26 日，六一店开业。

2.4 月 28 日，胖动来家居馆（许扶店的改版）开业。

3.5 月 1 日，胖东来举行第二届集体婚礼（108 对新人）。

4.5 月 18 日，胖东来电器城开业。

5.9 月 15 日，《胖东来员工手册》(第五版)发布。

6.10 月 8 日，人力资源部成立。

7.10 月 20 日，胖东来名鞋运动服饰开业（地址在文峰广场）。

8. 11 月 2 日，在北京展览馆举行的 IGA 中国新成员签约仪式上，胖东来成功加入 IGA 中国。

◈ **2007 年**

1. 3 月 29 日，胖东来许扶医药大药房开业。

2. 3 月 28 日，新乡胖东来生活广场开业，营业面积为 2 万多平方米。

3. 11 月 20 日，胖东来的三首形象歌曲创作完成：《爱在胖东来》《夜色阑珊胖东来》《遇见你》。

4. 12 月 15 日，《讲述胖东来和您的故事》（第一册）制作完成，胖东来的员工人手一册。

◈ **2008 年**

1. 4 月 16 日，制作企业白皮书（红皮书前身）。

2. 5 月 13 日，于东来带领公司 140 多人赶赴四川抗震救灾，他们疏散群众 5000 多人，从废墟中救出 16 名幸存者，搭建帐篷 300 多顶，并向灾区捐助 100 万元和价值 50 万元的物资。5 月 20 日，胖东来向灾区第二次捐助 500 万元和价值 100 万元的物资；6 月 5 日，胖东来向灾区第三次捐助大米 100 吨，价值 29.4 万元。

3. 5 月底，针对管理层民主评议，胖东来第一次开展员工满意度调查。

4. 8 月 8 日，"顾客（服务）投诉奖"的奖金改为 500 元。

5. 8 月中旬，胖东来成立各项工作委员会，开始制作岗位实操手册（各项工作标准）。

6. 胖东来确定了"公平、自由、快乐、博爱"的奋斗方向。

7. 12 月 22 日，《讲述胖东来和您的故事》（第二册）制作完成。

◈ **2009 年**

1. 4 月 25 日，集购物、休闲、娱乐、餐饮、美食于一体的胖东来时代广场开业，营业面积为 7.8 万平方米。这是胖东来根据企业文化理念及经营战略自行设计、施工、装修的大型项目，体现了胖东来向国际化水平看齐的战略思想，全体胖东来人尽心尽力地把时代广场打造成文化理念一流、环境一流、商品一流、功能一流、管理一流的商场楷模，使其成为许昌的一张靓丽名片。

2.4 月 29 日，胖东来捐资建设的文峰路爱心天桥正式通行。

3.5 月 21 日，胖东来的《员工指导手册》制作完成。

4.7 月，胖东来为处助以上管理人员安排住房（恒达相府）。

5.7 月 23 日，"第一届胖东来管理层（课长、课助级别）PK 赛"成功举办。

◆ 2010 年

1.3 月 15 日，胖东来为处助以上管理人员配置汽车。

2.4 月 19 日，胖东来向青海省玉树地震灾区捐款 100 万元。

3.5 月 6 日，在胖东来工作 10 年以上的员工（200 多人）在时代广场前集体合影。

◆ 2011 年

1.2 月底，为了激励员工的积极性、挖掘员工的潜力，胖东来开始推行星级评定考核制度（以时代广场为试点）。

2.3 月 31 日，胖东来开通急购热线。

3.5 月 1 日，胖东来开始执行《客诉补偿标准》。

4. 11 月，所有门店每周二闭店休息，让员工更好地享受生活、更高效地投入工作。

◆ 2012 年

1.5 月 17 日，胖东来提出"做商品的博物馆、商业的卢浮宫，从培养 100 位工匠开始"的目标。

2.7 月，第一次星级评定工作全面展开，共评出 107 名三星级员工。

3. 11 月 28 日，于东来完成了第一本自传：《爱的传道者——苦难和快乐的践行者》。

◆ 2013 年

1. 2 月，胖东来影城推出重磅服务：如果顾客对影片不满意，可以在影片结束后 20 分钟内到售票处退款 50%（因票价的 50% 要上交院线，所以不能全额退款）。

2. 胖东来提出每位员工一年可享有 30 天带薪年休假的福利。

3. 6 月初，胖东来为课长、课助等管理人员配置汽车。

4. 6 月 25 日，胖东来举办"榜样的力量颁奖晚会"，共表彰 12 名优秀的"三星级员工"、10 名"感动胖东来人物"，每人获得奖金 10 万元。

◆ 2014 年

1. 10 月，胖东来 App（DL 系统）发布使用，可以让员工了解企业核心思想、学习企业文化、跟随企业发展步伐。

2. 11 月 28 日，于东来发表第一篇随笔《为了生存而活着是找不到幸福的，人应该为生活而活！》

◆ 2015 年

1. 7 月 14 日，《东来讲堂》第一课在许昌市体育馆内开讲，主题是"幸福家庭"，共有 500 多人参加。

2. 7 月 15 日，《东来讲堂》第二课在时代广场六楼会议室开讲，主题是"如何做一个幸福的个体商户"，共有 110 人参加。

3. 11 月 5 日，于东来要求将"客诉曝光台"放在各个门店的显眼位置，让顾客了解胖东来的制度，帮助胖东来提升商品品质，推动服务质量提升。

◆ 2016 年

1. 1 月 1 日，胖东来的各项管理制度确立了"只扣分，不罚款"的原则。

2. 1 月 29 日，胖东来 App 添加"蛋蛋俱乐部"功能，供课长、课助以上管理人员交流、分享工作经验、方法和心得。

3. 9 月 1 日，因经营调整，胖东来所有门店取消周二闭店制度。

4. 9 月 2 日，新乡"胖东来·大胖"试营业，9 月 9 日正式开业。

5. 11 月 11 日，胖东来 App 添加了百科系统（涵盖实操标准、专业知识、培训手册、规章制度等）、家园大家谈（让大家一起讨论工作中的想法和疑问，找到自己喜欢的工作状态）、审批系统（提高审批效率，优化工作流程）。

◆ 2017 年

1. 8 月 24 日，胖东来在许昌市体育馆内召开会议，会议主题是"一切为了幸福"，课助及以上管理人员参加会议。

2. 9 月 10 日，胖东来下发《关于每周企业理念学习通知》。

3. 9 月 15 日，胖东来下发《标准建设通知》。

4. 9 月 28 日，胖东来下发《关于制止不文明行为的通知》。

5. 10 月 26 日，胖东来公司副总经理张建顺在工作中因心脏病突发，离开了人世。

◆ 2018 年

1. 3 月 8 日，于东来和人力资源部的伙伴们一起描绘胖东来的美好未来，准备启动"胖东来圣经"工程。

2. 3 月 30 日，胖东来提出"如果您对购买的商品不满意或商品出现质量问题，我们上门为您办理退换货"。

3. 4 月 3 日，所有门店恢复周二闭店休息制度。

4.9月3日，胖东来开通人才储备库，为更多喜欢、热爱胖东来文化的人创造了一个公平、自由的平台，欢迎志同道合的伙伴加入。

◈ 2019 年

1.1月27日，于东来与文化小组梳理胖东来的文化理念，并得出以下结论：

（1）信仰：自由·爱；

（2）目标：培养健全的人格，成就阳光个性的生命；

（3）行为准则：扬善——阳光、自由、尊重、信任、真诚、公平、正义、真理、勇敢、节制；戒恶——虚伪、自私、自卑、嫉妒、贪婪、懦弱、束缚、伤害；

（4）生活准则：健康、安全、爱情、家庭、理财、居家、休假。

2.7月11日，胖东来的人力资源部解散。

3.8月9日，客服电话停止服务。

4.9月22日，胖东来全员学习企业文化理念（文化小组制作了统一的PPT课件）。

◈ 2020 年

1.1月25日，新冠疫情肆虐，胖东来向武汉捐款5000万元。

2.1月27日，针对疫情形势，于东来组织各部门负责人召开重要工作会议，并达成几项决议：

（1）抗击灾难：医药、超市部门保证正常运营；参与帮助医护人员和患者的行动；员工及其家属做好防护工作；

（2）规划、分析生存状况，预估各部门的承受能力；

（3）拿出灾后运营的具体计划；

（4）凡参与疫情防控、坚守岗位的工作人员，如果不幸牺牲，只要公司存在，至少给予其200万元的补偿金；

（5）疫情期间，给暂时不营业的部门的员工正常发放工资；

（6）疫情过后，大家一起去武汉吃热干面、吃鸭脖。

3. 1月29日，超市部和后勤部的员工开始上班。疫情期间，胖东来超市部的蔬菜全部按采购价销售。

4. 2月18日，于东来开通抖音账号。

5. 4月9日，于东来与文化小组重新修订了企业文化理念：

（1）信念：自由·爱；

（2）目标：培养健全的人格，成就阳光个性的生命；

（3）行为准则：扬善——阳光、自由、尊重、信任、真诚、公平、正义、勇敢、博爱、节制；戒恶——虚伪、自私、自卑、嫉妒、贪婪、束缚、伤害；

（4）生活准则：健康、安全、爱情、家庭、理财、居家、休假。

6. 8月16日，禹州店开业。

7. 8月底，胖东来和宝丰酒厂合作的自有品牌"怼酒"开始售卖，目标是振兴豫酒，让老百姓喝上实惠、放心的粮食酒。

8. 11月19日，为了保证产品品质，胖东来的红丝绒蛋糕从每天售卖10000个改为定时定量售卖2000个。

9. 12月12日，胖东来开通官方抖音账号。

10. 12月，为了保证产品品质，"怼酒"开始限购（每人两件）。

◆ **2021 年**

1. 1 月 19 日，为了保证产品品质，"怼酒"限购升级，每天供应 2000 箱，单瓶价格从 39 元调整到 35 元，每人限购 4 瓶；整件怼酒的单价为 200 元，每人限购 2 件，售完为止。

2. 7 月 24 日，胖东来为新乡洪灾捐款 1000 万元。

东来思想

用科学、健康的方式对待爱情

当你明白了生命的道理，了解到文化、法律、信念是怎样形成的时候，人生对你来说就不再那么神秘了。将这种文化、法律、信念运用到自己的爱情、婚姻、家庭中，就不会糟蹋自己的时光，也不会感到迷茫了。就像爬山一样，你是想走直来直去的路，还是想走弯弯曲曲的小道，或是开垦新路？无论走什么样的路，都能到达人生的顶峰，过程是最重要的。跟一个人共度余生，最重要的不是结果，而是过程，两个人要学会相爱、相处，最终实现共同的愿望。什么是共同的愿望？幸福、快乐、自由、阳光、舒服，这些美好的事物都是共同的愿望。我昨天看了一个小实验的视频：在院子里种两棵树，每天对其中一棵树不停地说很阳光、美好的话，对另一棵树说丑陋、诅咒的话，过了一段时间以后，经常被诅咒的树死了，而经常被赞美的树长得非常旺盛。所以，你能说它们没有生命吗？

爱情可以让对方因自己而快乐、甜蜜、自由、幸福、愉悦……要主动地创造爱、表达爱、感受爱……让爱情给自己的人生增添更多的美好，让爱情体现出甜蜜、热情、快乐的价值！

爱情可以在尊重个性的基础上让生活更丰富、更美好、更有活力。

中国的爱都是有枷锁的，特别是爱情。男人背负了性的枷锁，最终锁住了女人，更锁住了自己，就会产生一系列的问题，如冷暴力等。现在有许多家庭会发生这样的事情。其实人们都很想解脱出来，成为阳光、快乐的人，成为一个值得被爱的人。

我曾经有一份感情，最初它也达不到我的标准，但是后来当我决定接受这份感情的时候，就对她说："我要接受你的全部。"那时候，我向阿甘、雨果等人学习。比如，电影《佐罗》里的主人公要行侠仗义，但他的女朋友不理解，所以后来被坏人利用了。佐罗在战胜坏人之后，对女朋友说："我还是最爱你的人，回来吧！"任何一个人付出真心的时候，都不想让自己的真心被误解、被浪费，这是本能，每个人都想有所收获，就像播撒了种子会期待结果一样。

我们是不是也要鞭策自己成为这样的男人呢？我们应该再勇敢一点儿，给予爱人依靠和力量，使其往正确的方向走。如果驾驭不了的话，果断放手就行了，一定不要委屈自己。

女人觉得男人不一定是好人，男人也觉得女人不一定是好人，这就是误解。每个人都是值得被爱的人，爱一个人不是因为他的外在，更多的是因为他内在的力量，如善良、勇敢、敢于承担等，谁会不爱这样的人呢？

我们要学会尊重他人、平等地对待他人，这样我们才会幸福、轻松。很多男人有大男子主义倾向，认为自己是主宰者，而女人只是附属品，如果他们不平等地对待女人，就不会获得相应的平等，更不会幸福。要懂得让对方因自己而幸福、快乐、轻松、自由。当男人做到这些时，女人才不会胡思乱想，会很爱你，会觉得有你就够了、值了。当你不能让她满意时，她才会考虑值不值。女人背叛你不是因为她不好，而是因为你不值得她爱。

传统文化中，爱情是自私的，是束缚，是占有，强制对方为自己改变。先进文化中，爱情是无私的，是奉献，让对方因自己而感到轻松、自由、快乐。

要做值得让对方爱的人。在爱情中还有一个非常重要的原则——自爱。如果你不懂得爱自己，一旦对方离开你，你就无法承受这种痛苦。当你的内心不完整的时候，就会通过对方来弥补自己所缺失的部分，一旦失去对方，就会觉得世界都崩塌了，甚至会觉得生命也失去了意义。经常有人说"没有你我就活不了"，从心理学的角度来看，这类人缺爱，内心非常空洞，会将精神完全寄托在伴侣身上，所以经常会把爱变成控制。要正视自己的缺陷，做一个完整的人；要足够自爱、足够强大。只要懂得这个道理，有善心、有信念，无论和谁在一起都会活得非常洒脱、阳光，也不会害怕失去。害怕失去就是自卑，等于把自己当成了弱者，如果总是稀释对方的能量，总有一天会被击垮。要释放身上的美丽，让彼此变得更加美好。

爱是让对方因自己而轻松、快乐，爱情就像"人"字一样，应该是你支撑我、我支撑你，双方都要付出自己的热情和能量。如果不打理爱情之花，不尊重它的成长环境，它怎么会健康、好看呢？要通过平时的呵护、付出，让对方感受到自己的温暖，感受到信任，而不是一味地让对方奉献，自己却没有回应。告诉自己，一定要做一个值得对方爱的人！

爱是尊重。要鼓励对方有自己的圈子和爱好，让对方拥有美好且独立的状态。彼此感受到轻松快乐时，心就会越来越近，一起快乐幸福地创造更多爱情的甜蜜吧！

爱是平等。爱是彼此关心、呵护，释放热情和能量，如果爱情不平等，自己只是依附在对方的身上，需要对方的宠爱、照顾和关心，而不去关心、呵护、温暖对方，即使对方有再大的能量，也会被稀释，这样爱情就会慢慢地远离自己。

爱是理解。要用充满智慧的方式去爱，让自己的心灵更加高贵，理解、成就对方。当遇到问题的时候，要想办法解决，不要强制改变任何人，用自己豁达的心胸去感染对方。

爱是创造。如果我们希望从爱情中得到幸福，就要学会创造幸福，学会互相滋养。

婚姻并不是一种仪式、一张具有法律意义的结婚证，而是彼此想要在一起生活的信念和爱情的升华。选择爱情的时候要选择自己爱的人，选择婚姻的时候更要选择自己深爱的人，只有相爱的人才愿意创造美好的生活。

走入婚姻的时候，两个人必须达成共识：从此以后，我们就组建了一个小家庭，要在精神和物质上脱离原生家庭。我们要自由成长，小家庭的稳定和幸福是最重要的，要在自己的家人面前维护伴侣，把夫妻关系永远放在第一位。

要把伴侣视为自己生命中最重要的人，这是婚姻的真谛。夫妻之间要积极、勇敢地表达需求，这是真诚的体现，要让自己学会坦诚的沟通方式，大胆地把自己真实的内心想法表达出来吧！如果你的发展跟对方的发展不一样，如果你在思想上的进步、精神上的进步、灵魂上的进步比对方快，请你等等对方、拉拉对方，帮助对方成长，这才叫身体力行的爱。

夫妻之间可以分享生活、分享快乐、分享不安、分享焦虑……让彼此成为既能承载快乐又能疏解烦恼的港湾。这样的相处才会轻松、简单，而不是充满猜测、疑虑，为实现快乐、轻松的生活目标而共同努力吧，一起分享美好的时光！

在婚姻里，会有很多人习惯性地委屈自己。比如，很多婚姻关系已经名存实亡，但是夫妻双方为了孩子和面子，还在苦苦守候、苦苦挣扎、束缚彼此、折磨彼此……这样怎么能为孩子带来幸福呢？我们都应该过好当下的每一天，而不是像老话说的"在一起就是一辈子"，这样本该轻松快乐的感情就会被套上枷锁。活在当下，过好每一天，这其实是一个良性循环，不用刻意揣测未来，未来的幸福就是当下每一分每一秒的快乐。

一定要懂得尊重自由，懂得尊重自己、爱自己，这样才能活好自己、活出轻松阳光的生命。做一个有智慧的人、阳光的人、美丽的人、心灵高贵的人，因为这样才无愧于自己的生命，无愧于每一寸时光。当我们成为这样的人时，我们也会赞美自己，会因为生命的美好而感动！

一、缔造君子：德胜洋楼的新商业文明实践

德胜洋楼：建筑业的"君子"

总部位于苏州工业园区波特兰小镇的德胜洋楼成立于 1997 年，员工不足千人，其中很大一部分是农民工。德胜洋楼不是房地产开发商，而是一家房屋建造商，其主业是设计和建造美制木结构住宅（一种轻型木结构的低层单户住宅，俗称"美制别墅"）。因此，德胜洋楼可以说是"洋"与"土"的结合——盖的是洋楼，但盖洋楼的却是农民工。德胜洋楼的年营业额近 6 亿元，占据国内约 70% 的市场份额。

德胜洋楼的"出圈"，不仅因为它的业绩领先，更缘于被誉为"中国企业管理圣经"的《德胜员工守则》的火爆。这本书在国内广受欢迎，加印了几十次，2011 年又被翻译成英文版发行——这证明中国同样可以对外输出企业管理的方法和理念。

德胜洋楼建造的美式木结构住宅超过美国标准，它把农民工改造成高素质的"蓝领君子"，成为中国企业管理的典范。这一切的成功源自德胜洋楼朴素的价值观。

德胜的信仰——做一家真诚的公司

如果让我用一个词来描述德胜洋楼（以下简称德胜）的信仰，那就是"真诚"。在这个追名逐利的时代，很多企业只重外表不重内涵，经常搞搞门面装饰、做做假象工程。近年来，中国出现了太多弄虚作假、虚假繁荣的企业，让人很难相信哪一家企业是真实和诚信的，包括一些享有盛誉的知名公司，往往也是金玉其外，败絮其中。但是德胜却与众不同，它没有花心思搞噱头营销，整个市场部只有一名员工，公司反而把全部精力放在提升质量上，这就是德胜最可贵的精神。

作为一家生产企业，德胜重视的不是包装设计，而是产品本身。它有一支强大的监督队伍，严格把控品质。一位外国企业家在参观了德胜的房屋后惊呼："这比我家还棒！"德胜的房屋质量之好，可见一斑。

一家公司有个很大的建房项目，它对其他公司的业务员皆拒而不见，却特意派专车来接德胜的销售经理王中亚。对此，王中亚谦虚地说："我们就是认真一点儿而已。"比别人认真一点儿，这就是德胜的竞争力。事实上，德胜不只是"认真一点儿"，而是以最严格的标准把控产品质量。有一次，德胜发现已验收工程存在瑕疵，于是果断重做。在别人眼里，这可能是耽误进度和增加成本的事情，但德胜毫不介意，因为它有自信。正因坚持不懈地改进、追求精益求精的品质，德胜才赢得了客户的口碑和信任，获得了一张张优质订单。

德胜的新客户也多是口碑营销的结果。就像很多人去胖东来参观学习一样，每年来德胜总部参观的政府机关人员络绎不绝，他们都成了德胜的"自来水"（自发传播好评的粉丝）。

然而，更难能可贵的是德胜有能力拒绝订单。当产能跟不上时，它宁可停止拓展，也不做勉强能完成的项目。这需要极大的自制力。但是德胜明白，质量是生命线，它追求的不是扩大规模，而是做精品。在这一点上，德胜董事长聂圣哲的想法与东来哥很接近。他认为，"大"与"强"不是一个概念，大不一定就强，而强也不一定非要大不可。做企业一定要做强，但不一定要做大。当质量与发展之间产生矛盾时，德胜必须选择质量优先，绝不能为了扩大规模而做超过自己能力范围的事情。所以，德胜是"以能定产"（根据能力来定生产），而不是"以销定产"（根据销售订单来定生产）。

德胜用实际行动证明，中国企业完全可以做到世界一流品质，享誉海外。万科总裁王石认为，德胜是国内最优秀的木结构住宅建造商。

真诚是德胜的核心竞争力。一个有信誉的企业不需要夸夸其谈，产品质量就是其最好的实力证明。在这个比拼包装和噱头的时代，德胜用实际行动证明了什么是真正的"新商业文明"。这种坚持真诚的精神令德胜充满正能量，也令人深深敬佩。

德胜的"路"——品质至上，追求卓越

（一）品质至上，工匠精神

德胜对产品质量的坚持，已经达到了精益求精的境界。在德胜，质量不仅是技术指标，更是一种精神追求、一种对完美的不懈追求。

德胜的质量标准甚至超过了美国水平。所有施工人员入职前，都要经过严格的操作规程培训。施工人员在现场工作时，要遵守操作手册的规定。从打地基到装修，操作手册规定了每一个环节的标准。比如，在木板上钉钉子时，必须保证两个钉子之间的距离是六英寸；所有插座上的"一字"螺丝里面的螺纹都要对齐；只能在白天给地板刷油漆，不能在晚上刷，以防出现色差；安装木地板时，必须将结构地板上的脏物清理干净。在结构地板缝刨平之后，才能开始铺装……所有步骤都经过精心设计，确保工作的精细程度。

为了保证质量，德胜还专门配置了巡视员、神秘访客和大量督察人员。他们如同"空中飞人"，会突击检查每个工作细节。在工地上，督察人员的地位媲

美总监，没有最细致的地方，只有更细致的追求。如果施工人员不配合督察人员的工作，会被视为严重违规。

德胜追求工匠精神，建立了严格的标准体系和监督体系，确保让每一个产品都完美无瑕。在这个注重外观包装的时代，德胜却继承了工匠传统的品质信仰。

德胜给我们的启示是：不要随波逐流，要坚持自我的标准。只有不断超越自我，才能更上一层楼。品质来自内心，而内心依靠信仰。当今社会，我们更需要这种精益求精的精神，因为拙劣的东西已经太多了。新商业文明时代的企业应该学习德胜，在自己的领域努力追求卓越，用心做精品，即使过程艰难，也会感到无比满足。

（二）精益求精源自程序化思维

德胜通过建立完善的程序体系，实现了质量管理的持续改进。其中蕴含着东西方思维方式的差异。

在德胜看来，欧洲人习惯把复杂的问题简单化，然后仔细对待；而亚洲人倾向于把简单的问题复杂化，然后草率处理。最重要的是把貌似复杂的过程分解成细致的程序，然后认真执行，这样才能做好事情。

2004年，为了把质量管理工作做得更好，德胜成立了一个程序中心，从日常运营到特殊活动等，都制定了标准化流程，包括建筑工地的施工程序、物业管理的服务程序、值班程序、召开会议的程序、餐厅服务程序等。以清洗游泳池为例，工人只需按预设步骤进行检测、添加药剂、清扫等，便可轻松完成工作。

工序1：检测水质。用pH值试纸测量水的pH值，pH值在7—7.2之间最为合适。若pH值小于7，则洒入适量药丸；若pH值大于7，则洒入适量明矾。

工序2：检查排污泵。检查排污泵运行情况，关闭两个循环阀，看压力表的数值是否正常。

工序 3：添加氯气丸。检查氯气丸桶内的氯气丸，使用完后向内添加三四粒即可。

工序 4：加水。若要添加水，先关掉虎头喷泉阀，再打开自来水进水阀，待游泳池加好水之后，关掉自来水进水阀、打开虎头喷泉阀。

工序 5：其他清扫。打扫游泳池处桑拿房、淋浴间、更衣间、浴缸房以及四周砂岩。

程序明确了每个工作环节的方法与注意事项，让复杂的任务变得简单可控，它是具体的行动指南。比如，咖啡屋在晴天时开 3 盏灯、在阴天时开 4 盏灯；招待客人时，服务员每隔 15 分钟要续一次茶水……这些都属于非常具体、琐碎的细则规定。

德胜对于程序的重视达到了极端的程度，在它看来，即使一个项目最后成功了，但如果没有按照规定的程序来做，也等于没有成功，甚至是一种后患无穷的失败。比如，在房间里安装空调时，空调上的塑料螺丝需要用专门的工具来安装，如果工人不按照程序做，随意用一个工具来安装，表面上是完成了工作，但是之后空调的运转也许就会出问题。

当然，程序也会迭代。每次在圣诞年会活动后，德胜都会及时召开改进会，反思存在的问题，提出修改意见。第一次改进会在年会活动之后立即召开，这叫"趁热打铁"；第二次改进会则隔一段时间召开，让大家有充分的时间去思考和沉淀，再来献计献策，这叫"余音袅袅"。学无止境，持续优化，这才是程序管理的真谛。

程序化思维让德胜的质量管理日益精进。它给我们的启发是，面对复杂问题时不要畏难而退，而要化繁为简，一步一个脚印地踏实前行。只有程序到位，结果才会到位。

德胜的"人"——让人成为更好的人

德胜一直奉行"诚实、勤劳、有爱心、不走捷径"的价值观，它的制度设计也体现了这样的价值观。在这样一种制度环境中，老实人如逢甘露，诚信者如鱼得水。一位新入职的员工兴奋地描述自己的感受："过去在其他企业，我就像一滴水在沙漠里，怎么做都觉得格格不入；而在德胜，我就好比一滴水融入了大海……"

（一）把"小人"变为君子

德胜视农民如至亲，与创始人聂圣哲的人生经历息息相关。聂圣哲出身于安徽某山区一个极其贫穷的家庭，他在上大学前从未见过公交车，也没有洗过澡，甚至都不会打电话。他尝遍了穷酸的滋味，所以对农民兄弟始终怀有深切的感情。

在聂圣哲的家乡，很多人都无缘接受高等教育，只能沦为没有技能的原始劳动力，生活艰难。要真正改变农民的命运，必须从根本上提升他们的素质。中国的主流教育培养的是白领精英，而当下最需要的是培训出熟练的蓝领工人。聂圣哲创办德胜的初衷就是通过企业教育帮助农民兄弟摆脱迷茫。

聂圣哲开玩笑说自己小时候是穿草鞋的，后来才穿上了皮鞋，但心里永远不会忘记穿草鞋的滋味。他说，自己能获得今天的成绩，全拜劳动人民所赐，内心对劳动人民始终怀有感恩之情。所以，他打造了大家庭式的企业文化，视员工如手足。

在这个功利的世界，很少有企业家怀有如此赤子之心。聂圣哲将自己的人生视为从"草鞋"到"皮鞋"的蜕变，他希望帮助更多人走出"草鞋"，迈向"皮鞋"。正因有了这颗赤子之心，德胜才会成为一个拥有独特人文精神的堡垒、一个全心全意回报社会的企业。

把散漫的农民改造成合格的工人，绝非一蹴而就，最艰难的是让他们建立规矩意识、重视制度约束。

聂圣哲曾说，中国一些企业的问题往往在于有了制度不去执行，或者半途而废。走捷径、贪占小便宜是恶习，有这样习惯的中国企业很难像德国、日本的企业那样产出精品。德国人、日本人那种看似死板的性格——不讲灵活，但对制度忠诚执行，对企业而言是很可贵的。

在农民身上，更需要培养这种严谨的品质。聂圣哲告诉员工，德胜不是农村，在这里每个人都要遵守工业文明的规则。他强调，为企业打工要比种地更辛苦，但会使生活更美好。既然公司给你们机会，你们就要努力改变，不能再懒散。

聂圣哲的管理理念很简单：严格要求员工遵守各项规章制度，给员工以足够体面的生活、工作环境，以人性化的文化感化员工。为此，德胜花费了很大的力气细化和完善各种制度规定。德胜的员工人手一本员工手册，这本手册的最新版本长达 268 页，内容包罗万象，除了关于个人卫生和工作习惯的规定外，还有关于生产和运营各方面的详细规定：质量监督、工程管理、仓库管理、安全管理、用车规定等。所有员工在每个月的 1 日和 15 日晚间都要集中学习制度半小时。在座员工轮流朗读一句话，以保证大家的注意力不分散。员工经过这样的训练，会将制度刻在骨子里，严格遵守。

假如只有良好的制度，而没有具备良好素质、愿意遵守制度的人，制度也就成了废纸。假如只有高素质的人，而没有良好的制度设计，那么失去制度约束的君子也会逐渐走偏。财务报销制度就是德胜最典型的"君子"制度：

> 员工报销任何符合规定的费用，都不需要主管领导签字，只需要写明费用发生的时间、地点和原因即可，经手人需要签名。若有其他经手人，可作为证明人在相关发票上签字证明，然后就可以到财务部报销。报销时，财务部的出纳员要宣读一份声明："你现在所报销的凭据必须真实及符合

《财务报销规则》，否则它们将成为你欺诈、违规甚至违法的证据，必将使你受到严厉的惩罚，并付出相应的代价，这个污点将伴随你一生。如果你因记忆模糊而不能确认报销凭据的真实性，请再一次认真回忆并确认凭据无误，然后开始报销，这是极其严肃的问题。"

在德胜看来，费用报销事关个人信用，不需要主管领导签字，就是让员工为自己的行为负责，让其选择做一个君子，而不是小人。

假如员工选择做"小人"怎么办？个人信用计算机辅助系统可以分析出员工报销单据的真实性和必要性，同时用大量数据分析出员工的报销习惯，从而对异常情况进行预警。每位员工的守信与不守信的行为都被记录在该系统里，一旦个人信用计算机辅助系统发现员工的腐败与欺诈行为，他们就要为自己的不诚实行为付出巨大的代价。

德胜员工的普遍学历是初中和中专，也许旁人会认为这样的员工素质不高，要更严格地管理。但是在德胜，员工除了报销流程简便，上班也不用打卡，还能按自己的意愿进行调休。德胜为什么敢于尝试人性化管理？因为这样的管理制度与企业文化都符合新商业文明的特点——用科学的制度约束人，用先进的文化影响人，促使员工远离"小人"，成为"君子"。

（二）把农民变成绅士

过去几十年，中国房地产业曾有过高速发展，但真正意义上的"产业工人"却几乎不存在。建筑工地上的劳动者大多是临时组建的农民，他们水平有限、质素不昆，很难保证建筑质量。没有系统性的培训，也没有社保、医保，这种简陋的工作环境注定无法培养出高素质的专业工匠，房屋质量问题层出不穷也就不足为奇了。

然而在德胜，你看不到传统意义上的农民工。这里全是经过专业培训、拥有正式编制的合格建筑工人。这些出身农村的木工、瓦工、电工等，在德胜不仅学会了技术，更养成了礼仪端正的绅士作风。这种巨大的转变是如何实现的？

首先，德胜给予员工真正的绅士待遇。从 20 多年前开始，每到圣诞节的时候，德胜就会召集全体员工开年会，地点设在苏州的五星级酒店。酒店方起初担心农民工会出现令人尴尬的举动，但结果却令人惊喜。数百名员工衣着得体，举止文明有礼，整场晚会井然有序，可谓"民工面孔，绅士风度"。德胜不惜重金就是为了让员工感受被尊重的荣耀感，因为只有拥有尊严的员工才能自豪地开展工作。

其次，德胜在工作和生活上全方位关爱员工。企业高管出国考察是常有的事，但农民工出国考察的情况却非常罕见。在德胜，农民工只要工作满 5 年就能拥有出国考察的机会，德胜的目标是让所有员工都有机会开阔眼界、享受人生。

此外，德胜在日常管理中，也处处体现出让员工变成绅士的用心。德胜的建筑工地非常整洁，而且安全设施齐全；工人如果带病上班，每次罚款 30—50 元；员工宿舍 24 小时有热水，三餐丰盛，只需花一两元就能吃得很好（而公司给员工补贴的伙食费是每人每天 20—30 元）。

可以说，德胜用真诚的关怀赢得了员工的自豪感与归属感，也培养出了国内一流的专业化建筑队伍。这种人文精神对我们所有企业来说都具有很大的启发。

要让散漫的农民工变成合格的产业工人，德胜下足了功夫——不仅在生活上给予员工绅士待遇，而且在培训和教育上也细致入微。

每位新员工入职时都会被提醒：从农民向工人转变，过程必然艰辛。改造要从日常生活做起，比如个人卫生习惯——员工手册详细约定了刷牙、洗手等规范，就连如厕后清洁也有明确的要求。这看似琐碎，其实关系重大。日常生活中的卫生习惯和行为表现最能反映一个人的基本素质，当员工养成了良好的生活习惯，他们的自尊感也会得到提升。

在工作场合，德胜要求员工"礼貌待人，见面问声好，分开说再见""工作时间埋头工作，不说闲话和废话""衣冠整齐、不得打闹、不得穿拖鞋"。针对赌博、酗酒等恶习，德胜的规定更为严格，如"工作期间严禁饮酒"等。德胜明确规定，如果员工赌博或者违反饮酒规定，经规劝不改者，予以解聘处理。

此外，德胜还有一些非常细致的规定，"员工不得在工作中闲聊、吹口哨、哼小曲、发手机短信""不得经常与同事聚餐（每月不能超过两次，以免形成小圈子文化）""不得打听同事隐私，不准议论同事，不得与同事之间有债务往来"等。

除了硬性的制度约束，集体的同化力量也很重要。德胜的新老员工必须错位编组，比如"9老带1新"，避免新人被坏习气同化。德胜的管理关怀与严格兼备——表面看是冷酷的淘汰制，实则给人反思改过的机会。

（三）把管理贵族变为精神贵族

德胜的管理体系还有一个鲜明的特点：坚决反对官僚主义。作为德胜的管理层，不能有了权力就做甩手掌柜，也不能漠视和不尊重他人，因为官僚主义的危害很大，它不仅影响企业文化，更会降低工作效率。

为了对管理层的权力进行制约，德胜提倡"精神贵族"，反对"管理贵族"。只想"管人"，却不愿"理事"的管理层，就是管理贵族。德胜要求管理层尊重每个人的劳动，杜绝蔑视劳动的风气，"要从不劳而获的思维方式中走出来，变成一个劳动的敬畏者"。

聂圣哲强烈反对"学历至上"，他经常说："我的一个好员工，你拿一个'博士后'来跟我交换，我也不换。"因为在他看来，平庸的博士后未必比敬业的木匠对社会更有贡献。他最认可人品过硬、吃苦耐劳的员工，因为只有这样的人才能一丝不苟地把所有小事做到极致。

德胜的新入职人员，无论是管理者还是普通员工，都必须先在物业中心接受三个月的"吃苦"培训，从事清洁、帮厨、园林护理工作，其中，房间的保洁工作必须达到五星级宾馆的要求。据说聂圣哲本人曾经亲自示范洗马桶，还真的用马桶水来漱口。德胜希望通过这样的体力劳动，让管理者养成敬业吃苦的好习惯。

在德胜，管理人员的职位越高，就越要精确地按照程序处理工作。所有管理层的工牌上都写着"我首先是一名出色的员工"，时刻提醒他们不要高高在上，要尊重员工、踏实工作。公司设立了督察部，监察部中设有质量监督官、制度监督官、公平公正官、神秘访客、巡视员。这些监督人员拥有至高无上的监督权，任何管理层均不得违抗督察官的监督和批评，这非常有效地制约了管理者的权力。如果有管理者怠慢员工或态度不好，德胜内部的督察官会对这位管理者进行批评教育，要求他向员工道歉。管理者如果违反公司的其他规定，处罚也比普通职工严厉 2—10 倍。

此外，德胜还施行"代岗制"。管理层必须每月至少抽出一天时间参加一线劳动，由程序中心进行安排和调配——他们要到一线岗位接待客人、打扫房间，或者干脆在建筑工地做一天泥瓦工。如果你看到一位中年人正在德胜清扫街道或者擦拭玻璃，那他很有可能是某部门的经理或总监。

聂圣哲曾说："德胜就像大海里的一块礁石，每个月都要狠狠地震一震，否则官僚主义就会像小海螺一样附着在德胜身上。"德胜安排管理层定期到一线工作，这样才能让他们更好地把握施工现场的真实情况，加深对工作细节的了解。得益于这项措施，德胜很多工作上的改进，都是管理者在现场工作时迸发出来的灵感——"实践是检验真理的唯一标准"。

德胜的管理模式可圈可点，它采取的是扁平化管理结构，不同于许多大公司设置臃肿的管理机构，德胜没有设立总裁办公室和多名副总裁，只有几个部门主管和经理。销售部多年来仅由王中亚一人打理。知识产权部负责人赵雷不仅要完成本职工作，还身兼多职——接待员、解说员、司机。在其他公司，这些工作至少需要三个人完成。这样精简高效的组织模式大大降低了管理成本。德胜的管理者既是领导又是员工，能够身兼多职，每个人都能发挥更大的作用。日本管理专家河田信看后不禁赞叹："德胜能够把管理者和员工视为一体，实属难能可贵。"这种高效、低成本的组织运营方式值得其他企业借鉴学习。

（四）奖惩分明，把爱给够、把话说透

德胜的管理原则是"把爱给够""把话说透"，意指给员工优厚的福利待遇，同时将管理制度明确地写出来供员工遵守。德胜对员工的奖惩制度遵循国际通用的"1855 规则"："年终时，对 10% 的员工进行重奖，对 80% 的员工予以肯定，对 5% 的员工进行批评，对 5% 的员工予以解聘。"最后 5% 的员工指的是有意怠慢工作或者工作不努力、未能完全履行自己职责的员工。其实，这种"解聘"只是给员工一次反思改过的机会。员工在公司待久了，过惯了舒适的生活，难免会生出懈怠——习惯成自然。为了让他们警醒，德胜会送他们出去历练一年，让他们见识外面的艰辛，这样才能重新认识公司的好。被淘汰的员工外派一年后，会切身感受到在外打工的不容易，如果他们确实悔改了，公司仍会张开双手再次接纳他们。员工的成长需要警醒，警醒需要冲击。德胜有耐心培养员工，但不能让他们变得懒惰；需要严格管理，但也要给员工希望。只有适当的冲击与关怀并行，员工才能在压力中成长，在成长中变得忠诚。这就是德胜的"吃一年苦工程"。这样的做法完美诠释了德胜的人文管理思想——既有看似冷酷的淘汰机制，又给人反思改过的机会；既严格要求，又充满爱心关怀。这种冷暖结合、严宽并济的文化，正是德胜成功培养员工的独特之处，值得所有企业学习。

奖惩分明是管理员工的关键原则。在德胜，任何人违反规定都要受到处罚。比如，员工上岗时必须佩戴工牌，并随身携带笔记本，一旦违反规定，每次罚款 20 元，并发布公告。同样，任何人做了好事，也会及时得到表扬和奖励。比如，对于拾金不昧的好人好事，德胜不仅会发布公告表扬，还会给当事人发放100—500 元不等的奖金。

假如员工感到委屈或者遭受不公，可以直接向高管反映问题。除了监察制度，德胜还有听证会制度。如果员工之间发生纠纷，或员工的生活出现问题，都可以在听证会上讨论、解决。德胜还为员工考虑养老问题，对于获得终身职工资格的员工，承诺给他们养老送终。

德胜对员工坦诚相待。新员工入职时会被告知："在德胜是不可能发横财的，只能让你过得小康一点儿。"这种做法的好处在于把话说透，从一开始就把与德胜价值观不同的人挡在门外，明确地告诉他们：这里不适合你们。

大部分农民工都真心喜欢德胜、爱戴德胜，感觉在这里找到了难得的尊严和安全感。在聂圣哲看来，管理的本质就是教育，优秀是可以教出来的。企业需要通过各种方式反复教育员工如何做人、如何做事，最终目的是把员工改造成个人品质和职业素质俱佳的人才。

德胜的实践证明，通过教育培训，农民工完全可以蜕变为成熟的产业工人，进化成一个真正的绅士。这些员工的收入一般、生活简朴，但是他们坚守了"诚实、勤劳、有爱心、不走捷径"的优秀品质，已经是精神贵族。

日本管理专家河田信赞誉德胜体系是中国式管理模式，其中的关键就是成功改造农民。放眼中国，"三农"问题向来是难题。从企业层面解决农民工的管理问题，就等于筑牢了中国制造业的根基。正如熟练工人是德国制造业的根基一样，解决农民工问题可以增强中国制造业的竞争力。

尽管德胜的规模不大，但其管理经验却十分宝贵。它证明企业要靠真材实料取胜，而不是靠包装和噱头。它呼吁我们回归诚信本色，踏实做事，最大程度地发掘人的潜力。它以自己的实践阐释了人性化和规范化并重的管理哲学，提升了劳动者的责任感和荣誉感，塑造了一支内外兼修的高素质员工队伍。这种新商业文明的实践案例值得所有企业学习。

德胜的"钱"——员工持股，利益共享

在市场经济条件下，如何制定合理的财富分配机制，使企业在稳定发展的同时让劳动者分享成果，这是每个企业都需思考的问题。德胜在这方面进行了有益的探索，实现了员工、股东、社会多方共赢，给我们提供了宝贵的参考。

（一）注重内部积累，合理分红

德胜注重企业内部积累，每年将利润的25%—30%放入企业积累基金。这有助于企业扩大再生产，提高抗风险能力。德胜在提取企业积累基金后，对股东的分红比例控制在50%左右。聂圣哲认为，高比例分红会损害企业的可持续发展，过分追求股东利益最大化也不符合社会主义市场经济的要求。

（二）员工持股，分享成果

德胜实行员工持股计划，让员工共享企业的部分利润。员工需要缴纳一定比例的工资，然后以折价购买企业股票，持股5年以上可享受配股红利。这增强了员工的企业归属感，让他们得到了实实在在的回报。

（三）重视社会回馈，履行社会责任

德胜注重履行企业的社会责任，它设立了慈善基金，用于资助员工子女教育、帮扶困难员工等公益事业。聂圣哲还多次向家乡及企业所在地捐资助学，建设图书馆、学校等公共设施。德胜以实际行动践行"以人为本，企业回馈社会"的经营理念。

（四）建立合理的工资体系，重视员工待遇

德胜建立了合理的工资体系，提高了员工的获得感。它实行岗位工资制，按劳分配，重视员工技能的提升。同时，德胜还提供全员绩效奖金，让员工共享企业发展成果。在保障员工基本工资待遇的同时，德胜通过多种形式增加员工收入，实现劳动价值的合理回报。

（五）和谐稳定的劳资关系

德胜重视构建和谐的劳资关系。它建立健全工会组织，保障员工的民主权利。德胜每年定期召开劳资谈判会议，及时调整员工待遇。在进行重大决策时，德胜也会听取员工的意见。聂圣哲认为，只有和谐的劳资关系才能提高员工的积极性，使企业实现长期稳定的发展。

德胜通过上述财富分配机制的设计，实现了企业、员工、股东、社会多赢的格局。这种机制使德胜在同行中脱颖而出，赢得了美誉，值得我们深入学习和借鉴。

二、小企业大格局：县城"黑马"企业的新商业文明实践

在当前的经济形势下，房地产业普遍面临着重重困难，但是在河南的一些县城，却悄然崛起了几家"黑马"企业。它们不关注规模扩张，反而成为整个行业的典范——全国各地的同行纷纷前来取经学习，可见它们具有了一定的影响力。

位于河南商丘的房地产企业金沙集团以"售后服务第一"而闻名。一般的房地产企业在售楼后就收手了，而金沙却由此开始提供服务。在小区入口处，它贴心地为正在装修房子的业主准备小推车、充气筒、板车，甚至还提供养生的红枣茶。从装修的第一天起，和业主尚未谋面的管家就开始爬楼巡查，帮助业主监督工程质量。每天业主集中查看装修进度时，金沙会提前打扫干净公共区域，尽管还在装修期，也不让业主见到一点儿脏乱。

业主住进金沙的小区后，享受的是酒店式服务。小区配备全套衣物清洗设备：干洗机、水洗机、烘干机、洗鞋机、烘鞋机、多功能烫台、衣物消毒柜……一应俱全，业主可以以半价委托物业代洗。地下车库配置了专业水枪、泡沫机等，提供车内外全面精洗服务（只需 10 元）。小区甚至专门安装了供电动车使用的电梯，方便业主停车、充电、骑车出门。金沙会在节假日举办各种活动，比如烧烤节、新春聚会等，让业主乐在其中。可以说，金沙用无微不至的服务赢得了业主的口碑。

金沙的规模不算大，成立十几年来只在商丘的几个县城发展，符合"高度聚焦和小而美"的新商业文明理念。

无独有偶，类似的新商业文明实践者还有河南濮阳清丰县的房地产企业冶都集团，它也是胖东来经营理念的学习者。虽然房地产企业的竞争十分激烈，但冶都不提倡加班，而且要求员工在办公室工作不能超过晚上七点。它的理念是："买房是一辈子的大事，咱们别着急，这样才能让买房的人不焦虑。"它格

外强调孝道，要求员工在每个月的第一天回家陪父母吃饭。

冶都重视售后物业，尽量在小区内招聘保洁阿姨，她们离家近，工作方便，有主人翁意识。这样管理的结果是连小区电动玻璃门的门缝里都没有灰尘，垃圾桶甚至会被喷上香水。这里的保洁阿姨更像是小区的主人，看见每一位业主都会热情地问好，传递快乐。

冶都从开业至今已经开发了 14 个楼盘，却没有一分钱贷款。它的梦想是扎根县城，为本地人的幸福生活提供服务。冶都有自己的馒头店，馒头全部是纯天然发酵的。冶都自营的超市就在小区旁边，面积达 1000 平方米。超市有 2 年探索期，可以亏损，5 年内可以不盈利。超市里所有的东西都可以免费品尝，如果顾客想知道啤酒和饮料的口味，可以先喝，觉得满意后再买。

这些县城"黑马"企业给我们的启发是：伟大企业的核心竞争力不在于规模，而在于服务与品质。它们用真诚和智慧来服务客户，而不是靠花哨的包装。它们让员工从孝道做起，传递正能量。这种回归本源、注重细节的精神，值得我们重新审视。

其实，这种低调内敛、注重实际行动的企业文化与河南人淳朴、务实的性格分不开。作为中原大地的子民，河南人具有实事求是、内敛质朴的品质。他们不喜张扬，却有着扎实的内功。河南企业继承了这种淳朴、厚重的民风，所以更看重实实在在地为人民服务，而不是空谈形式。

这也体现了一种企业家精神——不是追名逐利，而是真心回馈社会。许多民营企业的创始人一般没有离乡背井的打算，只想在家乡过平稳的生活，服务乡邻。这种初心很可贵，不仅是新商业文明的体现，也深深打动了当地人民，从而让企业发展得越来越好。

三、一瓶正在践行新商业文明的酱酒

魁五首诞生记

2022 年 6 月 26 日至 28 日，由贵州向日魁酒业集团、贵州夜郎古酒业集团联合主办的"魁五首新品上市发布会暨首届向日魁（合伙人）大会"在中国酱酒之乡——仁怀市茅台镇夜郎酒谷成功举行。作为厚朴创学院和魁五首的创始人，我在会上荣幸地宣布"三年磨一剑，六月展锋芒"的魁五首产品正式上市。

图 28　魁五首新品上市发布会现场　　　图 29　魁五首新品上市发布会会场前合影

图 30　李书文在魁五首新品上市发布会上演讲

在会上，我告诉大家："魁五首品牌希望给大众传递一种回归产品、本分创业、服务大众、幸福生活的创业价值观。"这是我创立魁五首的初衷——为老百姓打造一款货真价实的好酱酒，以此来传达"创造爱、分享爱、传播爱"的美好生活理念。

魁五首是属于创业者的酒。本分创业，依道而行，不赚快钱，不牟取暴利，坚守长期主义。从人出发并回归到人，用一颗赤子之心为消费者服务。

魁五首是属于创新者的酒。在商业发展的新时代，企业经营应当具备逆风而上探索世界的劲头，享受生活中的美好，体验大自然的神奇美妙，带领更多的人创造快乐、分享快乐、传播快乐，共同创造更美好的未来。

魁五首是我们创造新商业文明、重塑传统行业的冲锋号！

魁五首后来的成绩印证了我最初的想法："这是中国传统白酒酿造的又一重大创新，其发展值得行业瞩目。"如果胖东来的故事让诸君感到热血沸腾，你们还想了解更多新商业文明的实践者和传播者的案例，欢迎花一点儿时间了解我做魁五首的故事。

信念：做能让消费者感到幸福的酱香白酒

"魁五首"既借鉴科举"五经魁首"之意，预示追求第一、永不言败的夺魁精神；又脱胎于传统的划拳辞令，代表品牌方躬身为消费者服务、不牟取暴利的赤子之心。

"魁"即斗鬼，斗内鬼、斗外鬼，与自己的狭隘、怨恨、嫉妒等"小人之心"斗，与外界的诽谤、辱骂、欺压等"小人之行"斗，斗尽世间不公事，一杯欢喜在心间，这就是君子之心。

"五"代表喝酒的五个阶段：初见、微醺、半酣、半醉、半醒，每个阶段一两酒，半酣尽兴，半醉回忆，半醒不误事，半瓶慰一人。我们不提倡过度饮酒，希望大家酒醉能解忧，酒醒能奋进。

"首"代表我们在五个方面的极致追求：品质、价格、时尚、健康、快乐。

在《赢在中国》第二季"36强晋级10强"的第一场比赛中，台下的评委史玉柱问我们四位参赛选手平时喝不喝酒，其中三位都说不喝或者有条件时才喝，但我却回答："我不理解不喝酒的男人，更不理解不喝酒的企业家。"史玉柱又问我："如果在市长、客户、同事、情人中选择一个人陪你喝酒，你会选择谁？"我再次"语出惊人"，选择了情人。我的理由是另外三个选项都不能让我体会到喝酒的乐趣。在那一年《赢在中国》的总决赛中，我从16万华人精英中脱颖而出，夺得了魁首，这或许是我创立魁五首的"前传"。

从《赢在中国》载誉而归后，我的职业生涯也有了长足的发展。我拥有了北京师范大学文学学士、北京大学光华管理学院工商管理硕士、香港理工大学管理学博士等学位，还获得了全国杰出总经理"金鼎奖"（2008年）、全国十大杰出青年创业者（2009年）、中国十大投资人（2010年）、影响中国的100位科技投资人（2015年）等荣誉，并担任中国人民大学商学院、中国农业大学的客座教授。此外，我还著有《创业者笔记》《冠军之门》《创业论语》《逆袭者》《创业密码解读：人、团队、投资》等作品。多年来，我为上千家企业提供投融资服务，帮助了近万名创业者。

我在2019年创立了魁五首。2021年，中国白酒市场规模接近6000亿元，在8687亿元的酒类销售收入中，白酒占比达到69.1%。从销售额和利润额来看，白酒行业逐渐摆脱了产量危机和新冠疫情的阴影，迎来第四轮牛市周期。

在这一轮白酒周期中，表现最亮眼的莫过于酱香型白酒。在白酒市场"去产能"的大背景下，酱香型白酒的产能仍存在缺口，消费者对酱香型白酒的热度不减。根据业内知名研究机构权图酱酒工作室发布的《2022年度酱酒报告》显示：2021年，中国酱酒产业实现销售收入1900亿元，同比增长22.6%，约占我国白酒行业销售收入的31.5%；实现利润约780亿元，同比增长23.8%，约占我国白酒行业利润的45.8%。

图 31　中国白酒经历了四轮牛市

　　2022 年，酱酒市场的持续火热引得资本纷至沓来，面对千亿级的市场潜力，挂羊头卖狗肉的情况屡禁不止，以至于酱酒市场充斥着各种不知名的"假"酱酒。

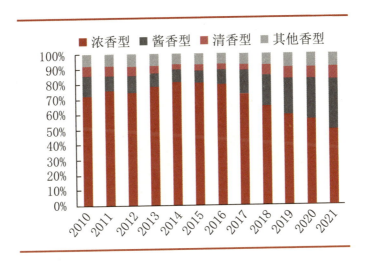

图 32　2010—2021 年白酒各个香型占比

　　市场的混乱必然导致消费的反弹，2022 年上半年，红极一时的酱酒产业突然遇冷，酱酒市场受诸多"灰犀牛"因素影响而频繁震荡，诸多厂家濒临倒闭。

　　在乱局之中，我决心打造"民酒典范"。我的愿景是将"以最高成本的酒质赚取最小的利益"作为价值导向，挑战整个行业的"不可能"。魁五首的团队是一个充满理想主义色彩的团队，我们对别人见怪不怪的"常态"感到不解，人到中年却还有一腔热血，做事遵从使命和信仰，即使跌落谷底也要仰望星空再出发——魁五首的诞生就是这样一个与梦相伴、与信仰相随的过程。

很多人说我是追风口，看到酱酒大热就做酱酒，打着旗子乘虚而入。我不是在寻找风口，而是要让自己起飞，做新商业文明时代的践行者。魁五首的诞生是一次新商业文明的实践，是让产品回归产品的实践。我的初衷是做一款真正对消费者负责的产品，这款产品可以是酒，可以是衣服，也可以是手机。之所以选择酱酒，是因为我熟悉酱酒，知道酱酒市场的问题太过突出：过度包装、价格虚高等情况屡见不鲜。我想做一款品质对得起价格、售价锚定成本的好酒，在复杂的酱酒市场中搅动天地，让新商业文明的理念传播得更广。

魁五首是一款带着使命和信仰的酱酒——做新商业文明的践行者和传播者。要想深刻地认识这一点，不仅要对旧商业秩序有深刻的认识，还要对今天的世界有足够的了解，更要检讨和剖析过往，深刻认识到欲望带给我们的伤痕累累，正视更为强大并且瞬息万变的外部世界。

我要让产品服务于人，让产品回归本质。在践行新商业文明理念的同时，我也想通过酒来吸引更多的创业者加入。新冠疫情以来，很多创业者遭遇了经营寒冬，在复杂的市场环境中艰难求生，在孤独的深夜辗转反侧。我希望通过魁五首以酒会友、传递真心，点燃大家的创业激情，就像歌曲中所唱的那样："当你有了新的彼岸，我们相忘江湖，转身挥手；当你承受不幸，你我把酒言欢，互诉衷肠，一起抱怨，一起找方向。"所以，我创立魁五首的初衷是对酱酒现状的不满，是对创业者处境的理解，是对一款产品的赤诚，是对以人为本的新商业文明理念的致意。在未来，我不只会做酒，还会乘着新商业文明崛起的东风，长风破浪，用新商业文明的理念重塑更多的行业。

新商业文明的第一个重点是"依道而行"。在我看来，新商业文明的本质是

"以人为本"。首先，新商业文明的重心正在从经营"物"转向经营"人"。其次，新商业文明的驱动力正在从经营"流量"转向经营"关系"。最后，新商业文明的衡量标准正在从"价值认同"转向"价值观认同"。

新商业文明的第二个重点是"依法精进"。通用电气集团原 CEO 杰克·韦尔奇说过这样一句话："我一旦决定要介入一件事情，就一个猛子扎下去开始深潜。"做产品要深入一线、深潜行业，只有深潜其中才能发现症结，解决痛点，督促产品不断优化。筹备魁五首的前三年，我带领专业团队走遍了赤水河畔，对上百家酒厂进行跟踪考察，交流沟通的重点即"大家是否愿意做一件有挑战性且伟大的事情"。魁五首启动前半年，我在夜郎谷找到了于方强董事长、刘中林总经理，不断地向他们传递"一起做一件伟大的事情"的理念。我对魁五首的战略规划是：尽快挤出酱酒的价格泡沫；不牟取暴利；不求快钱；一起坚持长期主义。

过去的酱香白酒行业存在很多问题。一是假冒伪劣产品太多，劣币驱逐良币，用酒精勾兑的酱酒及用碎沙、翻沙、串沙冒充坤沙的酱酒横行市场。二是价格虚高，近十年来酱酒价格不断地被抬高，几十元成本的酱酒从酒厂到消费者手里，中间分销四五层，价格上涨几十倍，供需端的信息极不对称。三是过度包装，酒箱要用红木的，酒瓶要用景德镇的，对面子的推崇使包装成本居高不下。很多人为酒而来，殊不知酒体成本只有个位数，大部分成本花在了包装上。

以上三个问题是消费者最厌恶的问题，茅台一年的产量是 1 亿多瓶，但其市场流通量却远高于这个数字，消费者苦白酒乱象久矣。

为了抓住消费痛点，魁五首将大部分成本和精力都花在了酒水上，一款酒水调试近半年，每一次勾调都会请白酒行业的专家盲测，找专业的检测机构做理化分析。

当完全了解了酱香白酒产品后，我才确定了消费者的消费重点，明确了产品方向，从而为喝酒、爱酒、懂酒的人创造价值。

真正爱喝酒的是什么人呢？常言道："茅台酒喝的人不买，买的人不喝。"许多人喝酒是为了应酬，为了关系，他们在酒桌饭局上推杯换盏，但是在家里从不喝酒。当一部分人把高端白酒当成"硬通货""敲门砖"时，自然不会在意其中的水分，而更在意酒瓶代表的价格。

魁五首针对的是那些不重包装重品质，一个人在家也会小酌两杯的酒友；针对的是那些放下包袱和面子，能聚在一起畅快痛饮、醉着流泪的酒友；针对的是那些回归酒的本质，喜欢喝酒的酒友。

战略：上市热销，魁五首做对了什么

魁五首于 2022 年 7 月正式上市，引来了业内的关注。我认为，魁五首的成功主要源于正确的企业理念——生产让消费者感到幸福的酱香型白酒。

（一）高品质铸就好口碑

"这款酒可能是酱香酒中性价比最高的产品，每瓶的价格不到 120 元，消费者应该是很满意的。"

这是遵义市酒业协会（仁怀市酒业协会）会长、中国贵州茅台酒厂（集团）有限责任公司原总工程师、中国酿酒大师、中国首席品酒师、国家白酒评委吕云怀对魁五首的高度评价。2022 年 10 月 9 日，在魁五首酒特邀大师品鉴会上，吕云怀结合十几位国家顶级白酒品鉴师的意见，代表遵义市酒业协会（仁怀市酒业协会）给出了"魁五首酱香型白酒微黄透明，酱香显著，陈香曲香舒适，酒体协调，醇和绵柔，回味长，空杯留香持久，大曲酱香酒风格典型"的

图 33　魁五首酒特邀大师品鉴会的专家品鉴证书

图 34　魁五首酒特邀大师品鉴会

总评语。

　　好销量源于好口碑，好口碑源于好品质。近年来，随着酱香型白酒越来越受到消费者的青睐，酱酒消费已经成为白酒消费市场的一种新风潮、大趋势。酱酒受到追捧的背后，离不开消费需求的转变和消费认知的提升，随着人均可支配收入的提高和互联网对白酒知识的普及，越来越多的消费者对工艺复杂、生产周期漫长、口感丰富、更具社交属性的酱酒产生了兴趣。与清香、浓香等其他香型的白酒相比，酱酒强调产区，原材料成本和生态成本高；强调周期，耗时耗力多；强调工艺，人力成本高，勾调技术严；强调品质，健康属性强。而在酱酒的诸多工艺中，坤沙酒采用"12987"高温大曲工艺，营养价值、收藏价值和口感远胜于碎沙、翻沙和窜沙工艺的酱酒。

　　魁五首之所以能平地惊雷，获得一个月销售 37 万瓶的成绩，就在于货真价实的坤沙品质。一瓶售价 116 元的魁五首将大部分成本和精力花在了酒水上："粮"是茅台镇皮厚粒小的糯高粱，"水"是清甜甘爽的安乐水，"厂"是位于茅台镇酱酒核心产区排名前十的夜郎古大厂，"调"由国家级酱酒大师余方强亲自操作。魁五首将质量放在第一位，每一瓶都采取传统"12987"高温大曲工艺，辅以 5% 的老酒调味，入口柔，一线喉，酱香突出，酒体协调。很多人因魁五首而认识酱酒、爱上酱酒——一个月 37 万瓶的销量和 96% 的好评，就是对魁五首品质的最好证明。

（二）创新的定位铸就神话

"酒红是非多"，尽管酱酒行业红红火火，但在可持续发展层面，酱酒仍然面临许多内部压力和外部挑战。普遍存在的问题就是酱酒的价格虚高，就算是茅台镇当地的糯高粱，每斤的成本也不超过 5 元，加上时间成本、人员成本、设备成本、库存成本，酱酒的总成本远比人们想象的低。而那些动辄七八百元、一两千元一瓶的酱酒，除了拥有大厂独有的勾调技术外，主要贵在品牌溢价和中间经销商的层层加码，而这也是魁五首之所以能打破百元左右无坤沙的"价格魔咒"，以颠覆式价格跑步进场的原因。

稻盛和夫曾说："定价是决定经营生死成败的关键，定价即经营。"在市场经济环境下，产品定价不仅关系到产品的市场占有率，更涉及企业在市场竞争中的地位和影响力，甚至会影响企业的生存与长远发展。

魁五首追求品质、价格、时尚、健康、快乐。在保障产品品质的同时，要想做一瓶"国民好酱酒"，要让老百姓喝得起、经常喝，就要在价格上做到极致。

作为新商业文明的践行者，我从创立魁五首伊始，就坚持"以人为本，回归产品，本分创业，长期主义"的新商业文明理念，制定"不牟取暴利，不赚快钱，赚能让企业长期健康运营的利润"的原则，采用成本定价法，每瓶酒的终端零售价为 116 元，毛利不超过 15%。我提出"国民好酱酒，坤沙魁五首"的品牌口号，争取让魁五首成为"酒业的胖东来"。

魁五首之所以能做到物美价廉、极具性价比，原因就在于坚持新商业文明的理念和新社群营销模式。

与许多重品牌、做宣传、搞噱头的企业相比，魁五首将 90% 的成本花在了酒水上，精简包装、光瓶环保，确保良心创业、良心定价、良性成本、良性发展。而在渠道和推广上，为了让利于消费者、降低宣传成本和销售成本，也为了顺应线上新营销的发展潮流，魁五首采用了"社群＋电商"的新营销策略。我们不光自己不做线下地推，同时也倡导社群合伙人放弃烟酒店、品鉴会、体验馆、促销会等传统卖酒渠道，转而采用新渠道、新开发、新电商、新社群的销售模式——完全取消中间环节，真正将价格压缩到极致。"15%的固定毛利"和"没有中间层加码"这两项承诺，让魁五首将"百元左右坤沙酒"由不可能变成了可能。

图35　魁五首拥抱互联网的营销策略

（三）懂消费者才能做好生意

除了价格虚高之外，目前酱酒市场还有如下问题。

其一，年轻消费群体对白酒尤其是酱酒的消费热情逐渐减少。浓重的"酱味"让酱酒在年轻化的发展道路上障碍重重，也为品类招新设置了较高的门槛。这种趋势的背后，固然与年轻人对酒桌文化的反感有关，但也与酱酒的口感、包装、价格等因素有关。大多数年轻人喜欢求新、求异，更重视饮品的外形、口感等。在物质丰富的今天，各种啤酒、洋酒、果酒都受到了年轻人的喜爱，可白酒却因售价和口感而逐渐被年轻人抛弃。

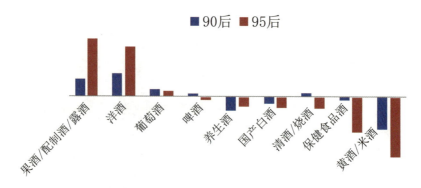

图36 "90后""95后"酒水消费偏好

图37 年轻人的酒水消费关键词

其二，酱酒的高社交属性为其带来丰富的场景营销机会，但超强的品牌效应是把双刃剑——既代表了强势品牌的迅猛发展，也预示着非头部品牌和新晋品牌承受了巨大的竞争压力，而这种压力背后则是巨大的宣传成本。过高的宣传成本对于大部分前期缺乏资金的新晋品牌而言，就意味着会在品质上压缩成本，进而造成市场的混乱。

其三，缺少高性价比的口粮酒品牌。目前市面上兼具品质和价格优势的口粮酒品牌很少，多数品牌不是走低价路线，就是走高端路线。虽然一些头部高端品牌会推出相对低端的产品线，但是依旧存在较大的品牌溢价，不太能被定义为"口粮酒"。

针对以上三个问题，我们在一定程度上进行了回应。

首先，传统和时尚不应该是对立的，成熟和年轻也不应该是对立的。故宫博物院原院长单霁翔认为："让深藏在故宫深处的文物活起来，把故宫完整地交给下一个600年，不能没有年轻人的参与。"一瓶好酒如果得不到年轻人的喜爱，就注定会被未来抛弃。针对新一代消费者的消费特性，魁五首在酒体年轻化、外观多元化上进行了尝试。在酒体上，很多消费者喜欢暴烈感十足的酒，但年轻人和酱酒入门者则更喜欢柔顺的口感。想要增加口感的柔度，就必须提升老酒的比例，这也是我们改进酒体的方向之一。为了满足年轻人喜欢果香气和甜感的需求，我们提取"12987"高温

图 38　魁五首酒的宣传海报

大曲工艺中的第三、四、五轮次酒，这三个轮次的酒醇甜丰厚，果香气足，焦香味不明显，适合"酱酒小白"饮用。在酒瓶上，我们追求简约大气的"包豪斯"设计风格，瓶盖采用磨砂质感，酒瓶采用哑光工艺。一个酒瓶分三种颜色，对应喜宴、欢聚、商务三种场景——黑色用于严肃的商务场合；白色适合追求时尚的年轻群体；红色对应大喜之日。一瓶三色，稳重而不失新锐，大气而不失时尚，给人强烈的视觉冲击力，辨识度高，深受消费者喜爱。

其次，针对品牌竞争，我们坚守初心，回归产品。很多人喝酒是为了品牌，为了面子，为了价值，为了请人办事、迎来送往。而喝魁五首是为了理念，为了情怀，为了品质，为了价值观，为了志趣相投、一路同行。

魁五首不仅传递了"以人为本，回归产品，本分创业，长期主义"的新商业文明创业理念，还体现了"不满现状，不知寝食，努力改变，敢为人先"的奋斗者精神，更倡导一种"放下虚伪，真诚相待，酒就是酒，唯有情深"的生活态度。

酒如其人，魁五首传递的是价值观，品味的是人生。

最后，针对市场上"缺少高性价比的口粮酒品牌"的现状，魁五首打出了"国民好酱酒，坤沙魁五首"的口号，在保质保量的同时，尽己所能提升性价比，争做"民酒典范"。魁五首筹备以来，作为创始人，我带领专业团队走遍了赤水河畔，对上百家酒厂进行跟踪考察，从酒厂调研、原料精选到酒体迭代、出厂包装，魁五首成长的每一步都一丝不苟、诚心诚意。为了找到实力雄厚、信念一致的酒厂，我一次又一次地向合作伙伴传递自己的创业理念，受尽冷眼也要与对方反复沟通。

我找到一家国内知名的做防伪码的科技公司，与其商讨将一个防伪码的价格从 4 分降到 3 分，对方工作人员瞠目结舌地说，从业十几年来没见过有做酒的人为一分钱而讨价还价。虽然步履维艰，但我知道如果不尽力压缩除酒体以外的成本，这款让老百姓喝得起的国民好酱酒就做不出来。"国民好酱酒"说起来很容易，但背后不光是我一个人在努力——从"一生酿好一坛酒"的夜郎古，到售价砍掉 25% 的防伪码公司，"国民好酱酒"是我带领一群不满现状、心怀热血、拥有理想的人共同成就的伟大事业。

回首魁五首一个月销售 37 万瓶的成绩，其实原因很简单，那就是坚持"让利于民"，坚持 15% 的毛利，坚持新商业文明的创业理念。只不过动辄 300%、400% 毛利的酱酒行业没几个人想做，也没几个人肯做。

当我带领魁五首搅动了酱酒行业的一潭浑水时，也引发了外部的诸多争议。对于争议，我并不在意。令我骄傲的是，我们为行业提供了改善现状的思路，推动中国酱酒市场进一步透明化，实实在在地为消费者提供了一款日用宴请都适合的"民酒典范"。有此理想，有此信念，有此酒质，有此性价，这也许就是魁五首一个月销售 37 万瓶的原因所在吧。

（四）将细节做到极致

作为新商业文明的实践者，魁五首在每一件事情上都下足了功夫，力图将细节做到极致，让消费者获得幸福。

虽然魁五首提倡无包装主义，将 90% 的成本用于酒水，但在外观上依然精益求精，从瓶子、瓶盖到手提袋、包装箱，魁五首反复对比每一个步骤，不断改进，并请大师参与设计，让消费者拿到酒的时候眼前一亮，对其外观爱不释手。酒水、酒瓶、包装、链条、防伪码、仓储、物流……魁五首的每一款酒都涉及 18 个要素，每个要素都经历了长久的构思和反复的甄选。以瓶盖为例，我为什么一直在寻找更好的瓶盖厂家，对瓶盖的弧度有非常高的要求？因为这细微的弧度中藏有数个防伪标准，在瓶盖里，你隐隐约约能看到"魁"字，我们还有很多类似的防伪方式。

我坚持在服务上不断精进和完善。很多酒友收到酒之后，发现有酒瓶破损、漏酒的问题。为了适应长途运输，我们将酒箱原包装内的泡沫板换成了更加抗摔的加厚珍珠棉，酒盖也正在加快迭代，希望给酒友带来更加良好的体验。

图 39　李书文亲自打包发货魁五首酒

图 40　准备发货的魁五首酒

此外，针对前期与消费者沟通不及时等问题，我加派人手，通过优化团队内部结构的方式缩短了客服响应的时间，为更多消费者提供了及时的反馈。

（五）组织：遍布全国的合伙人，80%是有主业的企业家

"一个人可能走得快，一群人才能走得远。"在组织创新上，我引入了合伙人体系，希望更多秉持"本分创业，成就他人，不牟取暴利，不赚快钱"理念的同道中人跟我一起，将魁五首这款国民好酱酒带给更多的酒友。

魁五首目前的合伙人体系分为基石合伙人、战略合伙人、区域合伙人和终端合伙人四类。加入魁五首的合伙人会定期参加培训，学习如何开拓线上渠道、如何进行抖音推广、如何打造自己的社群、如何掌握新营销思维。此外，他们还会通过抖音平台进行直播带货，助力魁五首的品牌打造与产品销售。

目前，魁五首的合伙人已经遍布全国。在未来，我希望合伙人的数量能达到 10 万人甚至是更多。要想成为合伙人，有一点要求：必须认同魁五首所表达的新商业文明理念，认同魁五首团队"一切为了消费者"的创立初衷，在不影响自己生活状态的情况下量力而行。

我希望魁五首合伙人的身份能赋能他们的主业：在"向日魁"合伙人社群中，80%的魁五首合伙人是企业家，大部分人都把魁五首当成了副业。有了这款连接你我、连接合伙人、连接生意伙伴的"社交货币"，可以助力魁五首合伙人将自己的主业越做越好。

我想了很多帮助魁五首合伙人的方法。

一是新渠道。我不鼓励通过烟酒店、品酒会、体验馆等重资产的线下渠道销售和推广魁五首。线下的传统销售渠道正在衰落，线上平台已经成为人们日常购物的不二之选，所以我提倡合伙人将销售渠道全部转移到线上，进行轻资产高效运营。

二是新开发。我鼓励合伙人对魁五首进行二次开发。近年来，个性化、多元化定制产品迎来发展契机。合伙人可以给魁五首加上自己的包装、刻上自己的名字，将魁五首作为个人或企业的宣传名片，提升其品牌影响力，反哺主业。

三是新电商。我重视对抖音等新媒体平台的利用。无论是包装的时尚感，还是酒体的柔顺感，魁五首都考虑了年轻消费者的需求。无论是做一款酒，还是经营任何产品，新电商都是走向未来的必经之路。

四是新社群。每个合伙人都是魁五首播下的种子，都有生长成参天大树的潜力，而这棵树的根系就是他们的社群。社群不因生意而建，却因理念而聚。魁五首有专业的新营销社群老师，对合伙人进行一对一辅导，让他们在魁五首这个新商业文明实践者和传播者的号召下，寻找自己的同道中人，构建自己的亲密社群，用魁五首的新营销理念来打造独属于自己和企业组织的IP。

魁五首"作死"的几个步骤

魁五首上市不到一个月，市场的反馈不错，也获得了一些热度，褒多贬少，消费者非常认可魁五首的酒质和价格。这个时候，团队成员和部分合伙人隐约有些骄傲自满的情绪。作为一个创业老兵，我深知这仅仅是个开始，前路坎坷，"生死未卜"。

我在早上跑步时想了想魁五首"作死"的几个步骤，可能不全，请各位补充。

第一个步骤：忘记初心和使命。

魁五首是一款装着信仰和爱的国民好酱酒，创办者希望借用一瓶酒来传达对新商业文明的理解和践行之志，让创业者明白本分创业、快乐创业、不赚快钱、不牟取暴利才是正确的创业之道。希望有更多的创业者加入我们，让这个时代因为我们而有所不同。

我最担心的是在貌似供需旺盛的环境下，有人为赚快钱而对产品随意加价，为节约成本而降低产品的品质，因傲慢而忽略了消费者的体验以及对合伙人的服务与赋能……

第二个步骤：对这个行业缺乏足够的敬畏。

白酒行业是一个存在了千年的传统产业，任何一个产业都有其独特之处，如果缺乏对它的敬畏，必然会遭受它的惩罚。

最近几年我们经常听到一句话：所有传统产业都可以用互联网思维重做一遍。如果这是一个励志的段子，倒是挺激励"后浪"的。实际上，魁五首也做了一些值得白酒行业反思的事，比如，挑战百元左右无坤沙的"价格魔咒"，请大牌设计师设计光瓶酒等。从积极方面来看，这些做法可能颠覆了白酒（至少是酱酒）行业的游戏规则，可以让创业者有机会摆脱路径依赖，重新审视自己——各大企业组织管理的方法、资源分配的设计导致没人能这么做、没人敢这么做；从消极方面来看，则是枪打出头鸟，容易被抹黑。

我们如果为此而睥睨这个行业，认为这是降维打击，那说明我们变得浮躁、幼稚了，将来也一定会遭到行业的反噬。

一件事情的成功，各有各的道理。号称掌握了新理念和新技术的跨界创业者，在专业能力、传统技术、产品理解等方面并不比传统从业者更聪明。

人们的智商、思维能力相差不大。现实世界中，越是能力差的人越容易认为自己很厉害，而能力强的人总认为成功与失败都是非常正常的结果。

人只有在踩过坑之后，下次才会绕道走。你觉得低级、不合理的事，背后必定有你不了解的信息，别太自信，别太早下结论。

第三个步骤：产品品质。

成功之法，往往也是死亡之道。

无论在哪个行业，产品都是最重要的。产品的哪个属性最重要？当然是产品品质了。

有了好产品、好品质后，能守得住是最重要的。要做到这一点，说易也易，只要能守住良心就可以了；说难也难，因为诱惑太多。不少专家说，好产品要有"护城河"才行。我实事求是地说，在白酒领域，除了茅台、五粮液、剑南春等几个头部品牌外，就没有"护城河"了。

很多我们以为是核心竞争力的东西，其实就是窗户纸，一捅就破。

大曲坤沙，谁不会做？15%的毛利，想做就能做到。尤其是资本雄厚的大酒企，既会做光瓶，也会做漂亮的设计，还会直播带货……当下的商业竞争，哪有什么秘密可言！什么是大部分人都不会做的？答案是：守得住初心、不改变使命。

第四个步骤：超常规跨域式发展。

不竞速，不跟风；慢慢来，做自己。这句话说起来容易做起来难。

应该跨域式发展还是行稳致远？当你身在其中的时候，就会不由自主地加速。同事不止一次地说："某老总说，三年内咱们的销售额一定能突破10亿元。"我甚至有几次也快当真了。

然而我转念一想，商业是极为复杂、互为因果的生态系统，尤其是销量这个指标，是提纲挈领、纲举目张的"纲"，牵一发而动全身。在"血泪交织"的商业发展史中，许多企业都"死"在了疯狂扩张的路上。我从事投资行业近20年，发现那些曾经志得意满的中小型企业，多数也"死"在非线性增长的路上。

要实现跨域式发展，就意味着整个供应链和组织管理等都要快速扩大规模。"萝卜快了不洗泥"，要想快速发展，产品不得不脱离高品质，服务不得不应付了事……

从创始人到营销总监，一不小心就会被眼前的好形势迷住双眼，然后不断地自圆其说，1亿元、3亿元、5亿元、10亿元……销量目标越来越激进。但真正的大问题不在于销量目标，也不在于产能和供应链的配合，而在于由此引发的销售组织混乱和系统能力不适配。

第五个步骤：组织建设。

就算是再有经验的快消企业，在瞬间增大组织规模后，也将面临生死考验，其管理难度的增幅是人员规模增幅的 N 次方。

销售目标的不断变化势必导致团队及分工的不断调整，由此必定引发组织管理中的一系列问题：人员如何配置？绩效如何评估？企业文化的建设怎么办？更复杂的是这些变量互为因果、交互影响。

十亿元、百亿元的高目标听起来很刺激，但是这容易使团队崩溃，因为短期内大规模招进来的新人根本称不上团队，哪有一直靠雇佣军打胜仗的？

　　我们需要做出决定的是：放慢步伐，走稳；管住嘴巴，少说。要花更大的成本进行组织建设，因为对于跨界的业余选手来说，好团队才是"护城河"。

　　借用刘仲敬的一段话："世界的命运和人的命运虽然漫长，关键性的节点却寥寥无几。四分之三的人生剧本在三十岁以前就写定了，以后的内容根本不值一看。文明和邦国的兴废都有其不可逆的节点，拥有无限可能性的青春期总是非常短促。"

　　我衷心地希望魁五首不是划破天际的闪电，也不是昙花一现，国民酱酒领域需要一个优秀的代言人，希望魁五首能有所担当。